DIE GROSSE

NÄHSCHULE

W0324101

Titel der Originalausgabe: *The Complete Photo Guide to Sewing*

© 2018 Librero IBP (für die deutschsprachige Ausgabe)
Postbus 72, 5330 AB Kerkdriel, Niederlande

© 2017 Quarto Publishing Group USA Inc.

Design: Laura McFadden
Fotos: Nancy Langdon
Illustration: Mattie Wells (Seite 13)

Übersetzung aus dem Englischen:
Veronika Knesl, Graz; Daniela Schmid, Wien
Redaktion und Satz der deutschen Ausgabe:
Print Company Verlagsges.m.b.H., Wien

Printed in China

ISBN: 978-90-8998-958-1

Alle Rechte vorbehalten. Nichts aus dieser Ausgabe darf ohne vorherige schriftliche Zustimmung des Verlags elektronisch oder mechanisch vervielfältigt, gespeichert, veröffentlicht, fotokopiert oder aufgenommen werden.

Der Richtigkeit und Vollständigkeit der Informationen in diesem Buch wurde größte Sorgfalt gewidmet. Sollte unabsichtlicherweise dennoch ein Urheber nicht angegeben sein, werden wir dies nach Kenntnisnahme in der nächsten Ausgabe berichtigen.

FSC www.fsc.org
MIX
Papier aus verantwortungsvollen Quellen
FSC® C008047

DIE GROSSE

NÄHSCHULE

MIT SCHRITT-FÜR-SCHRITT-ANLEITUNGEN
UND DETAILLIERTEN FOTOS

VON NANCY LANGDON

Librero

Inhalt

Einleitung: Warum Nähen?

Nehmen Sie sich bewusst einen Moment Zeit und überlegen Sie, wie viele Dinge in Ihrer Umgebung eigentlich aus Textilien bestehen. Ein Großteil davon wurde wahrscheinlich genäht. Und wie viele dieser Sachen passen nicht wirklich gut, sehen abgetragen und altmodisch aus oder dienen ihrem ursprünglichen Zweck nicht wirklich?

Wer selbst näht, hat diese Probleme nicht und kann so gut wie jedem Gegenstand aus Stoff seinen Lieblingslook und die gewünschte Funktion verleihen. Außerdem ist Nähen ein äußerst praktisches und beglückendes Hobby. Wenn man für sich selbst und seine Lieben näht, kann man Kleidungsstücke kreieren, die wirklich zu jeder Silhouette und Persönlichkeit passen. Ihre Kleidung ist die „Haut", die Sie selbst auswählen können, und eine Möglichkeit, um mit der Welt um Sie herum zu kommunizieren. Mit selbstgenähten Kleidungsstücken können Sie Ihrer Persönlichkeit Ausdruck verleihen. Vielleicht sind Sie schon das eine oder andere Mal mit leeren Händen und mit dem Gefühl, dass die aktuelle Mode einfach nichts für Sie ist, vom Einkaufen zurückgekehrt. Kein Grund, auf Mode zu verzichten, nur weil Sie in den Geschäften nicht fündig werden – denn wer selbst näht, entdeckt Mode von einer ganz neuen Seite! Mithilfe eines guten Schnittmusters und etwas Knowhow zur Schnittmusteranpassung und den richtigen Materialien betreten Sie in Zukunft jeden Raum selbstbewusst in wunderschönen selbstgenähten Kleidungsstücken und mit einem tiefen Gefühl von Stolz auf Ihr Können. Außerdem können Sie Ihren vier Wänden mit Selbstgenähtem ein ganz besonderes Flair einhauchen, sodass aus den vier Wänden tatsächlich ein Zuhause wird – und das noch dazu für wenig Geld! Wer selbst näht, hat nicht zuletzt mehr Mitsprache bei wichtigen Fragen hinsichtlich der Art der Stoffproduktion, der Rohstoffgewinnung sowie Umweltstandards und Arbeitsbedingungen in der Textilindustrie. Und schließlich bedeutet Nähen lebenslanges Lernen. Ständig gibt es neue Stoffe, verbesserte Technologien und Neuerungen in der Welt der Mode. Jedes noch so kleine Projekt ist eine neue Erfahrung, mit der Ihre Fähigkeiten wachsen. Nähen ist ein wunderbares Hobby, das mathematisches, räumliches und methodisches Denken mit kreativem Denken vereint und so nützliche und einfach wunderschöne Alltagsgegenstände entstehen lässt.

Die dritte Auflage dieses Grunglagenwerkes nimmt einige Anleihen an den vorherigen Ausgaben – die aktualisierte Ausgabe soll darüber hinaus vor allem Neuerungen im Hinblick auf Textilien und Verarbeitungstechniken, modischen Veränderungen und dem wiederentdeckten Interesse für das Nähen, das großteils den kreativen Näh-Communitys im Internet zu verdanken ist, Rechnung tragen. Auch wenn sich die Dinge, die wir nähen, und die Art, wie wir nähen, im Vergleich zu früher verändert haben, haben doch viele Techniken über Jahrhunderte hinweg überlebt und sind es auch heute noch wert, Stich für Stich an zukünftige Generationen begeisterter Nähfans weitergegeben zu werden. Wir hoffen, mit diesem Buch einen Beitrag dazu zu leisten.

23
25

So verwenden Sie dieses Buch

Wie viele andere Handarbeiten basiert das Nähen auf einigen Grundtechniken. Darüber hinaus finden sich in diesem Buch Kapitel zu besonderen Themen wie Anpassungen, dem Nähen von Sportbekleidung und der Fertigung von Wohnaccessoires und Heimtextilien.

Erste Schritte

Dieses Kapitel bietet einen Überblick über grundlegende Informationen zu Näh- und Overlockmaschinen. Wir zeigen Ihnen einige Tricks, wie die perfekte Naht garantiert gelingt, und stellen besondere Merkmale und spezielles Zubehör beider Maschinen vor. Außerdem erfahren Sie, welche Ausstattung und welches Zubehör Sie wirklich benötigen und welches Spezialwerkzeug zudem äußerst hilfreich sein kann.

Auch das Thema Schnittmuster wird eingehend behandelt. Sie lernen, selbst Maß zu nehmen und die richtige Größe und Passform zu eruieren. Hinzu kommen Informationen zur Wahl der richtigen Materialien sowie nützliche Tipps zum Zuschneiden und Nähen. Zu guter Letzt enthält dieses Kapitel Informationen zur Auswahl und Verarbeitung von Einlagen.

Nähtechniken

Die wichtigsten Nähtechniken umfassen Nähte, Abnäher, Raffungen, Ärmel, Kragen, Taillenbünde, Säume und Verschlüsse. Die verschiedenen Nähtechniken werden zuerst überblicksmäßig erklärt, darauf folgen Schritt-für-Schritt-Anleitungen – damit Sie garantiert die besten Ergebnisse erzielen. Oft werden mehrere Methoden mit dem Hinweis, welche wofür am besten geeignet ist, vorgestellt.

Wohnaccessoires

Das Kapitel zum Nähen von Wohnaccessoires ist in fünf Unterkapitel untergliedert: Dekostoffe, Schonbezüge, Kissen und Polster, Schlaf- und Badezimmer und Tischware. Es werden unterschiedliche Grundformen für Kissen mit unterschiedlichen Verschlüssen vorgestellt. Dazu kommen Anleitungen für Textilien fürs Schlafzimmer: vom Bettdeckenbezug über Kissenbezüge bis hin zum Bettrock. Im Kapitel Tischware finden Sie Anleitungen zum Nähen von rechteckigen und runden Tischdecken, Tischsets und Stoffservietten. Bei jedem Projekt finden Sie in der Textbox „Das brauchen Sie" nützliche Angaben zu Stoffen, Material und Zubehör. Die Schritt-für-Schritt-Anleitungen für alle Wohnaccessoire- und Heimtextilprojekte können ohne Schnittmuster gefertigt werden – Sie können also sofort loslegen!

Schritt-für-Schritt-Anleitungen

Jede Anleitung ist mit detaillierten Fotos versehen, die dafür sorgen, dass Sie sich jeden Schritt bildlich vor Augen führen können. Manchmal wurden Nähte mit einem stärkeren Faden oder mit einem Faden in Kontrastfarbe genäht, damit sie deutlicher sichtbar sind. Zudem wurden einige Markierungslinien hervorgehoben, beispielsweise um wichtige Zusammensetzlinien zu zeigen.

Wenn Sie Nähanfänger sind oder Ihre Nähkenntnisse wieder auffrischen möchten, sollten Sie zuerst ein einfaches Projekt wählen. Üben Sie neue Kantenabschlüsse und Versäuberungen zuerst an einfachen Tischsets und Stoffservietten. Wenn Sie zum ersten Mal ein Kleidungsstück nähen, wählen Sie ein einfaches Projekt, das sich leicht anpassen lässt und bei dem nicht zu viele komplizierte Details gearbeitet werden müssen.

Egal ob Sie Anfänger oder fortgeschrittener Nähfan sind oder sich nach längerer Zeit wieder an die Nähmaschine setzen – das vorliegende Buch soll Ihnen vor allem als Hilfe und Inspirationsquelle dienen. Sie finden hier unzählige nützliche Techniken, Tipps und Tricks, die teilweise vielleicht sogar für Nähprofis neu sind. Halten Sie dieses Buch beim Nähen griffbereit, machen Sie sich Notizen und am allerwichtigsten: Haben Sie Spaß beim Nähen!

Erste Schritte

Die Nähmaschine

Die Nähmaschine ist das wichtigste Zubehör beim Nähen – sie ist Ihr „Werkzeug", daher ist die Wahl des richtigen Modells entscheidend. Ein robustes, qualitativ hochwertiges Gerät garantiert viele Jahre Nähspaß. Nähmaschinen gibt es in praktisch jeder Preisklasse und für jeden Zweck: Von einfachen Zickzackmaschinen mit nur einem oder zwei integrierten Stichen bis hin zu elektronischen Nähmaschinen mit ausgeklügelter Computertechnologie gibt es unterschiedlichste Modelle.
Und genauso wie Sie nicht mit einem rostigen alten Auto aus irgendeiner Garage sofort auf die Autobahn fahren würden, sollten Sie auch bei der Verwendung einer älteren Nähmaschine, die vielleicht jahrelang auf dem Dachboden verstaubt ist, vorsichtig sein. Lassen Sie sie auf jeden Fall von einem Fachmann überprüfen, bevor Sie sich an die Arbeit machen.

Die wichtigsten Merkmale herkömmlicher Nähmaschinen sind die Stichauswahl, die Rückwärtsnähfunktion, der Nähfußheber, der Freiarm zum Nähen von kleinen Rundungen (z. B. Hosenbeine), die Spulerspindel, das Fadenspannungseinstellrad, das Stichlängeneinstellrad und manchmal ein Fadenabschneider. Kombinierte Näh- und Stickmaschinen erlauben das Anfertigen kunstvoller und farbenprächtiger Stickereien anhand von digitalen Dateien. Je mehr Funktionen, desto höher ist allerdings der Preis – wählen Sie daher ein Modell, das zu Ihren Bedürfnissen passt. Investieren Sie gern etwas mehr in eine Maschine, die Ihnen die Arbeit erleichtert, aber zahlen Sie nicht mehr als nötig für Funktionen, die Sie kaum nutzen werden. Überlegen Sie sich zudem, wie oft Sie nähen und wie aufwendig die Projekte sind, die Sie nähen möchten. Informieren Sie sich in Fachgeschäften, sprechen Sie mit anderen Nähbegeisterten und lesen Sie im Internet Rezensionen zu verschiedenen Modellen. Lassen Sie sich verschiedene Nähmaschinen im Geschäft vorführen und vergleichen Sie mehrere Modelle. Achten Sie auf eine gute Verarbeitung und Bedienfreundlichkeit sowie die jeweilige Auswahl an Stichen. Eine schwerere Maschine verrutscht nicht so leicht, wenn mit hoher Geschwindigkeit genäht wird. Werfen Sie auch einen Blick ins Innere der Maschine und achten Sie darauf, dass die Bestandteile aus Metall sind – Plastikteile verbiegen leichter und da es beim Nähen um Millimeterarbeit geht, können schon leichte Abweichungen im Getriebe Auswirkungen auf das Timing und die Stichqualität haben. Achten Sie auch bei günstigen Maschinen mit vielen Metallteilen auf die Qualität: Oft werden Teile aus minderwertigem Stahl verbaut, sodass sich beispielsweise auf dem Greifer Kerben bilden, an denen sich die Fäden verheddern können. Denken Sie auch an die Stichkraft der Maschine: Sie sollte in der Lage sein, die Nadel durch vier bis sechs Lagen dicken Stoff zu stechen (etwa zum Säumen von Jeansstoff oder zum Nähen von schweren Möbelstoffen), ohne dass sich die Nadel verbiegt oder gar abbricht.

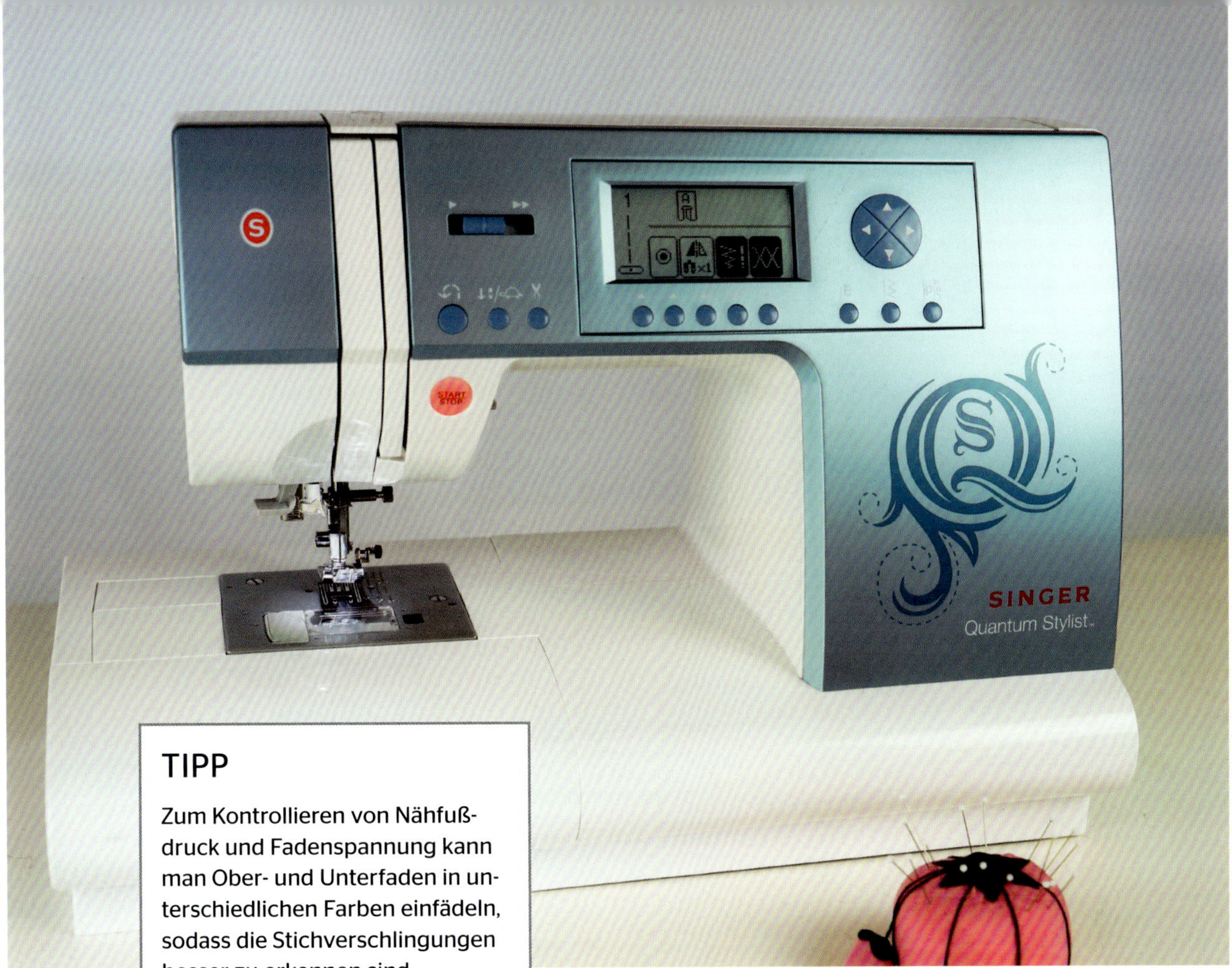

TIPP

Zum Kontrollieren von Nähfußdruck und Fadenspannung kann man Ober- und Unterfaden in unterschiedlichen Farben einfädeln, sodass die Stichverschlingungen besser zu erkennen sind.

Obwohl sich Nähmaschinen im Hinblick auf ihre Funktionen und das Zubehör unterscheiden können, bestehen doch alle aus denselben Grundbestandteilen und Steuerelementen und jede Nähmaschine funktioniert bis auf ein paar Abweichungen praktisch nach demselben Prinzip. In der Bedienungsanleitung Ihrer Nähmaschine finden Sie Informationen dazu, wo an Ihrer Maschine sich was befindet. Nehmen Sie sich Zeit, um die Bedienungsanleitung gründlich zu lesen und die einzelnen Funktionen auszuprobieren, sodass sie Ihnen in Fleisch und Blut übergehen.

Die perfekte Naht

Grundvoraussetzungen für eine perfekte Naht sind das richtige Einfädeln und das genaue Einstellen von Stichlänge, Fadenspannung und Nähfußdruck. Diese Einstellungen richten sich nach dem zu nähenden Material und der gewünschten Stichart. In der Bedienungsanleitung Ihrer Nähmaschine finden Sie alle Informationen zum Einfädeln und dazu, wo sich die verschiedenen Einstellräder befinden.

Das Einstellrad für die Stichlänge ist entweder mit einer metrischen Skala von 0 bis 4, mit einer Zahlenskala von 0 bis 9 oder mit einer Inch-Skala von 0 bis 20 versehen. Für normales Nähen mit einer Maschine mit einer metrischen Skala stellen Sie den Regler auf 3. Bei der Zahlenskala gilt: Je höher die Zahl, desto größer der Stich – wählen Sie für kürzere Stiche eine niedrigere Zahl und stellen Sie den Regler für eine durchschnittliche Stichlänge auf Stufe 5. Bei einer Inch-Skala eignet sich eine Stichlänge von 10 bis 12 Stichen pro Inch (etwa 2,5 cm).

Bei älteren Maschinen ist die Unterfadenspule manchmal fest verbaut, neuere Modelle besitzen fast ausnahmslos auswechselbare Unterfadenspulen. Bei einer eingebauten Spulenkapsel wird der Unterfaden in der Kapsel aufgewickelt. Bei Nähmaschinen mit auswechselbaren Unterfadenspulen werden diese entweder von oben oder von vorn eingesetzt.

Bei einer Maschine mit einem von vorn zu öffnenden Spulenfach ist die Spule auf der Vorderseite des Freiarms zugänglich. Sie hat eine herausnehmbare Spulenkapsel mit einer Spannungseinstellschraube. Bei einer Maschine mit einem von oben zu öffnenden Spulenfach befindet sich die Unterfadenspule direkt vor der Nadel unter einem durchsichtigen Gehäuse aus Plastik. Beide Modelle besitzen unterschiedliche Greifersysteme mit spezifischen Vor- und Nachteilen. So kann man die Unterfadenspulen bei einer Maschine mit von vorn zu öffnendem Spulenfach auch mitten in einer Naht wechseln, ohne dass dies auf der rechten Seite sichtbar ist. Daher ist diese Maschine besonders für Bobbin-Work (Sticken mit dem Unterfaden) geeignet. Andererseits kann man bei einer Maschine mit einem von oben zu öffnenden Spulenfach sofort sehen, wie viel Unterfaden noch auf der Spule ist, wenn man durchsichtige Spulen verwendet, und man muss den Faden beim Wechseln der Garnspulen nicht wieder von unten heraufholen.

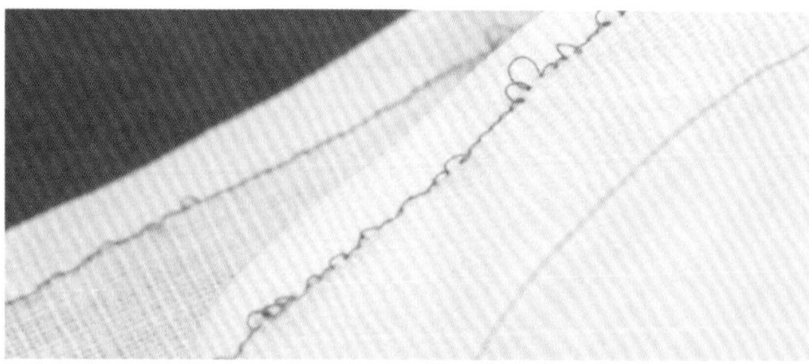

Timing

Wenn das Timing einer Maschine gestört ist, äußert sich dies in ausgelassenen Stichen oder einem lockeren und verdrehten Unterfaden entlang der Nahtlinie. Moderne elektronische Maschinen können sogar blockieren, wenn das Timing-Problem ihre normale Toleranzgrenze übersteigt. Meist wird eine Störung des Timings dadurch verursacht, dass die Nadel auf einen harten Gegenstand trifft, etwa eine im Stoff verbliebene Stecknadel, einen Knopf oder einen Reißverschluss. Bevor Sie die nächste Reparaturwerkstatt aufsuchen, denken Sie daran, dass der Grund für die Störung auch banaler sein kann – etwa eine verbogene Nadel oder eine falsche Abstimmung von Garn und Stoffgewicht. Manchmal reicht auch eine Anpassung der Fadenspannung, um eine vermeintliche Störung des Timings zu beheben.

Unterfadenspulen werden meist oben auf der Maschine aufgespult. Verwenden Sie stets eine leere Spule und befolgen Sie für eine gleichmäßig aufgewickelte Unterfadenspule die Anweisungen in der Bedienungsanleitung Ihrer Nähmaschine. Spulen Sie die Spule nur bis zum automatischen Stopp auf – eine zu dick aufgewickelte Spule könnte im Gehäuse stecken bleiben und sich in der Maschine verheddern.

Bei einer perfekten Naht werden Ober- und Unterfaden gleichmäßig in den Stoff gezogen und die Verschlingung bildet sich innerhalb der Stofflagen. Der Fadenspannungsregler bestimmt die Spannung der Fäden beim Durchlaufen der Maschine. Ist die Spannung zu stark, wird zu wenig Faden zugeführt und der Stoff kräuselt sich. Ist die Spannung zu schwach, wird zu viel Garn zugeführt, was zu einem lockeren, unsauberen Stichbild führt.

Die Fadenspannung und den Nähfußruck sollte man daher vorher stets auf einem Stoffmuster testen. Bei schweren Stoffen sollte man den Nähfußdruck verringern, bei leichten Stoffen muss man den Nähfußdruck erhöhen. Ein ausgewogener Druck sorgt dafür, dass die Stofflagen beim Nähen gleichmäßig erfasst werden. Einige Maschinen passen den Nähfußdruck und die Fadenspannung automatisch an den verwendeten Stoff an.

Geradstich: Fadenspannung und Nähfußdruck

- **Sind Fadenspannung und Nähfußdruck ausgewogen,** greifen Ober- und Unterfaden innerhalb der Stofflagen ineinander. Stichlänge und -spannung sehen auf beiden Seiten gleichmäßig aus. Die Stofflagen werden gleichmäßig erfasst und der Stoff wird nicht beschädigt. (A)

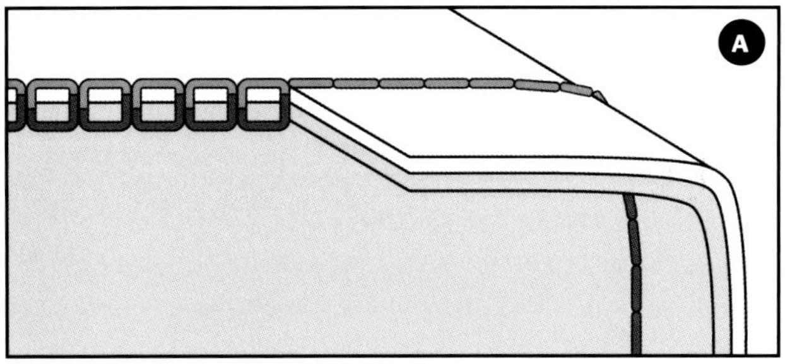

- **Ist die Fadenspannung zu stark,** wird der Unterfaden auf der rechten Seite sichtbar, der Stoff kräuselt sich und es kann sein, dass der Faden reißt. Stellen Sie die Fadenspannung etwas niedriger. Bei zu starkem Nähfußdruck kann es sein, dass sich die untere Stoffschicht kräuselt. Der Stoff verrutscht oder wird stark gedehnt und die Stiche sind unregelmäßig. Stellen Sie den Nähfußdruck niedriger. (B)

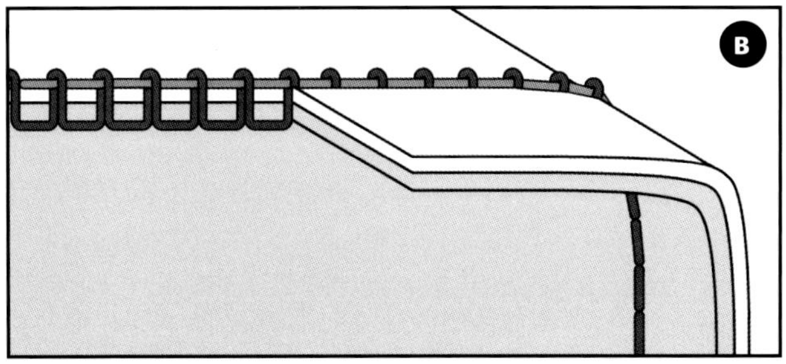

- **Ist die Fadenspannung zu schwach,** wird der Oberfaden auf der linken Seite sichtbar und die Naht ist locker. Erhöhen Sie die Fadenspannung. Ein zu geringer Nähfußdruck kann dazu führen, dass Stiche ausgelassen werden oder unregelmäßig sind und dass der Stoff in den Transporteur gezogen wird. Erhöhen Sie den Nähfußdruck. (C)

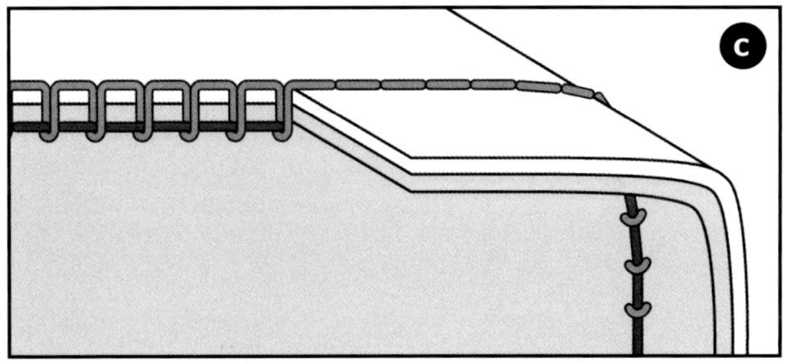

Zickzackstich: Fadenspannung und Nähfußdruck

- **Sind Fadenspannung und Nähfußdruck beim Zickzackstich ausgewogen,** bildet sich die Verschlingung der Fäden an der Spitze des Stichs genau innerhalb der Stofflagen. Die Stiche sind flach und der Stoff kräuselt sich nicht.

- **Bei zu starker Fadenspannung** kräuselt sich der Stoff. Die Verschlingung ist auf der oberen Stofflage sichtbar. Verringern Sie die Spannung. Beim Zickzackstich fällt ein falscher Nähfußdruck nicht so auf wie beim Geradstich, allerdings sind die Stiche in diesem Fall ungleichmäßig lang.

- **Bei zu schwacher Fadenspannung** kräuselt sich die untere Stofflage und die Verschlingung ist auf der unteren Stofflage sichtbar. Erhöhen Sie die Spannung. Bei Zierstichen sollte die Spannung etwas reduziert werden, damit das Nahtbild des Oberfadens abgerundeter wird. (D)

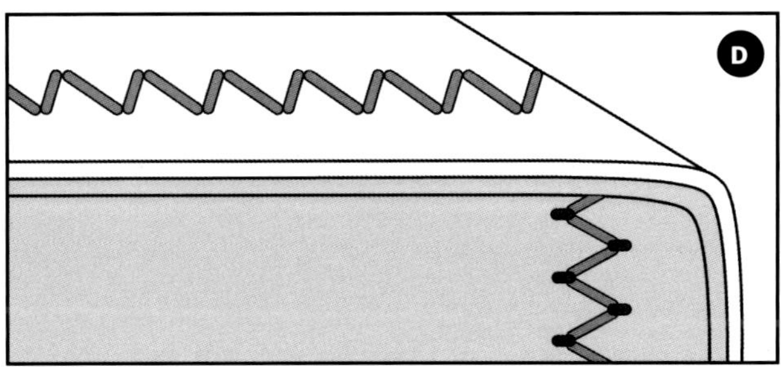

Nähgarn ist entweder auf kurzen, dicken oder auf langen, dünnen Rollen oder auf Konen aufgewickelt. Beachten Sie die Angaben zu Fasergehalt und Garnstärke auf dem jeweiligen Garnrollenetikett. Nähgarn ist in verschiedenen Stärken, die für verschiedene Anwendungsbereiche geeignet sind, erhältlich. Als Faustregel gilt: Je höher die Nummer, desto feiner das Garn. Garnstärke 40 ist ein extrastarker Faden. Der übliche Unterfaden für Maschinenstickerei hat die feinere Garnstärke 60. Für eine optimale Spannung bei normalen Näharbeiten sollte man Ober- und Unterfaden derselben Garnstärke und -art verwenden.

Mittlerweile haben Nähgarne aus Polyester Baumwollgarne weitgehend ersetzt. Polyester franst kaum aus und ist sehr dehnbar, bei hohen Temperaturen waschbar, farbecht und weitgehend UV- und feuchtigkeitsbeständig. Bei gleicher Stärke ist es weitaus strapazierfähiger. Ein Allesnäher-Garn aus Polyester eignet sich für Hand- und Maschinenstiche auf allen Stoffen: Natur- und Kunstfaserstoffe, Web- und Strickstoffe. Reißfestes Garn für das Nähen von Jeansstoff und Canvas besteht meist zu 100 % aus Polyester. Es wird auch zum Absteppen verwendet, wenn die Stiche besonders hervortreten sollen. Knopf- und Polstergarn eignet sich für Handstiche, die besonders strapazierfähig sein müssen. Möglicherweise passt es nicht durch ein Nadelöhr, man kann es aber zum Absteppen auf die Unterfadenspule spulen und das Nähstück mit der rechten Seite nach unten steppen.

Bei Bobbin-Work (Sticken mit dem Unterfaden) spielt das Garn eine besondere Rolle. Spult man sehr dickes Baumwoll- oder Wollgarn oder dünnes Strickgarn auf die Unterfadenspule auf, eröffnen sich wunderbar vielseitige Möglichkeiten für Stepp- und Dekorarbeiten. Bei Bobbin-Work wird das Nähstück mit der rechten Seite nach unten auf die Maschine gelegt, sodass der dekorative Unterfaden auf der rechten Seite sichtbar ist.

Nähgarne

Overlockgarn besteht meist zu 100 % aus Polyester und ist auf große Konen aufgewickelt. Normales Overlockgarn ist dünner als herkömmliches Nähgarn. Möchte man Overlockgarn mit einer herkömmlichen Nähmaschine verarbeiten, stellt man die Spule einfach in ein Glas oder auf einen speziellen Ständer hinter die Maschine möglichst nah an der ersten Fadenführung.

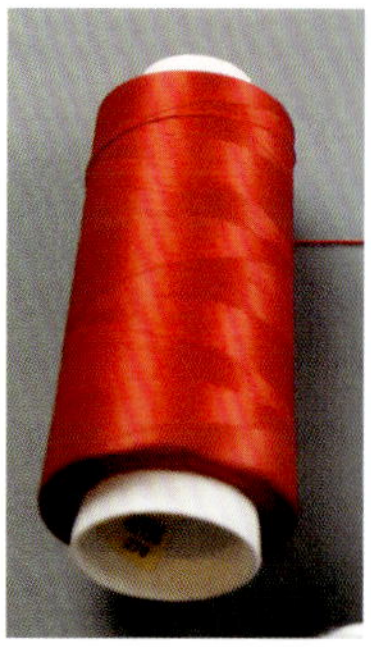

Polyestergarn eignet sich für die meisten normalen Näharbeiten auf mittelschweren und schweren Stoffen. Verwenden Sie Polyestergarn nicht für feine Stoffe, bei Beanspruchung der Nähte könnten das Garn das feine Gewebe zerreißen.

Baumwollgarn kommt nicht mehr so häufig zum Einsatz wie früher, allerdings wird es weiterhin für Quiltarbeiten, zum Handnähen und von Nähfans, die gern mit natürlichen Materialien arbeiten, verwendet. Mercerisiertes Baumwollgarn eignet sich zum Nähen von Webstoffen aus Naturfasern wie Baumwolle, Leinen und Wolle. Da es nicht sehr elastisch ist, eignet es sich zudem für sehr feine Stoffe wie Seidenchiffon. Baumwollgarn kräuselt den feinen Stoff nicht und reißt, bevor der Stoff reißt. Baumwolle ist weich, langlebig und schrumpft mit dem Stoff. Wem der Glanz von Viskose- oder Polyestergarn auf Stickereien nicht gefällt, kann mit Baumwollgarn auch Maschinenstickereien arbeiten. Für Strickstoffe ist Baumwollgarn allerdings nicht elastisch genug.

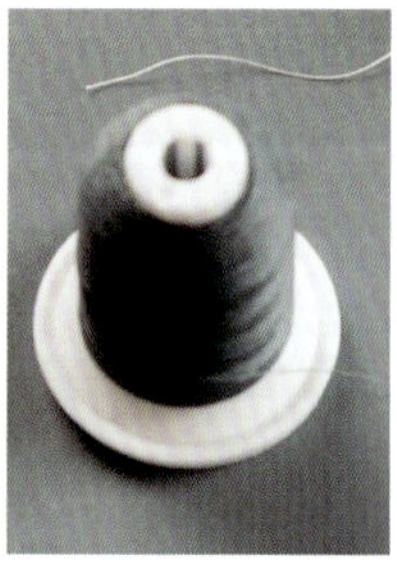

Seidengarn ist leicht dehnbar und glänzt besonders stark. Es eignet sich für Maschinenstickerei und für das Nähen von Seide und synthetischen Seidenstoffen. Lassen Sie sich durch seine feine Beschaffenheit nicht täuschen: Seidengarn ist äußerst robust und wird oft zum Säumen von und zum Applizieren auf Wollstoffen verwendet, da der Faden praktisch unter den Wollfasern verschwindet. Seidengarn eignet sich nicht für Stoffe, die gebleicht werden sollen, da das Chlor den Faden zerstört.

Nylongarn ist dehnbar und eignet sich zum Nähen von Tanz-, Sport- und Bademode. Für alle anderen Stoffe ist Nylongarn eher ungeeignet. Es kann mit der Zeit verfärben und spröde werden und ist weder hitzebeständig noch bügelfest. Sogenanntes Bauschgarn wird oft für mit der Overlockmaschine gearbeitete Rollsäume verwendet. Da die Nylonfasern sich leicht aufbauschen und die winzigen Lücken zwischen den Stichen füllen, sorgt dieses Garn für einen ansprechenden, kompakten Rollsaum.

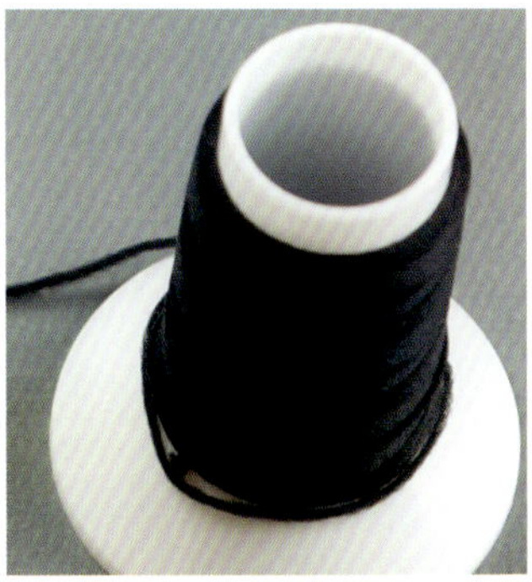

Transparentgarn ist ein sehr dünner, starker, durchsichtiger Nylonfaden, der allein oder zusammen mit einem anderen, weniger strapazierfähigen Garn verwendet werden kann.

Metallicgarn ist eigentlich kein echtes Garn, da es nicht aus gesponnenen Fasern besteht. Es hat einen Kern aus Polyester oder Nylon, der von Metallfasern umhüllt ist, und wird hauptsächlich für dekorative Stepparbeiten verwendet. Für dieses Garn benötigt man eine Spezialnadel mit einem längeren Öhr.

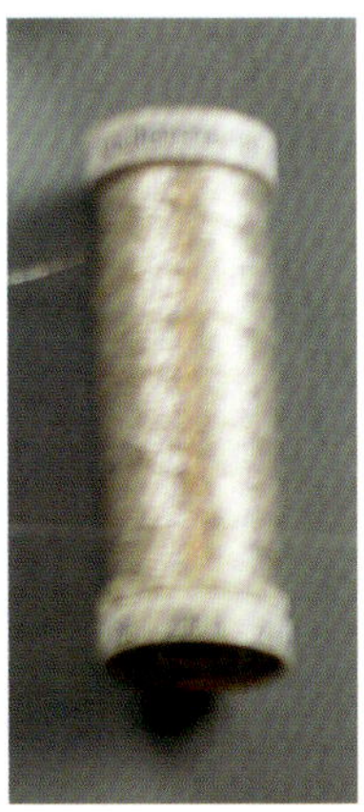

Polster- und Knopfgarn ist viel dicker und stabiler als herkömmliches Nähgarn. Es wird meist zum Handnähen, etwa für Polstermöbel, oder zum Annähen von Mantelknöpfen verwendet.

Acrylgarn ähnelt in mancher Hinsicht Wollgarn. Es eignet sich zum Nähen von Rollsäumen mit der Overlockmaschine und sorgt für saubere, stabile Kanten. Es ist stark und dehnbar und wird zum Nähen von Wollstoffen und für Klöppelarbeiten verwendet. Da es faserig wie Wolle ist, sieht es aus, als wäre es handgesponnen. Echtes Wollgarn ist im Fachgeschäft erhältlich.

Wasserlösliches Nähgarn ist ein Spezialgarn zum Heften. Beim Waschen lösen sich die Nähte komplett auf.

Maschinennadel und Nähgarn wählen

Nadel ist nicht gleich Nadel: Die besten Nähergebnisse erzielt man mit einem Garn und einer Nadel, die perfekt zum jeweiligen Stoff passen. Eine falsche Nadel kann allerlei Probleme verursachen: Im besten Fall sind es zu lockere oder gekräuselte Nähte, schlimmstenfalls bricht die Nadel ab und beschädigt Unterfadenspule oder Greifer. Je nachdem, wo das abgebrochene Stück landet, kann es das Timing der Maschine stören, was eine fachmännische Reparatur nötig macht. Machen Sie es sich daher zur Gewohnheit, für jedes Nähprojekt eine neue Nadel zu verwenden, und tauschen Sie die Nadel sofort aus, wenn sie auch nur leicht stumpf oder verbogen ist.

Grundsätzlich gibt es vier verschiedene Nadelarten: Spitze Nadeln, abgerundete Nadeln, Universalnadeln und Nadeln mit Keilspitze. Je nach Material werden unterschiedliche Nadeln verwendet. Für besondere Nähtechniken wie Sticken oder Quilten sind Spezialnadeln nötig. Eine Sticknadel besitzt etwa ein größeres Öhr, damit das feine Garn weniger Reibung ausgesetzt ist. Eine Nadel für Metallicgarn hat ein längeres Öhr, da der Faden relativ steif ist und sich so nicht verdreht oder reißt.

Die Nadelstärke richtet sich nach dem Durchmesser der Nähmaschinennadel und wird als Kombination zweier Maße angegeben, etwa 80/12. Die höhere Ziffer (80) ist das metrische Maß, die niedrigere (12) entspricht dem amerikanischen System. In beiden Fällen gilt: Je höher die Ziffer, desto dicker und stärker die Nadel.

Für Haushaltsnähmaschinen wird meist eine Nadel mit der Bezeichnung „H" verwendet, dabei handelt es sich um eine Universalnadel mit normaler Rundspitze, bei einigen Overlockmaschinen sollte mit extralangen Nadeln mit der Bezeichnung „EL" gearbeitet werden.

Die verschiedenen Nadelarten werden von den Herstellern häufig am Kolben farblich markiert, es gibt jedoch kein einheitliches Farbsystem.

Spitze Nadeln durchstechen Webstoffe einfach und sauber. Sie sind in verschiedenen Stärken erhältlich, etwa als feine Microtex-Nadeln oder als robuste Ledernadeln. Nadeln für spezielle Garne wie Stickgarn oder Metallicgarn haben ein größeres Öhr.

Jerseynadeln verwendet man für Strick-, Unterwäsche- und Netzstoffe. Die abgerundete Spitze gleitet zwischen die Maschenfäden, anstatt sie zu durchstechen.

Stretchnadeln sind Nadeln mit Kugelspitze, bei denen das Öhr und die Hohlkehle etwas anders gearbeitet sind. Sie eignen sich für sehr feine Strick- und Trikotstoffe. Abgerundete Nadeln bilden im Gegensatz zu spitzen Nadeln keine so geraden Stiche und können Wollstoffe kräuseln, da der Stoff nur nach unten gedrückt und nicht durchstochen wird.

Universalnadeln sind eine Mischung aus spitzen und Jerseynadeln und eignen sich für viele Stoffe. Sie sind im Prinzip spitze Nadeln, die jedoch leicht abgerundet sind und sich daher sowohl für Web- als auch für Strickstoffe eignen. Universalnadeln gibt es auch als Öhrschlitznadeln zum besonders leichten Einfädeln. Zwillings- und Drillingsnadeln (zwei oder drei Nadeln an einem Kolben) bilden zwei oder drei Reihen von Geradstichen auf der Oberseite, die auf der Unterseite mit einem Zickzackstich verbunden sind. Sie werden meist zum Absteppen verwendet und eignen sich sowohl für Strickware als auch für gewebte Stoffe.

Nadeln mit Keilspitze sind flach und werden für Leder oder Vinyl verwendet. Eine Wing-/Hohlsaumnadel erzeugt als dekorativen Effekt feine, bleibende Einstichlöcher.

TIPP

Wenn die Nadel stumpf ist oder Sie eine Nadel mit Kugelspitze für einen gewebten Stoff verwenden, kann es sein, dass sich der Stoff kräuselt, da er nur nach unten gedrückt und nicht von der Nadel durchstochen wird.

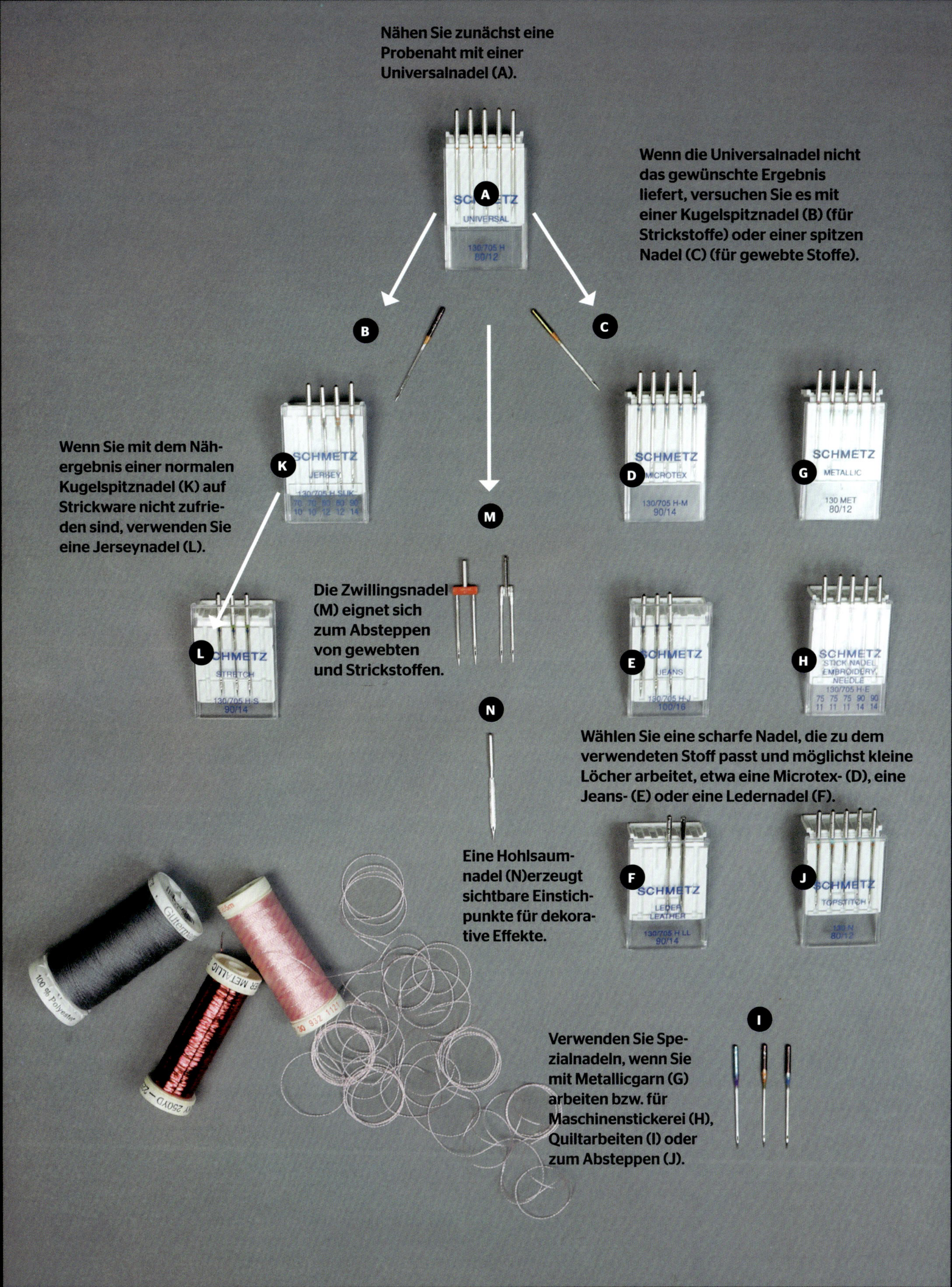

Nähen Sie zunächst eine Probenaht mit einer Universalnadel (A).

Wenn die Universalnadel nicht das gewünschte Ergebnis liefert, versuchen Sie es mit einer Kugelspitznadel (B) (für Strickstoffe) oder einer spitzen Nadel (C) (für gewebte Stoffe).

Wenn Sie mit dem Nähergebnis einer normalen Kugelspitznadel (K) auf Strickware nicht zufrieden sind, verwenden Sie eine Jerseynadel (L).

Die Zwillingsnadel (M) eignet sich zum Absteppen von gewebten und Strickstoffen.

Wählen Sie eine scharfe Nadel, die zu dem verwendeten Stoff passt und möglichst kleine Löcher arbeitet, etwa eine Microtex- (D), eine Jeans- (E) oder eine Ledernadel (F).

Eine Hohlsaumnadel (N)erzeugt sichtbare Einstichpunkte für dekorative Effekte.

Verwenden Sie Spezialnadeln, wenn Sie mit Metallicgarn (G) arbeiten bzw. für Maschinenstickerei (H), Quiltarbeiten (I) oder zum Absteppen (J).

Nadel, Nähfuß und Transporteur – hier geht's zur Sache! Zu jeder Nähmaschine gehört spezielles Zubehör, mit dem sich unterschiedliche Nähaufgaben bewältigen lassen. Reißverschlussfuß, Knopflochfuß und diverse Saumnähfüße gehören zur Standardausstattung fast jeder Maschine. Mit zusätzlichem Zubehör, etwa einem Kräuselvorsatz, spart man bei bestimmten Näharbeiten Zeit und Arbeit.

Beim Einsetzen eines speziellen Zubehörteils oder Nähfußes ist zu beachten, ob die Maschine einen hohen, niedrigen oder abgewinkelten Schaft besitzt. Der Schaft ist der Abstand zwischen der Nähfußsohle und der Fixierschraube. Bei einigen Maschinensystemen ist der Nähmaschinenfuß im Schaft integriert und wird mit diesem ausgetauscht. Zickzackstichplatte und Standardnähfuß sind standardmäßig bei praktisch jeder Maschine vorhanden. Außerdem können ein Knopflochfuß, eine Nahtführung, Reißverschlussfüße, diverse Saumnähfüße, ein Obertransportfuß oder ein Rollsaumfuß enthalten sein. Eine Rundlochstichplatte hat ein Loch, das gerade groß genug ist, dass sich die Nadel nach oben und unten, nicht aber seitlich bewegen kann, wie das etwa beim Zickzackstich der Fall ist. Sie eignet sich zum besonders exakten Nähen von Geradstichen, etwa bei Patchworkarbeiten und beim Absteppen von Kanten. In der Bedienungsanleitung der Nähmaschine finden Sie Hinweise dazu, wie die Zubehörteile einzusetzen sind und wie Sie die besten Ergebnisse erzielen. Je unterschiedlicher die Projekte und die Materialien, die Sie nähen, sind, desto mehr Spezialfüße werden Sie sich mit der Zeit zulegen – etwa einen nahtverdeckten Reißverschlussfuß oder ein Teflonfuß für „klebrige" Stoffe.

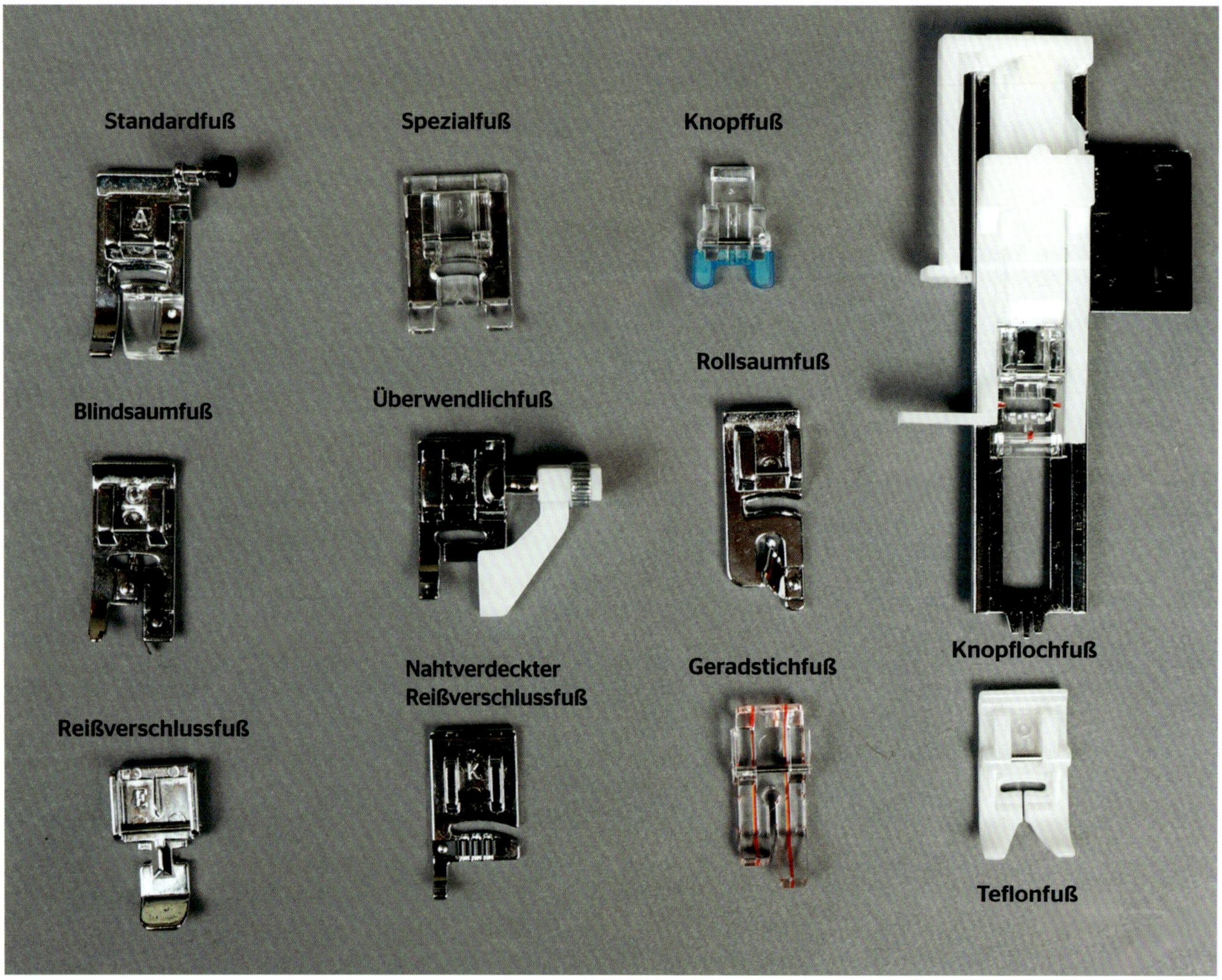

Knopflochfuß Mit diesem Nähfuß kann man gleichmäßige Knopflöcher nähen. Einige Knopflochfüße werden händisch auf die Knopfgröße eingestellt, andere passen sich der Knopfgröße automatisch an. Ältere, nicht elektronische Nähmaschinen können andere Vorrichtungen für Knopflöcher haben, die mit unterschiedlich großen Knopfvorlagen aus Metall arbeiten.

Reißverschlussfuß Zum Einnähen von Reißverschlüssen, zum Annähen von Paspelbändern oder zum Nähen von Säumen, die auf einer Seite voluminöser sind. Bei einigen Maschinen kann man den Fuß auf beiden Seiten einer fixierten Nadel einsetzen, bei anderen Modellen wird die Position der Nadel verändert.

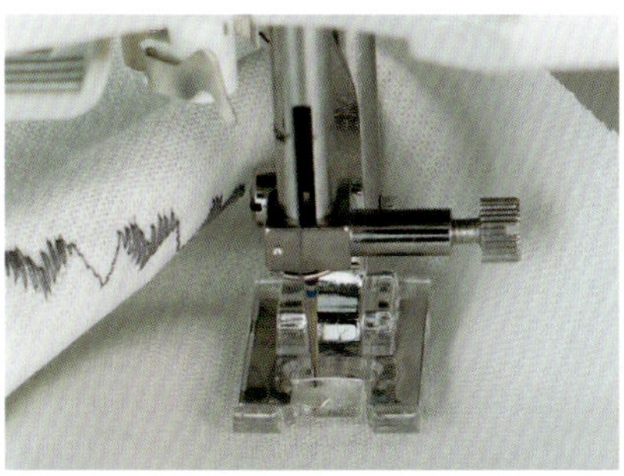

Spezialfuß Dieser Fuß hat Rillen an der Unterseite, wodurch der Faden, vor allem bei dekorativen Stichen, besonders gut durch den Fuß gleitet. Eine Nahtführung wird an der Nähmaschine befestigt und sorgt dafür, dass Nahtzugaben und Säume flach liegen.

Blindsaumfuß Dieser Fuß positioniert den Saum zum Blindsäumen auf der Maschine. Er hat eine Metallführung, die den Faden etwas lockert und genaues Arbeiten ermöglicht.

Obertransportfuß Durch ein extra Set an Transporteuren bewegt dieser Nähfuß beide Stofflagen gleichmäßig. Er eignet sich zum Nähen von Vinyl, Plüsch, voluminöser Strickware und anderen Stoffen, die kleben, rutschen oder sich dehnen. Er ist auch nützlich beim Nähen von Karo- und gestreiften Stoffen und wenn Stoffteile passgenau zusammengesetzt werden müssen.

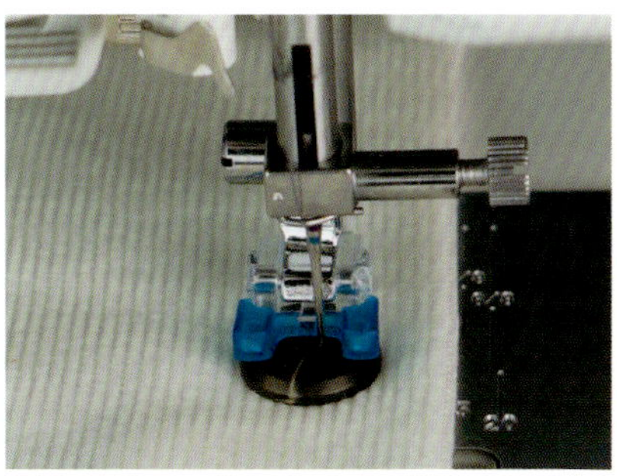

Knopffuß Dieser Fuß hält flache Knöpfe in Position, die so mit der Maschine angenäht werden können. Das ist äußerst zeitsparend, vor allem wenn man mehrere Knöpfe annähen möchte.

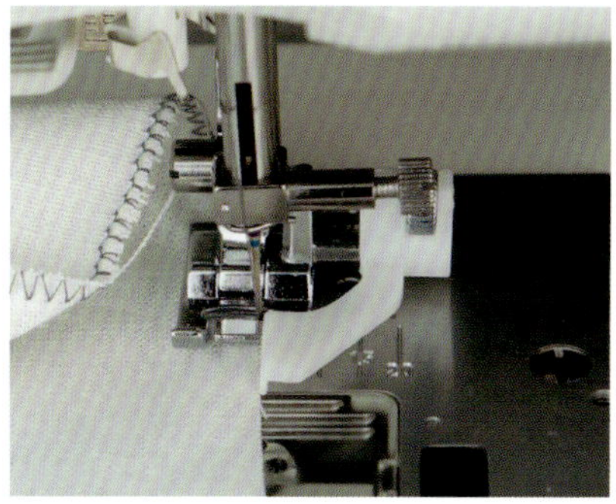

Überwendlichfuß Dieser Fuß verhindert, dass sich die Stoffkanten beim Nähen von Überwendlichstichen einrollen. Die Stiche werden über einem Stift an der Innenkante des Fußes gebildet.

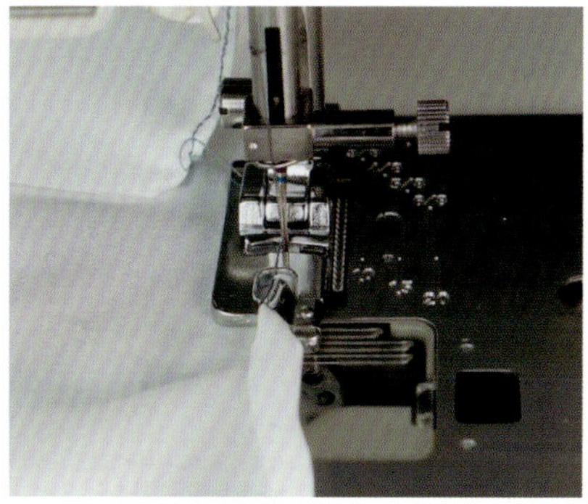

Rollsaumfuß Dieser Nähfuß rollt den Stoff doppelt ein, sodass ein sauberer Rollsaum entsteht. Für Rollsäume an Servietten, gerüschte Kanten oder für hauchdünne Gewebe.

Nahtverdeckter Reißverschlussfuß Mit diesem Spezialfuß kann man direkt neben der Spirale bzw. den Reißverschlusszähnen eines nahtverdeckten Reißverschlusses nähen.

Die Overlockmaschine

Eine Overlockmaschine ist eine Spezialnähmaschine, die zusätzlich zu einer herkömmlichen Maschine erworben werden kann. Mit ihr lässt sich besonders schnell arbeiten, da sie in einem Arbeitsgang Stoffteile zusammennäht, präzise zurückschneidet und versäubert – so werden Rollsäume und Überwendlichstiche zum Kinderspiel!

Overlockmaschinen bilden über 1.500 Stiche pro Minute — etwa zweimal so viel wie herkömmliche Nähmaschinen. Der Stoff wird gleichmäßig transportiert, sodass auch schwer zu verarbeitende Materialien wie rutschige Seide oder sehr dünne Stoffe keinen zeitlichen Mehraufwand bedeuten. Durch diese Maschine sind viele zeitintensive Schritte passè und sie garantiert eine effiziente Arbeitsweise, etwa das Nähen ohne Stecknadeln oder kontinuierliches Nähen. Weiters muss man bei der Overlockmaschine den Nähfuß nicht anheben, um den Stoff zu drehen, und auch das Verriegeln und das Einsetzen von Garnspulen fällt weg.

Funktionen und Bestandteile

Eine Overlockmaschine eignet sich perfekt zum Nähen von Strickware, da sie einen versäuberten und verstärkten Stretchstich produziert. Sie ist ideal zum Annähen von Gummizügen, Bündchen und Borten und hilfreich beim Verarbeiten von Spitzen-, Lochmuster- und offen gewebten Stoffen. Durch die Anpassung der Spannung der unterschiedlichen Fäden kann man den Stoff leicht raffen und auch Strickstoffe mit einem welligen Rollsaum versehen. Für Gerad- oder Zickzacknähte, etwa beim Absteppen, beim Einnähen von Reißverschlüssen oder beim Nähen von Knopflöchern, sollten Sie allerdings besser eine normale Nähmaschine verwenden.

Overlockmaschinen gibt es in diversen Ausführungen mit einer Vielzahl von Sticharten. Die meisten normalen Overlockmaschinen nähen mit vier oder fünf Fäden, es gibt aber auch Modelle mit nur zwei oder drei Fäden. Die Bezeichnung der Maschine gibt Aufschluss über die verfügbaren Stiche: Eine 4/3-Faden-Overlockmaschine näht entweder eine 4-Faden-Stretchsicherheitsnaht oder eine 3-Faden-Overlocknaht.

Bestandteile der Overlockmaschine

A Fadenführungen
B Teleskopstange
C Garnrollenständer
D Fadenspannungseinstellräder Nadel (eines oder zwei, je nach Modell)
E Fadenspannungseinstellräder Greifer (zwei oder drei, je nach Modell)
F Nadelhalterschrauben
G Greiferraumdeckel
H Stichlängeneinstellrad
I Handrad
J Differentialtransporteinstellhebel (modellabhängig)
K Messer
L Nähfuß
M Stichplatte
N Greifer (zwei oder drei, je nach Modell)
O Stichfingerhebel
P Nahtbreiteneinstellrad
Q Einfädelschema

Die Position der Teile kann je nach Modell variieren.

A
B
C
D
E
F
G
H
I
J
SINGER ProFinish

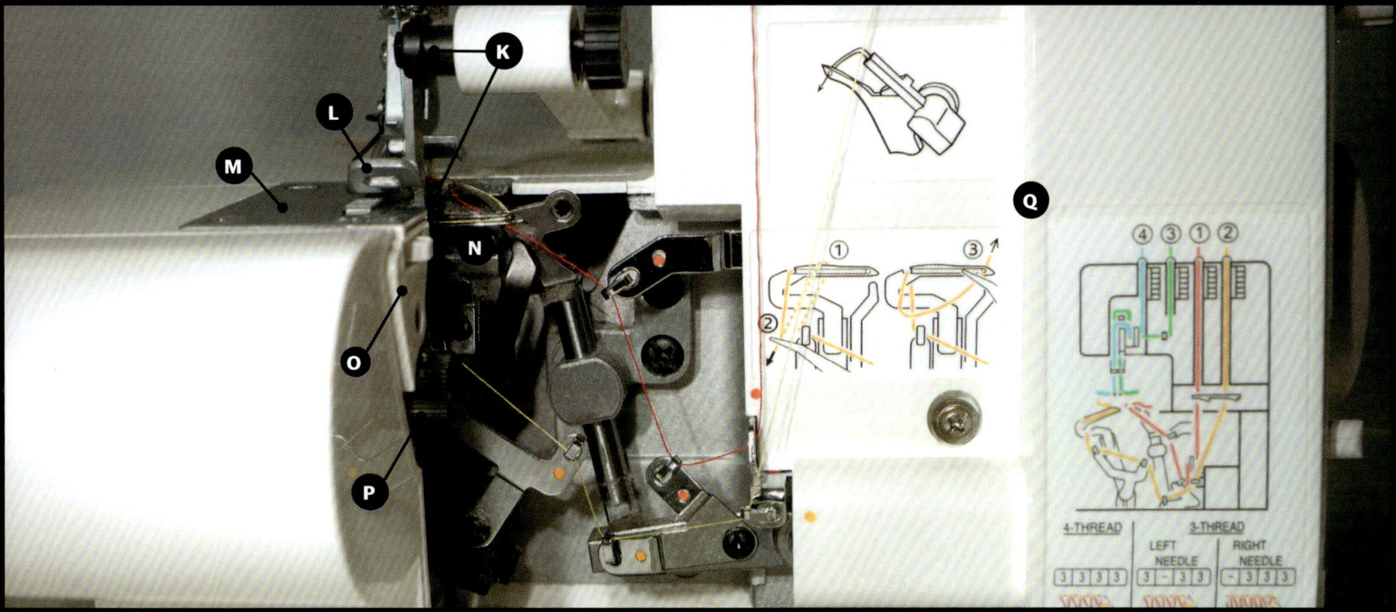
K
L
M
N
O
P
Q
4-THREAD
3-THREAD
LEFT NEEDLE
RIGHT NEEDLE

Sticharten

2-Faden-Überwendlichnaht
- zum einfachen Versäubern von feinen Stoffen
- für Webstoffe

3-Faden-Overlocknaht
- Stretchnähte
- robuste Nähte und Versäuberungen
- für Strick- und Webstoffe

2-Faden-Kettenstich
- stabiler Geradstich
- dekorative Ziernaht
- hauptsächlich für Webstoffe

4-Faden-Sicherheitsnaht
- stabile Nähte mit einfacher Versäuberung
- hauptsächlich für Webstoffe

5-Faden-Sicherheitsnaht
- stabile Nähte mit robuster Versäuberung
- hauptsächlich für Webstoffe

3-Faden-Stretchsicherheitsnaht
- sehr flexible, stabile Nähte
- für besonders dehnbare Strickstoffe wie Elastan

4-Faden-Stretchsicherheitsnaht
- stabile Stretchnähte
- für Strick- und Webstoffe

Flatlocknaht
- flache, nicht auftragende Stretchnähte
- dekorative Ziernaht
- hauptsächlich für Strickstoffe

Rollsaum
- für schmale Rollsäume
- dekorative Ziernaht
- für Strick- und Webstoffe

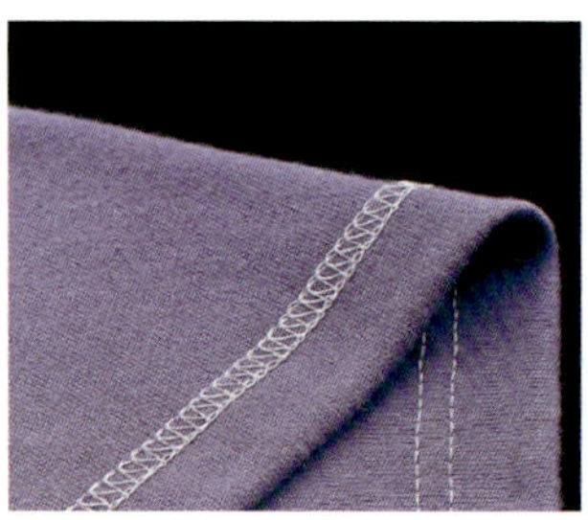

Covernaht
- Stretchnähte und -säume
- dekorative Ziernaht
- vor allem für Strickstoffe

Overlockgarn

Mit einer Overlockmaschine verbraucht man mehr Garn als mit einer herkömmlichen Nähmaschine, daher bieten Garnhersteller Garn auf Konen, Kingspulen und Kompaktspulen an. Die Spulen und Konen haben eine Lauflänge von mindestens 1.000 Meter, manche Konen haben eine Lauflänge von bis zu 10.000 Meter.

Allesnäher sind auch für Overlockmaschinen geeignet; es gibt sie auf parallel oder kreuzweise gewickelten Rollen. Rollen mit Parallelwicklung benötigen Garnabgleiterscheiben für eine gleichmäßige Zufuhr.

Allesnäher sind in einer größeren Farbauswahl erhältlich und für mittelschwere bis schwere Stoffe geeignet.

Overlockgarne haben allgemein eine Stärke von 120, sie sind also dünner als Allesnäher. Für eine Overlockmaschine empfiehlt sich dünnes Garn, da die mit großer Garnmenge gefertigten Nähte sonst zu sehr auftragen. Bei Rollsäumen und gewellten Rollsäumen kann man zusätzlich Nylon- oder Acrylgarn in den Obergreifer einfädeln. Die Fasern dieser Spezialgarne bauschen sich leicht auf und füllen die Lücken zwischen den Stichen, sodass eine kompakte Naht entsteht.

Pflege und Wartung

Overlockmaschinen laufen mit höherer Geschwindigkeit als herkömmliche Nähmaschinen und beanspruchen die Nähgarne entsprechend stärker, weshalb diese robust und strapazierfähig sein sollten. Prüfen Sie die Stärke des Garns: Minderwertiges Garn kann leicht reißen. Overlockmaschinen erzeugen zudem mehr Reibungspunkte auf dem Garn, minderwertiges Garn fusselt dadurch besonders stark. Halten Sie einen Faden des von Ihnen verwendeten Garns gegen einen andersfarbigen Hintergrund: Sieht er sehr fasrig und ungleichmäßig aus, verwenden Sie qualitativ hochwertigeres Garn. Billiggarne verursachen oft mehr Probleme, als sich durch die Kosteneinsparung rechtfertigen ließen. Bewahren Sie Garne geschützt vor Sonnenlicht und Feuchtigkeit auf.

Da eine Overlockmaschine den Stoff während des Nähens zurückschneidet, erzeugt sie mehr Fussel und muss regelmäßig gereinigt werden. Verwenden Sie für die Reinigung eine kleine Bürste oder spezielle Staubsaugeraufsätze. Die Reinigung mit Druckluft ist ebenso möglich, hierbei ist allerdings darauf zu achten, die Fussel nicht noch tiefer ins Maschineninnere zu blasen. Overlockmaschinennadeln können einen langen oder kurzen Schaft haben. Für die meisten Overlockmaschinen eignen sich aber dieselben Nadeln wie für jede herkömmliche Nähmaschine.

Verwenden Sie die für Ihre Maschine bestimmte Nadelart. Maschinennadeln für herkömmliche Nähmaschinen müssen bei einer Overlocknähmaschine häufig ausgewechselt werden, da unsichtbare Knickstellen und Abnutzung die Qualität des Overlockstichs beeinträchtigen können. Verwenden Sie eine möglichst dünne Nadel, um den Stoff nicht zu beschädigen, Stärke 80 eignet sich für die meisten Stoffarten.

Die meisten Overlockmaschinen haben ein Ober- und ein Untermesser, die den Stoff vor dem Nähen zurückschneiden. Eines der Messer ist aus Hartstahl und hält mehrere Jahre, das andere ist weniger haltbar und muss eventuell häufiger ausgetauscht werden. Wenn die Messer stumpf wirken, reinigen Sie sie zuerst mit Alkohol. Setzen Sie sie dann wieder ein und ziehen Sie die Schrauben fest. Testen Sie die Messer durch langsames Nähen. Schneiden die Messer weiterhin nicht wie gewünscht, tauschen Sie das weniger haltbare Messer aus und nähen Sie erneut eine Probenaht. Ist das Ergebnis nicht zufriedenstellend, kann es sein, dass Sie auch das andere Messer austauschen müssen.

Das perfekte Stichbild

Für ein sauberes Stichbild ist die richtige Fadenspannung besonders wichtig. Die Spannung muss für jeden Faden einzeln eingestellt werden. Jede Änderung einer oder mehrerer Spannungseinstellungen beeinflusst das Stichbild, da sich die Fäden anders miteinander verschlingen. Dank der Anpassung der Spannung kann die Overlockmaschine eine Vielzahl unterschiedlicher Garne, Stoffe, Nähte, Säume und dekorativer Elemente nähen. Um sich mit den Spannungseinstellungen der Overlockmaschine vertraut zu machen, empfiehlt es sich, verschiedenfarbige Fäden einzufädeln. Halten Sie sich dabei am besten an das Farbleitsystem Ihrer Maschine. Machen Sie mehrere Probenähte und verändern Sie dabei immer wieder die Fadenspannung. So stellen Sie fest, wie sich die verschiedenen Einstellungen auswirken und wie ein sauberes Stichbild gelingt. Die meisten der unten und gegenüber abgebildeten Nähbeispiele wurden mit einer 3-Faden-Overlockmaschine gefertigt; werden dieselben Einstellungen bei anderen Modellen verwendet, liefern sie ein ähnliches Ergebnis.

Häufige auftretende Probleme

Obergreiferfadenspannung zu fest. Der Obergreiferfaden (rot) zieht den Untergreiferfaden (gelb) auf die andere Stoffseite. Die Obergreiferfadenspannung verringern, sodass sich die Fäden genau entlang der Schnittkante verschlingen.

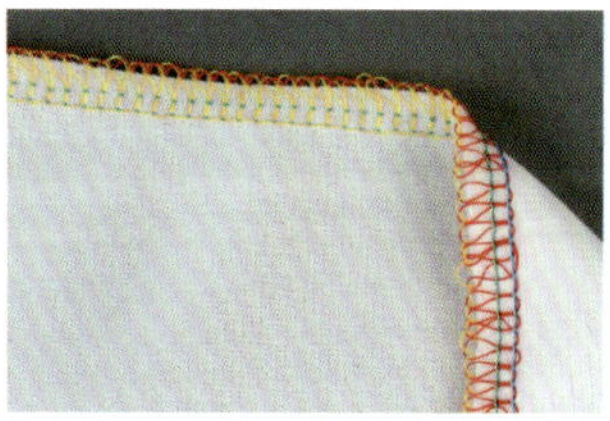

Obergreiferfadenspannung zu locker. Der Obergreiferfaden (rot) verschlingt sich mit dem Untergreiferfaden (gelb) an der Schnittkante oder auf der Stoffunterseite zu locker. Erhöhen Sie die Obergreiferfadenspannung, damit sich die Fäden genau an der Schnittkante verschlingen.

Untergreiferfadenspannung zu locker. Der Untergreiferfaden (gelb) ist auf der Stoffoberseite zu sehen oder bildet dort Schlingen. Die Untergreiferfadenspannung erhöhen, bis die Stiche flach auf dem Stoff aufliegen und die Verschlingungen exakt an der Schnittkante verlaufen.

Untergreiferfadenspannung zu fest. Der Untergreiferfaden (gelb) zieht den Obergreiferfaden (rot) auf die Stoffunterseite. Die Verschlingungen sind auf der Stoffunterseite zu sehen. Verringern Sie die Untergreiferfadenspannung, bis die Verschlingungen exakt an der Schnittkante verlaufen.

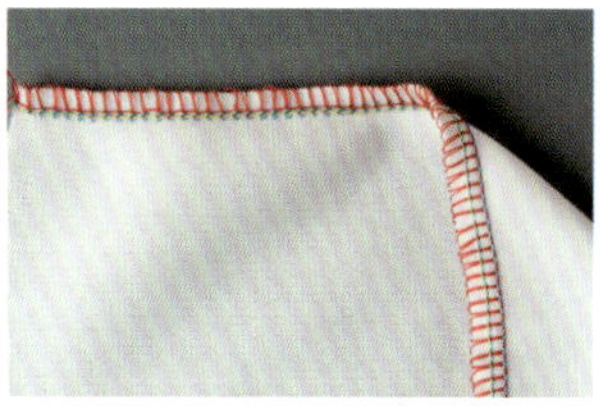

Ober- und Untergreiferfadenspannung zu fest. Der Stoff kräuselt sich entlang der Naht. Ober- und Untergreiferfadenspannung verringern, bis der Stoff schön flach liegt.

Ober- und Untergreiferfadenspannung zu locker. Die Schlingen der Unter- (gelb) und Obergreiferfäden (orange) sind lose und ragen über die Schnittkante des Stoffes hinaus. Beide Fadenspannungen erhöhen, sodass die Schlingen die Stoffkante umfassen.

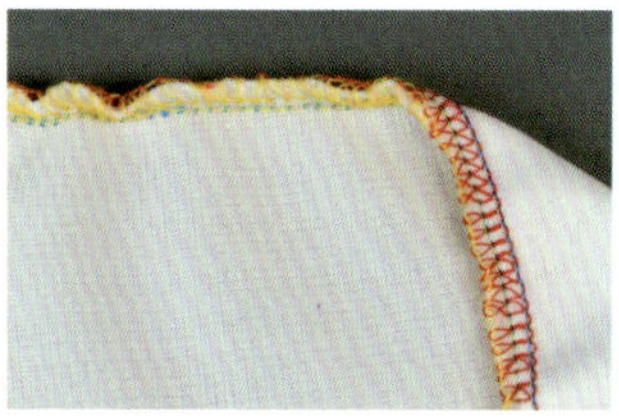

Nadelfadenspannung zu fest. Der Stoff kräuselt sich oder zieht sich längs zusammen. Die Nadelfadenspannung verringern, bis der Stoff flach liegt. Strickstoffe auf Fadenriss testen und bei Bedarf die Nadelfadenspannung verringern. Auf einer 4/3-Faden-Overlockmaschine jede Nadelfadenspannung (blau, grün) einzeln einstellen.

Nadelfadenspannung zu locker. Der Nadelfaden (grün) bildet auf der Stoffunterseite lose Schlingen. Für flache, glatte Stiche die Nadelfadenspannung erhöhen. Auf der 4/3-Faden-Overlockmaschine jede Nadelfadenspannung (blau, grün) einzeln einstellen.

Korrekte Fadenspannung

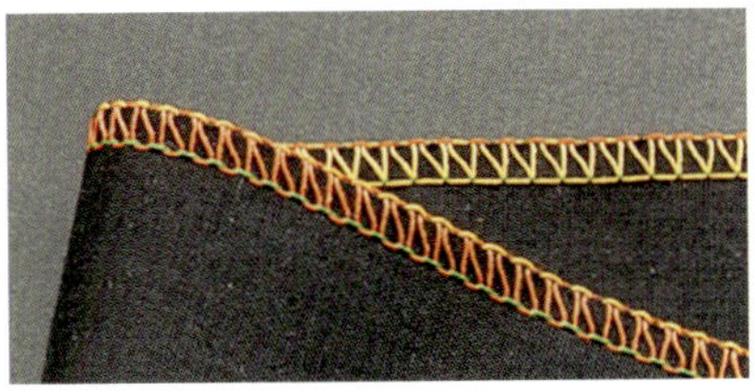

Die 4-Faden-Naht wird von zwei Greifern und zwei Nadeln gebildet. Der Obergreifer- (rot) und der Untergreiferfaden (gelb) bilden gleichmäßige, glatte Schlingen entlang der Stoffkante. Der Obergreiferfaden (rot) ist nur auf der Oberseite des Stoffes sichtbar, der Untergreiferfaden (gelb) nur auf der Unterseite. Die Nadelfäden (blau und grün) bilden flache, kräuselfreie Stiche.

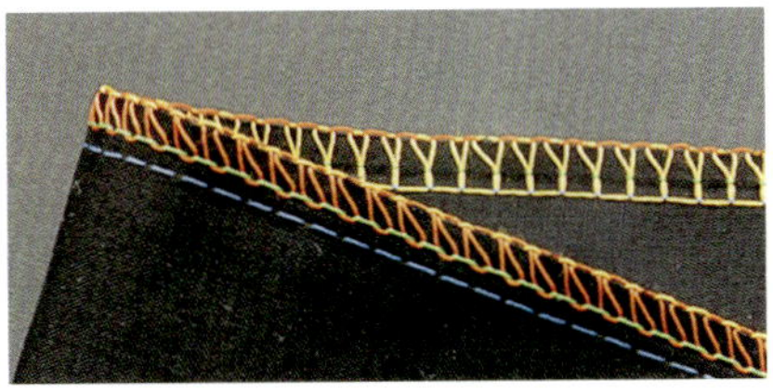

Die 3-Faden-Naht wird von zwei Greifern und einer Nadel gebildet. Der Obergreifer- (rot) und der Untergreiferfaden (gelb) verschlingen sich exakt an der Stoffkante. Der Nadelfaden (grün) bildet flache Stiche, die mit den Greiferfäden ineinandergreifen.

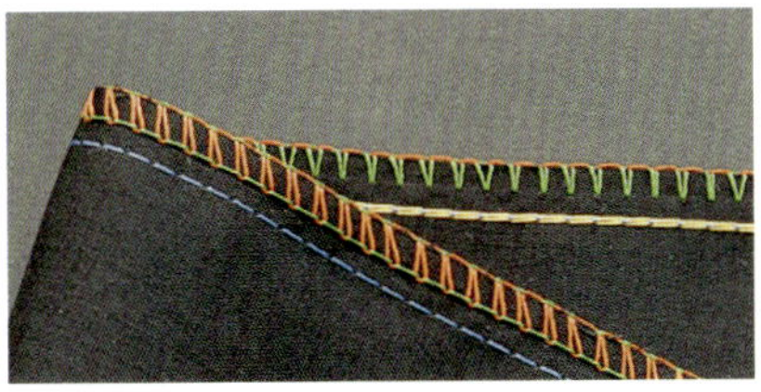

Der 2-Nadel-4-Faden-Stich erzeugt eine doppelte Stichreihe mit zwei Greifern und zwei Nadeln. Der linke Nadelfaden (blau) verschlingt sich mit dem Untergreiferfaden (gelb) für einen saubere, kräuselfreie Kettnaht. Der Obergreiferfaden (rot) und der rechte Nadelfaden (grün) verschlingen sich entlang der Stoffkante ineinander.

Differenzialtransport

Während der Differentialtransport früher nur bei hochpreisigen Modellen enthalten war, verfügen heute selbst günstigste Overlockmaschinen über einen Differenzialtransport. Eine Overlockmaschine besitzt zwei Transporteure zum Befördern des Stoffes: Einer schiebt den Stoff, der andere zieht ihn. Ist das Differenzial auf „0" oder die Grundeinstellung „N" eingestellt, transportieren beide Transporteure den Stoff gleich schnell. Für die meisten Näharbeiten eignet sich diese Einstellung. Wird der Differenzialtransport verändert, arbeitet der vordere Transporteur schneller oder langsamer als der hintere. Für die Verarbeitung mancher Stoffe muss das Differenzial verändert werden. Mithilfe bestimmter Einstellungen können Sie bestimmte Nähte wie etwa Kräuselnähte oder gewellte Rollsäume arbeiten. Wird der Differenzialtransport erhöht (meist bis höchstens „2"), wird der Stoff schneller geschoben als gezogen. Umgekehrt wird der Stoff bei einer Verringerung des Differenzialtransports (meist auf „0,6") schneller gezogen als geschoben. Beim Nähen von Stretchstoffen quer zum Fadenlauf, zum Beispiel am Halsausschnitt oder an einem T-Shirt-Saum, kann es sein, dass sich der Stoff dehnt und dadurch wellt. Um dies zu vermeiden, stellen Sie den Differenzialtransport höher. Um etwa für einen gewellten Rollsaum noch mehr Wölbungen zu erzeugen, stellen Sie den Differenzialtransport niedriger, sodass der Stoff schneller gezogen als geschoben wird. Ein gewellter Rollsaum lässt sich nur parallel zur Maschenreihe (senkrecht zu den Rippen oder zum Fadenlauf) erzeugen. Stellen Sie den Differenzialtransport zum Kräuseln höher, damit der Stoff vor der Nadel schneller geschoben wird.

Zu Beginn wird noch keinen Stoff unter den Nähfuß gelegt, sondern es wird eine etwa 5 cm lange Fadenkette genäht. Durch die Fadenkette am Beginn und am Ende der Naht wird verhindert, dass die Naht aufgeht. Durch das Nähen ohne Stoff wird die Maschine nicht beschädigt und die Fäden reißen nicht, da die Stiche auf den Kettelfingern gebildet werden.

Meist befinden sich auf der Stichplatte ein oder zwei Kettelfinger. Die Stiche werden um den Kettelfinger herum gebildet, sodass die Breite des Kettelfingers bei korrekter Spannung die Stichbreite bestimmt. Wird der Kettelfinger ausgeschaltet, wird die Stoffkante umgeschlagen; durch Verringern der Stichlänge und Entfernen einer Nadel entsteht ein Rollsaum. Manche Overlockmaschinen haben einen Kettelfinger am Nähfuß, meist ist er aber in der Stichplatte integriert und mit einem Schieber zum Ein- oder Ausschalten verbunden.

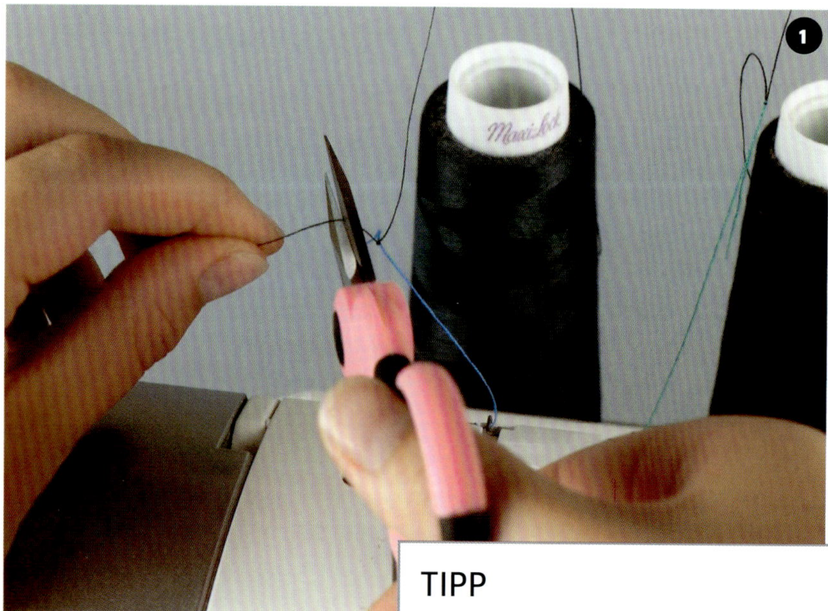

Schneller Garnwechsel

1 **Die Fäden nah an der Spule** abschneiden und die Spule entfernen. Mit einem Überhandknoten einen neuen Faden anknoten. Fadenenden circa 1 cm vom Knoten abschneiden.

2 **Spannungen lösen** oder auf „0" stellen. Nadelfaden vor der Nadel abschneiden. An der Fadenkette ziehen, um die Fäden voneinander zu trennen.

3 **Die Fäden nacheinander** durch die Führungen und Ober- und Untergreifer ziehen. Den Nadelfaden so weit durchziehen, bis der Knoten die Nadel erreicht hat. Knoten abschneiden und den Faden mit einer Pinzette einfädeln.

TIPP

Bei jeder Overlockmaschine wird das Garn ein bisschen anders eingefädelt, das Grundprinzip ist jedoch für die meisten 4-Faden-Overlockmaschinen gleich: Generell sollten Sie sich beim Einfädeln an die Abfolge „oben, unten, innen, außen" halten – zuerst Obergreifer, dann Untergreifer, dann rechte (innere) Nadel, dann linke (äußere) Nadel.

Umschlingung vom Kettelfinger lösen

1 Den Nähfuß anheben. Am Handrad drehen, um die Nadel nach oben zu bringen. Die linke Hand auf die Fadenkette hinter dem Nähfuß legen. Zum Lockern des Nadelfadens den Faden leicht über die letzte Fadenführung vor der Nadel ziehen. (Nähfuß wurde zur besseren Veranschaulichung entfernt.)

2 Fadenkette hinter dem Nähfuß gerade nach hinten ziehen, bis sich die Fäden voneinander lösen und keine Fäden mehr auf den Kettelfingern der Stichplatte oder des Nähfußes sind.

Nahtanfang

Fadenkette nähen. Ein bis zwei Stiche auf dem Stoff nähen. Nähfuß anheben; Nadel mit dem Handrad nach oben holen. Umschlingung vom Kettelfinger lösen. Die Fadenkette mit den Fingern glätten.

Fadenkette von links unter dem Nähfuß nach vorn legen und zwischen Nadel und Messer platzieren. Fadenkette festhalten und Nähfuß absenken.

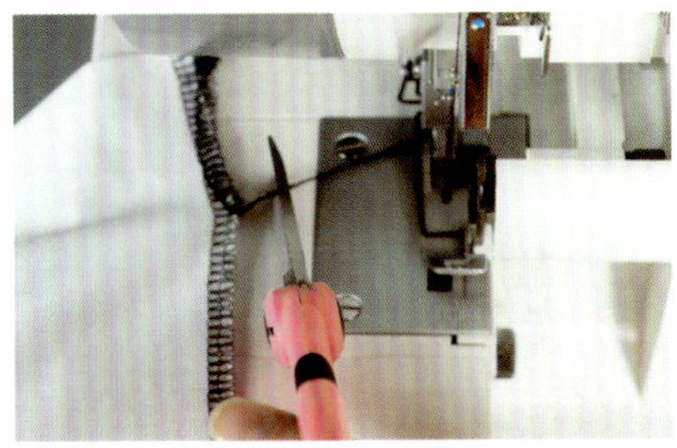

Fadenkette etwa 2,5 cm übernähen, dann die Fadenkette nach rechts legen, damit sie beim Weiternähen abgeschnitten wird, oder später händisch abschneiden.

Nahtende

Am Ende der Naht einen Stich weiter ins Leere nähen, Maschine anhalten. Nähfuß und Nadel anheben, um die Umschlingung vom Kettelfinger zu lösen. (Nähfuß wurde zur besseren Veranschaulichung entfernt.)

Stoff umdrehen und die Stoffkante am Messerrand ausrichten. Nähfuß absenken. Mit dem Handrad die Nadel an der Stoffkante und links von der Naht einstechen.

Etwa 2,5 cm über die vorherige Naht nähen. Über die Kante hinausnähen und eine Fadenkette lassen. Die Fadenkette mit der Schere oder dem Overlockmesser dicht an der Nahtkante abschneiden.

Innenecken und V-Ausschnitte versäubern

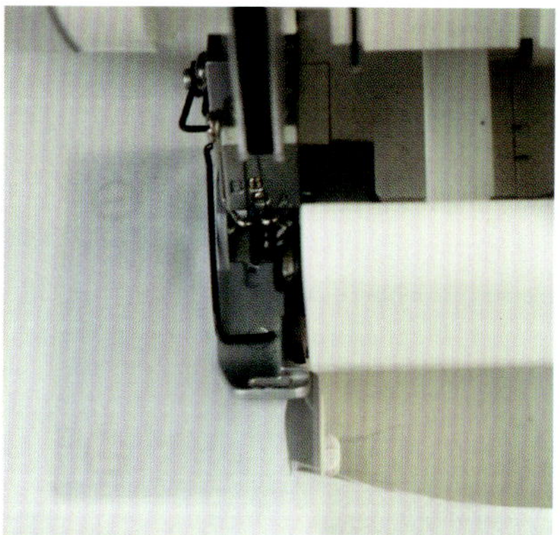

Schnittkante des Stoffes am Overlockmesser ausrichten und bis kurz vor die Innenecke nähen.

Stoff nach links gerade ziehen. So entsteht eine Falte, die nicht genäht wird.

Nadeln anheben, Stoff drehen, Nadelfäden lockern. Nadel mit dem Handrad in der Ecke einstechen. Weiternähen und dabei den Stoff gerade führen.

Rundungen versäubern

Stoff bis zur gewünschten Schnitt- oder Nahtlinie einschneiden.

Stoff vor dem Nähfuß führen, sodass die Messer die Schnittkante auf die Rundung zurückschneiden. Beim Nähen auf das Messer, nicht auf die Nadel achten.

Bis zum Beginn der Naht nähen. Den Nähfuß anheben. Stoff hinter die Nadel schieben und über die Kante hinausnähen, sodass sich keine Schlingen über der Stoffkante bilden. (Nähfuß wurde zur Veranschaulichung der Nadelposition entfernt.)

Außenecken versäubern

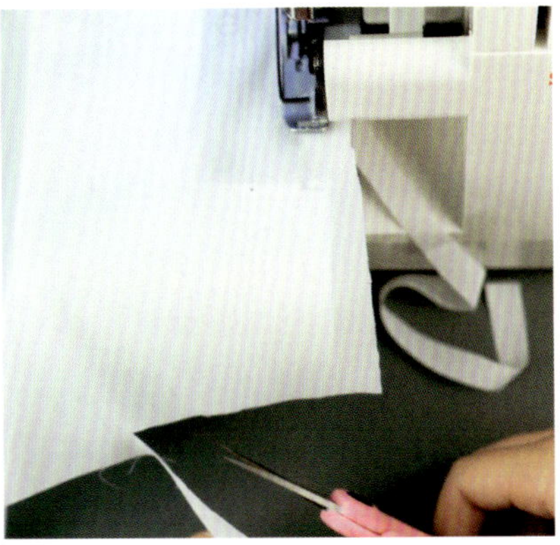

Nach der Ecke einen etwa 5 cm langen Streifen der Nahtzugabe wegschneiden. Beim Nähen von Servietten, Tischsets und ähnlichen Projekten können Sie den Stoff auf die fertige Größe zuschneiden und dieser Schritt entfällt.

Einen Stich über die Ecke hinausnähen. Nähfuß und Nadel anheben, um die Verschlingung vom Kettelfinger zu lösen, und den Nadelfaden leicht lockern. (Nähfuß wurde zur Veranschaulichung der Nadelposition entfernt.)

Stoff drehen und die Schnittkante der zurückgeschnittenen Nahtzugabe am Messer ausrichten. Nadel an der versäuberten Kante einstechen. Nähfuß senken und weiternähen.

Nähte auftrennen

Bedenken Sie bei allen Overlockstichen, dass ein oder zwei Fäden durch den Stoff gestochen werden, während andere Fäden rund um diese Nadelfäden geschlungen werden. Am einfachsten ist es, den Nadelfaden (schwarz) zu ermitteln und diesen in Abständen von 4 bis 6 cm zu durchtrennen und herauszuziehen. Nun lassen sich die Greiferfäden (rot und gelb) am Stück entfernen.

Unverzichtbares Zubehör

Das richtige Zubehör für die jeweilige Aufgabe zu haben, ist das A und O bei jedem Nähprojekt. Einige Werkzeuge sind wahre Multitalente, andere wiederum erfüllen lediglich eine einzige, wenn auch wichtige Funktion. Die Kunst des Nähens besteht im Prinzip aus fünf Schritten: Maßnehmen, Zuschneiden, Markieren, Nähen (mit der Hand oder der Maschine) und Bügeln. Für all diese Aufgaben gibt es nützliche Hilfsmittel, die für das gewünschte Ergebnis sorgen. Im Laufe der Zeit wird sich Ihr Inventar an nützlichem Zubehör parallel zu Ihren Näherfahrungen stetig erweitern.

Handnäh-Zubehör

Näh- und Stecknadeln gibt es je nach Verwendungszweck in verschiedenen Größen und Ausführungen. Achten Sie auf rostfreie Modelle aus Messing oder vernickeltem Stahl. Stecknadeln mit bunten, runden statt flachen Köpfen sind im Stoff besser sichtbar und gehen weniger leicht verloren. Stecknadeln mit Köpfen aus Glas statt Plastik schmelzen nicht, wenn sie mit einem heißen Bügeleisen in Berührung kommen.

A **Mittellange Nähnadeln** werden für allgemeine Näharbeiten verwendet.

B **Modistennadeln** sind extralang, haben ein rundes Öhr und eignen sich für lange Heft- oder Kräuselstiche.

C **Sticknadeln** werden für sämtliche Stickarbeiten verwendet. Sie sind spitz und mittellang.

D **Quiltnadeln** sind sehr kurz und haben ein rundes Öhr. Sie eignen sich für sehr feine und Quiltstiche.

E **Jerseynadeln** haben eine abgerundete Spitze und eignen sich vor allem für Strickstoffe. Die runde Spitze drückt die Fäden auseinander, ohne sie zu durchstechen.

F Ein **Nadelkissen** dient zur sicheren Aufbewahrung von Näh- und Stecknadeln. Einige Kissen sind mit Schmirgelpapier zum Säubern der Nadeln versehen.

G **Seidenstecknadeln** eignen sich für leichte bis mittelschwere Stoffe. Sie sind etwa 2,5 bis 3 cm lang und haben Glas- oder Plastikköpfe. Extrafeine Seidenstecknadeln (4,5 cm Länge) sind aufgrund ihrer Länge im Stoff besser sichtbar.

H **Stecknadeln** aus Messing, Stahl oder rostfreiem Stahl werden für allgemeine Näharbeiten verwendet. Sie sind meist 2,6 cm lang. Nadeln mit Glaskopf sind gut sichtbar und schmelzen nicht, wenn man über sie bügelt.

I **Quiltstecknadeln** sind 4,5 cm lang und werden aufgrund ihrer Länge vor allem für schwere Stoffe verwendet.

J **Faltennadeln** sind etwa 2,5 cm lang und eignen sich zum Stecken von feinen Stoffen innerhalb der Nahtzugabe.

K **Stecknadeln mit Kugelspitze** werden für Strickstoffe verwendet.

L **Nadeleinfädelhilfen** vereinfachen das Einfädeln bei Hand- und Maschinennähnadeln.

M **Schneiderwachs** verstärkt den Faden und verhindert, dass sich dieser beim Handnähen verdreht. Verwenden Sie Schneiderwachs ausschließlich für Baumwoll- oder Seidengarne. Meist handelt es sich um ein Produkt aus Paraffin, aber auch echtes Bienenwachs ist erhältlich. Am besten presst man den Faden, nachdem man ihn durch das Wachs gezogen hat, mit einem warmen Bügeleisen zwischen Seidenpapier, um überschüssiges Wachs zu entfernen und den Faden zu versiegeln.

N **Fingerhüte** schützen den Mittelfinger beim Nähen mit der Hand. Sie sind in mehreren Größen erhältlich.

O **Nadelkissen mit Armspange** sorgen dafür, dass die Stecknadeln beim Abstecken eines Kleidungsstücks stets griffbereit sind.

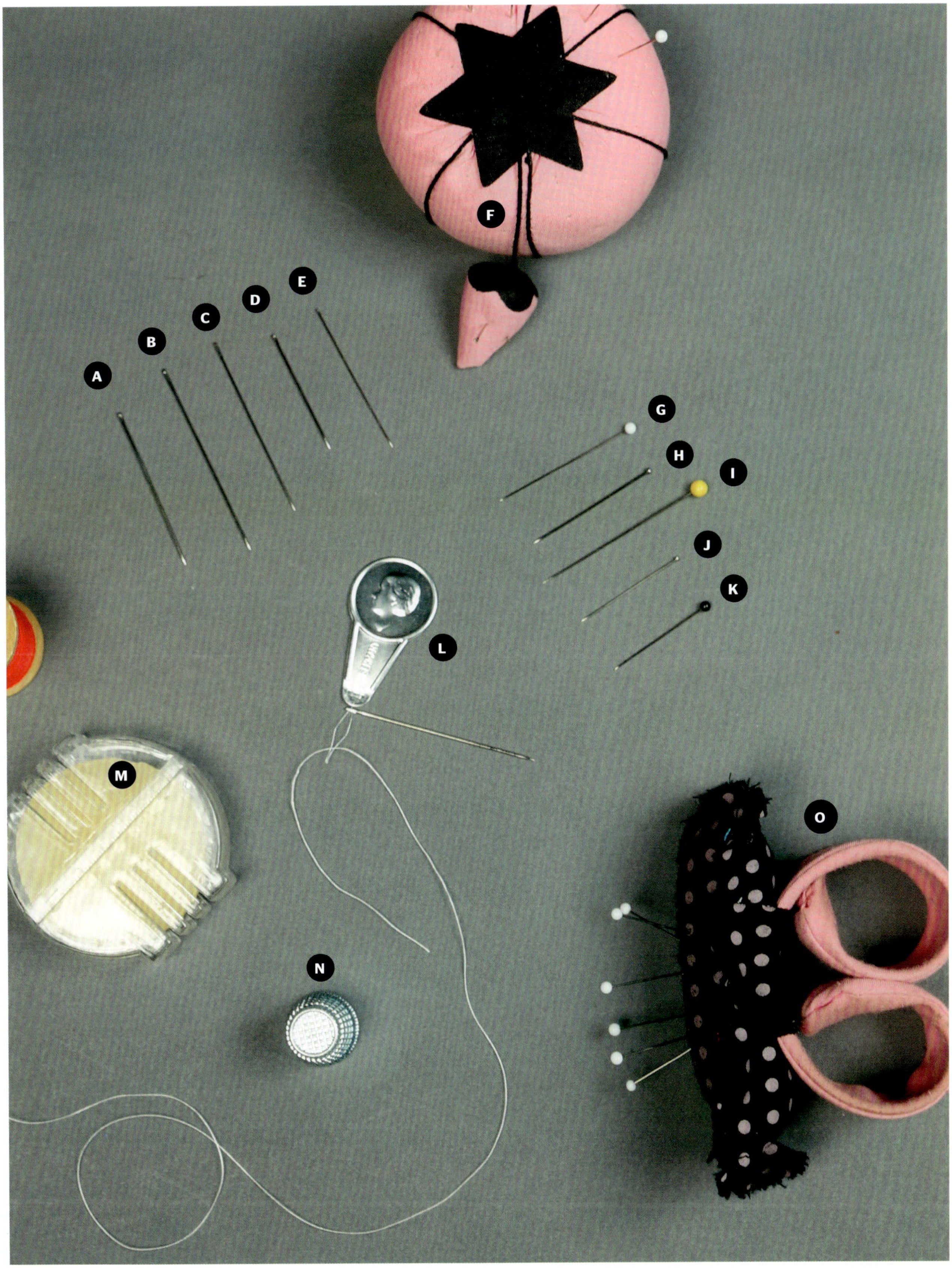
A
B
C
D
E
F
G
H
I
J
K
L
M
N
O

Markierhilfen

Die unterschiedlichen Symbole auf Schnittmustern helfen beim richtigen Zusammensetzen der einzelnen Teile eines Kleidungsstücks. Daher ist das Übertragen dieser Symbole vom Schnittmuster auf den Stoff ein wichtiger Teil des Nähens. Für verschiedene Farben und Arten von Stoff kommen unterschiedliche Werkzeuge und Techniken zum Markieren zum Einsatz, daher sollten Sie stets eine größere Auswahl an Markierzubehör griffbereit haben. Machen Sie es sich zur Gewohnheit, stets alle Markierungen vom Schnittmuster auf den Stoff zu übertragen. Lesen Sie sich, bevor Sie mit dem Nähen beginnen, die Anweisungen auf dem Schnittmusterumschlag sorgfältig durch und stecken Sie kleine Merkzettel an den Stoffteilen fest, die Sie an bestimmte Schritte oder Techniken erinnern, die Ihnen noch nicht so vertraut sind.

A **Schneiderkopierpapier** hat eine farbig beschichtete Oberfläche, mithilfe eines Kopierrädchens werden Linien auf den Stoff übertragen. Wählen Sie eine Farbe, die der des Stoffes ähnelt, sich aber dennoch abhebt. Am besten überprüft man auf einem kleinen Stoffmuster, ob die Farbe nicht auf der rechten Seite durchscheint.

B **Kopierrädchen** haben entweder eine glatte oder eine gezackte Kante: Die gezackte Kante macht eine gepunktete Linie, die gerade eine durchgehende. Kopierrädchen eignen sich für die meisten, allerdings nicht für sehr feine Stoffe.

C **Schneiderkreide** lässt sich einfach und schnell direkt auf den Stoff auftragen. Da sie leicht verwischt, sollte man sie erst kurz vor dem Nähen auftragen.

D **Markierstifte** dienen zum schnellen Markieren von Abnähern, Falten und Taschen. Die Farbe mancher Stifte verblasst innerhalb von 48 Stunden, bei anderen verschwindet die Farbe beim Waschen. Diese sollte man daher nur für waschbare Stoffe verwenden. Beim Bügeln können sich die Markierungen in den Stoff einbrennen, man sollte sie daher vor dem Bügeln entfernen.

E Ein **Parallelkopierrad** hält zwei Stücke Kreide und markiert den Stoff gleichzeitig auf der rechten und der linken Seite.

F **Zahlenaufkleber** sind praktisch zum Markieren von zugeschnittenen Teilen.

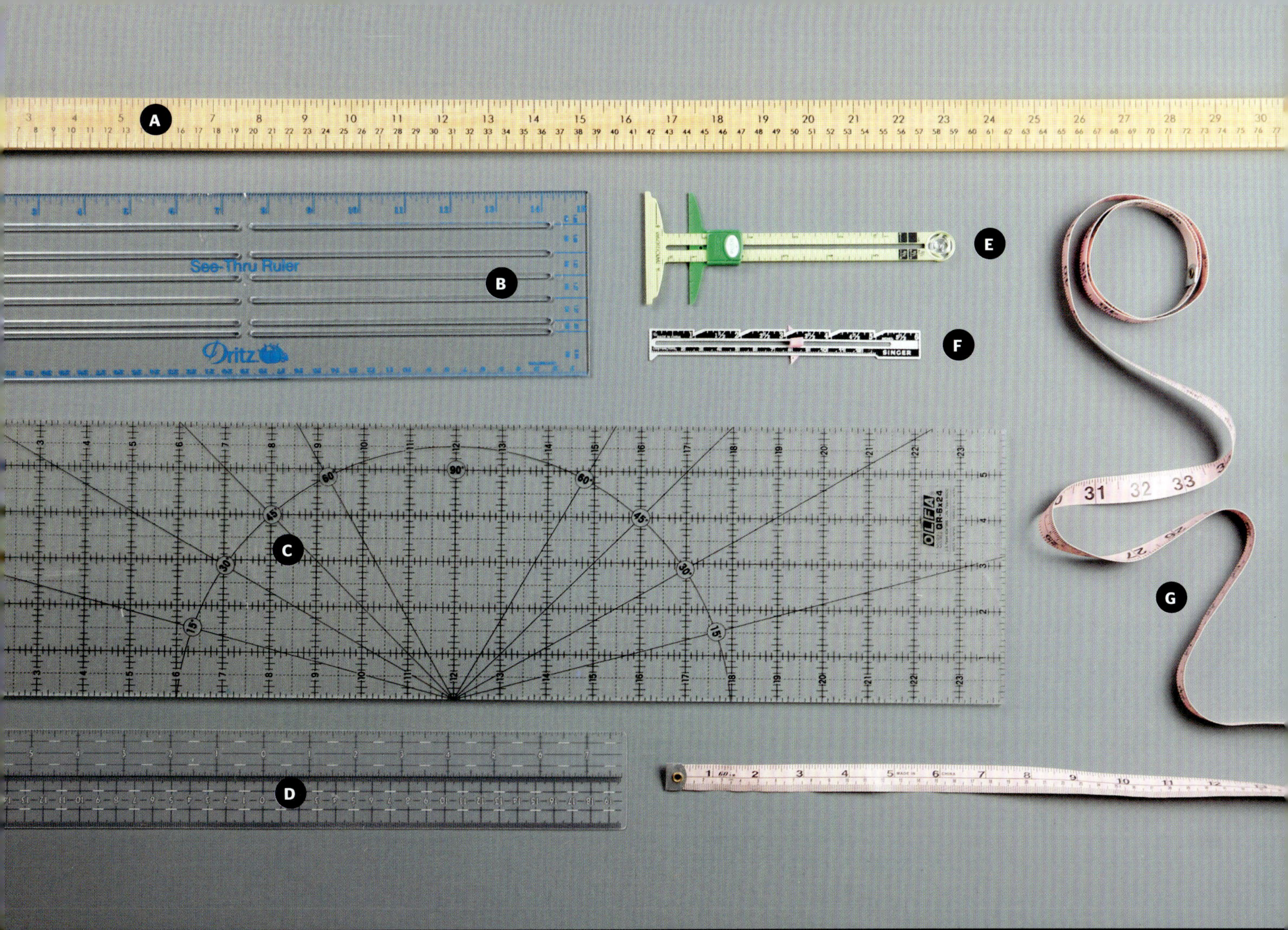

Messhilfen

Beim Messen gilt: Doppelt hält besser! Genaues und sorgfältiges Messen an Körper und Schnittmuster ist das Um und Auf für eine perfekte Passform. Und auch während des Nähens müssen etwa Nahtzugaben immer wieder abgemessen und Knöpfe gleichmäßig platziert werden. Um eine perfekte Passform zu gewährleisten, sollten Sie lieber mehrmals messen und nur das beste Zubehör verwenden.

A **Maßstäbe** dienen zum allgemeinen Markieren und zum Markieren der Fadenlauflinie beim Auflegen des Schnittmusters. Sie sollten aus glattem Holz oder Metall sein.

B **Durchsichtige Lineale** sind besonders hilfreich, da man sehen kann, was man misst oder markiert. Sie dienen zur Kontrolle des Fadenlaufs und zum Markieren von Knopflöchern, Abnähern und Falten.

C **Quiltinglineale** mit den Maßen 60 x 15 cm werden in Kombination mit einem Rollschneider für lange, gerade Schnitte verwendet. Anhand der Markierung lässt sich der Fadenlauf prüfen.

D **Lineale** werden zum allgemeinen Markieren verwendet. Am nützlichsten sind 30 oder 45 cm lange Modelle.

E **Messschieber** dienen zum Einzeichnen des Fadenlaufs, zum Abändern von Schnittmustern und zum genauen Messen und Markieren von Knopflöchern und Nahtzugaben. Sie eignen sich auch als Nahtlehre.

F **Nähmaße** helfen beim schnellen, genauen Messen von Säumen, Knopflöchern und Falten. Sie sind meist 15 cm lang, bestehen aus Plastik oder Metall und haben einen Schieber.

G **Maßbänder** dienen zum flexiblen Maßnehmen. Verwenden Sie ein 150 cm langes Band mit Metallenden aus einem nicht dehnbaren Material. Es sollte beidseitig bedruckt sein, vorzugsweise mit Zentimetereinheiten.

Schneidewerkzeuge

Kaufen Sie grundsätzlich immer hochwertige Schneidewerkzeuge und lassen Sie diese regelmäßig von einem Fachmann schärfen. Bei einer guten Schneiderschere ist der Druck der Klingen mit einer Justierschraube einstellbar. Scharfe Scheren sorgen für exakte Schnitte und beschädigen das Gewebe nicht. Stumpfe Modelle erschweren das Schneiden, können den Stoff beschädigen und Schmerzen an Fingern, Händen und Handgelenken verursachen. Verwenden Sie Schneiderscheren nie für andere Zwecke, etwa zum Schneiden von Papier oder Kordeln. Geben Sie ab und zu einen Tropfen Öl auf die Schraube, wischen Sie die Schere nach Gebrauch mit einem weichen, trockenen Tuch ab und bewahren Sie sie in einer Schachtel oder in einem Beutel auf.

A Stoffscheren eignen sich besonders zum Zuschneiden, da der Stoff durch den abgewinkelten unteren Griff beim Schneiden nicht angehoben wird. Die Klinge ist meist 18 bis 20,5 cm lang. Wählen Sie eine Schere, die gut in der Hand liegt. Es gibt auch Modelle für Linkshänder. Wer viel näht, sollte in eine Kraftschnittschere aus Edelstahl für schwere Stoffe investieren. Leichtere Modelle aus rostfreiem Stahl eignen sich für gelegentliches Nähen und leichte Stoffe.

B Nähscheren haben eine spitze und eine abgerundete Spitze zum Kürzen und Einschneiden von Säumen und Belegen. Eine 15 cm lange Klinge ist am praktischsten.

C Stickscheren haben 10 oder 12,5 cm lange, leicht zugespitzte Klingen mit spitzen Enden für Handarbeiten und genaues Schneiden.

D Nahttrenner trennen Nähte schnell auf, öffnen Knopflöcher und entfernen Stiche. Vorsichtig verwenden, um den Stoff nicht zu beschädigen.

E Snipper haben eine Sprungfeder und sind praktisch zum Einschneiden und manchmal sicherer in der Handhabung als ein Nahttrenner.

F Zickzack- oder Wellenscheren machen einen Zickzack- oder Wellenschnitt und verhindern das Ausfransen von Schnittkanten.

G Rollschneider funktionieren wie ein Pizzaschneider und eignen sich für Rechts- und Linkshänder. Man verwendet sie auf einer speziellen Plastikmatte, die es in verschiedenen Größen gibt und die die Schnittunterlage und die Klinge schützt. Die Klinge lässt sich zum Schutz zurückziehen. Das Rad wird nicht geschliffen, sondern ausgewechselt, dafür wird eine Schraube gelöst und ein neues Rad eingesetzt.

H Präzisionsbastelscheren haben kleine, robuste Klingen zum Einschneiden und zum Abschneiden von Fadenenden dicht am Stoff.

B1
SINGER
SINGER
G
A1
C
A2
H
B2
F
E
D

Bügelhilfen

Regelmäßiges Bügeln während des Nähens ist grundlegend für ein perfektes Endergebnis, daher sollte auf keinen Fall darauf verzichtet werden. Mithilfe des Dampfes lässt sich auch die Form von Textilien verändern – so lassen sich etwa perfekt geformte Schultern modellieren.

Am besten bügeln Sie mehrere Nähte direkt nacheinander, damit Sie den Dreh herausbekommen. Nähen Sie so viel wie möglich und bügeln Sie dann alle Nähte. Manchmal sollte das Bügeln jedoch direkt nach jedem einzelnen Nähschritt erfolgen. Meist ist im Schnittmuster angegeben, wann das Nähstück gebügelt werden sollte, aber allgemein gilt: Bügeln Sie jede Naht, bevor sie eine andere kreuzt. Bügeln ist hier vielmehr als Pressen zu verstehen: Beim Bügeln gleitet das Bügeleisen auf dem Stoff vor und zurück, beim schonenderen Pressen wird das Bügeleisen hingegen nur kurz, mit wenig Bewegung und wenig Druck Stück für Stück im Fadenlauf auf den Stoff aufgesetzt.

Damit keine Glanzspuren entstehen, den Stoff von der linken Seite her bügeln oder ein Bügeltuch auflegen. Zum Schutz der Bügeleisensohle vor dem Bügeln alle Stecknadeln entfernen.

A Ein **Ärmelbrett** sieht aus wie ein kleines Bügelbrett. Es wird zum Bügeln von Nähten an kleinen oder schmalen Bereichen wie Ärmeln, Hosenbeinen oder Halsausschnitten verwendet. Als Alternative kann man eine stabile Kartonrolle verwenden.

B Ein **Dampfbügeleisen** sollte mehrere Temperatureinstellungen für verschiedene Stoffe besitzen. Investieren Sie in ein hochwertiges Markenbügeleisen, das sich schnell erhitzt und automatisch abschaltet. Für Synthetikstoffe eignet sich ein Gerät, das auch bei niedriger Temperatur mit Dampf arbeitet.

C Ein **Bügelholz** eignet sich zum Aufbügeln von Nähten in Ecken und Spitzen. Die Nähte werden geglättet, indem die Wärme und der Dampf im Stoff eingeschlossen werden. So erhält man eine glatte Oberfläche und scharfe Kanten – auch bei schweren Stoffen. Der Griff eignet sich auch als Bügelbrett für schwer erreichbare Bereiche, etwa zum Auseinanderbügeln der Nahtzugaben an Kragen. Besonders nützlich ist das Bügelholz beim Bügeln von Stoffen, die nicht gebügelt werden dürfen – einfach ein paar Dampfstöße über der jeweiligen Naht oder Falte aufbringen und mit dem Bügelholz ein paar Sekunden fest über den Bereich bügeln.

D Eine **Saumrolle** ist ein Kissen, das sich zum Bügeln von Säumen eignet. Der Hauptteil des Stoffes fällt zur Seite und kommt so nicht mit dem Bügeleisen in Berührung. So hinterlässt die Naht keine Abdrücke auf der rechten Seite.

E Ein **Bügelkissen** ist ein festes, abgerundetes Kissen zum Bügeln und Formen von sämtlichen abgerundeten Teilen bei Kleidungsstücken. Eine Seite besteht aus Baumwolle, die andere ist mit Wolle überzogen, wodurch mehr Dampf eingeschlossen bleibt.

F Ein **Bügelhandschuh** ist besonders für kleine, schwer erreichbare Stellen geeignet. Er passt über die Hand oder ein Ärmelbrett und ist auch nützlich für Teile, die man nicht auf dem Bügelbrett bügeln kann, wie etwa hängende Drapierungen. Den Handschuh über eine Hand ziehen, den Stoff darüberlegen und mit dem Bügeleisen vorsichtig darüberbügeln.

G **Bügeleisenreiniger** beseitigt sämtliche Rückstände auf der Sohle des Bügeleisens, damit diese glatt bleibt und keine Rückstände auf den Stoff gebügelt werden.

H **Sprühstärke und Schlichte** verleihen Textilien ein griffiges Aussehen und Gefühl. Schlichte kann vor dem Nähen auf rutschige Stoffe aufgebracht werden, dadurch sind sie leichter zu verarbeiten.

I Ein **Bügeltuch** verhindert Bügelglanz und wird zum Aufbringen von Bügeleinlagen verwendet. Bei einem durchsichtigen Tuch kann man überprüfen, ob der Stoff glatt ist und die Einlage ordentlich liegt.

A
B
SINGER | Expert Finish
C
D
E
F
G
iron-off
H
Mary Ellen's
Best Press
The Clear Starch and Sizing Alternative
Scent-Free
I

Spezialwerkzeuge und -zubehör sparen Zeit und sorgen für bessere Ergebnisse beim Auflegen des Schnittmusters, beim Zusammenfügen der Schnittteile und beim Bügeln. Je öfter und je mehr unterschiedliche Materialien Sie nähen, desto sinnvoller ist die Anschaffung des einen oder anderen Zubehörteils. Selbst ein Werkzeug, das Sie vermeintlich nur einmal benötigen, kann sich für andere Projekte als unverzichtbar erweisen.

Machen Sie sich mit jedem neuen Werkzeug und Zubehörteil eingehend vertraut, bevor Sie es benutzen. Werkzeuge, die auf dem Stoff haften bleiben, sollten Sie vorher auf einem Stoffmuster testen, um sicherzugehen, dass keine Rückstände auf dem Stoff zurückbleiben. Hier finden Sie einen kleinen Überblick über besonders nützliches Spezialzubehör.

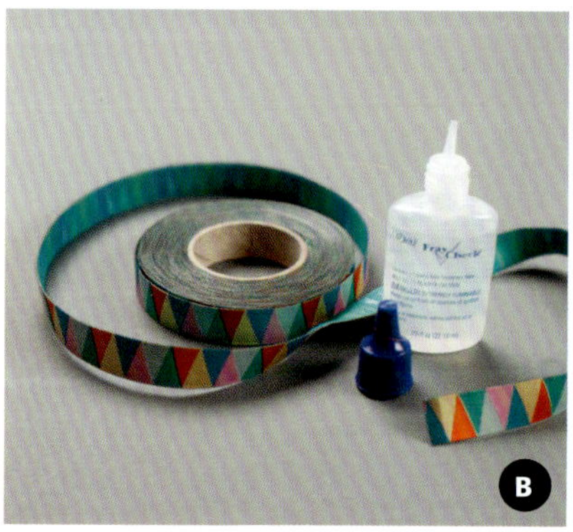

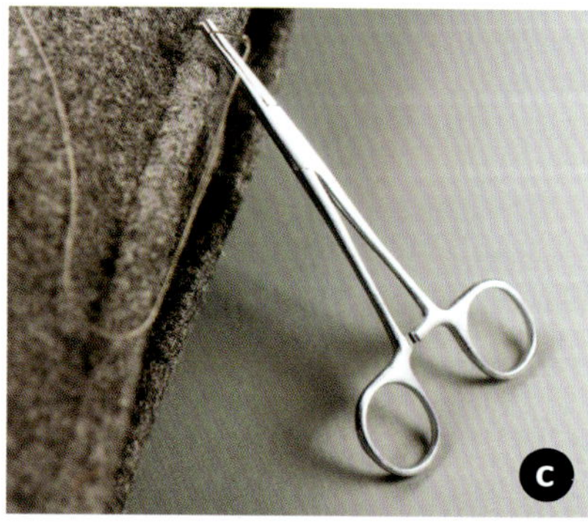

A Ein **Tischbügelbrett** ist leicht zu transportieren, platzsparend und kann direkt neben der Nähmaschine aufgestellt werden. Große Stoffteile kann man so auf dem Tisch ausbreiten, sie dehnen sich so nicht so aus, als wenn sie zu Boden hängen. Es macht auch das Bügeln während des Nähens deutlich einfacher.

B **Flüssiger Fransenstopp** ist ein farbloser Klebstoff, der das Ausfransen verhindert, indem er den Stoff verstärkt. Er ist hilfreich, wenn Sie zu weit in eine Nahtzugabe geschnitten haben oder eine Tasche oder ein Knopfloch verstärken möchten. Allerdings dunkelt er auf hellen Stoffen etwas nach, daher vorsichtig auftragen und zuvor auf einem Stoffmuster testen!

C Mit einer **Greifhilfe** lässt sich die Nadel auch durch schwere Stoffe ziehen.

D **Doppelseitiges Textilklebeband** ermöglicht das vorübergehende Fixieren von Stofflagen ohne Nadel und Heftfaden. Es ist geeignet für Leder, Vinyl und Stoff. Textilklebeband ist besonders hilfreich beim Zusammensetzen von gestreiften und Karostoffen, beim Anbringen von Reißverschlüssen und bei der Platzierung von Taschen und Borten. Mit der Nähmaschine sollte nicht über das Klebeband genäht werden, da an der Nadel Klebstoffrückstände haften bleiben könnten.

E **Textilkleber** ersetzt Stecknadeln und Heftstiche und dient zum Fixieren von Leder, Vinyl, Filz, Borten, aufgesetzten Taschen und Reißverschlüssen. Er eignet sich zum Basteln und Nähen. Textilklebestifte sind wasserlöslich und nicht permanent. Flüssigtextilkleber kann man punktweise auf Nahtzugaben auftragen, um Stoffschichten zusammenzuhalten.

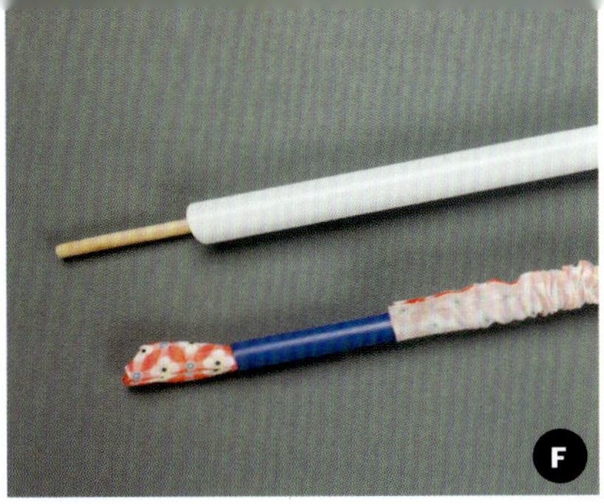

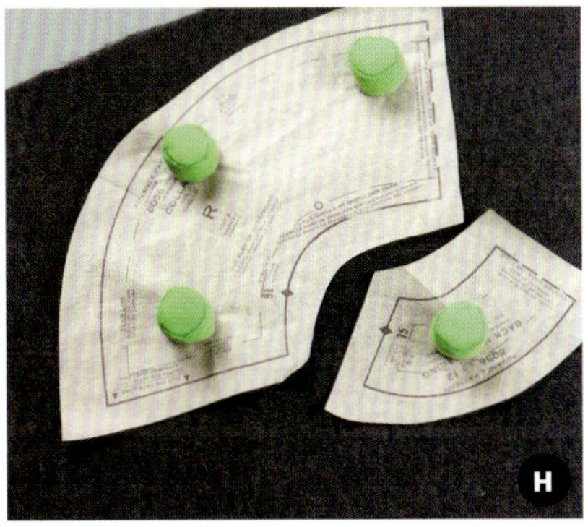

F Wendehilfen erleichtern das Verstürzen von Stoffschläuchen. Eine Wendenadel eignet sich zum Wenden von sehr feinen Schlaufen und Schläuchen.

G Knopflochstecher dienen zum präzisen Einschneiden von Knopflöchern. Im Set enthalten ist oft ein Holzblock zum Unterlegen, verwenden Sie ansonsten ein kleines Schneidebrett zum Schutz der Arbeitsfläche. Der Stecher schneidet genauer als eine Schere oder ein Nahtauftrenner und verhindert das Einschneiden der Knopflochstiche.

H Gewichte helfen beim Fixieren von Schnittmustern und machen das Stecken und Entfernen von Stecknadeln unnötig, damit sind sie geeignet für Stoffe, die andernfalls mit Löchern versehen werden würden. Als Alternative eignen sich glatte Steine.

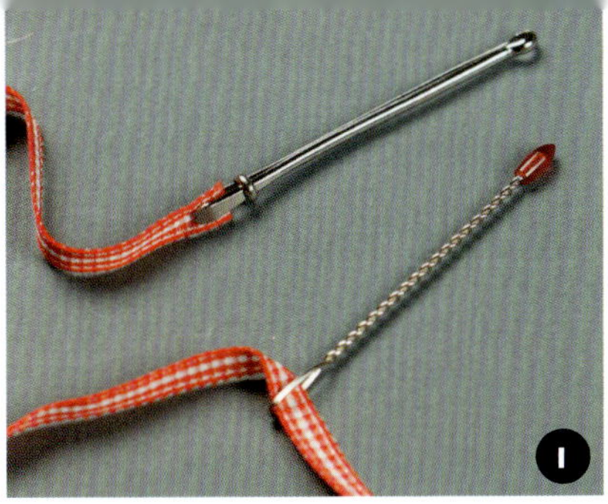

I Durchziehnadeln dienen zum Durchziehen von Stoffbändern, Gummiband oder Kordeln durch einen Tunnel. Die Nadeln haben ein Öhr durch das das Band geführt wird, oder eine Pinzette, in die das Band eingeklemmt wird.

J Saumband wird als Meterware in verschiedenen Breiten verkauft. Es spart Zeit und eignet sich zum Zusammenkleben von Stoffteilen. Das Bügelvliesband wird entweder direkt zwischen zwei Stoffschichten gelegt oder es besitzt ein Schutzpapier, das entfernt wird, nachdem die Rückseite auf den Stoff gebügelt wurde.

K Magnetnadelkissen sorgen dafür, dass Stecknadeln nicht verloren gehen. Große Magneten sollte man allerdings nicht in die Nähe von computergesteuerten Nähmaschinen bringen, da das Laufwerk beschädigt werden könnte. Mit einem magnetischen Nadelfänger kann man heruntergefallene Stecknadeln einfach vom Boden aufsammeln.

L Eckenformer dienen zum Formen von Ecken bei Kragen, Revers und Taschen. Sie bestehen aus Holz oder Plastik. Durch die Spitze erreicht man jede Ecke, sie hilft außerdem beim Entfernen von Heftfäden. Das abgerundete Ende hält beim Bügeln die Nahtlinie offen oder dient nach dem Nähen als Nahtausstreicher für Nahtzugaben.

M Faltbare Schneidematten schützen die Arbeitsfläche vor Kratzern durch Nadeln und Scheren und verhindern das Verrutschen des Stoffes während des Zuschneidens. Für schnelles Zusammenstecken können Stecknadeln direkt in die Matte gesteckt werden. Mithilfe der Skalierung lässt sich der Stoff schnell abmessen und begradigen. Schneidematten lassen sich kompakt zusammenfalten und somit leicht verstauen.

Bänder und Borten

Wählen Sie Bänder und Borten, die zum verwendeten Stoff und zum Nähgarn passen. Die meisten Borten und Bänder lassen sich mit der Nähmaschine verarbeiten, einige müssen allerdings von Hand angenäht werden. Waschen Sie die Bänder vor dem Nähen bei derselben Temperatur wie das entsprechende Kleidungsstück bzw. den verwendeten Stoff, damit sich die Bänder nach dem Nähen nicht verziehen.

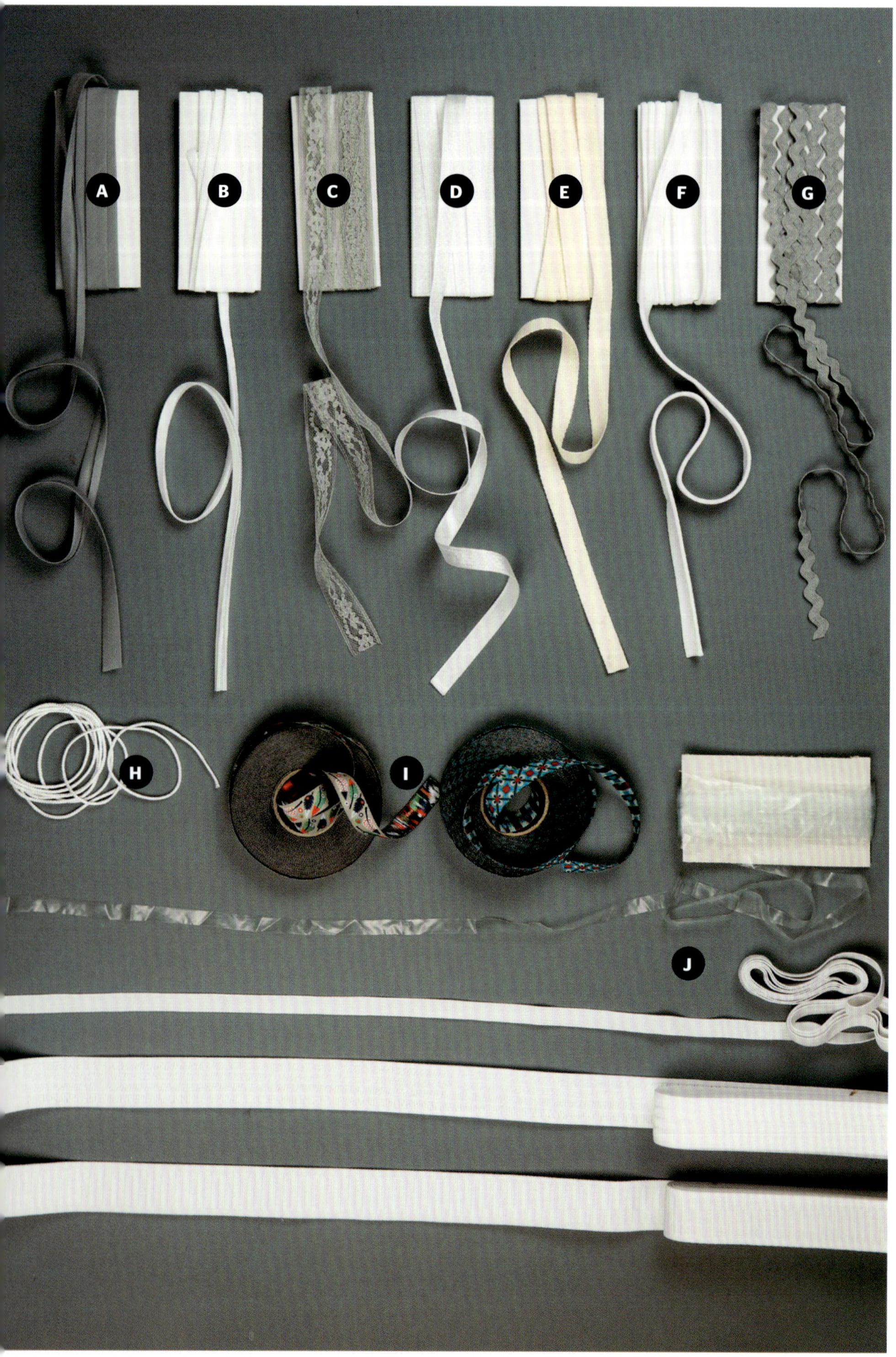

A Einfaches Schrägband ist in unterschiedlichen Breiten und vielen Farben erhältlich.

B Gefalztes Schrägband dient zum Versäubern von Kanten. Es ist ebenfalls in verschiedenen Breiten erhältlich.

C Spitzenborten sorgen für einen besonders dekorativen Abschluss.

D Nahtband besteht zu 100 % aus Polyamid. Es ist etwa 1,5 cm breit und verhindert das Verziehen und Ausfransen von Nähten.

E Twillband dient zum Verstärken von Nähten und schützt vor Ausleiern. Es kann auch als Durchziehband oder Bindeband verwendet werden.

F Ripsband wird als dekorativer Akzent für Nähte und Säume verwendet.

G Zackenlitze ist in verschiedenen Breiten erhältlich und eignet sich für dekorative Zwecke.

H Paspeln/Keder sind flach bzw. abgerundet und eignen sich als dekorative Akzente zum Verzieren von Kanten.

I Kräuselbänder gibt es in verschiedensten Breiten, Mustern und Farben und aus unterschiedlichen Materialien. Achten Sie darauf, dass das Band dieselben Pflegeeigenschaften hat wie der verwendete Stoff.

J Gummibänder werden zum Formen von Bündchen in einen Tunnel eingezogen. Gestrickte und gewebte Gummibänder sind weicher als geflochtenes Elastikband, wellen sich weniger und können direkt auf den Stoff genäht werden. Gittergummiband hat Querrippen, die ein Verdrehen verhindern. Transparentes Gummiband aus 100 % Polyurethan ist optimal für durchsichtige Stoffe, Unterwäsche und Bademode.

Knöpfe und Verschlüsse

Verschlüsse sind nicht nur funktional, sondern auch äußerst dekorativ. Sie können verdeckt oder als auffälliges Designelement verarbeitet werden. Experimentieren Sie mit unterschiedlichen Verschlüssen, um Ihren Kleidungsstücken den gewünschten Look zu verleihen.

A Zwei- bzw. Vier-Loch-Knöpfe sind gängige Allzweckknöpfe.

B Ösenknöpfe besitzen eine Öse zur Befestigung.

C Posamentenverschlüsse werden mit einer Schlaufe geschlossen und sind besonders dekorativ.

D Überziehbare Knöpfe können mit dem Stoff, aus dem das Kleidungsstück gefertigt wird, überzogen werden.

E Nähfreie Druckknöpfe werden mit einem Hammer oder einer Zange von außen am Kleidungsstück befestigt.

F Annähdruckknöpfe werden innen am Kleidungsstück an wenig beanspruchten Stellen wie Kragen angenäht.

G Gürtelschnallen sind ein dekoratives Element für Kleidungsstücke mit Gürtel.

H Jerseydruckknöpfe sind Verschlüsse für die Außenseite. Sie haben nur leichte Schlusskraft.

I Druckknopfband wird oft für Kinder- und Freizeitbekleidung sowie für Wohnaccessoires verwendet.

J D-Ringe können an Stoffbändern für Gürtel, Schürzen und Overalls verwendet werden.

K Klettverschluss ist als Meterware erhältlich. Dieser einfache und sichere Verschluss eignet sich für Outdoorbekleidung, Taschen und Wohnaccessoires.

L Haken und Augen sind Innenverschlüsse, die in verschiedenen Größen für verschiedene Stoffstärken erhältlich sind. Sie werden etwa zum Schließen des Bundes bei Röcken oder Hosen verwendet.

M Ösen werden in Verbindung mit Kordeln für Sportbekleidung verwendet.

Reißverschlüsse

Reißverschlüsse haben entweder Reißverschlusszähne aus Metall beziehungsweise Kunststoff oder eine Spirale aus Kunststoff. Beide Arten sind in verschiedenen Stärken erhältlich. Spiralreißverschlüsse sind leicht, flexibel, hitzebeständig und rostfrei. Metallreißverschlüsse sind etwas schwerer und eignen sich damit für schwerere Stoffe und Sportbekleidung. Normalerweise sind Reißverschlüsse nicht sichtbar, sie können allerdings wenn gewünscht auch als auffällige Zierelemente gearbeitet werden.

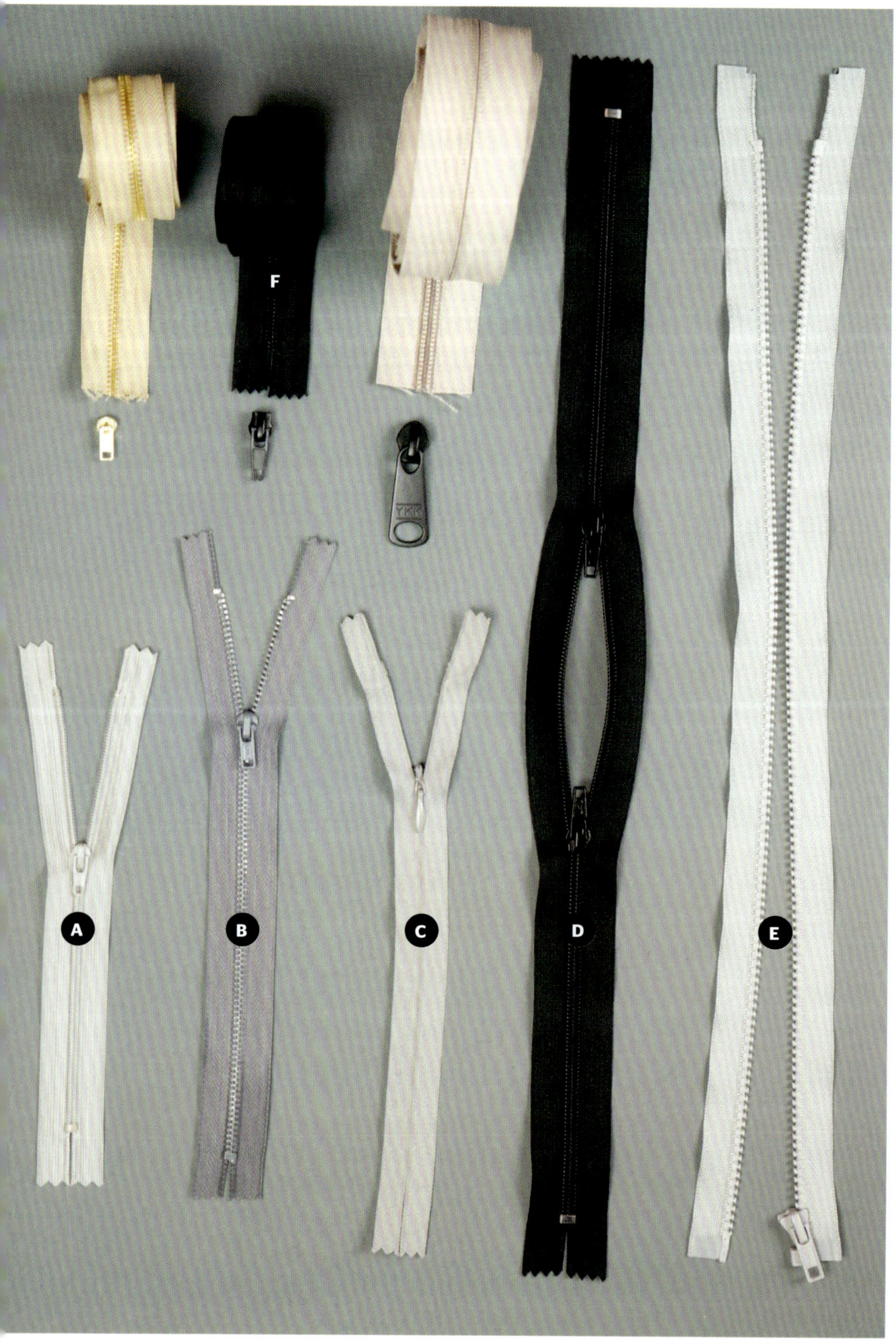

A Allzweckreißverschlüsse aus Polyester eignen sich für alle Arten von Stoffen und für Röcke, Hosen, Kleider und Wohnaccessoires.

B Allzweckreißverschlüsse aus Metall sind robust und eignen sich für Sportbekleidung sowie für Röcke, Hosen, Kleider und Wohntextilien.

C Nahtverdeckte Reißverschlüsse werden mit einem Spezialfuß des Reißverschlussherstellers eingenäht. Der Verschluss bleibt in der Naht verborgen und nur der schmale Schiebergriff ist sichtbar.

D Zwei-Wege-Reißverschlüsse haben zwei Schieber, die in der Mitte aufeinandertreffen. Sie eignen sich für Handtaschen, Rucksäcke und Reisetaschen.

E Teilbare Reißverschlüsse gibt es in den Stärken mittel und stark. Sie werden für Jacken, Sportbekleidung und Heimtextilien verwendet. Teilbare Wendereißverschlüsse besitzen Schieber, die sich auf beide Seiten umlegen lassen. Teilbare Reißverschlüsse aus Kunststoff sind leicht, aber doch stabil und langlebig. Sie werden für Ski- und Outdoorbekleidung verwendet. Zwei-Wege-Reißverschlüsse haben zwei Schieber, sie lassen sich von oben und unten öffnen. Teilbare Reißverschlüsse mit Kunststoffspirale eignen sich für Sweater und leichte Jacken.

F Endlosreißverschlüsse gibt es mit Metall- oder Kunststoffzähnen oder mit Nylonspirale. Sie können auf eine beliebige Länge zugeschnitten werden, nach dem Zuschneiden werden Schieber und Stoppteile angebracht. Endlosreißverschlüsse eignen sich für Sitzkissen und Schlafsäcke. Sie können verdeckt, teilbar oder o-förmig sein.

Das Schnittmuster

Die Suche nach Schnittmustern in Katalogen oder im Internet ist mindestens genauso spannend wie die Jagd nach Kleidungsstücken in Modegeschäften. Bei Schnittmustern ist man zudem nicht an die abgebildeten Stoffe, Farben, Längen oder Knöpfe gebunden und kann aus sämtlichen Designs weltweit und aus allen Modeepochen wählen. So lassen sich Kombinationen kreieren, die ganz auf den eigenen Stil und die Körpermaße zugeschnitten sind.

Die Suche nach Schnittmustern war noch nie so aufregend wie heute. Designerschnitte kommen noch in der gleichen Saison auf den Markt wie Fertigware. Es gibt einfache Schnittmuster für Nähbegeisterte mit wenig Zeit und aufwendigere Modelle für echte Nähprofis. Es gibt Schnittmuster für Accessoires, Heimtexttilien, Abendmode, Mode für Männer und fast jede Art von Damen- und Kinderbekleidung. Mit dem Internet ist auch das Zeitalter der unabhängigen Schnittmusterdesigner angebrochen, die ihre Modelle oft zum sofortigen Download anbieten.

Schnittmusterkataloge von größeren Schnittmusteranbietern sind meist nach Kategorien geordnet. Die neuesten Modelle findet man meist auf den ersten Seiten jeder Kategorie. Im Schnittmusterkatalog findet man auch Hinweise zu empfohlenen Materialien und zum Materialbedarf. Ein Register im hinteren Teil des Katalogs listet die Schnittmuster in numerischer Reihenfolge mit den zugehörigen Seitenzahlen auf. Im hinteren Teil findet sich zudem eine vollständige Maßtabelle für Männer, Frauen, Kinder und Kleinkinder. Onlinehändler bieten oft Musterbeispiele, Rezensionen anderer Nähfans und sogar Schritt-für-Schritt-Anleitungen an.

Behalten Sie bei der Wahl des Schnittmusters stets Ihre Nähfertigkeiten im Blick. Wenn Sie wenig Zeit und Geduld haben, bleiben Sie bei einfacheren Modellen. Wenn Sie allerdings etwas Zeit erübrigen können, nehmen Sie durchaus die eine oder andere Herausforderung an – es gibt keine Fehler, sondern nur Möglichkeiten, um zu lernen!

Die auf der Rückseite des Schnittmusters angegebene Anzahl der Schnittteile gibt Hinweise auf die Komplexität des Modells: Je weniger Schnittteile, desto einfacher der Schnitt. Details wie Manschetten, Stehkragen, Falten und Abnäher machen die Anfertigung anspruchsvoller. Einfache Schnittmuster verzichten weitgehend auf derartige Details und Extras. Andererseits basieren Modelle mit Drapierungen zwar auf weniger Schnittteilen und Nähten, erfordern aber trotzdem ein gewissen Maß an Können.

Die Anbieter von Schnittmustern richten sich nach einheitlichen Größenstandards, die auf standardisierten Körpermaßen beruhen. Diese entsprechen nicht den Maßen von Konfektionsware. Außerdem gibt es auch Größenunterschiede von Anbieter zu Anbieter und die Größenangaben auf alten Schnittmustern fallen deutlich kleiner aus als jene auf modernen Schnittmustern.

Zur Auswahl der richtigen Größe messen Sie zuerst Ihre eigenen Körpermaße. Tragen Sie dabei Unterwäsche und verwenden Sie ein Maßband. Sollten Sie Kleidung nähen, unter der Sie besondere Unterwäsche, etwa einen gepolsterten BH, tragen möchten, ziehen Sie diese Unterwäsche an, bevor Sie messen. Bitten Sie jemanden, Ihnen beim Maßnehmen behilflich zu sein. Notieren Sie die Maße und vergleichen Sie sie mit der Größentabelle im Schnittmusterkatalog oder in der Onlinebeschreibung. Frauen mit größerer Oberweite oder stärkeren Hüften sollten eine Größe größer wählen.

Tipp

Eine Schneiderpuppe ist ein nützliches Werkzeug zum Entwerfen und Anpassen von Kleidungsstücken. Man kann mit ihrer Hilfe überprüfen, ob das Kleidungsstück, das gerade entsteht, auch wirklich den eigenen Vorstellungen entspricht oder ob Änderungen nötig sind. Andererseits sind Schneiderpuppen eine kostspielige Investition und lassen sich, obwohl sie prinzipiell adjustierbar sind, nicht hundertprozentig auf den menschlichen Körper anpassen. Einige von uns sind größer und schlanker, andere sind kleiner und korpulenter oder haben allgemein eine andere Figur als im Katalog dargestellt. Nicht zuletzt verändert sich jeder Körper mit dem Alter: Kinder wachsen, Erwachsene verlieren an Gewicht oder legen Gewicht zu. Als Alternative zu einer gekauften Schneiderpuppe kann man sich mit etwas Unterstützung und Klebeband (Gafferband), Papierklebeband oder Pappmaschee für wenig Geld eine eigene, passgenaue Schneiderpuppe basteln.

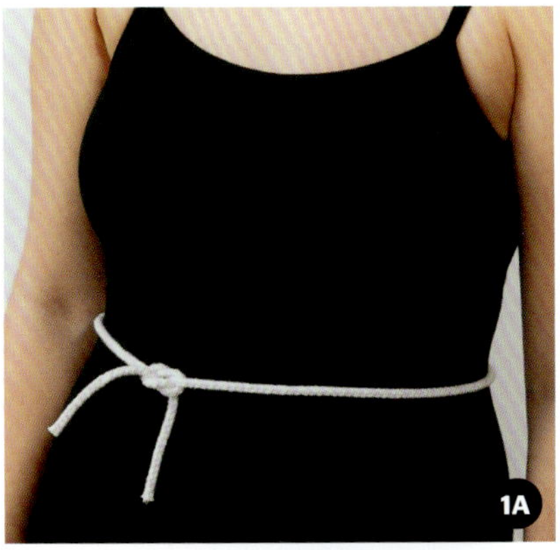

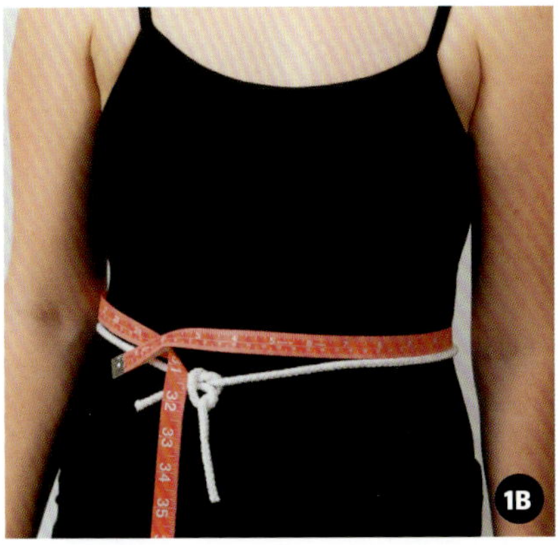

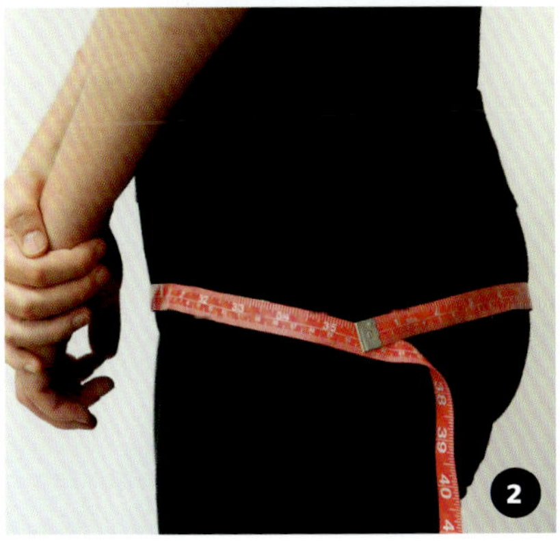

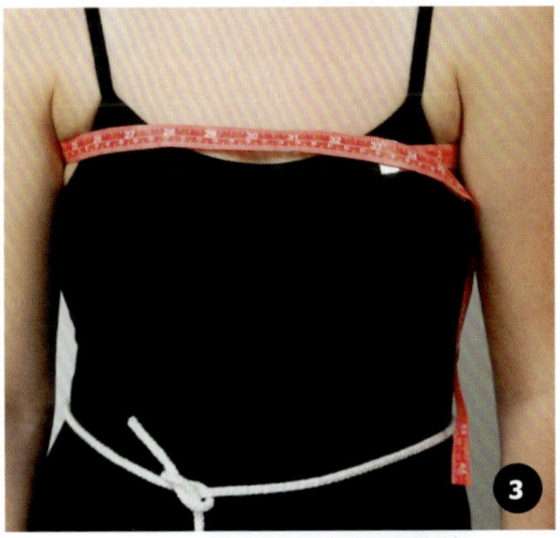

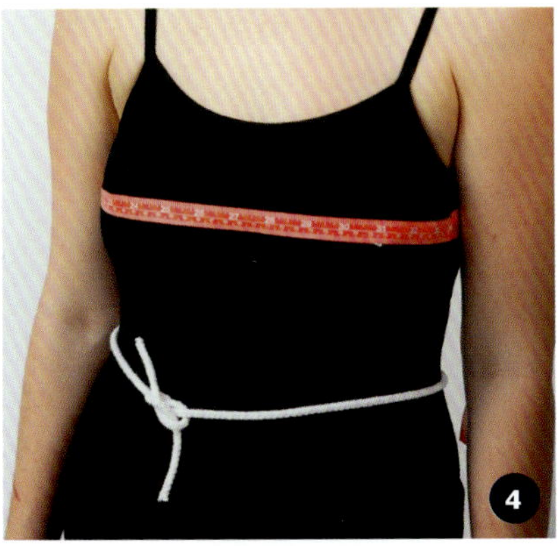

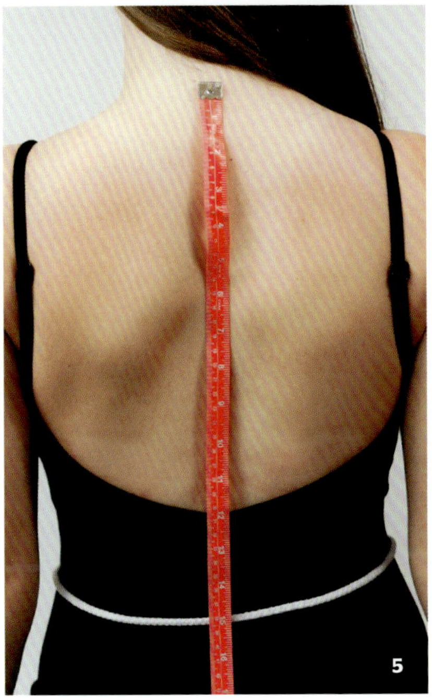

1 **Taillenweite.** Legen Sie eine Kordel locker um die Taille und lassen Sie sie auf die natürliche Taille rollen. (1A).

Diese Art, die Taillenweite zu messen, ist besonders geeignet, wenn sich die Figur, etwa während oder nach einer Schwangerschaft, verändert: Die Taille ist möglicherweise nicht so gut erkennbar, aber die Kordel stellt einen guten Referenzpunkt dar. Nehmen Sie an der Stelle, an der die Kordel liegt, mit dem Maßband Maß. (1B)

Die Kordel für das folgende Messen von Hüftweite und Rückenlänge nicht entfernen.

2 **Hüftweite.** Messen Sie an der breitesten Stelle, üblicherweise 18 bis 23 cm unterhalb der Taille.

3 **Oberbrustweite.** Das Maßband liegt unter den Armen, um den breitesten Teil des Rückens und oberhalb der Brust. Schnittmustertabellen geben die Oberbrustweite meist nicht an, aber vergleichen Sie diesen Wert mit der Brustweite, um die richtige Größe auszuwählen.

4 **Brustweite.** Das Maßband liegt unter den Armen, um den breitesten Teil des Rückens und um die stärkste Stelle der Brust. Beträgt der Unterschied zwischen Brustweite und Oberbrustweite mehr als 5 cm, orientieren Sie sich bei der Auswahl des Schnittes an der Oberbrustweite.

5 **Rückenlänge.** Messen Sie vom untersten Halswirbel bis zum Taillenband.

6 **Körpergröße.** Ziehen Sie die Schuhe aus und stellen Sie sich mit dem Rücken zur Wand. Legen Sie ein Lineal möglichst gerade auf dem Kopf an und markieren Sie Ihre Größe an der Wand. Messen Sie vom Boden bis zur Markierung.

Der Schnittmusterumschlag

Auf dem Schnittmusterumschlag finden Sie zahlreiche wichtige Informationen: von einer Beschreibung des Kleidungsstücks über die Anzahl der Schnittteile bis hin zur benötigten Stoffmenge und Informationen zu benötigtem Zubehör. Hier finden sich außerdem Empfehlungen zur Auswahl von Material, Stoffen und Farben sowie Angaben zum Schwierigkeitsgrad.

Die Umschlagvorderseite

A **Modellnummer** und Herstellername sind eine wichtige Referenz, wenn Sie mit anderen über das Muster sprechen.

B Ein **Foto oder eine Illustration** vermittelt einen allgemeinen Eindruck des Kleidungsstücks. So kann man sich außerdem überlegen, welche Stoffe (uni, gemustert, Karostoffe) geeignet sein könnten. Die meisten Onlineanbieter sind via E-Mail bei Fragen zu Stoffen gern behilflich und senden für einen Unkostenbeitrag Stoffproben zu.

C Oft sind auch **alternative Varianten** des Modells in verschiedenen Längen, Stoffkombinationen oder Details abgebildet, die auf unterschiedliche Nähkenntnisse abgestimmt sind.

D **Designeroriginalschnittmuster,** die man am Namen des Designers erkennt, enthalten oft etwas aufwendigere Details.

E **Größe und Silhouette** helfen bei der Auswahl der für Ihre Körperform passenden Größe. Mehrgrößenschnitte enthalten drei oder mehr verschiedene Größen.

F **Logos oder Markenzeichen** können darauf hinweisen, dass das Modell zu einer Sonderkollektion gehört, die etwa besonders gut für Nähanfänger geeignet ist, Sondergrößen enthält, größenrelevante Informationen bereithält oder zeigt, wie man bestimmte Stoffe wie Karo-, Strick- oder Spitzenstoffe verarbeitet. Jedes Unternehmen hat für derartige Modelle eigene Kategorien und Bezeichnungen.

G Der **Name des Schnittmusterlabels** gibt erfahreneren Nähfans Aufschluss darüber, mit welchen Größeneinteilungen, Nahtzugaben und Anweisungen zu rechnen ist.

Die Umschlagrückseite

A Die **Größentabelle** gibt Aufschluss darüber, ob Änderungen vorgenommen werden müssen. Vergleichen Sie bei Mehrgrößenmustern Ihre Maße mit jenen auf der Größenübersicht, um die richtigen Schnittlinien auszuwählen.

B Die **Beschreibung des Kleidungsstücks** informiert über Stil, Passform und das Zusammensetzen des Kleidungsstücks.

C Hier finden sich **Angaben zu Garnen, Reißverschlüssen, Knöpfen und Nahtbändern.** Kaufen Sie Kurzwaren zusammen mit dem Stoff, um die Farben perfekt aufeinander abzustimmen.

D **Stoffempfehlungen** dienen als Anhaltspunkt bei der Stoffwahl. Anmerkungen wie „nicht geeignet für gestreifte Stoffe", weisen auf ungeeignete Stoffe hin.

E **Detailzeichungen** zeigen das Kleidungsstück von hinten.

F Die **Stoffmengenangabe** gibt an, wie viel Stoff, Futter, Einlage etc. Sie für ein Kleidungsstück benötigen. Achten Sie auf die angegebene Stoffbreite. Die gängigsten Breiten sind meist angegeben, wenn die Breite des gewünschten Stoffes nicht angegeben ist, ziehen Sie die Umrechnungstabelle unten oder die Rückseite des Musterkatalogs zu Rate, um die richtige Stoffmenge zu ermitteln. Einige Schnittmuster geben die zusätzlich benötigte Stoffmenge für Stoffe mit Flor oder Stoff- oder Musterrichtung und für Karostoffe an.

G Die **fertigen Abmessungen** geben die Länge und Breite des fertigen Kleidungsstücks an. Diese können wenn gewünscht angepasst werden.

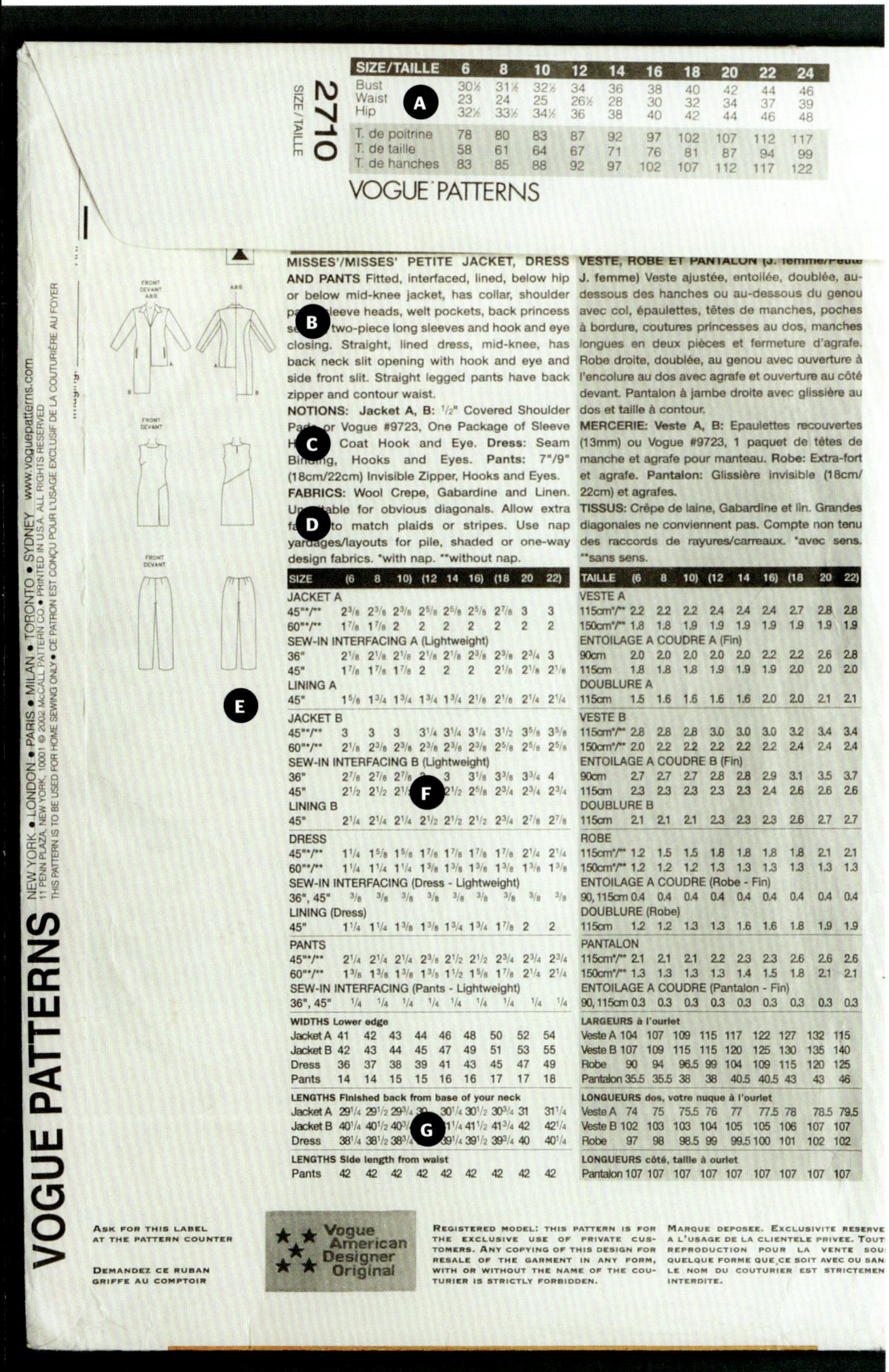

SIZE/TAILLE	6	8	10	12	14	16	18	20	22	24
Bust	30½	31½	32½	34	36	38	40	42	44	46
Waist	23	24	25	26½	28	30	32	34	37	39
Hip	32½	33½	34½	36	38	40	42	44	46	48
T. de poitrine	78	80	83	87	92	97	102	107	112	117
T. de taille	58	61	64	67	71	76	81	87	94	99
T. de hanches	83	85	88	92	97	102	107	112	117	122

VOGUE PATTERNS

MISSES'/MISSES' PETITE JACKET, DRESS AND PANTS Fitted, interfaced, lined, below hip or below mid-knee jacket, has collar, shoulder pa[…]sleeve heads, welt pockets, back princess se[…] two-piece long sleeves and hook and eye closing. Straight, lined dress, mid-knee, has back neck slit opening with hook and eye and side front slit. Straight legged pants have back zipper and contour waist.

NOTIONS: Jacket A, B: ½" Covered Shoulder Pa[…] or Vogue #9723, One Package of Sleeve H[…] Coat Hook and Eye. **Dress:** Seam Bi[…]g, Hooks and Eyes. **Pants:** 7"/9" (18cm/22cm) Invisible Zipper, Hooks and Eyes.

FABRICS: Wool Crepe, Gabardine and Linen. U[…]able for obvious diagonals. Allow extra fa[…] to match plaids or stripes. Use nap yar[…]ges/layouts for pile, shaded or one-way design fabrics. *with nap. **without nap.

VESTE, ROBE ET PANTALON (J. femme/Petite J. femme) Veste ajustée, entoilée, doublée, au-dessous des hanches ou au-dessous du genou avec col, épaulettes, têtes de manches, poches à bordure, coutures princesses au dos, manches longues en deux pièces et fermeture d'agrafe. Robe droite, doublée, au genou avec ouverture à l'encolure au dos avec agrafe et ouverture au côté devant. Pantalon à jambe droite avec glissière au dos et taille à contour.

MERCERIE: Veste A, B: Epaulettes recouvertes (13mm) ou Vogue #9723, 1 paquet de têtes de manche et agrafe pour manteau. **Robe:** Extra-fort et agrafe. **Pantalon:** Glissière invisible (18cm/22cm) et agrafes.

TISSUS: Crêpe de laine, Gabardine et lin. Grandes diagonales ne conviennent pas. Compte non tenu des raccords de rayures/carreaux. *avec sens. **sans sens.

SIZE	(6	8	10)	(12	14	16)	(18	20	22)
JACKET A									
45"*/**	2 3/8	2 3/8	2 3/8	2 5/8	2 5/8	2 5/8	2 7/8	3	3
60"*/**	1 7/8	1 7/8	2	2	2	2	2	2	2
SEW-IN INTERFACING A (Lightweight)									
36"	2 1/8	2 1/8	2 1/8	2 1/8	2 1/8	2 3/8	2 3/8	2 3/4	3
45"	1 7/8	1 7/8	1 7/8	2	2	2	2 1/8	2 1/8	2 1/8
LINING A									
45"	1 5/8	1 3/4	1 3/4	1 3/4	1 3/4	2 1/8	2 1/8	2 1/4	2 1/4
JACKET B									
45"*/**	3	3	3	3 1/4	3 1/4	3 1/4	3 1/2	3 5/8	3 5/8
60"*/**	2 1/8	2 3/8	2 3/8	2 3/8	2 3/8	2 3/8	2 5/8	2 5/8	2 5/8
SEW-IN INTERFACING B (Lightweight)									
36"	2 7/8	2 7/8	2 7/8	[illegible]	3	3 1/8	3 3/8	3 3/4	4
45"	2 1/2	2 1/2	[illegible]	[illegible]	2 1/2	2 5/8	2 3/4	2 3/4	2 3/4
LINING B									
45"	2 1/4	2 1/4	2 1/4	2 1/2	2 1/2	2 1/2	2 3/4	2 7/8	2 7/8
DRESS									
45"*/**	1 1/4	1 5/8	1 5/8	1 7/8	1 7/8	1 7/8	1 7/8	2 1/4	2 1/4
60"*/**	1 1/4	1 1/4	1 1/4	1 3/8	1 3/8	1 3/8	1 3/8	1 3/8	1 3/8
SEW-IN INTERFACING (Dress - Lightweight)									
36", 45"	3/8	3/8	3/8	3/8	3/8	3/8	3/8	3/8	3/8
LINING (Dress)									
45"	1 1/4	1 1/4	1 3/8	1 3/8	1 3/4	1 3/4	1 7/8	2	2
PANTS									
45"*/**	2 1/4	2 1/4	2 1/4	2 3/8	2 1/2	2 1/2	2 3/4	2 3/4	2 3/4
60"*/**	1 3/8	1 3/8	1 3/8	1 3/8	1 1/2	1 5/8	1 7/8	2 1/4	2 1/4
SEW-IN INTERFACING (Pants - Lightweight)									
36", 45"	1/4	1/4	1/4	1/4	1/4	1/4	1/4	1/4	1/4
WIDTHS Lower edge									
Jacket A	41	42	43	44	46	48	50	52	54
Jacket B	42	43	44	45	47	49	51	53	55
Dress	36	37	38	39	41	43	45	47	49
Pants	14	14	15	15	16	16	17	17	18
LENGTHS Finished back from base of your neck									
Jacket A	29 1/4	29 1/2	29 3/4	30	30 1/4	30 1/2	30 3/4	31	31 1/4
Jacket B	40 1/4	40 1/2	[illegible]	[illegible]	41 1/4	41 1/2	41 3/4	42	42 1/4
Dress	38 1/4	38 1/2	38 3/4	[illegible]	39 1/4	39 1/2	39 3/4	40	40 1/4
LENGTHS Side length from waist									
Pants	42	42	42	42	42	42	42	42	42

TAILLE	(6	8	10)	(12	14	16)	(18	20	22)
VESTE A									
115cm*/**	2.2	2.2	2.2	2.4	2.4	2.4	2.7	2.8	2.8
150cm*/**	1.8	1.8	1.9	1.9	1.9	1.9	1.9	1.9	1.9
ENTOILAGE A COUDRE A (Fin)									
90cm	2.0	2.0	2.0	2.0	2.0	2.2	2.2	2.6	2.8
115cm	1.8	1.8	1.8	1.9	1.9	1.9	2.0	2.0	2.0
DOUBLURE A									
115cm	1.5	1.6	1.6	1.6	1.6	2.0	2.0	2.1	2.1
VESTE B									
115cm*/**	2.8	2.8	2.8	3.0	3.0	3.0	3.2	3.4	3.4
150cm*/**	2.0	2.2	2.2	2.2	2.2	2.2	2.4	2.4	2.4
ENTOILAGE A COUDRE B (Fin)									
90cm	2.7	2.7	2.7	2.8	2.8	2.9	3.1	3.5	3.7
115cm	2.3	2.3	2.3	2.3	2.3	2.4	2.6	2.6	2.6
DOUBLURE B									
115cm	2.1	2.1	2.1	2.3	2.3	2.3	2.6	2.7	2.7
ROBE									
115cm*/**	1.2	1.5	1.5	1.8	1.8	1.8	1.8	2.1	2.1
150cm*/**	1.2	1.2	1.2	1.3	1.3	1.3	1.3	1.3	1.3
ENTOILAGE A COUDRE (Robe - Fin)									
90, 115cm	0.4	0.4	0.4	0.4	0.4	0.4	0.4	0.4	0.4
DOUBLURE (Robe)									
115cm	1.2	1.2	1.3	1.3	1.6	1.6	1.8	1.9	1.9
PANTALON									
115cm*/**	2.1	2.1	2.1	2.2	2.3	2.3	2.6	2.6	2.6
150cm*/**	1.3	1.3	1.3	1.3	1.4	1.5	1.8	2.1	2.1
ENTOILAGE A COUDRE (Pantalon - Fin)									
90, 115cm	0.3	0.3	0.3	0.3	0.3	0.3	0.3	0.3	0.3
LARGEURS à l'ourlet									
Veste A	104	107	109	115	117	122	127	132	115
Veste B	107	109	115	115	120	125	130	135	140
Robe	90	94	96.5	99	104	109	115	120	125
Pantalon	35.5	35.5	38	38	40.5	40.5	43	43	46
LONGUEURS dos, votre nuque à l'ourlet									
Veste A	74	75	75.5	76	77	77.5	78	78.5	79.5
Veste B	102	103	103	104	105	105	106	107	107
Robe	97	98	98.5	99	99.5	100	101	102	102
LONGUEURS côté, taille à ourlet									
Pantalon	107	107	107	107	107	107	107	107	107

ASK FOR THIS LABEL AT THE PATTERN COUNTER

DEMANDEZ CE RUBAN GRIFFE AU COMPTOIR

Vogue American Designer Original

REGISTERED MODEL: THIS PATTERN IS FOR THE EXCLUSIVE USE OF PRIVATE CUSTOMERS. ANY COPYING OF THIS DESIGN FOR RESALE OF THE GARMENT IN ANY FORM, WITH OR WITHOUT THE NAME OF THE COUTURIER IS STRICTLY FORBIDDEN.

MARQUE DEPOSEE. EXCLUSIVITE RESERVE A L'USAGE DE LA CLIENTELE PRIVEE. TOUT REPRODUCTION POUR LA VENTE SOU QUELQUE FORME QUE CE SOIT AVEC OU SAN LE NOM DU COUTURIER EST STRICTEMEN INTERDITE.

Der Stoffkauf

Denken Sie beim Stoffkauf daran, dass Stoffe in unterschiedlichen Stoffbreiten angeboten werden, und gehen Sie sicher, dass Sie die richtige Stoffmenge kaufen. Bei gewebten Stoffen entspricht die Stoffbreite dem waagrechten Abstand von Webkante zu Webkante (die Webkanten nicht eingerechnet). Bei Strickstoffen ist es die Breite parallel zu den Maschen, ebenso ohne Webkanten. Bei Schlauchware ergibt sich die Gesamtbreite aus der doppelten Breite des flachliegenden Schlauchs. Die Standardbreiten sind 90, 150, 180 und 300 cm. Die Breite eines zugeschnittenen Stoffes variiert, je nachdem wo man sie misst. Einige Hersteller berücksichtigen dies und machen zwei Angaben. Die meisten Bekleidungsstoffe haben eine Stoffbreite von 150 cm, und sind damit für die meisten Schnittmuster geeignet. Polster- und Dekostoffe sind in größeren Breiten verfügbar, um den meist sehr großen Schnittteilen Rechnung zu tragen und die Anzahl sichtbarer Nähte zu reduzieren, etwa bei Vorhängen oder Kissen- und Deckenbezügen.

Stoffbreite und Stoffmenge bei normalen Stoffen

35"	YARD	1¾	2	2¼	2½	2⅜	3⅛	3⅜	3¾	4¼	4½	4¾	5
90 cm	METER	1,60	1,85	2,10	2,30	2,65	3,90	3,10	3,45	3,90	4,15	4,35	4,60
39"	YARD	1½	1¾	2	2¼	2½	2¾	3	3¼	3½	3¾	4	4¼
100 cm	METER	1,40	1,60	1,85	2,10	2,30	2,55	2,75	3,00	3,30	3,45	3,70	3,90
42"	YARD	1½	1¾	2	2¼	2½	2¾	2⅞	3⅛	3⅜	3⅝	3⅞	4⅛
107 cm	METER	1,40	1,60	1,85	2,10	2,30	2,55	2,65	2,90	3,10	3,35	3,55	3,80
45"	YARD	1⅜	1⅝	1¾	2⅛	2¼	2½	2¾	2⅞	3⅛	3⅜	3⅝	3⅞
115 cm	METER	1,30	1,50	1,60	1,95	2,10	2,30	2,55	2,65	2,90	3,10	3,35	3,55
50"	Yard	1¼	1½	1⅜	1¾	2	2¼	2⅜	2⅝	2¾	3	3¼	3⅜
127 cm	Meter	1,15	1,40	1,50	1,60	1,85	2,10	2,20	2,40	2,55	2,75	3,00	3,10
54"	YARD	1⅛	1⅜	1½	1¾	1⅞	2	2¼	2⅜	2⅝	2¾	2⅞	3⅛
140 cm	METER	1,05	1,30	1,50	1,60	1,75	1,85	2,10	2,20	2,40	2,55	2,65	2,90
60"	YARD	1	1¼	1⅜	1⅝	1¾	1⅞	2	2¼	2⅜	2⅝	2¾	2⅞
150 cm	METER	0,95	1,15	1,30	1,50	1,60	1,75	1,85	2,10	2,20	2,40	2,55	2,65
66"	YARD	⅞	1⅛	1¼	1½	1⅝	1¾	1⅞	2⅛	2¼	2½	2⅝	2¾
168 cm	METER	0,80	1,05	1,15	1,40	1,50	1,60	1,75	1,95	2,10	2,30	2,40	2,55

ÜBERNOMMEN VON COOPERATIVE EXTENTION SERVICE, RUTGERS UNIVERSITY, THE STATE UNIVERSITY OF NEW JERSEY

Anleitung: Lesen Sie die im Schnittmuster angegebene Stoffbreite an der linken Seite und die im Schnittmuster angegebene Stofflänge in der jeweiligen Stoffbreitenspalte von links nach rechts ab. Von diesem Punkt aus gehen Sie zur Stoffbreite des von Ihnen gewünschten Stoffes, um die benötigte Stofflänge zu ermitteln. Nehmen wir an, Sie brauchen 1,85 m eines 140 cm breiten Stoffes und der Stoff, den Sie verwenden möchten, hat eine Breite von 115 m, dann bedeutet dies, Sie brauchen insgesamt 2,30 m Stoff. Diese Tabelle bietet einen Anhaltspunkt, es empfiehlt sich aber, sicherheitshalber immer etwas mehr Stoff zu kaufen.

Bei Stoffen mit Karo-, Streifen- und anderen Mustern, die an den Nähten passgenau zusammengesetzt werden müssen, muss aufgrund des besonderen Zuschnitts mehr Material eingerechnet werden. Aber wie viel? Überprüfen Sie, aus welchen Schnittteilen das Modell besteht und wie viele davon in welcher Weise zusammengesetzt werden müssen.

Als Nächstes messen Sie den Musterrapport in horizontaler und vertikaler Richtung und addieren die beiden Werte. Grundsätzlich rechnet man einen zusätzlichen Gesamtrapport pro größerem Schnittmusterteil.

Beispiel: Ein Kleidungsstück besteht aus 4 größeren Schnittteilen. Der Stoff hat einen vertikalen Rapport von 10 cm und einen horizontalen Rapport von 8 cm, das ergibt einen Gesamtrapport von 18 cm. Der zusätzliche Materialbedarf beträgt daher 4 x 18 cm = 72 cm.

Die Tabelle unten kann als allgemeine Richtlinie dienen, aber der zusätzliche Materialbedarf ist stets vom jeweiligen Kleidungsstück abhängig. Um auf der sicheren Seite zu sein, kauft man am besten einen ganzen Rapport zusätzlich. Außerdem sollte man am Zuschneidetisch bei einem ganzen Rapport zu messen beginnen, sodass mitunter so oder so ein paar Extrazentimeter von der Vorderkante des Stoffballens gekauft werden müssen.

Zusätzlicher Stoffverbrauch bei gemusterten Stoffen

STOFFBREITE (OHNE WEBKANTEN)	7,5-36 CM SUMME RAPPORT	37-50 CM SUMME RAPPORT	51-69 CM SUMME RAPPORT	70-91 CM SUMME RAPPORT	91-110 CM SUMME RAPPORT	111-130 CM SUMME RAPPORT
150 CM	10%	15%	20%	25%	30%	35%
140 CM	10%	15%	20%	25%	30%	35%
132 CM	20%	25%	30%	35%	40%	45%
127 CM	20%	25%	30%	35%	40%	45%
122 CM	25%	30%	35%	40%	45%	50%
115 CM	30%	35%	40%	45%	50%	55%
90 CM	60%	65%	70%	75%	80%	85%

Die zusätzliche Stoffmenge hängt vor allem vom Schnitt und der Größe des jeweiligen Kleidungsstücks sowie von der Stoffbreite ab. Legen Sie alle Schnittmusterteile auf einer Stoffbahn aus, um die benötigte Stoffmenge abschätzen zu können.

Die Schnittteile und die Arbeitsanleitung begleiten Sie Schritt für Schritt bei der Konstruktion des jeweiligen Kleidungsstücks. Lesen Sie die Arbeitsanleitung sorgfältig durch, bevor Sie mit dem Zuschneiden und Nähen beginnen – das hilft Ihnen dabei, Ihre Arbeitszeit zu organisieren – und machen Sie sich mit den Techniken, die Sie für das gewünschte Projekt benötigen, vertraut.

Einzelillustrationen des Kleidungsstücks sind mit einer Zahl oder einem Buchstaben gekennzeichnet. Alle Schnittmusterteile sind ebenso mit Zahl und Name (z. B. „Rock Vorderseite“) gekennzeichnet.

Auch Vorder- und Rückenansicht des fertigen Kleidungsstücks finden sich auf der Arbeitsanleitung – entweder als detaillierte Illustration oder als Foto. Die meisten Schnittmuster enthalten außerdem eine Übersicht über alle Schnittmusterteile mit einer Legende zum Zuordnen.

Ganz zu Beginn finden sich allgemeine Anweisungen. Sie geben Hinweise zum richtigen Arbeiten mit dem Muster, zur Vorbereitung von Schnittmuster und Stoff, enthalten Erklärungen zu den Markierungen sowie Tipps zum Zuschneiden, zum Auflegen des Schnittmusters und zum Markieren des Stoffes und sind meist durch ein kurzes Glossar mit Nähbegriffen ergänzt.

Die Zuschneidepläne variieren je nach Größe, Stoffbreite und je nachdem, ob der Stoff eine Stoffrichtung besitzt. Schnittmusterteile für Futter und Einlagen sind ebenso enthalten. Wenn der Stoff einlagig oder im Schrägschnitt zugeschnitten werden muss, wird dies auf den Schnittmusterteilen mit einem Symbol angegeben, das in der Anleitung erklärt wird. Die rechte Seite der Schnittteile wird nicht schraffiert dargestellt, die linke Seite schraffiert. Wählen Sie den Zuschneideplan für die richtige Größe, Passform und Stoffbreite. In einigen Fällen ist es sinnvoller, den Stoff auszubreiten und die zwei Webkanten zur Mitte hin zu falten, um zwei Stoffbrüche zu erhalten, entlang derer geschnitten werden kann. Achten Sie bei gemusterten Stoffen darauf,

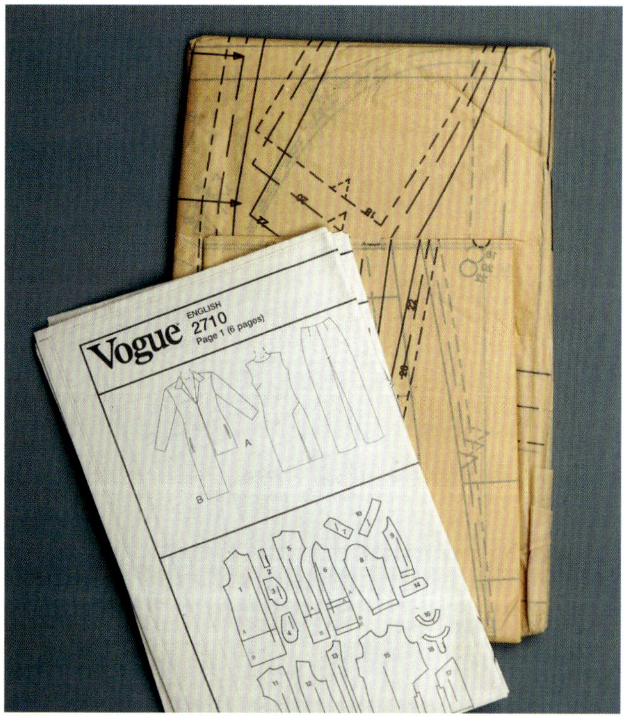

dass etwa Randrapporte entlang den Webkanten verlaufen – für Röcke, Hosen und Blusen, die aus solchen Stoffen gearbeitet werden sollen, muss beim Zuschneiden darauf geachtet werden, dass die auf dem Schnittmusterteil eingezeichnete Fadenlauflinie senkrecht zum Fadenlauf des Stoffes liegt. Wenn Sie einen Stoff mit einem großformatigen Muster verwenden, legen Sie die Schnittmusterteile so auf, dass auffällige Musterelemente am besten zur Geltung kommen.

Die Nähanleitung führt Sie Schritt für Schritt durch die Konstruktion des Kleidungsstücks. Bei jedem Arbeitsschritt finden Sie eine Illustration der entsprechenden Nähtechnik. Auch hier wird die rechte Seite des Stoffes normalerweise schraffiert und die linke Seite nicht schraffiert dargestellt, Einlagen sind durch Punkte oder Schraffierungen gekennzeichnet. Mithilfe der Illustrationen und der Anleitung erhalten Sie einen guten Überblick über die nötigen Arbeitsschritte. Denken Sie daran, dass es sich dabei nur um allgemeine Anweisungen handelt. Für den von Ihnen verwendeten Stoff kann eine alternative Technik durchaus sinnvoll sein.

Schnittmuster unterscheiden sich international: Unterschiede lassen sich hauptsächlich zwischen Schnittmustern aus Europa und Asien und solchen aus Nordamerika feststellen. Schnittmuster für den europäischen und den asiatischen Raum sind überlappend auf einem Bogen angeordnet und müssen erst abgepaust bzw. noch mit einer Nahtzugabe versehen werden. Alternativ können die Schnittlinien auch mithilfe eines Kopierrädchens und Schneiderkopierpapier direkt auf den Stoff übertragen werden. Um eine eventuell nicht eingezeichnete Nahtzugabe einzuzeichnen, arbeiten Sie am besten mit einer Nahtlehre. Je nach Stoff und jeweiligem Projekt können Sie die Breite der Nahtzugabe variieren: Arbeiten Sie für kleiner Nähstücke mit einer schmäleren Nahtzugabe von etwa 6 mm; soll es die Möglichkeit geben, Nähte später auszulassen, arbeitet man am besten mit einer Nahtzugabe von 2,5 cm. Bei amerikanischen Schnittmustern handelt es sich meist um fertige Schnittmuster: Hier liegen alle Schnittmusterteile übersichtlich nebeneinander, sind mit einer Nahtzugabe versehen und müssen nur noch ausgeschnitten werden.

Schnittmustermarkierungen

Mit den zahlreichen zunächst mysteriösen Symbolen und Markierungen mag ein Schnittmuster auf den ersten Blick ziemlich kompliziert wirken. Lassen Sie sich davon nicht einschüchtern – diese Symbole sind sehr hilfreich und erleichtern das Nähen enorm! Zwar kann es von Schnittmuster zu Schnittmuster Unterschiede geben, da die Markierungen nicht normiert sind, aber sie folgen alle demselben Prinzip. Sie begleiten den Nähprozess von Anfang an, vom Auflegen der Schnittmusterteile bis zum letzten Saumabschluss oder zum letzten Knopf, daher sollte man sie unbedingt sorgfältig auf den Stoff übertragen.

Zusätzlich kann es bei Schnittmustern mit vielen Teilen oder ungewöhnlichen Formen hilfreich sein, Merkzettel mit nützlichen Zusatzinformationen wie etwa Fadenlauf, Vorder- bzw. Rückseite, Bezeichnung des Schnittteils oder Hinweisen zur Platzierung auf den Schnittmusterteilen festzustecken.

Zuschneide- und Markierungssymbole

BESCHREIBUNG	SYMBOL	BEDEUTUNG	NORDAMERIKA	EUROPA & ASIEN
FADENLAUF		Schnittmusterteil parallel zur Webkante auf den Stoff legen.	Dicke Linie mit Pfeilen an beiden Enden.	Gerade Linie über die gesamte Länge des Schnitts.
STOFFBRUCH		Schnittmusterteil mit Pfeilen exakt auf der Faltkante auflegen.	Lange Klammer mit Pfeilen an jedem Ende und der Anweisung „Im Stoffbruch auflegen".	Mit der Anweisung „Im Stoffbruch auflegen" gekennzeichnet.
SCHNITTLINIE		Entlang diese Linie schneiden. Bei Mehrgrößenschnitten darauf achten, die richtige Linie zu wählen.	Dicke Linie, teilweise mit Scherensymbol oder der Angabe „Schnittlinie".	Meist ist entweder nur die Schnittlinie oder nur die Nahtlinie eingezeichnet. Dabei handelt es sich um eine dicke Linie, die für die verschiedenen Größen in unterschiedlichen Farben eingezeichnet ist.
HILFSLINIE FÜR ÄNDERUNGEN	══	Zum Kürzen eine Falte zwischen die Linien legen. Zum Verlängern das Muster hier auseinanderschneiden und auseinanderziehen.	Doppelte Linie, die anzeigt, an welcher Stelle das Schnittmusterteil geändert werden kann.	Doppelte oder einfache Linie, die als „Hilfslinie für Änderungen" eingezeichnet ist.
KERBEN	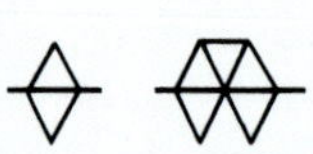	In den Stoffrand oder in die Nahtzugabe einschneiden. Nummerierte Kerben korrekt einpassen.	Rauten entlang der Schnittlinie, die verwendet werden, um Nähte auszurichten, oft nummeriert.	Rauten, Dreiecke, Sterne oder andere Formen, je nach Hersteller.
BRUCHKANTE	——	Für Besätze, Säume, Biesen oder Falten den Stoff entlang dieser Linie falten.	Linie, die anzeigt, an welcher Stelle Schnittteile gefaltet werden sollen.	Durchgehende oder gepunktete Linie, die anzeigt, wo das Kleidungsstück beim Nähen gefaltet werden muss.

Markierungen, die zur Konstruktion des Kleidungsstücks gebraucht werden, sollten sorgfältig übertragen werden, Hilfsmarkierungen zum Auflegen und Zuschneiden, etwa die Fadenlauflinie, müssen nicht unbedingt übertragen werden.

Markieren Sie die Schnittteile zusätzlich – etwa mit der entsprechenden Nummer oder der Information RS oder LS bei Stoffen, bei denen Vorder- und Rückseite nicht leicht auseinanderzuhalten sind.

BESCHREIBUNG	SYMBOL	BEDEUTUNG	NORDAMERIKA	EUROPA & ASIEN
NAHTLINIE	— — — — —	Wenn nicht anders angegeben, 1,5 cm von der Schnittlinie entfernt nähen.	Lange unterbrochene Linie, die meist im Abstand von 1,5 cm zur Schnittlinie eingezeichnet ist.	Meist ist entweder die Naht- oder die Schnittlinie eingezeichnet. Ist nur die Nahtlinie eingezeichnet, muss man die Nahtzugabe hinzufügen, die je nach Schnitt 1 bis 1,5 cm beträgt. Die Nahtlinie ist eine dicke, durchgängige Linie, die bei Mehrgrößenschnitten in mehreren Farben eingezeichnet ist.
ABNÄHER		Markieren, entlang der Mittellinie falten und die Linien und Punkte sorgfältig zusammensetzen. Bis zum Punkt nähen.	Unterbrochene Linie oder Punkte, die v- oder rautenförmig angeordnet sind, meist an Brust, Hüfte, Ellbogen oder Taille.	Unterbrochene, gepunktete oder durchgängige Linie oder Punkte, die v- oder rautenförmig angeordnet sind, meist an Brust, Taille, Ellbogen oder Hüfte.
PUNKTE (GROSS UND KLEIN), QUADRATE ODER DREIECKE	□ ∘ ○ △	Bereiche, an denen korrektes Zusammensetzen, Einschneiden oder Nähen wichtig sind.	Meist entlang von Nahtlinien, Ecken oder Abnähern.	Meist nicht eingezeichnet.
EINHALTELINIE	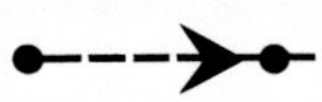	Das größere Stoffteil hier einhalten und die Fadenenden zusammenziehen, um das kleinere Teil einzupassen.	Kurze unterbrochene Linie mit kleinen Punkten an jedem Ende, die den einzuhaltenden Bereich markieren.	Kurze, unterbrochene Linie mit kleinen Punkten an jedem Ende oder eine unterbrochene Wellenlinie, die den einzuhaltenden Bereich markiert.
KRÄUSELLINIE	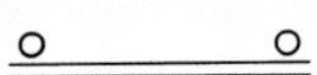	Zwischen den markierten Punkten zwei Einhaltenähte nähen und die Fadenenden zusammenziehen.	Zwei kurze durchgängige oder unterbrochene Linien mit Punkten an jedem Ende, die den zu kräuselnden Bereich markieren.	Zwei durchgängige Linien oder eine unterbrochene oder durchgängige Wellenlinie mit Punkten an jedem Ende, die den zu kräuselnden Bereich markiert.
SAUMLINIE	———————	Den Saum um die angegebene Breite einschlagen, wenn nötig anpassen.	Als „Saumlinie" auf dem Schnitt gekennzeichnet.	Als „Saumlinie" auf dem Schnitt gekennzeichnet. Als gestrichelte Linie dargestellt, wenn die Saumlinie statt der Schnittlinie abgedruckt ist.
REISSVERSCHLUSS	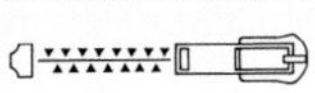	Reißverschluss so einsetzen, dass Schieber und Stopperteil an der markierten Stelle liegen.	Parallele Reihen aus Dreiecken oder andere Markierung.	Parallele Reihen aus Dreiecken oder andere Markierung.
PLATZIERUNG VON DETAILS		Details wie angegeben markieren und platzieren.	Unterbrochene oder durchgängige Linien, die die Platzierung von Taschen etc. anzeigen.	Unterbrochene oder durchgängige Linien, die die Platzierung von Taschen etc. anzeigen.
KNOPF- UND KNOPFLOCH-POSITION	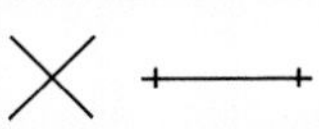	Knöpfe und Knopflöcher wie angegeben markieren und positionieren.	Eine Linie zeigt die Länge des Knopflochs, ein X oder eine Illustration zeigt Platzierung und Größe des Knopfes.	Eine Linie zeigt die Länge des Knopflochs, ein X oder eine Illustration zeigt Platzierung und Größe des Knopfes.

Alles über Stoffe

Stoffe bestehen entweder aus Natur- oder Kunstfasern oder einer Mischung aus beidem. Naturfasern sind pflanzlicher oder tierischer Herkunft. Zu ihnen gehören Baumwolle, Wolle, Seide, Leinen, Hanf und Bambus. Kunstfasern hingegen werden mithilfe von chemischen Verfahren hergestellt. Hierzu zählen Polyester, Nylon, Acetat, Elastan und viele mehr.

Durch die Kombination von Natur- und Kunstfasern ergeben sich Mischgewebe, die die Vorzüge verschiedener Fasern vereinen. So lässt sich etwa die Robustheit von Nylon gut mit den Wärmeeigenschaften von Wolle kombinieren oder die leichten Pflegeanforderungen von Polyester mit dem angenehmen Tragegefühl von Baumwolle.

Die Bandbreite an Mischgeweben ist schier unendlich und sie alle haben ganz spezifische Eigenschaften. Seitlich am Stoffballen ist angegeben, welche Fasern zu welchem Anteil im Stoff enthalten sind. Ebenso findet man hier wichtige Pflegehinweise. Prüfen Sie, wie sich der Stoff anfühlt, wie er sich drapieren lässt, ob er leicht verknittert oder ausfranst und ob er sich dehnt. Legen Sie den Stoff um eine Hand oder einen Arm, um zu sehen, ob er so weich oder fest, so schwer oder leicht ist, wie Sie ihn für das jeweilige Nähprojekt benötigen. Reiben Sie eine kleine Ecke des Stoffes fest zwischen Daumen und Zeigefinger, um zu prüfen, ob sich der Stoff aufraut. Dehnen Sie Strickstoffe, um zu überprüfen, wie gut sie sich wieder zusammenziehen.

Stoffe werden auch nach ihrer Herstellungsweise unterschieden. Man unterscheidet gewebte, gestrickte und nicht gewebte Textilien. Die gängigste Webtechnik ist die Leinwandbindung. Man findet sie bei Stoffen wie Musselin, Popeline und Taft. Denim und Gabardine entstehen in Köperbindung, Baumwollsatin in Atlasbindung. Auch Maschenware wird in verschiedene Kategorien unterteilt. Jersey ist ein Beispiel für Rechts-/Links-Maschenware. Strickstoffe entstehen in Links-/Links-, Muster- oder Rascheltechnik. Filz ist ein Beispiel für eine nicht gewebte Textilie. Spitze wird mithilfe unterschiedlicher Techniken hergestellt.

Den richtigen Stoff für ein Nähprojekt auszuwählen, erfordert etwas Übung. Orientieren Sie sich an den Angaben auf dem Schnittmuster und bekommen Sie ein Gespür für verschiedene Materialien. Hochwertiger Stoff muss nicht teuer sein, andererseits spart man beim Nähen mit billigem Stoff an der falschen Stelle – schließlich investieren Sie auch Ihre Zeit! Höherwertige Materialien garantieren bessere Ergebnisse und mehr Freude beim Nähen. Wählen Sie qualitativ hochwertige Stoffe, die angenehm zu tragen sind und auch nach mehrmaligem Waschen noch gut aussehen.

Leicht zu verarbeitende Stoffe

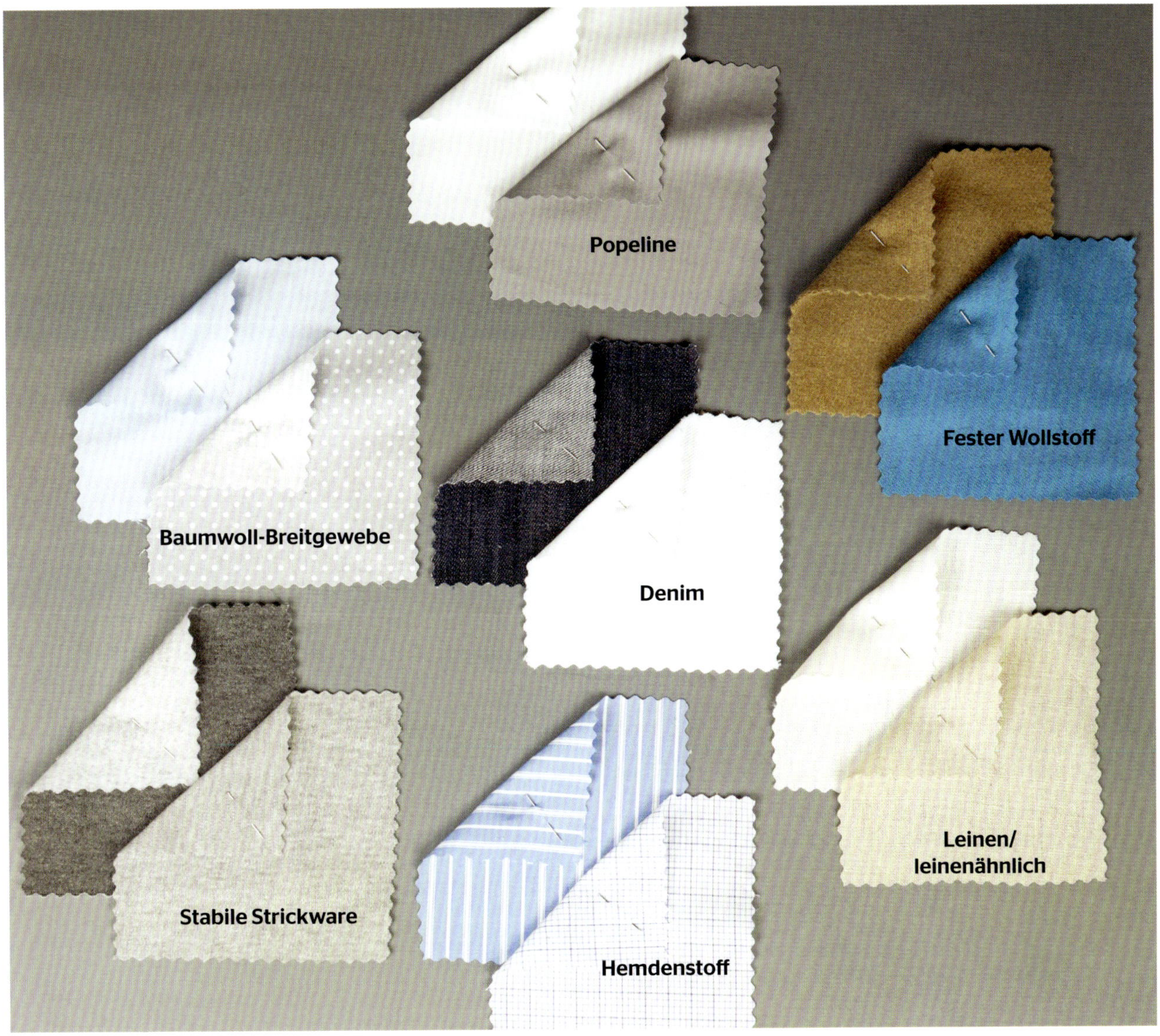

Viele Stoffe lassen sich einfach und schnell verarbeiten, meist handelt es sich dabei um mittelschwere, in Leinwandbindung gewobene Stoffe oder um dichte Strickstoffe. Sie müssen meist nicht kompliziert versäubert oder speziell vorbereitet werden, da sie kaum ausfransen und sich der Fadenlauf nicht verzieht.

Kleinteilige Alloverprints und schmale Streifen- und Karostoffe müssen an den Nähten nicht exakt aufeinandertreffen. Vor allem durch dunkle Muster werden auch kleinere Nahtfehler kaschiert.

Stabile und mäßig dehnbare Strickstoffe müssen entlang der Kanten nicht versäubert werden. Dank ihrer Elastizität passen sie sich leicht an verschiedene Größen an und sind angenehm zu tragen.

Die Verarbeitung von Stoffen aus Naturfasern wie Baumwolle und leichte Wolle ist einfach und die Stoffe sind hitze- und dampfbeständig.

Stoffe sollten je nach Muster, Herstellung und Stoffgewicht mit unterschiedlichen Techniken und unterschiedlichem Zubehör verarbeitet werden. Für besondere Nähtechniken braucht man oft mehr Geduld als tatsächliches Können. Meist ist ein zusätzlicher Schritt, etwa eine besondere Versäuberung, alles, was man für perfekte Nähergebnisse braucht.

Überblick über Stoffe und Nähtechniken

STOFFGEWICHT	STOFFE	SPEZIELLE NÄHTE	MASCHINENNADEL	GARN
HAUCHDÜNN	Griffig: Organdy, Organza, Voile Weich: Batist, Chiffon, Chinaseide, Georgette, Gaze	französische Naht, falsche französische Naht, eingefasste Naht, Doppelnaht	60, 65 oder 75	Extrafein: mercerisierte Baumwolle, Umspinnzwirn Baumwolle/Polyester, langfasriges Polyestergarn, Seide
LEICHT	Seidenhemdenstoffe, Breitgewebe, Calicot, Oxford, Chambray, leichte Leinenstoffe, Challis, Seersucker, Lochstickerei, Charmeuse	französische Naht, falsche französische Naht, eingefasste Naht, mit Zickzackschere versäuberte Naht, Mehrfachzickzacknaht, Doppelnaht	60, 65 oder 75	Extrafein: mercerisierte Baumwolle, Umspinnzwirn Baumwolle/Polyester, langfasriges Polyestergarn
LEICHTE BIS MITTELSCHWERE STRICKSTOFFE	Trikot, Interlock, Jersey, leichte Strickstoffe, Strech-Terry, Stretch-Velours	Doppelnaht, geschlossener Overlockstich, schmaler Zickzackstich, 3-Step-Zickzackstich	75, 90, Kugelspitznadel	Allzweckgarn: Baumwolle/Polyester, langfasriges Polyestergarn
MITTELSCHWER	Wollflanell, Leinen, Crépe, Gabardine, Chino-Twill, Popeline, Chintz, Cord, Samt, Baumwollsamt, Velours, Taft, Doppelstrick, Fleece, Sweat-Strickstoffe, Denim, Steppstoff	Paspelnaht, Kappnaht, doppelte Kappnaht, falsche Kappnaht, einfache Naht mit passender Versäuberung	75, 90, Kugelspitznadel für Strick und Fleece	Allzweckgarn: Baumwolle/Polyester, langfasriges Polyestergarn
MITTELSCHWER BIS SCHWER	schwerer Wollflanell, Fleece, Kunstfell, Canvas, schwerer Denim, Baumwollcanvas, Friese	Paspelnaht, Kappnaht, doppelte Kappnaht, falsche Kappnaht, mit Zickzackschere versäuberte Naht	100, 110	Extrastark: Baumwolle/Polyester, langfasriges Polyestergarn, Knopfgarn
NICHT GEWEBTE STOFFE	Leder, Rauleder (Echt- und Kunstleder), Plastik, Filz	Paspelnaht, Kappnaht, doppelte Kappnaht, falsche Kappnaht, Absteppnaht, einfache Naht	11/75, 14/90, 16/10	Allzweckgarn: Baumwolle/Polyester, langfasriges Polyestergarn

A Bei **Stoffen mit Stoffrichtung oder Flor** wie Samt, Baumwollsamt, Velours, Flanell und Cord muss man beim Auflegen der Schnittmusterteile und beim Zuschneiden besonderes auf die Lichtbrechung achten, die in Strichrichtung anders ausfällt als gegen die Strichrichtung. Damit das fertige Kleidungsstück keine unterschiedlichen Farbnuancen aufweist, werden alle Schnittteile so auf den Stoff aufgelegt, dass die unteren Kanten in die gleiche Richtung zeigen. Soll der Farbton intensiver sein, schneidet man mit nach oben verlaufender Stoffrichtung zu, für einen abgetönteren Farbton und einen glatten Strich schneidet man den Stoff mit nach unten verlaufender Stoffrichtung zu. Obwohl Satin und Taftmoiré keine Stoffrichtung haben, reflektiert auch ihre Oberfläche in beiden Längsrichtungen das Licht unterschiedlich. Entscheiden Sie sich, welche Nuance Ihnen besser gefällt, und legen Sie alle Schnittteile so auf den Stoff, dass die unteren Kanten in die gleiche Richtung zeigen.

B **Hauchdünne Stoffe** wirken am besten mit Spezialnähten und Spezialsäumen, nichtversäuberte Nahtzugaben lenken vom zarten Charakter von Voile, Batist, Lochmusterstoff oder Chiffon ab. Bei hauchdünnen Stoffen wird gern mit der französischen Naht gearbeitet.

C **Stoffe in Köperbindung** wie Denim und Gabardine haben eine diagonale Rippenstruktur. Ist diese deutlich sichtbar, muss beim Zuschneiden auf die Stoffrichtung geachtet werden. Es sollten keine Schnitte gewählt werden, die für Diagonalmuster ungeeignet sind. Denim franst leicht aus und muss unbedingt versäubert werden.

D Bei **Stoffen mit Karo- oder Streifenmuster** muss man beim Auflegen der Schnittteile und beim Zuschneiden besonders sorgfältig arbeiten (Seite 106–109). Um Karomuster und Streifen an den Nähten passgenau aufeinander abzustimmen, benötigt man zusätzlichen Stoff. Kaufen Sie je nach Größe des Musterrapports 0,25–0,5 m Stoff mehr als angegeben.

E Bei **Stoffen mit Musterrichtung** müssen alle Schnittmusterteile mit der Musterrichtung aufgelegt werden, damit das Muster nicht an irgendeiner Stelle auf dem Kopf steht. Stoffe mit Bordürendruck werden in der Regel im Schrägschnitt zugeschnitten. Möglicherweise benötigen Sie auch hier etwas mehr Stoff.

F **Strickstoffe,** vor allem lockere Strickstoffe, müssen vorsichtig verarbeitet werden, damit sie nicht ausleiern. Damit sie außerdem schön elastisch bleiben, arbeitet man mit Spezialstichen und -säumen. Nicht jedes Schnittmuster eignet sich für Strickstoffe und nicht jeder Strickstoff eignet sich für jedes Strickschnittmuster. Vergleichen Sie die im Schnittmuster empfohlene Dehnbarkeit mit der des Stoffes, den Sie verwenden möchten.

Klassische Stoffe

Lose gewebte Stoffe

Leinen und leinenähnliche Stoffe werden meist in Leinwandbindung gefertigt und bevorzugt als Dekostoff, etwa für Vorhänge, verwendet. Siebleinen ist ein leichtes Gewebe, das früher in der Landwirtschaft verwendet wurde und heute in verschiedenen Farben für Bekleidung und Wohnaccessoires Verwendung findet. Rohseide, auch bekannt als Bourette-Seide, franst aufgrund der über Kreuz verlaufenden dicken und dünnen Fäden leicht aus. Gaze ist ein leichtes Gewebe, das wie hauchdünne Stoffe verarbeitet werden sollte. Anzugleinen wird aus dickeren Fäden gewebt und besticht durch seine besondere Struktur.

Schnittmuster für lose Gewebe

Je weniger stabil das Gewebe ist, desto legerer sollte das Schnittmuster sein. Einfache Schnitte, bei denen man auf Futter und Einlagen bzw. Verschlüsse wie Knöpfe und Reißverschlüsse verzichten kann, eignen sich am besten. Viele Schnitte für Jacken, Blusen und Röcke, vor allem in Überzieh- oder Wickeloptik, können auf diese Weise angepasst werden. Überprüfen Sie die Stabilität von losem Gewebe, indem Sie den Stoff über die Hand legen und eine Länge frei herunterhängen lassen. Überprüfen Sie, wie sehr sich der Stoff dehnt und ob er sich leicht drapieren lässt.

Vorbereitung des Stoffes

Lose gewebte Stoffe sollten Sie vor der Verarbeitung im Feinwaschprogramm vorwaschen. Um übermäßiges Ausfransen zu verhindern, werden quer geschnittene Kanten vor dem Waschen mit Zickzackstich versäubert oder mit Schrägband eingefasst. Den gewaschenen Stoff an der Luft (nicht im Trockner!) trocknen lassen oder in ein Handtuch rollen, damit überschüssige Feuchtigkeit aufgesaugt wird. Den Stoff auf einer ebenen Arbeitsfläche ausbreiten und den Fadenlauf glattstreichen.

Schnittmuster auflegen und Stoff zuschneiden und markieren

Legen Sie den Stoff glatt und mit geradem Fadenlauf auf. Ein verzogener Fadenlauf ist auf dem fertigen Kleidungsstück deutlich sichtbar. Wenn die Stoffstruktur unregelmäßig ist, achten Sie auf die Strichrichtung! Fixieren Sie die Schnittmusterteile mit Stecknadeln in kurzen Abständen auf dem Stoff. Zugeschnittene Teile möglichst flach liegen lassen und nicht zu häufig bewegen, da einige lose Gewebe sonst ihre Form verlieren.

Stark ausfransende Stoffe mit 2,5 cm Nahtzugabe zuschneiden. Das erleichtert das Arbeiten von Saum- und Kantenabschlüssen. Die Schnittmarkierungen mit Markierstift oder Heftstichen übertragen.

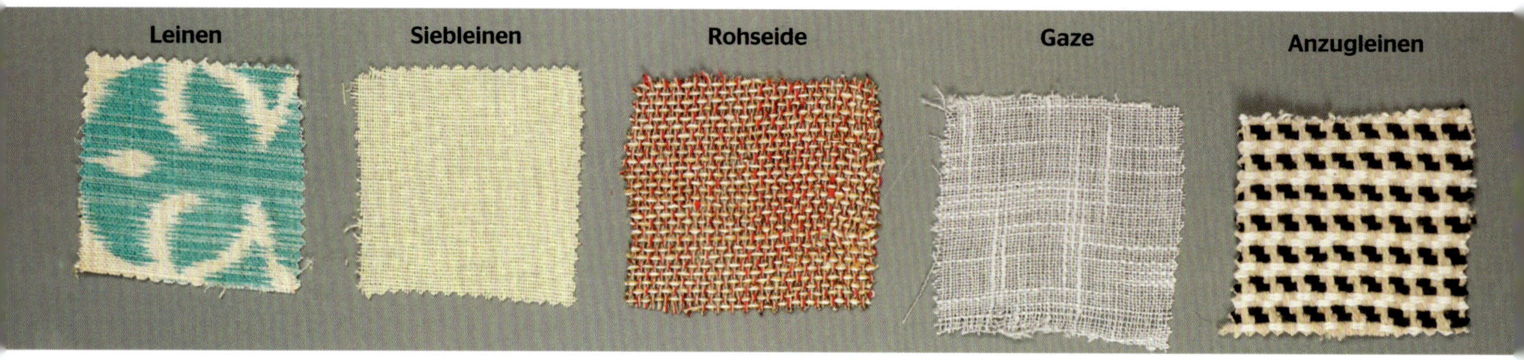

Spezielle Nahtversäuberungen

Eine einfache Naht mit mit Trikotband versäuberten Kanten sorgt für einen sauberen Abschluss. Verwenden Sie einen Zickzackstich, einen 3-Step-Zickzackstich oder lange Geradstiche.

Eine Kappnaht, die auf der rechten Seite des Kleidungsstücks abgesteppt wird, ergibt auf beiden Seiten eine saubere Naht, die daher ideal für aufgekrempelte Ärmel oder andere Stellen, an denen beide Nahtseiten sichtbar sind, ist.

Eine 3- oder 4-Faden-Overlocknaht mit einer Naht aus Geradstichen versäubert die Kanten dicht mit Faden.

Spezielle Saumabschlüsse

Absteppen zum Fixieren der Saumkanten. Diese Methode ist schnell und sieht sauber aus. Offene Kanten vor dem Umsäumen versäubern, verwenden Sie einen Zickzackstick oder eine 2- bzw. 3-Faden-Overlocknaht.

Einfassung mit Trikotband. Von Hand mit einem lockeren Saum- oder Blindstich versäumen.

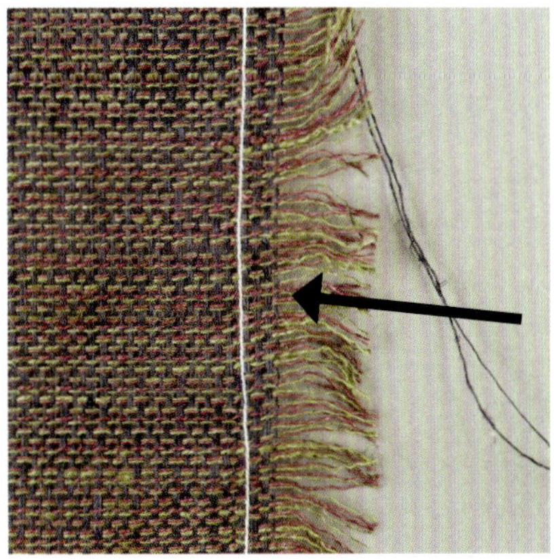

Fransenkante. Einen Faden an der gewünschten Stelle herausziehen, an der entstandenen Linie entlangnähen (Pfeil) und dann nach und nach Fäden außerhalb der Nahtlinie herausziehen.

Cord besteht aus Baumwolle oder einer Mischung aus Baumwolle und Polyester und steht in zahlreichen Varianten zur Auswahl. Üblicherweise wird Cord nach der Zahl der Rippen auf zehn Zentimeter Stoff unterschieden.

Schnittmuster für Cord und Baumwollsamt

Cord wird häufig für Freizeit- und Kinderbekleidung verwendet, da er robust und pflegeleicht ist. Je schwerer der Stoff ist und je gröber die Rippen sind, desto einfacher sollte das Schnittmuster sein. Leichter Cord ist anschmiegsam und eignet sich für aufwendigere Modelle, etwa mit Raffungen oder Rüschen. Mittelschwerer Cord wird häufig für Sakkos verwendet.

Vorbereitung des Stoffes

Vor der Verarbeitung sollte Cord und Baumwollsamt vorgewaschen werden. Im Trockner richtet sich der Flor wieder auf. Das gilt besonders für Stoffe aus 100 % Baumwolle, obwohl das Waschen kräftige Farben leicht verblassen und den Stoff schneller abgenutzt wirken lassen kann. Polyester-Baumwoll-Mischgewebe schrumpfen weniger, verlieren weniger Farbe und knittern weniger als Cord aus reiner Baumwolle.

Nähtipps

Stoffe mit Flor wie Cord, Samt und Baumwollsamt verrutschen beim Nähen leicht. Ein Obertransportfuß oder ein Rollsaumfuß verhindert dies. Säume sollte man in dichten Abständen abstecken und während des Nähens sollte der Stoff vor und hinter dem Nähfuß straff gespannt werden. Nähen Sie immer in Florrichtung, damit die Struktur flach bleibt.

Für eine gleichmäßige Naht müssen Sie möglicherweise ein paar Einstellungen an der Nähmaschine verändern. Für die meisten Cord- und Baumwollsamtarten eignet sich eine mittlere Stichlänge. Verringern Sie bei dickem Cord den Nähfußdruck. Die Kanten werden am besten mit einem Einfassband oder einem Overlockstich versäubert.

Schneiden Sie Saumkanten, die eingeschlagen werden, etwas zurück, um Auftragen zu verhindern. Offene Schnittkanten können ausfransen, wenn sie nicht abgesteppt oder mit flüssigem Fransenstopp behandelt werden.

Säumen Sie dicken oder schweren Cord und Baumwollsamt von Hand oder verwenden Sie fertiges Schrägband bzw. schneiden Sie einen 5 cm breiten Schrägstreifen aus Polyester-Baumwoll-Stoff zu.

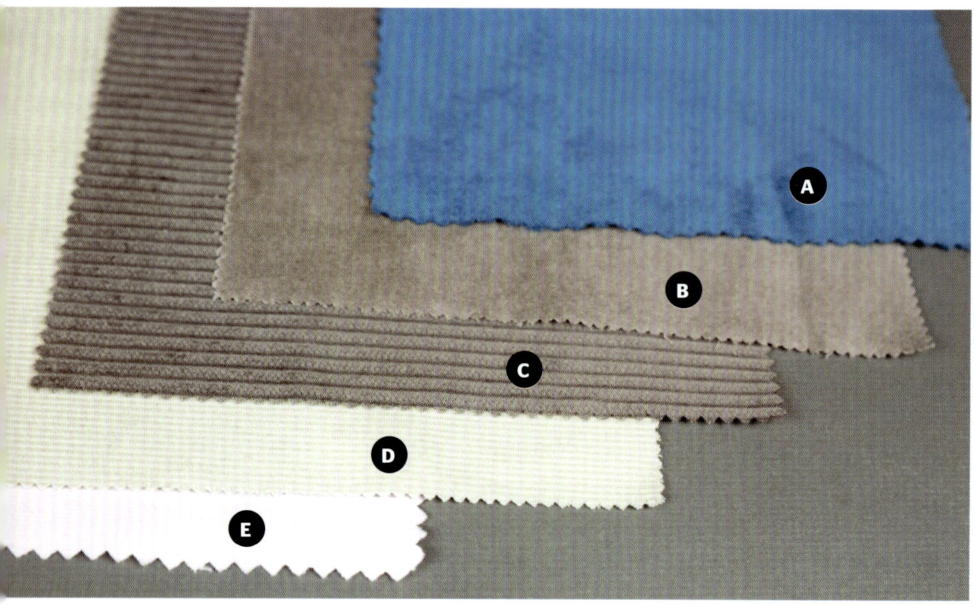

A **Baumwollsamt** kann wie Cord zu 100 % aus Baumwolle oder aus einem Baumwoll-Polyester-Mischgewebe bestehen, allerdings ist das Gewebe kürzer und dicker als Cord. Baumwollsamt ist leichter zu verarbeiten und robuster als Samt.

B **Ribless-Cord** ähnelt im Griff Baumwollsamt.

C **Kabelcord** oder Breitcord hat 10–25 Rippen pro 10 cm.

D **Genuacord** oder Manchester hat 25 bis 40 Rippen pro 10 cm.

E **Feincord** oder Babycord ist leicht und hat mehr als 40 Rippen pro 10 cm.

Nähtechniken für Cord und Samt

Entscheiden Sie sich vor dem Auflegen der Schnittmusterteile für eine Strichrichtung, je nachdem welche Farbnuance Ihnen besser gefällt. Verläuft der Strich nach oben wirkt der Stoff dunkler, verläuft er nach unten in Richtung Saum, wirkt der Stoff heller und glänzt leicht. Cord ist widerstandsfähiger, wenn der Strich nach unten verläuft.

Markieren Sie die Schnittteile mit Schneiderkreide und Stecknadeln oder Markierstift auf der linken (!) Stoffseite. Verwenden Sie kein Kopierrädchen und Schneiderkopierpapier, ohne dies vorher an einer unauffälligen Stelle getestet zu haben. Das Kopierrädchen kann Samtstoffe beschädigen.

Pressen Sie Samtstoffe vorsichtig. Legen Sie ein Stück Samt mit der Florseite nach oben auf das Bügelbrett. Legen Sie nun den zu bügelnden Samt mit der Florseite nach unten darauf. Die feinen Härchen beider Stofflagen greifen ineinander und werden so nicht flachgedrückt. Um Abdrücke auf der rechten Seite zu verhindern, legen Sie Papierstreifen unter die Nahtzugaben oder bügeln Sie die Nähte auf einer Saumrolle auf.

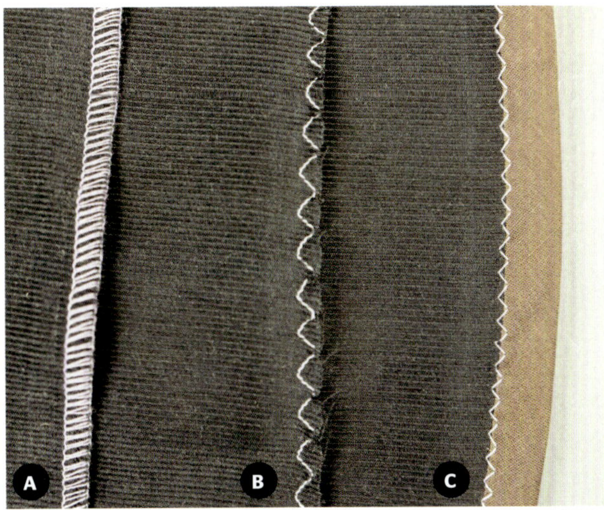

Versäubern Sie alle Kanten, damit sie nicht ausfransen. Verwenden Sie entweder einen 2- oder 3-Faden-Overlockstich mit extrafeinem Garn (a) einen Zickzackstich (b) oder ein Schrägband (c).

Schneiden Sie Nahtzugaben und Säume, die eingeschlagen werden, etwas zurück, um Auftragen zu verhindern. Etwaige Absteppnähte weit genug von der Kante entfernt nähen, um so unversäuberte Kanten zu erfassen – das verhindert Ausfransen und verstärkt die Kanten.

Mit einem Saumstich säumen. Schnittkante mit Einfassband, Zickzack- oder Overlockstich versäubern, um Ausfransen zu verhindern. Einen lockeren Blindstich zwischen Kleidungsstück und Saum arbeiten, sodass sich der Saum nicht abzeichnet.

Strickstoffe bestehen aus miteinander verschlungenen Maschen. Sie sind knitterarm, angenehm zu tragen und leicht zu verarbeiten, da sie nicht leicht ausfransen. Strickstoffe lassen sich grob in fünf Kategorien unterteilen.

Feste, stabile Strickstoffe sind nicht besonders dehnbar und werden ähnlich wie Webstoffe behandelt. Hierzu zählen Punto di Roma und Doppelstrickware, die auf beiden Seiten fein längsgerippt sind. Bei Doppelstrickware ist es schwierig, rechte und linke Seite voneinander zu unterscheiden, außer die rechte Seite ist gemustert. Raschelstoffe haben eine spitzenähnliche oder grobmaschige Struktur. Sie dehnen sich üblicherweise nicht, da Längsfäden in einigen Strickmaschen verankert sind, es sei denn sie enthalten eine Stretchfaser wie Lycra/Elastan oder Nylon.

Leichter Einfachstrick hat feine, auf der rechten Seite verlaufende Längsrippen und quer verlaufende Maschen auf der linken Seite. Zieht man an der Querkante, rollen sich die Kanten nach rechts ein. Sofern keine Stretchfaser enthalten ist, dehnen sich Einfachstrickstoffe wie Jersey, Trikot und Interlock nicht in der Länge, sondern nur in der Breite.

Strukturierter Strickstoff kann einfache oder Doppelstrickware sein, man erkennt ihn an der Oberflächenstruktur auf der rechten Seite. Strickfrottee und Velours besitzen einen typischen Flor und sind relativ querelastisch. Bequemer Sweat sieht auf der rechten Seite wie Einfachstrick aus, die linke Seite ist angeraut und weich. Er ist stabil und kaum dehnbar.

Bi-elastischer Stretchstoff ist sowohl in Längs- als auch in Querrichtung dehnbar und enthält einen großen Elastananteil. Neuartige Stoffe für Sportbekleidung sind feuchtigkeitsabweisend, antibakteriell, äußerst dehnbar und formstabil. Sie eignen sich ausgezeichnet für Yoga- und Sportbekleidung. Starker Nylonjersey und Elastan sind auch in nassem Zustand elastisch und werden für Schwimmbekleidung verwendet.

Rippjersey oder Bündchenstoff ist sehr dehnbar und eignet sich für Oberteile oder Bündchen an Ärmeln, Beinausschnitten, Halsausschnitten und Taillenbund. Er wird entweder als Schlauchware angeboten und muss dann vor dem Nähen an der seitlichen Kante aufgeschnitten werden, oder als farblich abgestimmtes Rippbündchen, bei dem eine Kante bereits versäubert ist und die andere am Kleidungsstück angenäht wird.

Sweat und Sommersweat haben einen eingestrickten Futterfaden, der auf der linken Seite sichtbare Schlaufen bildet und das Material dicker und wärmer macht. Bei Sweatshirtstoffen ist die linke Seite angeraut und flauschig weich. Der zusätzliche Faden verstärkt das Material, macht es aber auch weniger elastisch. Daher eignet sich nicht jeder Schnitt für Strickstoffe unbedingt für Sweat. Wählen Sie für Sweat und Sommersweat Schnittmuster für stabile Strickstoffe.

Punto di Roma
Raschelware
Single Jersey
Trikot
Interlock
Sommersweat
Velours
Sweat
Sweatshirt-Fleece
Sportgewebe
Nylonjersey/Elastan
Bündchenstoff,
Rippjersey

Schnittmuster für Strickstoffe

Bei der Wahl eines Schnittmusters für Strickstoffe sollte man auf die Elastizität und das Gewicht des Materials achten. Die Liste empfohlener Stoffe auf der Rückseite des Schnittmusterumschlags gibt meist eine Kombination aus Strick- und Webstoffen an. Weiche, leichte Strickstoffe wie Jersey eignen sich für Modelle mit Raffungen oder Drapierungen. Für festere Stoffe wie Doppelstrick eignen sich Schnittmuster mit taillierter Silhouette. Voluminöse oder strukturierte Strickstoffe kommen bei Modellen mit möglichst wenig Nähten und Details am besten zur Geltung.

Bestimmte Schnitte erfordern jedoch dehnbare Strickstoffe, etwa enganliegende Kleidungsstücke wie Bade- oder Tanzmode oder körperbetonte Oberteile und Hosen. Auf den meisten Schnittmustern für Strickstoffe findet man auf der Umschlagrückseite eine Dehnbarkeitsangabe. Testen Sie den Stoff Ihrer Wahl mithilfe eines Lineals. Wenn der Schnitt einen bi-elastischen Strickstoff vorgibt, überprüfen Sie die Dehnbarkeit in Längs- und Querrichtung. Einige Schnittmuster für Strickstoffe sind mit der Angabe „negative Zugabe" versehen, was bedeutet, dass das fertige Kleidungsstück kleiner ist als die eigentlichen Körpermaße, dies gilt besonders für Bade- oder Tanzmode. Bei diesen Schnitten ist es wichtig, einen besonders dehnbaren Stoff zu wählen.

Schnittmuster für Strickstoffe arbeiten oft mit einer Nahtzugabe von 7 mm, da sie meist mit einer Overlockmaschine genäht werden. Ist bei einem Schnitt eine Nahtzugabe von 1,5 cm angegeben, kürzen Sie diese auf 7 mm, wenn Sie mit der Overlockmaschine arbeiten. Im umgekehrten Fall vergrößern Sie die Nahtzugabe von 7 mm auf 1–1,5 cm.

Vorbereitung des Stoffes

Strickstoffe sollten vor der Verarbeitung vorgewaschen oder wenn nötig chemisch gereinigt werden. Bündchenstoff muss nicht unbedingt vorgewaschen werden, es sei denn, Sie verwenden ein dunkles Bündchen in Kombination mit einem hellen Stoff – in diesem Fall sollten Sie das Bündchen vorher waschen, damit es nicht auf den restlichen Stoff abfärbt.

Sollte auf dem Strickstoff nach dem Waschen noch immer eine Falte vom Stoffballen sichtbar sein, glätten Sie diese mit einem Dampfbügeleisen. Ist die Falte dann noch immer zu sehen, ist sie dauerhaft und Sie müssen den Stoff so falten, dass die Falte beim Auflegen der Schnittmusterteile nicht sichtbar ist.

Ziehen Sie zum Begradigen der Kanten mit Schneiderkreide eine Linie von einer Schnittkante zur anderen im rechten Winkel zu den Rippen und schneiden Sie den Stoff entlang der markierten Linie zu.

Bügeln

Strickstoffe kann man entlang der Längsrippen bügeln, indem man das Bügeleisen bei niedriger Temperatur nach und nach auf den Stoff drückt. Nicht in Querrichtung bügeln und den Stoff erst nähen, wenn er abgekühlt ist, da er sich sonst verziehen kann

Strickfleece sollte man nicht bügeln, sondern blocken. Hierzu breitet man den Stoff auf einer weichen Unterlage aus, etwa auf einem Handtuch oder einem Stück Filz, bedämpft ihn mit einem Dampfbügeleisen (das Bügeleisen nicht direkt aufsetzen!) und zieht ihn vorsichtig in Form. Den Stoff vollständig trocknen und auskühlen lassen.

Blocken funktioniert nur bei Naturfasern, nach dem Waschen nimmt das Kleidungsstück wieder seine ursprüngliche Form an und muss erneut geblockt werden. Allerdings kann man mithilfe desselben Verfahrens bei Kleidungsstücken aus Kunstfasern die Form dauerhaft verändern, da die hohen Temperaturen die Fasern zum Schmelzen bringen. Dies wird auch als „Killing" bezeichnet.

Dehnbarkeit testen

1 **Lesen Sie die Dehnbarkeit** auf dem Schnittmusterumschlag ab. Ein für den jeweiligen Schnitt geeigneter Strickstoff lässt sich ohne Probleme entlang des auf dem Umschlag eingezeichneten Rasters bis zum Pfeilende dehnen. Lässt sich der Stoff noch weiter dehnen, ist er für den Schnitt ebenfalls geeignet.

2 **Verwenden Sie einen anderen Stoff,** wenn er sich nicht ohne Mühe bis zum Pfeilende dehnen lässt, wenn die Rippen nach dem Dehnen verzogen sind oder wenn sich die gedehnte Kante einrollt. In diesem Fall verfügt der Stoff über zu wenig natürliche Elastizität für den gewählten Schnitt.

3 **Achten Sie auch darauf,** ob der Stoff wieder in seine ursprüngliche Form zurückspringt. Stoffe, die wieder auf etwa 10 cm zurückspringen, leiern nicht aus und eignen sich bestens für enganliegende Kleidungsstücke wie Leggings oder Sportbekleidung. Strickstoffe, die nicht so deutlich zurückspringen, eignen sich eher für legere Kleidung.

Berechnen der Dehnbarkeit ohne Dehnbarkeitsangabe

Wenn auf dem Schnittmuster keine Dehnbarkeit angegeben ist, aber ein bestimmter Stretchanteil empfohlen wird, berechnen Sie die Dehnbarkeit des gewählten Materials wie folgt: Legen Sie einen 10 cm langen quer zum Fadenlauf geschnittenen Stoffstreifen an einem Lineal an und dehnen Sie den Stoff. Ziehen Sie die Originallänge vom Messwert im maximal gedehnten Zustand ab. Diese Differenz durch die Originallänge dividieren und das Ergebnis mit 100 multiplizieren.

***A* = Originallänge**

Ziehen Sie die Originallänge vom Messwert im maximal gedehnten Zustand des gedehnten Stoffes ab.

***B* = gedehnte Länge minus Originallänge**

***[B/A]* × 100 = Stretchanteil in Prozent**

Lässt sich ein 10 cm breites Stück Stoff auf maximal 15 cm dehnen, ergibt das folgende Rechnung:

15 - 10 = 5

[5/10] × 100 = 50 %

Das verwendete Material hat einen Strechanteil von 50 %.

Auflegen der Schnittmusterteile

Beim Auflegen der Schnittmusterteile bei Strickstoffen ist die Stoffrichtung zu beachten. Aufgrund ihrer Schlingenkonstruktion können Strickstoffe eine Laufrichtung haben, die beim fertigen Kleidungsstück sichtbar ist.

Ziehen Sie vor dem Auflegen der Schnittmusterteile an beiden Querkanten, um zu testen, ob der Stoff eine Laufrichtung hat. Ist dies der Fall, so verläuft diese meist nicht an beiden Kanten gleich. Positionieren Sie beim Auflegen der Schnittmusterteile die Kante, die eher dazu neigt, Maschen zu ziehen, an der Saumlinie des Kleidungsstücks. Da der Saum weniger beansprucht wird, verzieht sich der Stoff nach dem Nähen hier weniger. Zum Aufstecken der Schnittmusterteile Rundkopfstecknadeln verwenden.

Strickstoffe zum Auflegen der Schnittmusterteile und zum Zuschneiden immer zur Gänze auf der Arbeitsfläche auflegen, es sollte kein Stoff herabhängen, da das Gewicht der herabfallenden Stoffbahn den aufliegenden Stoff verziehen könnte.

Dicke oder strukturierte Strickstoffe lassen sich einfacher verarbeiten, wenn man Sie einlagig ausbreitet. Die strukturierte Seite sollte unten liegen, festgesteckt und markiert wird auf der glatten, linken Seite. Für Lochmuster- oder Spitzenstrickstoffe eignen sich Gewichte besser als Stecknadeln.

Nähtipps

Viele Strickstoffe kann man mit einer Universalnadel nähen, die besten Ergebnisse erzielt man allerdings mit einer Jerseynadel, deren Kugelspitze zwischen die Fasern gleitet, anstatt sie zu durchstechen.

Stark beanspruchte Nähte, etwa an der Schulter, sollten mit einem Nahtband gearbeitet werden, damit das Kleidungsstück auch nach mehrmaligem Tragen und Waschen seine Form behält. Nahtband empfiehlt sich auch für alle Nähte für Spitzenstrickstoffe.

TIPPS

Stretchbügeleinlagen verleihen dem Strickstück Körper, ohne es steif zu machen. Einige dieser Einlagen sind leicht in Querrichtung dehnbar. Sie eignen sich zum Stabilisieren von Bündchen, Taschen und Blenden, Applikationen oder anderen Verzierungen.

Nicht gewebte Stretcheinlagen stabilisieren das Strickstück in Längsrichtung, sind jedoch in Querrichtung dehnbar. Sie eignen sich für das flexible Formen von Kragen, Halsauschnitten, Belegen und Reißverschlussöffnungen.

Bei der Overlockmaschine eignet sich für professionelle Ergebnisse eine 4- oder 3-Faden-Überwendlichnaht, bei einer herkömmlichen Nähmaschine eignen sich Stretchstiche, etwa ein schmaler, kurzer Zickzackstich oder ein 3-Step-Zickzackstich, da der Faden so nicht reißt, wenn sich das Material dehnt. Bei mit einer herkömmlichen Nähmaschine genähten, leger fallenden Kleidungsstücken verwenden Sie am besten einen Geradstich mit einem Polyestergarn.

Mit einem Geradstich und einer Zwillingsnadel, einem Zickzackstich oder einem 3-Step-Zickzackstich lassen sich Strickkleidungsstücke auf einer herkömmlichen Nähmaschine absteppen, bei einer Coverlockmaschine eignet sich eine Covernaht, bei der Overlockmaschine arbeitet man mit Flatlocknähten.

Einlagen

Wenn das Strickstück mit Details wie Knöpfen, Taschen, Blenden oder Applikationen gearbeitet wird, muss man den Stoff an den Stellen, an denen die Details platziert werden, mit einer Einlage verstärken. Verwenden Sie dazu weiches Material, das den Charakter des Stoffes nicht verändert. Gut geeignet sind Stretchbügeleinlagen und leichte, nicht gewebte Stretcheinlagen.

Hauchdünne Stoffe können sich weich oder griffig anfühlen, griffige Stoffe sind leichter zuzuschneiden und zu verarbeiten. Zu den weichen hauchdünnen Stoffen zählen Batist, Chiffon, Chinaseide und Georgette. Griffige hauchdünne Stoffe sind Organza, Voile und Organdy.

Bei hauchdünnen Stoffen ist zu beachten, dass sämtliche Innennähte mehr oder weniger deutlich auf der Außenseite sichtbar sind, daher müssen Nähte, Besätze und Säume besonders sauber gearbeitet werden.

Seidenstoffe bestehen aus Naturseide oder seidenähnlichen Synthetikfasern wie Polyester, Nylon, Viskose und Acetat. Die meisten Stoffe aus diesen Kunstfasern wie Charmeuse, Chinakrepp, leichte Jacquardgewebe, leichter Kreppsatin und Faillé laufen beim Waschen nicht ein, verblassen nicht und lassen sich generell einfach reinigen.

Auch wenn Seide und Kunstseide nicht so durchsichtig sind wie hauchdünne Stoffe, sind sie doch ähnlich fein gewoben und leicht. Die Konstruktion eines Kleidungsstücks kann sich in Form von Erhebungen auf der rechten Seite bemerkbar machen. Daher kommen bei beiden Stoffarten dasselbe Zubehör und dieselben Nähtechniken zum Einsatz. Zusätzlich ist bei Seide und seidenartigen Stoffen die glatte Oberfläche zu beachten, die die Handhabung des Stoffes etwas schwieriger gestaltet. Beim Auflegen und Zuschneiden der Schnittmusterteile ist daher besondere Vorsicht geboten.

Nähen von hauchdünnen Stoffen und Seidenstoffen

ZUBEHÖR UND TECHNIKEN	Weiche hauchdünne Stoffe: Batist, Chiffon, Chinaseide, Georgette Griffige hauchdünne Stoffe: Organdy, Organza, Voile
MASCHINENNADEL	Stärke 60, 65 oder 75
STICHLÄNGE	5 bis 6 Stiche pro Zentimeter
STICHEINSTELLUNG	2,5 bis 2
GARN	Extrafeines langstapliges Polyestergarn, Seide oder mercerisierte Baumwolle. Diese Garne werden oft für Damenunterwäsche, Maschinenstickerei oder Quiltarbeiten angeboten. Verwenden Sie ein möglichst feines Nähgarn.
HANDNADEL	Quiltnadeln, Stärke 80/12
EINLAGEN	transparente nicht gewebte Einlagen zum Aufbügeln oder Aufnähen, aus demselben Stoff, Organza
SPEZIELLE NÄHTE	französische Naht, Overlocknaht, Doppelnaht
SPEZIELLE SÄUME	Overlocknaht, gerollte Overlocknaht, Rollsaum, Trikotband, schmale Absteppnaht

Schnittmuster für hauchdünne Stoffe und Seidenstoffe

Denken Sie bei der Auswahl eines Schnittmusters an die äußerst feine Beschaffenheit von hauchdünnen und Seidenstoffen. Am besten geeignet sind legere, fließende Schnitte mit raffinierten Details wie Raffungen, Rüschen, Kräuselungen und Drapierungen. Für griffige Stoffe eignen sich Schnitte mit maßgeschneiderten Details im Hemdenstil. Im Schrägschnitt zugeschnittene Schnittteile können bei Seide und Kunstseide problematisch sein, da diese sehr dehnbar und rutschig sind.

Bei hauchdünnen Stoffen gilt, je weniger Nähte, Abnäher, Besätze und andere Details gearbeitet werden, desto weniger „Innenleben" scheint auf der Außenseite durch und desto weniger Zeit müssen Sie für besondere Versäuberungstechniken aufwenden. Verzichten Sie auf Schnittmuster mit Reißverschlüssen und Innentaschen, da diese auftragen und auf der Vorderseite unschön aussehen können.

Vorbereitung des Stoffes

Hauchdünne Stoffe und Seidenstoffe sollten vor der Weiterverarbeitung unbedingt mit einem geeigneten Waschprogramm vorgewaschen werden. So kann der Stoff einlaufen und etwaige Rückstände, die unregelmäßige Stiche verursachen und das Nähen auf Kunstfasern erschweren können, werden entfernt. Befolgen Sie die Pflegehinweise des Stoffherstellers. Vor dem Waschen sollten sie an den Schnittkanten entlangsteppen, um übermäßiges Ausfrasen zu verhindern.

Reine Seide und Seide-Kunstfaser-Mischungen müssen besonders vorsichtig behandelt werden. Seidenstoffe können chemisch gereinigt werden, besser ist jedoch Handwäsche. Im warmen Wasser geben die Seidenfasern eine besondere Substanz ab, die den Stoff wie neu aussehen lässt. Am besten verwendet man Waschseife oder Feinwaschmittel, damit die Proteinfäden und natürlichen Öle nicht zerstört werden.

Wenn Sie den Stoff vorwaschen, müssen Sie auch keine Angst vor Wasserflecken haben. Bei machen Seidenstoffen kann die Farbe auslaufen. Bei intensiven Farben und Mustern ist Handwäsche ungeeignet. Testen Sie am besten zuerst mithilfe eines Stoffmusters, wie der Stoff auf Handwäsche reagiert.

Auch andere Materialien wie Einlagen und Futterstoffe sollten vorgewaschen werden. Selbst wenn etwa Futterstoffe nur minimal eingehen, kann sich dies bei leichten Stoffen an der Außenseite in Form von Falten bemerkbar machen.

Wenn Sie Kleidungsstücke aus Seide chemisch reinigen, bereiten Sie den Stoff anschließend durch Dampfpressen auf der Rückseite für das Nähen vor. Verwenden Sie ein Bügeltuch und stellen Sie das Bügeleisen auf niedrigster Stufe für Dampfbügeln ein.

Bügeln

Das Bügeln von hauchdünnen Stoffen und Seidenstoffen am besten vorher an einem Stoffmuster testen. Beginnen Sie mit einer möglichst geringen Bügeltemperatur und erhöhen Sie diese nach Bedarf Schritt für Schritt. Stoffe aus Viskose oder Polyester versengen leicht und müssen auf niedrigster Stufe gepresst werden. Verwenden Sie zum Schutz von hauchdünnen Stoffen ein Bügeltuch oder eine Bügelschutzsohle für das Bügeleisen. Verwenden Sie kein Bügelbrett mit metallbedampftem Bezug, da dieser zu viel Wärme an den Stoff zurückgibt.

Die meisten reinen Seidenstoffe lassen sich bei niedriger Temperatur mit dem Dampfbügeleisen pressen, überprüfen Sie dennoch auf einem Stück Stoffrest, ob der Dampf Flecken hinterlässt. Dieses Risiko besteht besonders bei reiner Seide, die nicht vorgewaschen wurde, sowie bei glänzenden Stoffen wie Charmeuse.

Vermeiden Sie übermäßiges Pressen. Dünne, leichte Stoffe werden schnell von Hitze durchdrungen und müssen nicht so intensiv gepresst werden wie dickere Stoffe – weniger ist hier mehr. Verwenden Sie ein Handdampfgerät für fertige Kleidungsstücke. Zu guter Letzt: Nehmen Sie sich Zeit für Seide und seidenähnliche Stoffe – die Geduld zahlt sich aus!

Handwäsche von hauchdünnen Stoffen und Seidenstoffen

Den Stoff sanft in lauwarmes Wasser tauchen. Verwenden Sie ein mildes Waschmittel mit kationischen Tensiden, milde Seife oder natürliche Kastilienseife. Den Stoff in kaltem Wasser ausspülen.

Den Stoff in ein Handtuch einrollen, um überschüssige Feuchtigkeit aufzusaugen. Den Stoff nicht auswringen, so entstehen Falten, die nicht leicht wieder entfernt werden können.

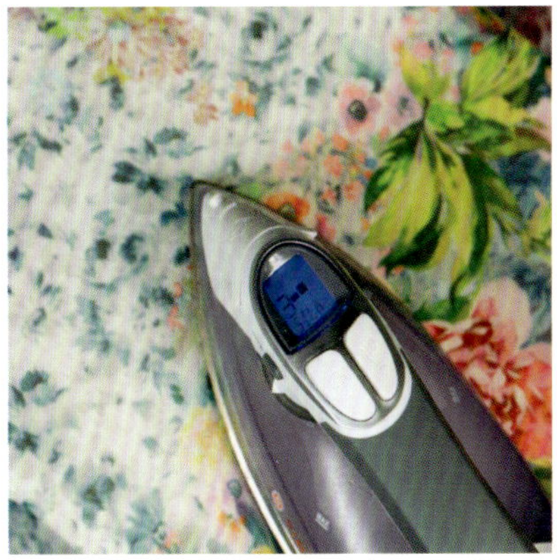

Den leicht feuchten Stoff von links bügeln. Bügeln Sie ohne Dampf auf möglichst niedriger Temperatur, etwa auf der Stufe für Synthetikstoffe, um den Fadenlauf nicht zu beschädigen.

Schnittmusterteile auflegen und Stoff zuschneiden

Feine, leichte Stoffe lassen sich leichter zuschneiden, wenn man ein Bettlaken, einen rutschfesten Stoff oder ein Plastiktischtuch mit der Flanellrückseite nach oben als Unterlage verwendet. Gut geeignet sind auch Schneideunterlagen aus Karton und gepolsterte Arbeitsunterlagen. Nach dem Zuschneiden die Teile flach liegen lassen und nicht zu viel bewegen, da sie sich sonst verziehen können. Bei sehr feinen Seidenstoffen können Stütznähte innerhalb der Nahtzugabe an den Rändern ein Verziehen verhindern.

Stecken Sie die Schnittteile mit extrafeinen Stecknadeln fest. Reinigen Sie neue Stecknadeln zuerst gründlich mit etwas Spülmittel und Wasser, lassen Sie sie gut trocknen und verwenden Sie sie anfangs nur auf dunklem Stoff. Trotz ihres Namens sind Seidennadeln zu grob für diese Stoffe und eignen sich nur für schwerere Stoffe wie Rohseide.

TIPPS

Den Stoff einlagig zwischen zwei Bögen Seidenpapier feststecken. Das Schnittmusterteil auf das Seidenpapier legen und den Stoff mitsamt dem Seidenpapier zuschneiden. Bei spiegelverkehrten Teilen muss man beide Seiten und dementsprechend die Gegenhälften bei im Bruch zugeschnittenen Teilen zuschneiden. Markierungen können auf das Seidenpapier anstatt auf den Stoff übertragen werden. Nach dem Zuschneiden kann man die Schnittteile mitsamt des Seidenpapiers nähen. Das Seidenpapier gleitet sauber über die Transporteure und lässt den Stoff nicht verrutschen. Nach dem Nähen das Papier einfach vorsichtig abreißen.

Feine Stoffe schneidet man am besten mit einem Rollschneider zu, der für saubere Kanten sorgt und den Stoff nicht verrutschen lässt. Ebenso geeignet ist eine Schneiderschere, da der Stoff durch den abgewinkelten unteren Griff beim Schneiden nicht angehoben wird. Hilfreich kann auch eine Zackenschere sein. Die speziellen Klingen fassen dünne, rutschige Stoffe sicher und fest. Außerdem lassen sich damit auch offene Kanten versäubern. Achten Sie bei allen Schneidewerkzeugen darauf, dass sie scharf sind! Beim Zuschneiden von Kunstfasern bilden sich winzige Fussel, die die Klingen stumpf machen können. Säubern Sie die Klingen daher nach dem Schneiden vorsichtig.

Achten Sie beim Zuschneiden auf die Stoffrichtung. So stellen Sie sicher, dass das fertige Kleidungsstück keine unterschiedlichen Farbnuancen aufweist – denn einige Stoffe wirken in einer Richtung heller als in der anderen. Überprüfen Sie den Stoff, bevor Sie die Schnittmusterteile auflegen, und entscheiden Sie, welche Farbnuance Ihnen besser gefällt.

Tipps zur Verarbeitung von Seide, rutschigen und hauchdünnen Stoffen

Für ein halbes Kilo Seide benötigt man etwa 2.500 Kokons. Eine Seidenraupe braucht etwa drei Tage, um einen Kokon zu spinnen. Hochgerechnet bedeutet das, dass eine einzige Raupe für ein halbes Kilo Seide etwa 20 Lebensjahre arbeiten müsste. Denken Sie daran, wenn Sie mit Seide und Seidenstoffen arbeiten, und nehmen Sie sich Zeit, um den Stoff für das Zuschneiden vorzubereiten. Heften Sie alle Teile vor dem Nähen mit der Hand. Haben Sie Geduld mit Seidenstoffen – Sie werden mit wunderbaren Ergebnissen belohnt!

Waschbare rutschige und hauchdünne Stoffe kann man mit Sprühstärke oder Schlichte behandeln. Hierzu den Stoff flach auflegen. Die Stärke oder Schlichte stabilisiert das Material beim Zuschneiden und Nähen. Lassen Sie den Stoff vor dem Zuschneiden flach liegend komplett trocknen. Unter Umständen können Sie auf waschbare Stoffe auch eine wasserlösliche Bügeleinlage aufbügeln, welche sich beim ersten Waschen des fertigen Kleidungsstücks auflöst. Sollte das Material nach dem ersten Waschen fleckig wirken, müssen Sie den Waschvorgang wiederholen, bis die Einlage vollständig verschwunden ist. Testen Sie Stärke, Schlichte und Bügeleinlage stets zuvor auf einem Stoffmuster.

Auflegen von Schnittmusterteilen auf rutschigen Stoffen

Falten Sie den Stoff so, dass die weniger rutschigen linken Seiten aufeinander liegen. Fassen Sie den Stoff an der Bruchkante und lassen Sie ihn locker herabfallen, damit der Fadenlauf exakt ausgerichtet ist.

Stecken Sie Stecknadeln senkrecht durch Nahtzugabe und Stoff in eine weiche mit Kork, Flanell oder Filz bezogene Unterlage. Wenn Sie eine Schneideunterlage aus Karton verwenden, benutzen Sie keine extrafeinen Stecknadeln, da diese im Karton schnell stumpf werden.

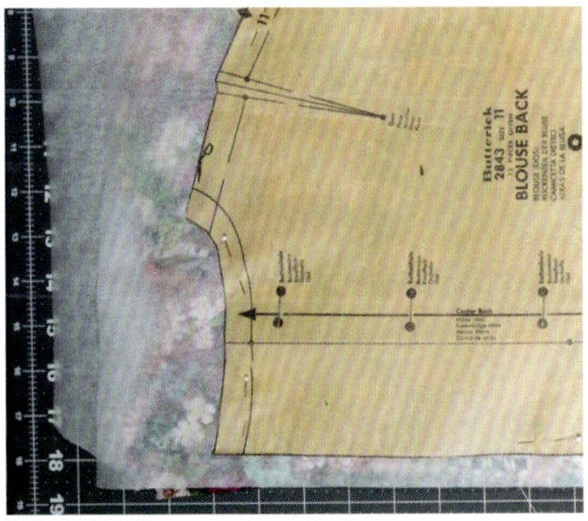

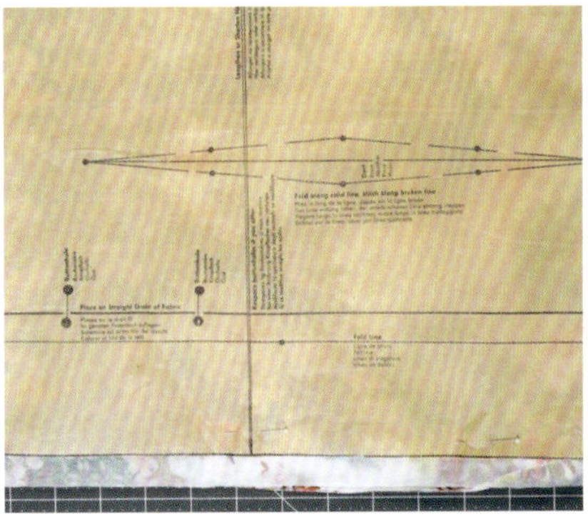

Legen Sie rutschige oder dünne Stoffe zwischen zwei Lagen Seidenpapier. Legen Sie eine Lage Seidenpapier auf die Schneideunterlage, darauf den Stoff und darüber einen weiteren Bogen Seidenpapier. Das Schnittmusterteil auf dem Papier platzieren und feststecken, Stecknadeln dabei durch alle Lagen und nur in die Nahtzugaben stecken. Markierungen auf den Stoff übertragen.

Nähen Sie das Seidenpapier einfach mit.

Das Seidenpapier vorsichtig abreißen, wenn die Hauptnaht fertig ist. Versäubern Sie die Naht mit einer französischen Naht oder einer anderen passenden Versäuberung.

TIPP

Für Seide und seidenartige Stoffe eignet sich Garn aus Seide, Polyester oder Baumwolle. Für empfindliche, hauchdünne Seidenstoffe verwenden Sie am besten Baumwollgarn: Bei entsprechender Beanspruchung sind Seiden- und Polyestergarne reißfester als der Stoff selbst, sodass der Stoff mitunter schneller reißt als die Naht. Baumwollgarn ist hingegen weniger reißfest und elastisch und reißt meist schon früher als der teure Seidenstoff. Polyestergarn ist außerdem dehnbarer, was auf sehr feinem Stoffen Falten verursachen kann. Am besten testen Sie verschiedene Garne auf einem Stoffmuster, um das richtige Garn auszuwählen.

Glänzende Stoffe

Die glänzende Oberfläche von Stoffen für elegante oder festliche Kleidung entsteht entweder durch die Bindung wie bei Satin oder durch schimmernde Fasern wie bei Seide und Acetat. Spezielle Oberflächenbehandlungen wie die Verarbeitung von Metallicfäden oder Pailletten sorgen ebenso für eine glänzende Oberfläche.

Techniken für glänzende Stoffe

Glänzende Stoffe gibt es in unterschiedlichsten Variationen. Gemeinsam ist ihnen jedoch, dass man beim Zuschneiden auf die Stoffrichtung achten muss, damit das fertige Kleidungsstück keine unterschiedlichen farblichen Nuancen aufweist, und dass sie sich generell für eher einfache Schnitte mit wenigen Nähten und Abnähern eignen. Verzichten Sie auf Knöpfe und Details wie geformte Kragen und Paspeltaschen. Versäubern Sie einfache Nähte mit der Zickzackschere oder mit flüssigem Fransenstopp. Gehen Sie beim Bügeln besonders behutsam vor und legen Sie ein Stück aus demselben Stoff über das zu bügelnde Teil, sodass Flor auf Flor liegt. Damit sich beim Bügeln keine Grate bilden, verwenden Sie ein Bügelkissen oder legen Sie Papierstreifen zwischen Nahtzugabe und Kleidungsstück.

Verarbeitung von glänzenden Stoffen

Stecken Sie Stecknadeln nur in die Nahtzugaben, um sichtbare Einstichstellen zur vermeiden, und verwenden Sie nur extrafeine Seidennadeln für feine Webstoffe wie Satin und Taft. Verwenden Sie keinesfalls stumpfe Scheren! Achten Sie beim Zuschneiden auf die Stoffrichtung.

Wählen Sie einfache Nähte mit einfachen Versäuberungen. Offene Kanten versäubern Sie am besten mit einer Zickzackschere, einem Überwendlichstich oder einem 3-Step-Zickzackstich. Bei Stoffen, die zum Ausfransen neigen, eine dünne Schicht flüssigen Fransenstopp auf die offenen Kanten auftragen. Schieben Sie ein Blatt Papier zwischen Nahtzugabe und Stoff, um etwaige Tropfspuren zu verhindern.

Nähen von gänzenden Stoffen

ZUBEHÖR UND TECHNIKEN	Mittelschwer Kreppsatin, Lamé, Satin, Peau de soie, Seide, Taft, Moiré	Schwerer Brokat, Paillettenstoffe
MASCHINENNADEL	Stärke 75	Stärke 90 oder 100
STICHLÄNGE	3 bis 5 Stiche pro Zentimeter	3 bis 5 Stiche pro Zentimeter
STICHEINSTELLUNG	3,5 bis 2,5	3,5 bis 2,5
GARN	Allzweckgarn aus Baumwolle oder Baumwolle/Polyester, Seide für Seidenstoffe	Allzweckgarn aus Baumwolle oder Baumwolle/Polyester
HANDNADEL	Quiltnadel, Stärke 7 oder 8	Quiltnadel, Stärke 7 oder 8
EINLAGEN	Gewebte oder nicht gewebte Einlagen zum Aufnähen	Gewebte oder nicht gewebte Einlagen zum Aufnähen
SPEZIELLE NÄHTE	Einfache Naht mit Zickzackschere, Überwendlichstich, 3-Step-Zickzackstich oder mit flüssigem Fransenstopp versäubert	Einfache Naht oder Saumband
SPEZIELLE SÄUME	Saumstich, Absteppnaht, Rosshaareinlage, Beleg	Beleg

A Satin ist ein Gewebe mit Atlasbindung, durch die eine glänzende, glatte Ober- und eine matte Unterseite entsteht. In Kombination mit Fasern wie Seide, Viskose oder Polyester reagiert der Stoff empfindlich auf Wasserflecken. Beim Bügeln ein Bügeltuch verwenden und ohne Dampf bügeln. Außerdem sollte man nur mit extrafeinen Stecknadeln stecken.

B Kreppsatin gehört zu den beidseitig verwendbaren Stoffen; eine Seite ist matt und rau wie Krepp, die andere glänzend und glatt wie Satin. Die eine Stoffseite kann jeweils als Einfassung für die andere verwendet werden.

C Peau de soie ist ein Gewebe in fester Köperbindung. Einige Arten sind beidseitig quergerippt. Da Stecknadeln und aufgetrennte Nähte Spuren hinterlassen können, sollte man nur in der Nahtzugabe abstecken. Probenähen empfiehlt sich.

D Taft fühlt sich griffig an und fällt relativ steif. Verschiedene Nähtechniken probiert man am besten auf einem Stoffmuster aus, da Stecknadeln und aufgetrennte Nähte Spuren hinterlassen können. Wenn der Stoff auch Acetat enthält, kann Wasserdampf Flecken verursachen. Taftmoiré erhält durch ein spezielles Verfahren eine typische Maserung.

E Metallicstoffe haben eingestrickte oder eingewobene Metallicfäden. Sie sind meist hitzeempfindlich und verfärben sich in Kontakt mit Dampf. Die Nähte presst man am besten mit einem Fingerhut, dem stumpfen Ende eines Eckenformers oder einem Trockenbügeleisen auf niedrigster Stufe.

F Lamé ist ein glatter, glänzender Strick- oder Webstoff, der im Schuss Metallicfäden in verschiedenen Farbtönen enthält. Stricklamè lässt sich besser drapieren.

G Brokat gibt es in allen Stoffgewichten. Er besticht durch sein Jacquardmuster, welches an wichtigen Teilen des Kleidungsstücks gleichmäßig positioniert und an auffälligen Nähten passgenau zusammengesetzt werden sollte. Die meisten Brokatstoffe sind gewebt, es gibt aber auch gestrickte Brokatstoffe. Vorsichtiges Bügeln auf einer weichen Unterlage schont die Struktur. Brokat mit Metallicfäden auf niedriger Stufe bügeln. Für mehr Tragekomfort kann man Brokat mit Batist unterfüttern.

H Paillettenstoffe sind auf der Rückseite gewebt oder gestrickt. Sie eignen sich für einfache Schnitte und können auch nur an Teilen des Kleidungsstücks, etwa am Oberteil, zum Einsatz kommen.

TIPP

Die kleinen Wellen, die sich ganz natürlich entlang einer Nahtlinie bilden, können auf einem glänzenden Satinstoff deutlicher zum Vorschein kommen und schnell wie Falten aussehen. Um dies zu vermeiden, hält man den Stoff beim Nähen vor und hinter der Nadel mit Zeigefinger und Daumen möglichst straff, ohne jedoch zu fest anzuziehen. Führen Sie den Stoff mit, aber lassen Sie die Maschine den Stoff ziehen.

Spitzenstoffe wirken äußerst zart und empfindlich, sind aber eigentlich einfach zu verarbeiten. Echte Spitze besteht aus einem netzähnlichen Untergrund, der keinen Fadenlauf hat und nicht ausfranst. Beim Zuschneiden hat man daher freie Wahl, zeitaufwendige Versäuberungen fallen weg und Säume muss man nur entlang der Kanten markanter Motive zurückschneiden. Zwar haben die meisten Spitzenstoffe keine Fadenlaufrichtung im echten Sinn, doch gibt häufig das Muster vor, wie die Schnittmusterteile aufgelegt werden müssen.

Spitzenstoffe blicken auf eine lange Geschichte zurück. Einige Bezeichnungen geben Rückschluss auf die Orte, wo die Stoffe einst von Hand aus Seide, Baumwolle oder Leinen hergestellt wurden. Heute wird Spitze oft aus pflegeleichtem Baumwollmischgewebe, Polyester, Acryl oder Nylon maschinengefertigt.

Nähen von Spitze

ZUBEHÖR UND TECHNIKEN	Zart Chantilly, Point d'esprit	Bestickt Lochstickerei, Schiffli	Texturiert Alençon, Cluny, Venezianische Spitze
MASCHINENNADEL	Stärke 60 oder 65	Stärke 65 oder 75	Stärke 75
STICHLÄNGE	5 bis 6 Stiche pro Zentimeter	3 bis 5 Stiche pro Zentimeter	3 bis 5 Stiche pro Zentimeter
STICHEINSTELLUNG	2,5 bis 2	3 bis 2,5	3 bis 2,5
GARN	Extrafeines Garn	Allzweckgarn	Allzweckgarn
HANDNADEL	Quiltnadel, Stärke 7 oder 8	Quiltnadel, Stärke 7 oder 8	Quiltnadel, Stärke 7 oder 8
EINLAGEN	Keine	Keine	Keine
SPEZIELLE NÄHTE	Kappnaht, Overlocknaht, Doppelnaht	Overlocknaht, Doppelnaht	Kappnaht, Doppelnaht
SPEZIELLE SÄUME	Einfacher umgeschlagener Saum, Applikation	Einfacher umgeschlagener Saum	Einfacher umgeschlagener Saum, Applikation, Rosshaareinlage

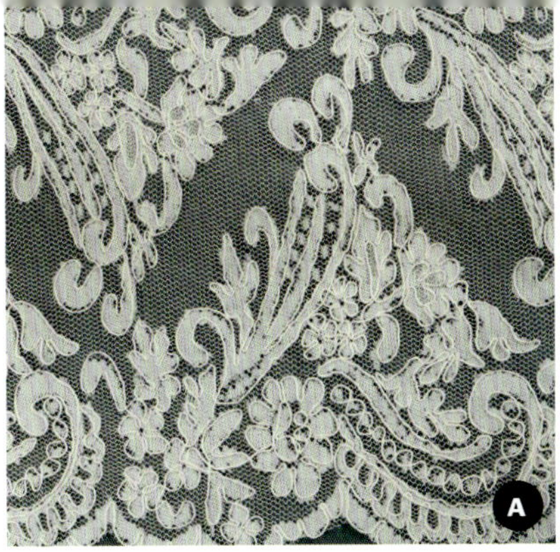

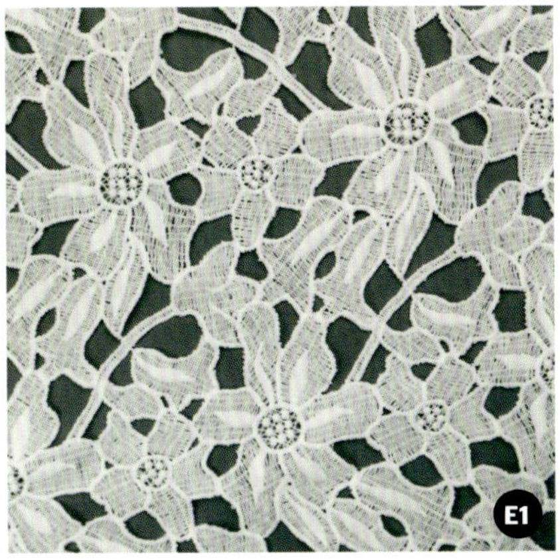

A Spitze aus Alençon besteht aus Musterelementen, die durch ein feines Netz verbunden sind. Eine oder beide Längskanten sind normalerweise versäubert.

B Chantillyspitze besteht aus zarten Blumenmotiven auf Tüllgrund. Sie ist ein beliebter Stoff für Brautmode.

C Lochstickerei ist ein fein gewobener Baumwoll- oder Polyester-Baumwoll-Stoff mit Lochmuster. Es handelt sich zwar nicht um Spitze im herkömmlichen Sinn, aber beim Bügeln und Auflegen der Schnittmusterteile geht man ähnlich vor wie bei Spitze.

D Peau d'orange ist eine Form der Chantillyspitze, die aus einem glänzenden Garn gefertigt wird.

E Nadelspitze aus Venedig besteht aus schwerem Garn und ist durch ein deutliches Relief gekennzeichnet. Im Gegensatz zu anderer Spitze besitzt sie keinen Netzgrund.

F Cluny-Spitze ist eine mit durchlaufenden Fäden geklöppelte Spitze aus schwerem baumwollähnlichen Garn mit streng geometrischen Mustern.

G Schiffli ist ein bestickter transparenter oder halbtransparenter Stoff, der auf einer Schifflistickmaschine hergestellt wird, die Handstiche nachahmt.

H Mit Bandstickerei verzierte Spitze ist eine moderne Variante der Alençon-Spitze. Die Details werden mit einem flachen Band hervorgehoben.

Schnittmuster für Spitze und bestickte Stoffe

Wählen Sie einen Schnitt, der zur Struktur und Stärke des Spitzenstoffes passt. Schnittmuster für Braut- und Abendkleider erfordern möglicherweise einen ganz bestimmten Spitzenstoff, etwa Kanten in bestimmter Breite oder großflächige Spitze. Nähere Angaben hierzu finden Sie auf dem Schnittmuster.

Bei Modellen, die nicht speziell für Spitze gedacht sind, wählen Sie einen Schnitt, bei dem die Größe der Schnittteile zur Stoffbreite passt. Wenn Sie Ärmel aus Spitze arbeiten möchten, können Sie einen Kurzarmschnitt verwenden, wenn die Stoffbreite für lange Ärmel nicht ausreicht, oder Sie positionieren die Spitze an der unteren Kante von Ärmeln aus Organza. Da Spitze keinen Fadenlauf hat, kann man die Schnittteile so drehen, dass eine Kante oder ein Rand den Abschluss bildet.

Vorbereitung des Stoffes

Spitze muss vor dem Verarbeiten nicht speziell vorbereitet werden. Die meisten Spitzenstoffe müssen chemisch gereinigt werden. Obwohl Spitze kaum einläuft, sollte man sie, wenn man sie mit anderen Stoffen und Bändern kombinieren möchte, nach Möglichkeit vor dem Nähen zusammen mit diesen waschen. Beachten Sie die Pflegehinweise.

Einlagen und Futter

Einlagen sind bei Kleidungsstücken aus Spitze nicht üblich. Versäubern Sie Außenkanten mit Spitzenborten oder -bordüren, Schrägband oder einer französischen Naht. Schneiden Sie Kragen und Bündchen einlagig zu und versäubern Sie die Außenkanten mit Spitzenborte oder Applikationen. Wählen Sie zum Annähen eine schmale Naht.

Wenn Sie den Spitzenstoff verstärken möchten, unterlegen Sie ihn mit Tüll. Dieser verleiht dem Stoff Körper, ohne durchzuscheinen oder den Charakter der Spitze zu verändern.

Schnittmusterteile auflegen und Stoff zuschneiden

Das richtige Auflegen der Schnittmusterteile ist bei Spitze besonders wichtig. Breiten Sie den Stoff zur Gänze auf der Arbeitsfläche aus. Mit einem Stoff als kontrastierende Unterlage ist das Muster besser erkennbar.

Achten Sie auf die Position von auffälligen Motiven, die Abstände der Musterrapporte und die Breite etwaiger Ränder. Die auffälligsten Motive sollten an den Nähten der wichtigsten Schnittteile aufeinander abgestimmt werden, ähnlich wie bei großflächigen Mustern. Beachten Sie die Musterrichtung bei Motiven, die in eine Richtung verlaufen.

Überlegen Sie, wie Sie die Motive kreativ in Szene setzen können. Einige Spitzenstoffe haben große Hauptmotive und kleinere Nebenmotive oder Ränder, die man ausschneiden und als Applikationen verwenden kann. Für Spitzenränder an Säumen sollten Sie vor dem Auflegen die fertige Rock- und Ärmellänge festlegen. Wenn Sie den Spitzenrand von der Spitze abtrennen und als dekorativen Abschluss am Kleidungsstück anbringen möchten, müssen sie die Längen vorher nicht genau bestimmen.

Entscheiden Sie vor dem Zuschneiden, mit welchen Nähten Sie arbeiten möchten. Ganzflächige Spitze kann wie hauchdünner Stoff mit schmalen Nähten verarbeitet werden. Für bestickte Spitze oder Spitze mit großen Motiven eignen sich Kappnähte besser. Sie stören den Verlauf des Spitzenmusters nicht, da sie kaum sichtbar sind. Hierfür müssen die Schnittteile nacheinander Schritt für Schritt festgesteckt und zugeschnitten werden. Verschiedene Nähte können kombiniert werden, etwa Kappnähte an den Schulter- und Seitennähten und schmale Zickzack- oder Doppelnähte für eingesetzte Ärmel.

Ist die Spitze einmal zugeschnitten, bleibt kaum Spielraum für Anpassungen. Passen Sie die Schnittmusterteile vor dem Auflegen genau an, damit Sie später keine Nähte auftrennen müssen.

Bügeln

Den Stoff mit der rechten Seite nach unten auf einer weichen Unterlage vorsichtig pressen, damit sich die Spitzenstruktur nicht plättet. Verwenden Sie ein Bügeltuch, damit sich die Spitze des Bügeleisens nicht im Netzgrund verfängt. Bei Kunstfasern wie

Polyester oder Nylon eine niedrigere Stufe einstellen. Nähte, Abnäher etc. mit dem Finger glatt drücken. Wenn weiteres Bügeln nötig ist, die Nähte vorsichtig dämpfen und dann mit dem Finger glatt drücken.

Spitzenapplikationen

Spitzenapplikationen, ob gekauft oder aus Spitzenstoff zugeschnitten, sorgen für elegante Abschlüsse. Sie werden oft als Akzente am Oberteil von Hochzeits- und Abendkleidern angebracht, wenn der Rock aus Spitze besteht, eignen sich aber auch als Blickfang auf Seidenunterwäsche und -blusen.

Applikationen kann man von Hand oder mit der Maschine annähen. Eine andere Möglichkeit ist das Aufbügeln mit Vliesofix, sofern die Spitze dampf- und hitzebeständig ist.

Applizieren von Spitze

Stoff vorbereiten. Schneiden Sie das gewünschte Spitzenmotiv aus. Lassen Sie am Rand eine oder zwei Reihen Netzstoff. So kommt das Motiv besser zur Geltung und bestickte Spitze franst nicht aus. Spitzenapplikationen gibt es auch fertig zu kaufen.

Aufbügeln. Nähstück mit der rechten Seite nach oben auf eine Bügelunterlage legen. Applikation auf das Nähstück legen, Vliesofix unter der Applikation platzieren. Mit Küchenpapier oder Bügeltuch abdecken. Nach Herstelleranweisungen aufbügeln.

Mit der Nähmaschine applizieren. Nähen Sie mit einem schmalen Zickzack- oder einem kurzen Geradstich etwa 5 mm innerhalb der Kanten. Schneiden Sie den Stoff unter dem Motiv nahe am Zickzackstich zu, das sorgt für einen interessanten durchscheinenden Effekt. (Faden in Kontrastfarbe dient der besseren Veranschaulichung.)

Von Hand applizieren. Mit kurzen Vorstichen etwa 5 mm vom Rand entfernt locker annähen, damit der Untergrund glatt bleibt und die Applikation nicht geplättet wird. (Faden in Kontrastfarbe dient der besseren Veranschaulichung.)

Pelz verleiht Jacken und Mänteln einen glamourösen Touch. Je nach Pelzart gibt es eine Strichrichtung, die beim Auflegen der Schnittmusterteile zu beachten ist.

Kunstfell hat einen Flor auf der rechten Seite, der entweder die Farbe und Struktur von echtem Pelz nachahmt oder eine ganz neuartige Struktur und Farbgebung hat. Kunstfell ist waschmaschinen- und trocknergeeignet. Die Rückseite besteht meist aus Strick- oder Webstoff.

Kunstrauleder ist ein nicht gewebter, leicht aufgerauter Stoff aus Polyester bzw. Polyurethan, der echtem Rauleder täuschend ähnlich sieht, aber für Waschmaschine und Trockner geeignet ist. Leichtes Kunstrauleder fällt weich und erfordert keine besonderen Schnittmuster. Mittelschweres Kunstrauleder ist echtem Rauleder sehr ähnlich.

Echtes und synthetisches Leder und Fell franst zwar nicht aus, muss aber unter Umständen zusätzlich versäubert werden, indem Nahtzugaben geklebt oder von der rechten Seite festgesteppt werden. Alternativ eignen sich Kappnähte und Einfassungen.

Vinyl gibt es in mehreren Stärken, die Rückseite besteht aus Strick- oder Webstoff. Vinyl wird ähnlich wie Kunstleder verarbeitet, ist jedoch nicht hitze- und dampfbeständig.

Machen Sie vorsichtig eine Probenaht und stellen Sie sicher, dass Sie das Material durch zu kurze Stiche nicht beschädigen. Alle Nadeleinstiche bleiben sichtbar, daher müssen Sie auf besondere Passgenauigkeit achten. Statt Stecknadeln kann man Wäsche- oder Büroklammern verwenden.

Nähen von Kunstfell, Kunstrauleder, Leder und Vinyl

ZUBEHÖR UND TECHNIKEN	KUNSTFELL	KUNSTRAULEDER	LEDER/VINYL
MASCHINENNADEL	Stärke 90 oder 100	Stärke 75, 100 für Steppnähte	Stärke 90
STICHLÄNGE	5 bis 6 Stiche pro Zentimeter	3 bis 5 Stiche pro Zentimeter	3 bis 5 Stiche pro Zentimeter
STICHEINSTELLUNG	3 bis 2,5	3,5 bis 3	3,5 bis 3
GARN	Allzweckgarn aus Polyester oder Polyester/Baumwolle; Steppnaht/zwei Fäden Allzweckgarn oder Knopfgarn		
EINLAGEN	Keine	zum Aufbügeln	zum Aufnähen
SPEZIELLE NÄHTE	Flachnaht	Kappnaht, Steppnaht, Paspelnaht	Steppnaht, Paspelnaht
SPEZIALSÄUME	Beleg oder Saumband	Absteppnaht, Beleg, Saumband	Absteppnaht

TIPP

Beim Zuschneiden Pelz oder Kunstfell mit der linken Seite nach oben auflegen und die Schnittmusterteile auf der Rückseite feststecken. Mit einem Cutter oder einer Rasierklinge nur das rückseitige Gewebe mit kurzen Schnitten zuschneiden, um den Flor nicht zu beschädigen. Die Schnittteile werden einlagig und nicht im Stoffbruch zugeschnitten. Um einen ganzen Schnitt zu erhalten, legen Sie das Schnittteil auf ein gefaltetes Stück Papier und pausen Sie es ab.

Einlagen

Farbe, Struktur, Muster, Stoff, Details und Verzierungen sind jene Elemente eines Kleidungsstücks, die sofort sichtbar sind – das Innenleben, genauer gesagt die Einlagen, sind auf den ersten Blick nicht zu sehen und tragen doch wesentlich zu Aussehen, Funktionalität und Stabilität eines Kleidungsstücks bei.

Einlagen bilden das Skelett eines Kleidungsstücks, sie sorgen dafür, dass es sich mit seinem Träger mitbewegt und trotzdem die gewünschte Form behält. Für jeden Stoff und für jeden gewünschten Effekt gibt es verschiedene Einlagematerialien in unterschiedlichen Stärken. Einlagen werden auch für kreative Textilarbeiten verwendet, etwa zum Verstärken von Stoffen für Applikationen oder für Maschinenstickereien. Permanente Einlagen geben dem Kleidungsstück Halt, entfernbare und wasserlösliche Einlagen dienen nur als Hilfe beim Nähen, etwa um zu verhindern, dass sich der Stoff beim Besticken und Applizieren verzieht oder damit Seide und rutschige Stoffe beim Nähen einfacher über die Transporteure und unter dem Nähfuß entlanggleiten. Bügelvlies und Vliesbänder helfen beim Zusammensetzen. Sie haben eine beschichtete Seite, die durch die Wärme des Bügeleisens aktiviert wird und dafür sorgt, dass sich die Fasern zweier Stoffteile miteinander verbinden. Man unterscheidet zwischen Vlieseinlagen zum Aufbügeln und Einlagen zum Aufnähen. Einlagen zum Aufnähen werden entweder mit Heftstichen oder innerhalb der Säume fixiert. Sie werden heute nur mehr selten bzw. nur für bestimmte Stoffe, die nicht gebügelt werden dürfen oder deren Charakter sich mit einer aufgebügelten Einlage wesentlich verändern würde, verwendet, dazu gehören teflonbeschichtete, laminierte Stoffe sowie Vinyl, Kunstleder, Crinkle-Stoffe und Seersucker.

Bügeleinlagen sind permanent mit den Stofffasern verbunden und geben dem Material Formbeständigkeit bzw. ein anderes Aussehen oder Struktur.

Überlegen Sie, welches Aussehen Sie Ihrem Nähstück verleihen möchten und wie es funktionieren und wirken soll. Verwenden Sie, außer Sie arbeiten ein ausgesprochen steifes Stück, etwa eine Hutkrempe oder ein formelles Anzughemd, eine Einlage, die in der Stärke und Flexibilität in etwa jener des verwendeten Stoffes entspricht.

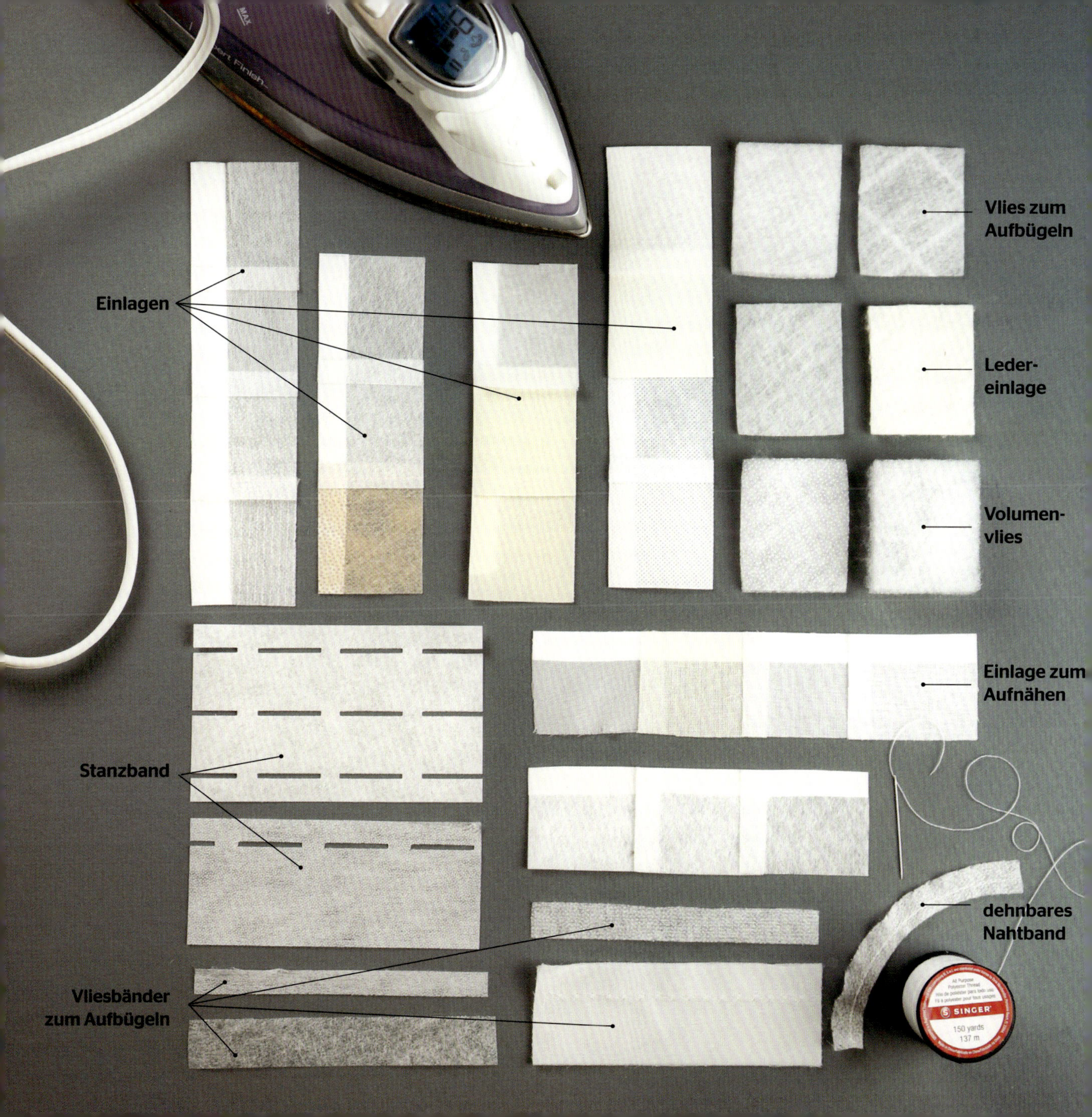

Einlagen
Vlies zum Aufbügeln
Leder-einlage
Volumen-vlies
Einlage zum Aufnähen
Stanzband
dehnbares Nahtband
Vliesbänder zum Aufbügeln

Aufbügeln von Bügelvlieseinlagen

1 Legen Sie die Einlage auf den vorgewärmten Stoff. Die beschichtete Seite liegt unten. Streichen Sie die Einlage glatt und besprühen Sie sie vorsichtig mit Wasser. Legen Sie ein Bügeltuch darüber und befeuchten Sie es mit Dampf, auch wenn Sie ein Dampfbügeleisen verwenden.

2 Beginnen Sie in der Mitte von großen oder langen Einlagen und arbeiten Sie in Richtung der Kanten. Lassen Sie das Bügeleisen nicht über die Fläche gleiten, sondern setzen Sie es nach und nach und überlappend auf.

3 Pressen Sie das Bügeleisen mit beiden Händen auf die Einlage. Bei den meisten Vliesmaterialien muss etwa 10 bis 15 Sekunden Druck ausgeübt werden, damit das Vlies seine volle Haftkraft entwickelt. Testen Sie nach dem Abkühlen durch vorsichtiges Ziehen, ob sich die Einlage auch nicht vom Stoff lösen lässt.

4 Bügeln Sie von der anderen Seite des Stoffes über den betreffenden Bereich, um das Vlies zusätzlich zu fixieren. Verwenden Sie zum Schutz von Stoff und Bügeleisen ein Bügeltuch oder einen Bügeleisenschoner. Lassen Sie den Stoff vollständig auskühlen und trocknen, bevor Sie ihn bewegen.

Beachten Sie beim Aufbügeln von Bügelvlies Folgendes:

- Vlieseinlagen zum Aufbügeln erfordern unterschiedliche Temperatureinstellungen, damit sich das Polymer aktiviert. Beachten Sie die Anweisungen des Herstellers und verwenden Sie ein Material, das zur Bügeltemperatur Ihres Stoffes passt. Machen Sie eine Probe auf einem entsprechenden Stoffrest.
- Legen Sie das Bügelvlies auf eine flache Bügelunterlage auf. Bei einem zusammenklappbaren Bügeltisch wird der Überzug mit der Zeit uneben, verwenden Sie daher stattdessen eine mit mehreren Stoffschichten bedeckte Holzplatte als Unterlage.
- Lassen Sie das Vlies nach dem Aufbügeln etwa 20 bis 30 Minuten vollständig auskühlen.

Einlagen und ihre Verwendung

FORM	ART	BESCHREIBUNG	ZWECK	VERWENDUNG
VLIESBÄNDER	Saumband	Auf Rollen verfügbares Vliesband zum Aufbügeln.	Zum Fixieren von Säumen und Kanten vor dem Nähen.	Eine Seite durch die Schutzfolie auf das Material drücken. Danach die Schutzfolie abziehen, den Stoff oder die andere Seite des Saums bzw. der Kante darüberfalten und festdrücken.
	Dehnbares Nahtband	Dehnbares Vliesband zum Aufbügeln.	Hält dehnbare Stoffe an Schulternaht, Arm- und Halsausschnitt in Form.	Wird an abgerundeten Stellen, wie etwa Halsauschnitten, Taschen- und Ärmelöffnungen, verwendet.
	Stanzband	Vliesband zum Aufbügeln mit vorgestanzten Knick- und Nahtlinien.	Zum Verstärken von Manschetten, Rock- und Hosenbünden.	Bei Damenbekleidung ist Stanzband in den letzten Jahren aufgrund der derzeit gängigen verjüngten Taillenform aus der Mode gekommen. Andere Anwendungsmöglichkeiten sind etwa versteifte Stoffhenkel für Handtaschen.
EINLAGEN	Gewebte und nicht gewebte Einlagen	Viele verschiedene Materialien zum Aufbügeln oder Aufnähen.	Zum Stabilisieren von Stoff und zum Verstärken stark beanspruchter Stellen.	Bei leichten und mittelschweren Stoffen eine ähnlich schwere Einlage verwenden.
	Wasserlösliche und abziehbare Einlagen	Einlage zum Aufnähen oder Feststecken.	Zum Stabilisieren von Stoff und um der Bildung von Falten beim Applipzieren und Maschinensticken vorzubeugen.	Hilft auch beim Transportieren von feinen Stoffen über die Transporteure.
	Dehnbare Einlagen	Bügeleinlage für dehnbare Stoffe.	Zum Stabilisieren von dehnbaren Stoffen.	Dehnbare Einlagen gibt es in unterschiedlichen Stärken. Sehr dünne Einlagen in verschiedenen Hauttönen eignen sich gut für hauchdünne Stoffe.
	Ledereinlagen	Starkes und flexibles Einlagenmaterial, das ähnlich formbar ist wie Leder.	Für Hutkrempen, Gürtel, Griffe, Aufbewahrungskörbe, Handtaschen und Handtaschenaccessoires.	Leichte Ledereinlagen können in der Nahtzugabe fixiert werden. Schwere Einlagen müssen in den Nähbereich passen.
VOLUMENVLIES	Aufbügelbares Volumenvlies	Volumenvlies mit beschichteter Rückseite.	Zur Verstärkung von Tischsets, Tischaccessoires, Taschen, Taschenaccessoires und Wandbehängen.	Nicht empfehlenswert für Decken, da der Klebstoff eine unerwünschte Struktur erzeugen kann.
	Volumenvlies zum Aufnähen	Nicht aufbügelbares Volumenvlies kann aus natürlichen oder synthetischen Fasern bestehen.	Für Decken und Quiltarbeiten. Leicht ablösbar wenn gewünscht.	Leichtes Volumenvlies aus Naturfasern eignet sich für Bekleidung, schwereres Vlies für Wohntextilien und Bettwäsche.

Schnittmusteranpassungen

Allgemeine Anmerkungen

Mithilfe von Schnittmusteranpassungen können Sie ein Standardschnittmuster Ihren Bedürfnissen und Ihrer Körperform anpassen. Um den Anprobeprozess zu beschleunigen, nehmen Sie so viele Änderungen wie möglich bereits vor dem Zuschneiden vor. Auf den folgenden Seiten finden Sie Schritt-für-Schritt-Anleitungen für verschiedene Anpassungen.

Bügeln Sie die Schnittmusterteile ohne Dampf bei niedriger Stufe, um Falten im Seidenpapier zu entfernen. Halten Sie das Schnittteil vor den Körper, um zu sehen, ob der Stil zu Ihrer Figur passt. Korrigieren Sie das Schnittmuster am Körper bzw. legen Sie fest, wie umfangreich die Anpassungen sein müssen. Sind viele Anpassungen notwendig, überdenken Sie vielleicht besser die Wahl des Schnitts – möglicherweise schmeichelt ein anderer Stil Ihrer Figur mehr, ohne dass es vieler Eingriffe bedarf. Halten Sie die geänderten Schnittmusterteile vor den Körper, um die neue Passform zu überprüfen.

Beginnen Sie mit dem Verlängern oder Kürzen der Schnittteile. Arbeiten Sie sich dann für zusätzliche Anpassungen von oben nach unten. Beachten Sie, welche Auswirkungen nur eine Änderung haben kann: Anpassungen an einem Schnittteil erfordern meist weitere auf den entsprechenden angesetzten Teilen. Wenn Sie etwa den Halsausschnitt ändern, müssen Sie auch den Beleg ändern. Manchmal müssen Änderungen aber auch nur ausgeglichen werden: Wenn Sie etwa die Schulternaht für herabfallende Schultern versetzen, wird auch die Unterarmnaht herabgesetzt, damit die Größe der Ärmelöffnung gleich bleibt.

Behalten Sie den ursprünglichen Fadenlauf wie auf dem Muster vorgesehen bei, damit das fertige Kleidungsstück schön fällt. Zeichnen Sie vor dem Zuschneiden die Fadenlauflinie von einer Kante des Musters bis zur anderen an.

Zeichnen Sie die Naht- und Schnittlinien so an, dass sie in die ursprünglichen Linien übergehen. So bleibt die Passform des Musters erhalten.

Um eine Linie in eine andere übergehen zu lassen, zeichnen Sie dort eine kontinuierliche Linie, wo sie durch die Schnittmusteranpassung unterbrochen wurde. Verwenden Sie bei geraden Linien ein Lineal und verbinden Sie Anfang und Ende der Linie miteinander. Um eine gerundete Linie in eine andere übergehen zu lassen, zeichnen Sie die ursprüngliche Rundung mithilfe eines Kurvenlineals weiter.

Ändern Sie zuerst die Naht- und dann die Schnittlinie. Auf Mehrgrößenmustern, auf denen keine Nahtlinien eingezeichnet sind, werden nur die Schnittlinien angepasst und dann mit der angegebenen Nahtzugabe (meist 1 cm) genäht. Befindet sich ein Abnäher in der Nahtlinie, falten Sie den Abnäher zuerst auf, bevor Sie die Linien ineinander übergehen lassen. Vergessen Sie nicht, alle Kerben und Abnäher entlang der neuen Nahtlinie einzuzeichnen.

TIPP

Um die Haltbarkeit von Papierschnittmustern zu verlängern, können Sie preisgünstiges leichtes Bügelvlies auf die Rückseiten aufbügeln. Dies verhindert, dass das Schnittmuster einreißt, und verringert die Faltenbildung. Dank der Verstärkung mit Vlies können Sie das Muster feststecken und ein Kopierrädchen und Schneiderkopierpapier verwenden, ohne dass das Muster Schaden nimmt. Diese Verstärkungsmethode ist vor allem auch bei fragilen alten Schnittmustern nützlich.

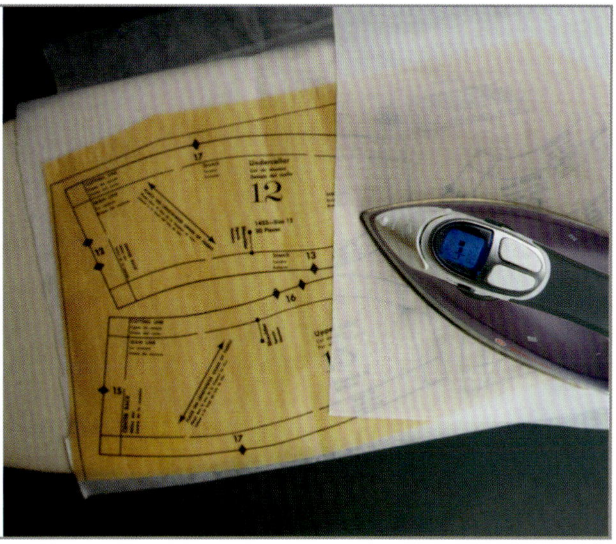

Die Auswahl der Anpassungsmethode

Soweit möglich werden Anleitungen für zwei Methoden für die häufigsten Schnittmusteranpassungen angeführt: kleinere Änderungen, die innerhalb der Nahtzugabe gearbeitet werden können, und größere Änderungen, für die Schnittmusterteile auseinandergeschnitten und verschoben werden. Wählen Sie die passende Methode, je nachdem wie umfangreich die Anpassungen sein muss.

Kleinere Änderungen können meist schnell und einfach gearbeitet werden, da sie direkt auf dem Schnittmuster innerhalb der Nahtzugabe oder auf dem Papierrand markiert werden können. Aber diese Methode hat ihre Grenzen: Normalerweise lassen sich maximal 1 bis 1,3 cm hinzugeben oder wegnehmen.

Am besten verwenden Sie zur besseren Unterscheidung von Original- und geändertem Schnittmuster Seidenpapier in einer anderen Farbe.

Mithilfe der zweiten Methode können Sie größere Änderungen vornehmen, und zwar genau an den Stellen, an denen es notwendig ist. Doch auch dieser Methode sind Grenzen gesetzt: Meist handelt es sich um mögliche Anpassungen von maximal 5 cm. Der genaue Wert ist in der jeweiligen Schritt-für-Schritt-Anleitung auf den folgenden Seiten angegeben. Versuchen Sie nicht, darüber hinaus zu gehen, ansonsten wird die Passform der Schnittteile verfälscht und das fertige Stück fällt nicht mehr wie gewünscht. Außerdem wird es dadurch viel schwieriger, entsprechende Anpassungen an später anzusetzenden Schnittteilen vorzunehmen.

Wenn umfangreichere Änderungen erforderlich sind, als es die Verschiebemethode erlaubt, sollten Sie eventuell eine andere Kleidergröße wählen oder die Anpassungen auf mehrere Bereiche und Linien verteilen.

Nehmen Sie vor allen anderen Korrekturen die Längenanpassung der Schnittmusterteile entsprechend Ihrer Körpermaße vor. Wenn Ihre Figur nahezu den Durchschnittsmaßen entspricht, sind mitunter lediglich kleinere Anpassungen erforderlich.

Einfache Längenkorrekturen werden ober- und unterhalb der Taille vorgenommen. Nehmen Sie Ihr hinteres Taillenlängenmaß, um die korrekte Schnittmusterlänge oberhalb der Taille zu bestimmen. Zur Ermittlung der exakten Schnittmusterlänge unterhalb der Taille, von der Taille am Rücken bis zur vorgeschlagenen Saumlinie messen. Arbeiten Sie Längenkorrekturen mithilfe der auf den Musterteilen vorgedruckten Änderungslinien.

Anpassungen für spezielle Körperformen

Stimmt Ihr Brustpunkt nicht mit der vorgegebenen Stelle auf dem Schnittmuster überein, muss eventuell die Länge oberhalb der Brust verändert oder es müssen Abnäher angepasst werden, sodass diese zur weitesten Stelle des Brustbereichs zeigen. Bei einer größeren Oberweite passen Sie die vordere Schnittmusterlänge wie auf Seite 90 beschrieben über der Taille an.

Für zierliche Figurtypen verringern Sie die Schnittmusterlänge proportional, indem Sie die Gesamtänderung auf verschiedene Bereiche und Linien aufteilen. Kürzen Sie das Schnittmuster im Brustbereich, am Schulteransatz und an der Hüftanpassungslinie, nutzen Sie außerdem die vorgedruckten Änderungslinien oberhalb von Brust und Taille. Eventuell muss auch die Länge am Saum angepasst werden.

Für zierliche Personen werden an den folgenden Stellen meist folgende Weiten weggenommen: 6 mm an der Brust, 2 cm oberhalb der Taille, 2,5 cm an der Hüftänderungslinie und 2,5 cm am Saum, um das Schnittmuster um insgesamt 7,5 cm zu kürzen. Normale Korrekturen für zierliche Frauen sind ähnlich, aber die Änderung an der Brust fällt weg, da die Armlochgröße nicht verkleinert werden muss.

Längenkorrekturen festlegen

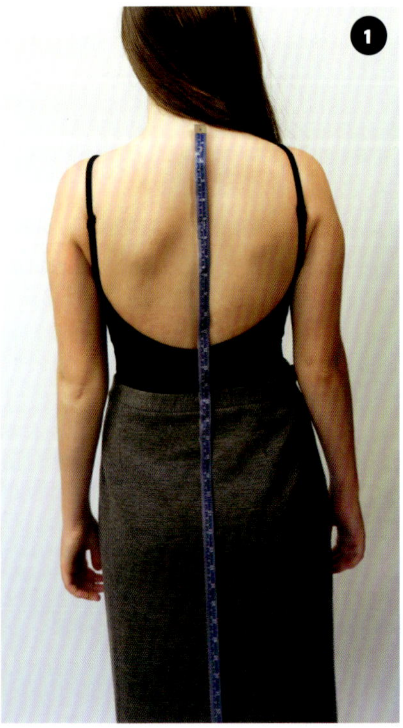

1 Oberhalb der Taille. Messen Sie die hintere Taillenlänge vom untersten Halswirbel bis zur natürlichen Taille. Vergleichen Sie sie mit dem hinteren Taillenlängenmaß für die auf dem Schnittmuster angegebene Größe, um zu bestimmen, inwieweit Sie Vorder- und Rückteil anpassen müssen.

2 Unterhalb der Taille. Messen Sie entlang der Wirbelsäule von der Taille bis zum vorgeschlagenen Saum oder messen Sie ein Kleidungsstück mit der gewünschten Länge, um dieses Maß zu ermitteln. Vergleichen Sie es mit der angegebenen Länge des fertigen Kleidungsstücks, um festzulegen, inwieweit Sie die Vorder- und Rückteil anpassen müssen.

Schnittmusterteile kürzen

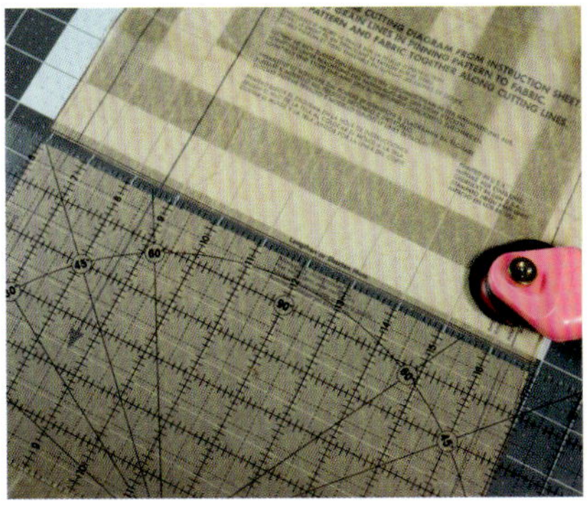

Das Schnittmuster entlang der vorgedruckten Änderungslinien auseinanderschneiden. Wenn ein Schnittmuster keine Änderungslinien hat, schneiden Sie überschüssige Länge an der unteren Kante ab.

Schnittmusterteile überlappen. Die Überlappung entspricht dem Gesamtwert, um den das Schnittmuster gekürzt werden muss. Die Schnittmusterteile wieder zusammenkleben, dabei darauf achten, dass der Fadenlauf gerade ist.

Die Naht- und Schnittlinien verlaufend zeichnen. Entsprechende Änderungen an den vorderen und hinteren Schnittmusterteilen vornehmen.

Schnittmusterteile verlängern

Das Schnittmuster entlang der vorgedruckten Änderungslinien auseinanderschneiden. Schnittmusterteile um die nötige Länge verschieben, dabei ein Stück Papier unterlegen, um die Lücke zu schließen. Alle Teile zusammenkleben, dabei darauf achten, dass der Fadenlauf gerade ist. Naht- und Schnittlinien verlaufend zeichnen. Entsprechende Änderungen an den vorderen und hinteren Schnittmusterteilen vornehmen.

Schnittmusterteile für zierliche Personen verkleinern

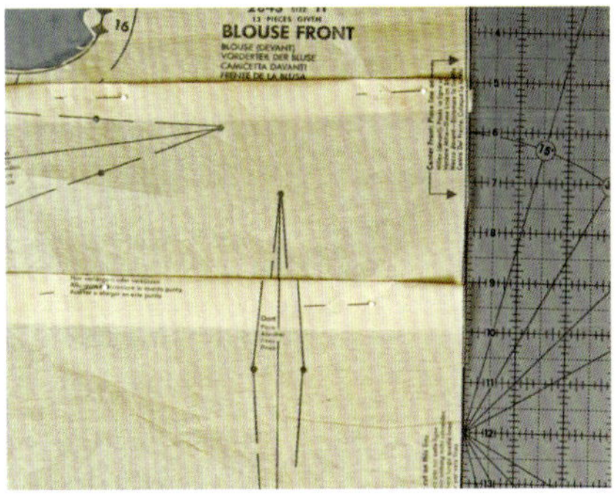

Schnittmuster am Körper feststecken oder abmessen, um zu ermitteln, wie viel Länge über der Brust oberhalb der Armlochkerben, an der Änderungslinie über der Taille, an der Hüftlinie und an der Änderungslinie unterhalb der Taille weggenommen werden muss. Änderungslinien vorn und hinten und in der Mitte zwischen Armloch und Schulternahtkerben einzeichnen. Entsprechende Linie über dem Schulteransatz anzeichnen. Die Hüftänderungslinie 12,5 cm unterhalb der Taille auf Vorder- und Rückteil einzeichnen.

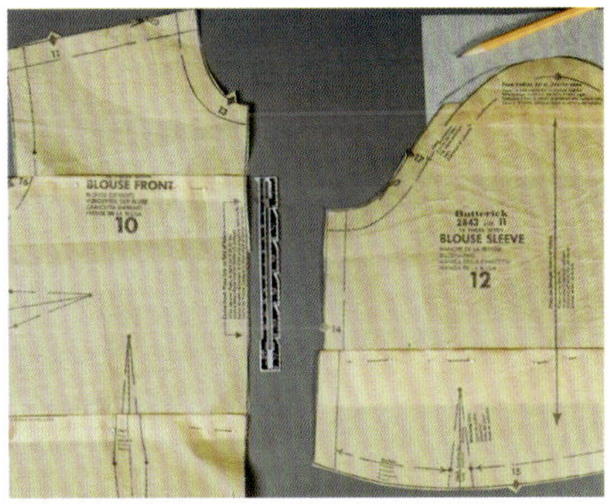

Das Schnittmuster entlang der einzelnen Änderungslinien auseinanderschneiden. Schnittmuster zum Kürzen überlappen oder an den Änderungslinien falten und feststecken. Vorder- und Rückteil gleichermaßen kürzen. Schulteransatz um genauso viel kürzen, wie an der Brust weggenommen wurde.

Anpassungen an der Brust

Bei passgenauer Anpassung fällt das Oberteil eines Kleidungsstücks glatt über die Brust, die Hüftlinie verläuft entlang der natürlichen Taille und parallel zum Boden. Passen Sie die hintere Oberteillänge gemäß dem hinteren Taillenlängenmaß an. Nehmen Sie entsprechende Änderungen an der Oberteilvorderseite vor. Darüber hinaus müssen Sie eventuell die vorderen Oberteilnähte oder Abnäher entsprechend Ihrer Brustweite und Form anpassen.

Bei einer eher größeren Oberweite muss an der Vorderseite des Oberteils eventuell Länge und Weite hinzugefügt werden. Achten Sie darauf, dass die Nahtlängen an Vorder- und Rückseite gleich lang sind. Bei einem locker sitzenden oder Oversize-Modell können Sie sich die Beweglichkeitszugabe des Schnittmusters zunutze machen, um den Schnitt ohne größere Eingriffe für eine größere Oberweite anzupassen.

Bei durchschnittlicher oder kleinerer Brust das Muster am Körper feststecken, um herauszufinden, ob Abnäher nach oben oder unten versetzt werden müssen. Möglicherweise müssen für eine bessere Passform nur die Abnäher anders platziert werden.

Wenn Sie nicht nur Abnäher versetzen müssen, ist es ratsam, ein Probemodell aus günstigerem Stoff zu fertigen. Viele Änderungen und Anpassungen lassen sich so besser visualisieren – dieser Extraschritt erspart Ihnen auf lange Sicht Zeit.

Für eine perfekte Passform im Brustbereich ist eine Beweglichkeitszugabe nötig. Rechnen Sie die minimale Beweglichkeitszugabe zu Ihrer Brustweite hinzu (siehe Tabelle unten), bevor Sie einen Vergleich mit dem Schnittmuster vornehmen, um festzustellen, ob Schnittmusteranpassungen nötig sind. Die Zahlen in der Tabelle sind Richtwerte – bei dickerem Stoff brauchen Sie womöglich mehr Zugabe, bei Strickstoffen weniger als bei Webstoffen und bei sehr dehnbaren Strickstoffen überhaupt keine oder gar eine negative Beweglichkeitszugabe für enganliegende Kleidung.

Minimale Beweglichkeitszugabe

KLEIDUNGSSTÜCK	MINIMALE BEWEGLICHKEITS-ZUGABE BRUST
Bluse, Kleid, Jumpsuit	**6,5 bis 7,5 cm**
Ungefütterte Jacke	**7,5 bis 10 cm**
Gefütterte Jacke	**9 bis 11,5 cm**
Mantel	**9 bis 11,5 cm**

Am Körper: Brustweite an der breitesten Stelle messen, dabei das Maßband parallel zum Boden halten (rotes Band). Minimale Beweglichkeitszugabe dazurechnen. Die vordere Taillenlänge von der Schulter über den Brustpunkt gerade zur Taille hinab messen (blaues Band). Die Seitenlänge 2,5 cm unterhalb des Unterarms bis zur Taille messen (gelbes Band).

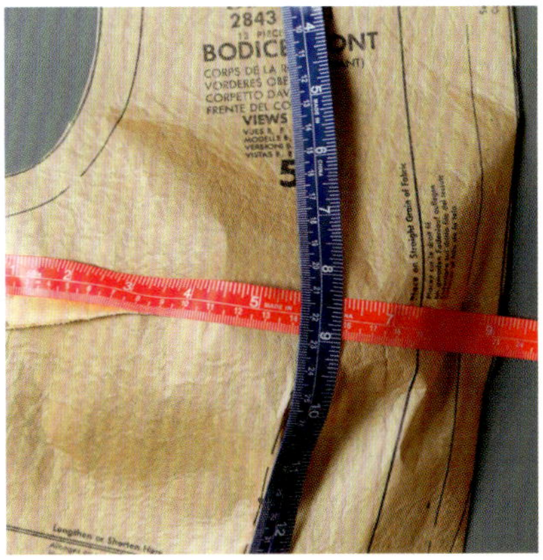

Auf dem Schnittmuster: Schnittmuster vorn und hinten an der Brustlinie (rotes Band) abmessen. Vorderes Oberteilschnittmuster vom Mittelpunkt der Schulter, über den Brustpunkt bis zur Taille (blaues Band) abmessen. Etwaige Unterschiede notieren, um festzulegen, ob die Schnittmusterlänge über der Taille oder der Brust angepasst werden muss (Seite 88). Seitennaht des vorderen Oberteils vom Unterarm bis zur Taille messen. Etwaige Unterschiede notieren, um zu entscheiden, ob die Schnittmusterlänge angepasst werden muss.

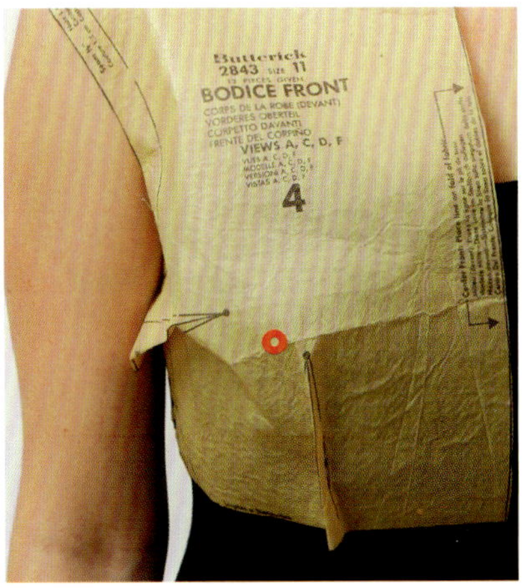

Schnittmuster feststecken, um den Brustpunkt zu markieren. Notieren, ob Abnäher auf dem Schnittmuster nach oben oder unten versetzt werden sollten. Schnittmustermaße mit Körpermaßen plus minimaler Beweglichkeitszugabe vergleichen, um festzulegen, wie viel Weite für eine größere Brustweite hinzugefügt bzw. für eine kleinere Brustweite weggenommen werden muss.

Hohe Brust

Liegt die Brust höher, führt das zu Dehnungen an der stärksten Stelle der Brust und zu Faltenwurf unter der Brust. Der Abnäher weist nicht zur stärksten Stelle der Rundung. Der Unterarmabnäher muss angehoben, ein etwaiger Abnäher an der Hüftlinie verlängert werden.

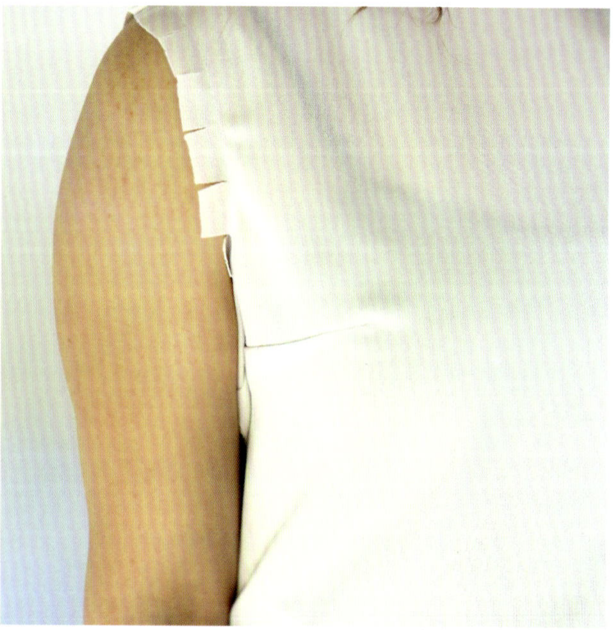

Tiefe Brust

Liegt die Brust tiefer, führt das zu Dehnungen an der stärksten Stelle der Brust und zu Faltenwurf über der Brust. Abnäher müssen nach unten versetzt und gekürzt werden.

Abnäher versetzen

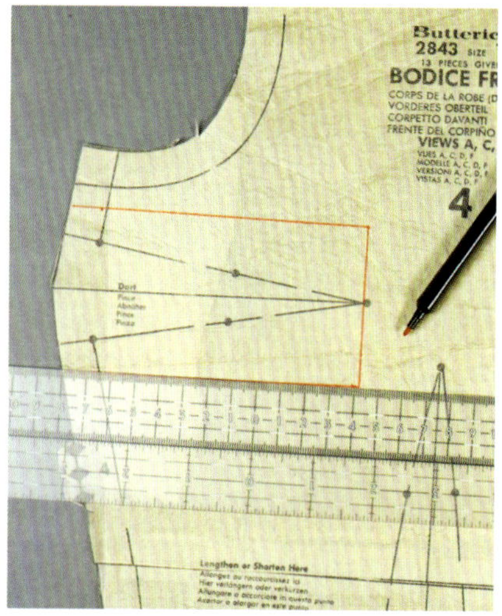

Auf dem Schnittmuster horizontale Linien 1,3 cm über und unter dem Unterarmabnäher im rechten Winkel zum Fadenlauf anzeichnen. Die Linien mit einer vertikalen Linie durch die Abnäherspitze verbinden. Abnäher entlang der markierten Linien ausschneiden. Neue Abnäherspitze auf dem Schnittmuster einzeichnen.

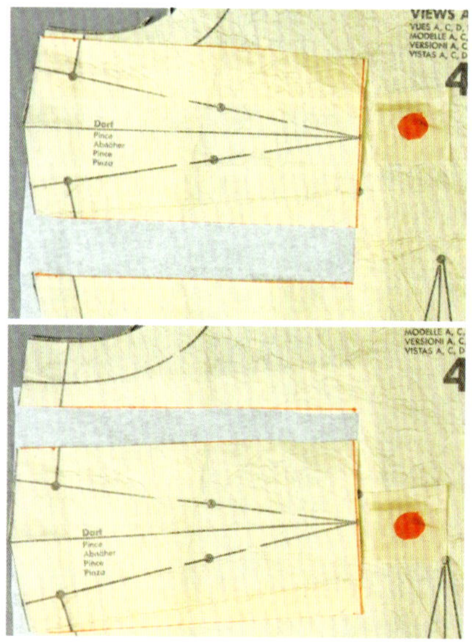

Abnäher um den nötigen Wert nach oben oder unten versetzen. Abnäher so positionieren, dass er zum neuen Brustpunkt (Punkt) bzw. zum stärksten Punkt der Brust zeigt. Papier unter das Schnittmuster legen. Schnittkanten festkleben. Seitennaht verlängern.

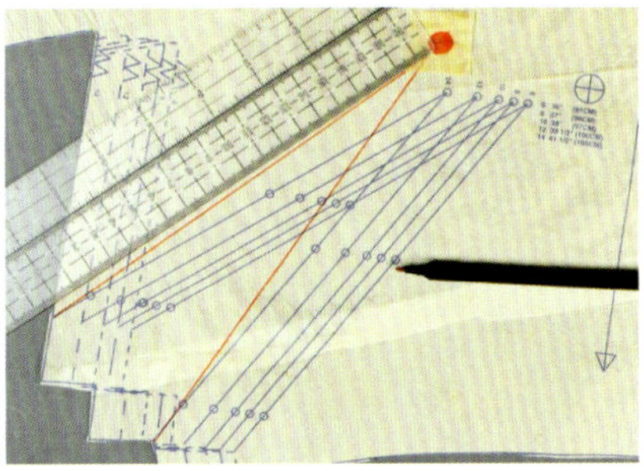

Bei einem diagonalen Abnäher ist eine Richtungsänderung notwendig, damit er zum Brustpunkt zeigt. Brustpunkt auf dem Schnittmuster markieren. Neue Abnäherspitze auf dem Schnittmuster markieren. Abnäher durch Verbinden der Enden der Abnähermarkierung an der Seitennaht mit der neue Abnäherspitze neu einzeichnen. Achten Sie bei einem Mehrgrößenschnittmuster darauf, die richtigen Abnähermarkierungen für Ihre Größe zu verwenden.

Anpassungen für eine große Oberweite ohne Abnäher

Gleichen Sie eine große Oberweite bei locker sitzenden Schnittmusterdesigns ohne Abnäher aus. Mit dieser Methode lässt sich das Schnittmuster nur begrenzt vergrößern, denn allzu große Eingriffe beeinträchtigen den Fadenlauf am unteren Saum des Kleidungsstücks. Diese Änderungsmethode eignet sich außerdem nicht für Karo- oder Streifenmuster.

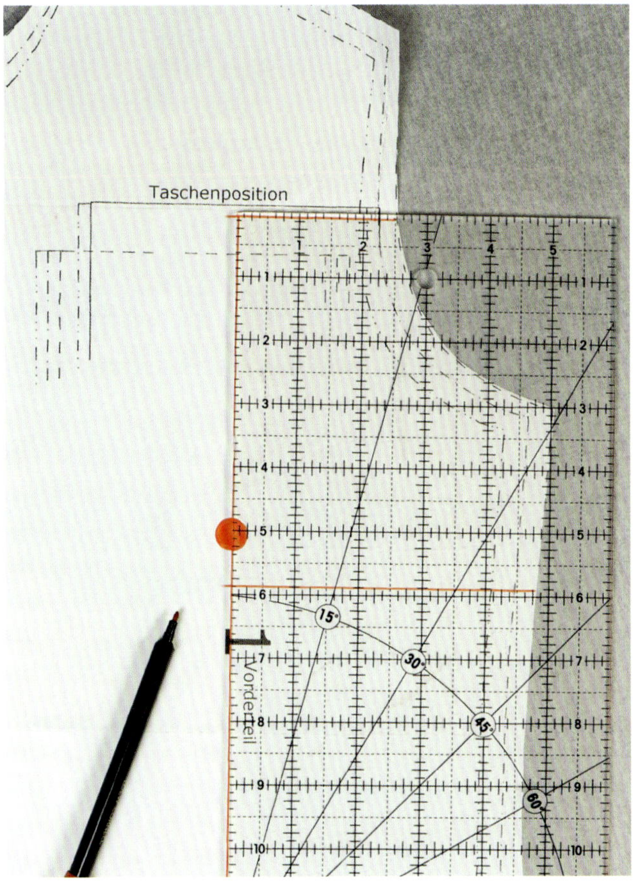

Brustpunkt markieren. Linie im rechten Winkel zum Fadenlauf auf dem vorderen Oberteil durch die Mitte zwischen Armlochkerbe und Schulternaht ziehen. Zweite Linie 5 bis 10 cm unter dem Armloch oder 2,5 cm unter dem Brustpunkt, wenn dieser tiefer liegt, im rechten Winkel zum Fadenlauf einzeichnen. Dritte Linie durch den Brustpunkt parallel zum Fadenlauf zeichnen, um die ersten zwei Linien zu verbinden; Linie zur unteren Kante hin verlängern.

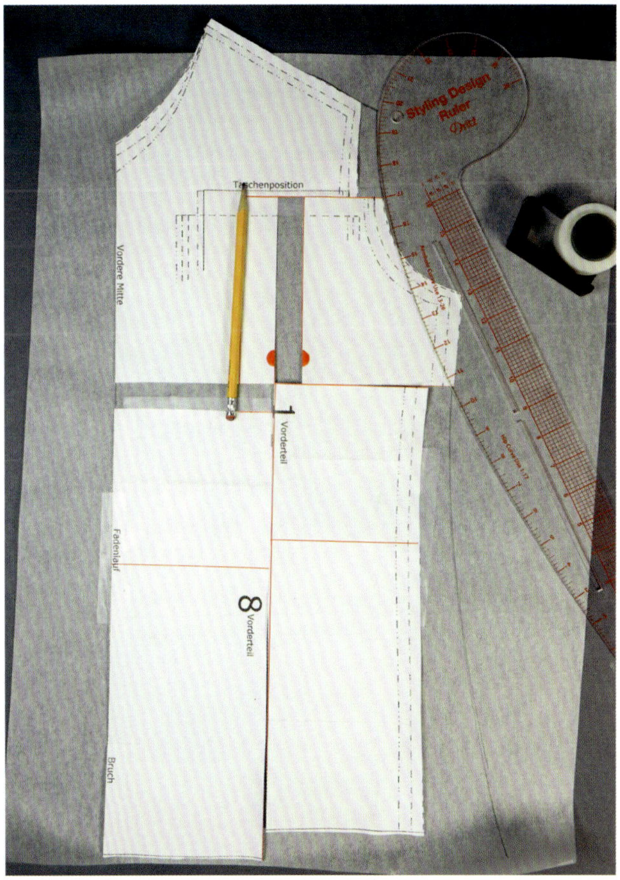

Schnittmuster entlang der Änderungslinien auseinander schneiden. Den Armlochteil maximal 2 cm nach außen schieben, um maximal 3,8 cm zur Oberteilweite hinzuzufügen. Den mittleren vorderen Taillenabschnitt maximal 5 cm nach unten schieben, um das Oberteil zu verlängern. Schnittmusterteile auf Papier aufkleben. Naht- und Schnittlinien an Armloch und Seitennähten verlaufend zeichnen. Mit einem Kurvenlineal die untere Schnittlinie von der vorderen Mitte bis zur ursprünglichen Seitennaht verlaufend zeichnen.

Obwohl Bund und Taille eng anliegen sollen, müssen sie für einen guten Sitz etwas weiter sein als die Taillenabmessungen. Für eine bequeme Passform sollte ein fertiger Bund zwischen 1,3 und 2,5 cm weiter sein als die tatsächlichen Abmessungen. Darüber hinaus sollten Sie 1,3 cm Beweglichkeitszugabe vom Taillenmaß des Schnittmusters für den Bund einrechnen. Das Gleiche gilt für Kleidungsstücke mit angesetztem Bund. Für Kleidungsstücke mit Taillennaht und ohne Bund eignet sich eine minimale Beweglichkeitszugabe von insgesamt 2,5 cm bis 3,8 cm.

Eine perfekte Passform in der Taille erkennt man am Verlauf der Seitennähte. Diese sollten gerade sein und den Körper optisch halbieren, ohne dass sich Nähte nach vorn oder hinten verziehen. Eine besondere Figur oder Körperhaltung kann dazu führen, dass sich Seitennähte verziehen und Anpassungen an Vorder- und Rückteil nötig sind. So ist etwa bei mehr Bauch zusätzliche Weite und Länge vorn erforderlich, während bei einem Hohlkreuz das Schnittmuster, etwa für einen Rock, entlang der hinteren Mitte gekürzt werden muss. Anpassungen für mehr Bauch und Hohlkreuz sollten gleichzeitig mit Anpassungen der Taillenweite festgelegt und vorgenommen werden.

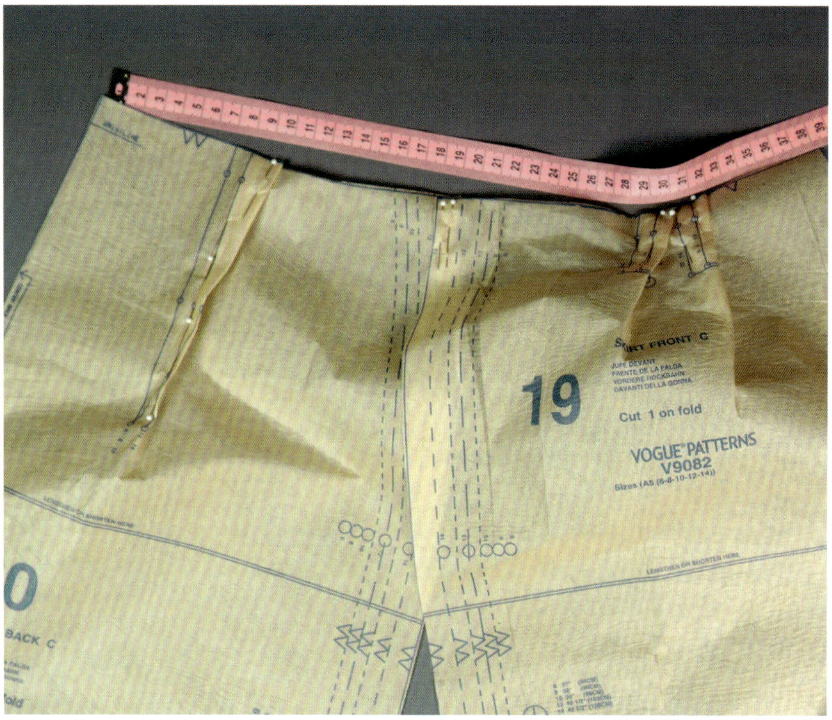

Schnittmusteranpassungen festlegen

1 **Taillenweite messen.** Mit dem Taillenmaß für Ihre Schnittmustergröße vergleichen. Eine minimale Beweglichkeitszugabe ist im Schnittmuster enthalten, das Schnittmuster also entsprechend anpassen und nach Bedarf vergrößern oder verkleinern.

2 **Taillenabnäher,** Biesen oder Falten abstecken, um das Schnittmuster abzumessen und mit den Körpermaßen plus Beweglichkeitszugabe zu vergleichen. An der Taillennaht messen; bei einem Kleidungsstück ohne Taillennaht an der Taillenlinienmarkierung an der schmalsten Stelle im Taillenbereich messen. Das Schnittmustermaß verdoppeln, um es mit Ihrem Taillenmaß zu vergleichen.

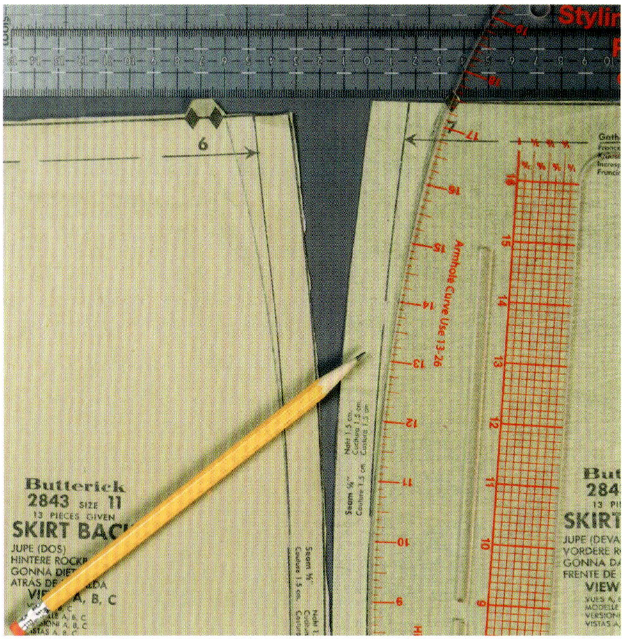

Schmale Taille

Bei einer schlechten Passform ist die Taillenlinie oder der Bund zu weit, obwohl das Kleidungsstück an Hüfte und Brust passt. Ein Kleid mit Taillennaht fällt sackartig mit losen vertikalen Falten an der Taille. Bei einem Rock oder einer Hose steht der Bund von der Taille ab und rutscht nach unten.

KLEINE ÄNDERUNGEN

Nehmen Sie ein Viertel des benötigten Werts an jeder Naht weg – maximal 1 cm pro Naht bei Größen unter 42; 1,5 cm ab Größe 42. Naht- und Schnittlinien mithilfe eines Kurvenlineals verlaufend zeichnen. Abnäher auf Röcken oder Hosen mit Abnähern nicht breiter arbeiten, um die Taillenlinie zu reduzieren, es sei denn, es sind aufgrund breiter Hüften oder eines breiteren Gesäßes zusätzliche Anpassungen notwendig. Anpassungen an entsprechenden Schnittteilen ebenfalls vornehmen.

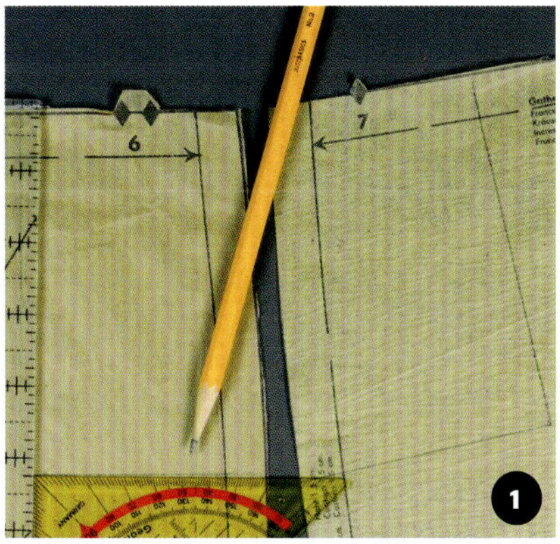

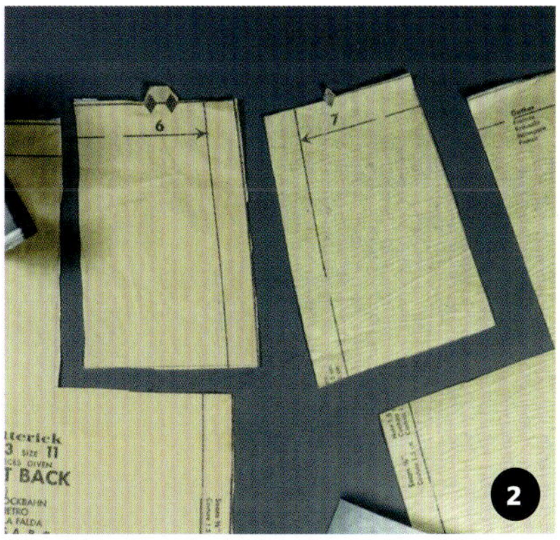

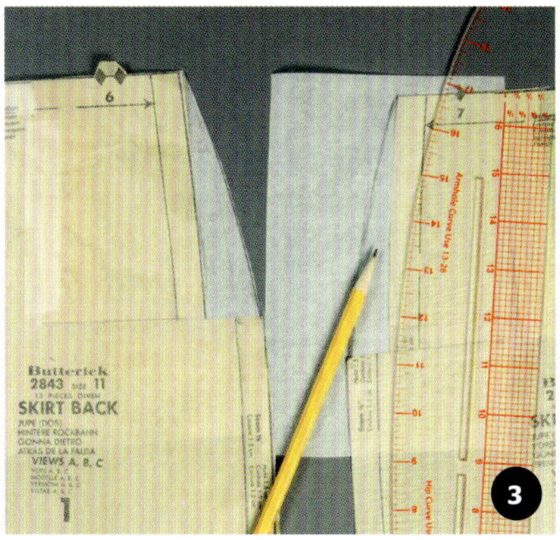

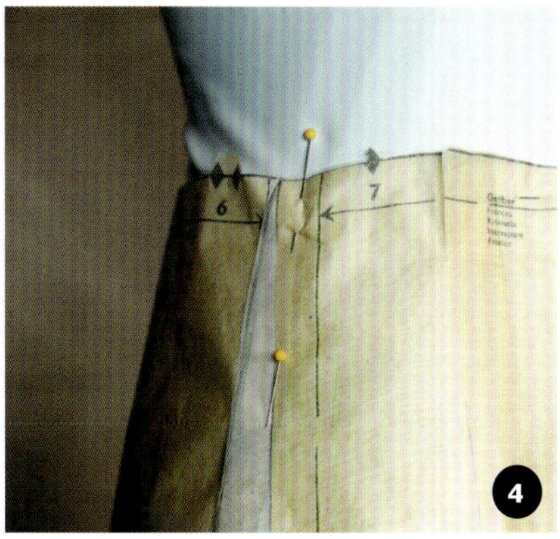

GRÖSSERE ÄNDERUNGEN

1. **Eine 12,5 cm lange Linie** parallel zum Längsfadenlauf zwischen Seitennaht und Abnäher auf dem Rückteil anzeichnen. Ein zweite Linie vom Ende der ersten Linie bis zur Seitennaht im rechten Winkel zum Fadenlauf ziehen. Die gleichen Linien auf dem dazugehörigen Vorderteil einzeichnen.
2. **Schnittmusterteile** entlang der Linien auseinanderschneiden.
3. **Schnittmusterteile** nach innen verschieben, um vorn und hinten bis zu 2,5 cm von der Taillennaht wegzunehmen. Schnittmusterteile auf Papier aufkleben. Naht- und Schnittlinien verlaufend einzeichnen. Dazugehörige Änderung am Rückteil vornehmen und dabei bis zu 5 cm an jeder Naht für eine Gesamtanpassung von 10 cm wegnehmen.
4. **Schnittmuster am Körper anstecken,** um die Platzierung der Taillenabnäher zu prüfen. Eventuell müssen Abnäher verändert oder zur vorderen oder hinteren Mitte verschoben werden. Ändern Sie die dazugehörigen Schnittmusterteile für Bund, Einlage oder Oberteil entsprechend.

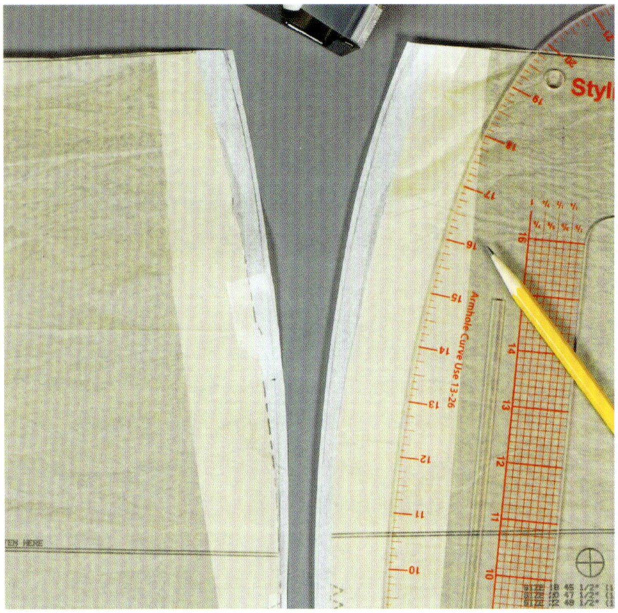

Breite Taille

Eine schlechte Passform sorgt für horizontale Falten in der Taille, sodass sich die Taillenlinie, etwa bei einem Kleid, nach oben schiebt. Ein Bund an einem Rock oder einer Hose wirft Falten. Von der Taille verlaufen fächerförmig Falten oder es bilden sich horizontale Falten unter dem Bund.

KLEINE ÄNDERUNGEN

Fügen Sie ein Viertel des benötigten Werts an jeder Naht hinzu, also bis zu 1 cm pro Nahtzugabe für insgesamt 2 cm pro Naht. Bei Röcken mit Abnähern kann jeder Abnäher zur Verlängerung der Taillenlinie um bis zu 6 mm verkleinert werden. Naht- und Schnittlinien mit einem Kurvenlineal verlaufend zeichnen. Ändern Sie die dazugehörigen Schnittmusterteile für Bund, Besatz und Oberteil entsprechend.

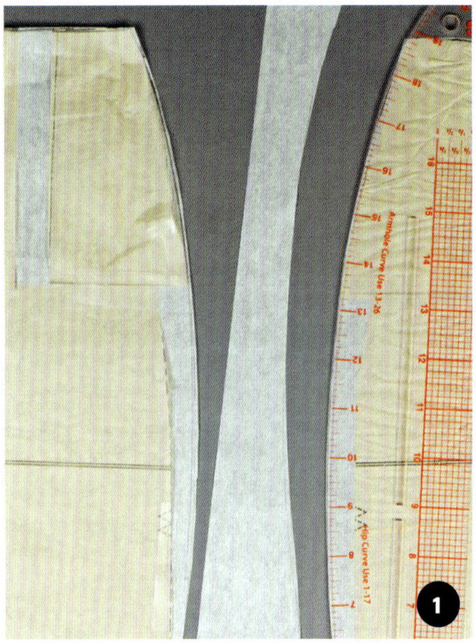

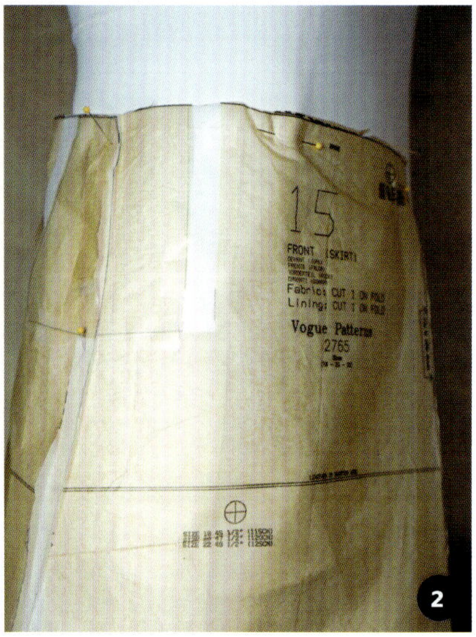

GRÖSSERE ÄNDERUNGEN

Änderungslinien einzeichnen und das Schnittmuster wie in Schritt 1 für eine schmale Taille (Seite 95) auseinanderschneiden. Schnittmusterteil bis zu 2,5 cm nach außen verschieben. Schnittmusterteile auf Papier aufkleben. Naht- und Schnittlinien zur Taille hin mit einem Kurvenlineal und zum Saum hin mit einem Lineal verlaufend zeichnen. Entsprechende Änderung am Rückteil vornehmen, dabei bis zu 5 cm pro Naht für einen Gesamtanpassung von 10 cm hinzufügen.

Schnittmuster anlegen, um die Position der Taillenabnäher zu prüfen. Eventuell müssen Abnäher verändert oder zu den Seitennähten verschoben werden. Ändern Sie die dazugehörigen Schnittmusterteile für Bund, Einlage oder Oberteil entsprechend.

Größerer Bauch

Eine schlechte Passform zeigt sich an horizontalen Falten vorn unter der Taillenlinie. Diagonale Falten vom Bauch zu den Seiten ziehen die Seitennähte nach vorn. Eventuell schieben sich Taillenlinie und Saum nach oben. An der vorderen Mitte ist Extralänge und -breite erforderlich.

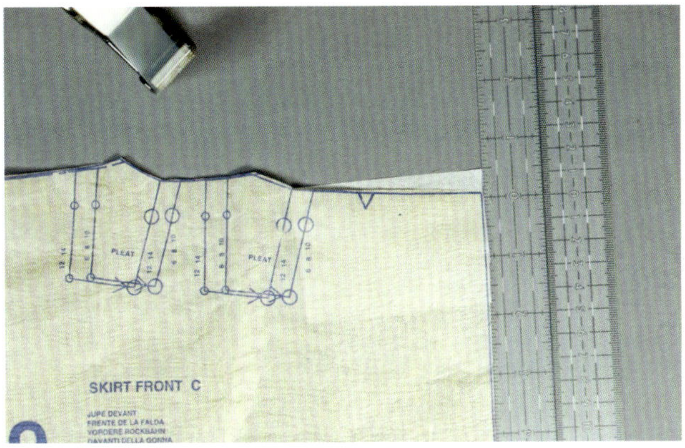

KLEINERE ÄNDERUNGEN

Taillennahtlinie für mehr Länge auf dem Rock- oder Hosenvorderteil bis zu 1 cm höher versetzen. Abnäher auffalten und mit einem Kurvenlineal Naht- und Schnittlinien verlaufend zeichnen.
Bis zu 1,3 cm an der Seitennaht des vorderen Schnittmusterteils hinzufügen. Den gleichen Wert vom hinteren Schnittmusterteil wegnehmen, damit der Taillenumfang gleich bleibt. Zur zusätzlichen Optimierung der Passform Abnäher vorn in Kräuselungen oder ungebügelte Falten umändern.

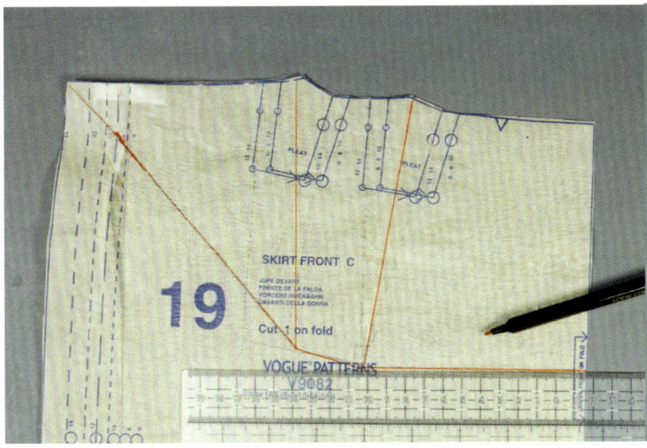

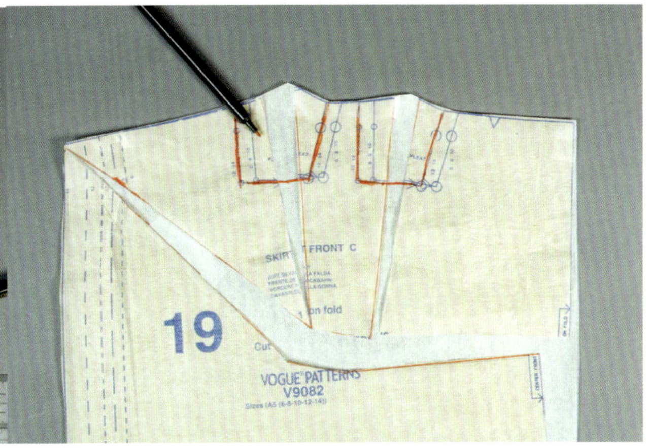

GRÖSSERE ÄNDERUNGEN

Diagonale Änderungslinien von der Schnittstelle zwischen Seitennaht und Taillennaht durch die Abnäherspitzen zeichnen und dann im rechten Winkel zur vorderen Mitte verlängern. Das Schnittmusterteil entlang der Linie auseinanderschneiden. Auf der Abnäherfaltlinie bis knapp an die Abnäherspitze, aber nicht durch diese hindurch schneiden.

Schnittmusterteile um den erforderlichen Wert nach oben und um die Hälfte des erforderlichen Werts nach außen verschieben, dabei die Abnäher und diagonalen Schlitze vergrößern. Die vordere Mittellinie von der neuen Position bis zum Saum verlängern. Abnäher können auch in Kräuselungen oder ungebügelte Falten umgeändert werden. Naht- und Schnittlinien an der Taillenlinie verlaufend zeichnen.

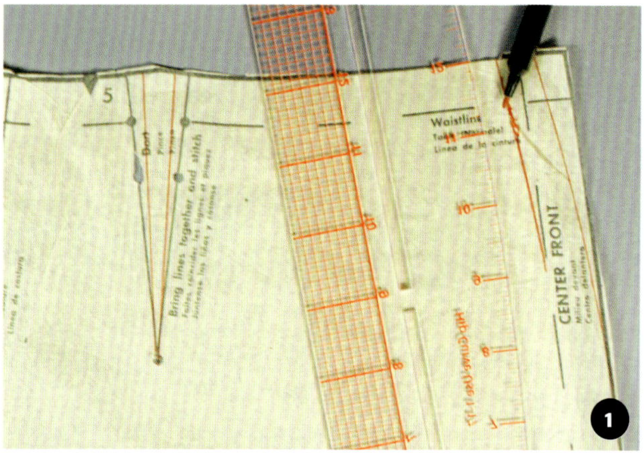

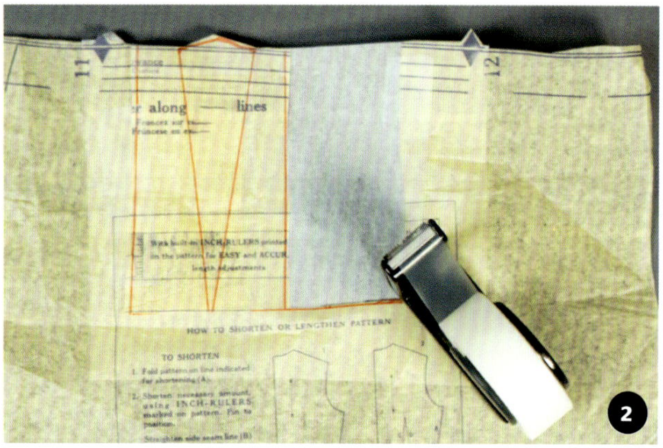

Flacher Bauch

Eine schlechte Passform äußert sich in vertikalen Falten und Stoffüberschuss an der vorderen Mitte. Eventuell treten die Hüftkochen hervor. Abnäher sitzen ungünstig und zu tief.

ÄNDERUNG

1 Kleinere Abnäher zeichnen, dafür an beiden Seiten der Abnäherfaltlinie die Linien weiter nach innen versetzen. Um das ursprüngliche Taillenmaß wiederherzustellen, den gleichen Wert von der Seitennaht wegnehmen, dabei mit dem Kurvenlineal die Linie von einem Punkt an der Taillennaht bis zur Hüftlinie verlaufend zeichnen.

2 Abnäher zur Seitennaht hin versetzen. Abnäher wie beim Versetzen der Brustabnäher (Seite 92) ausschneiden und nach einer Anprobe an die korrekte Position verschieben. Abnäher auseinanderfalten und Taillen- und Schnittlinien mit einem Kurvenlineal verlaufend einzeichnen.

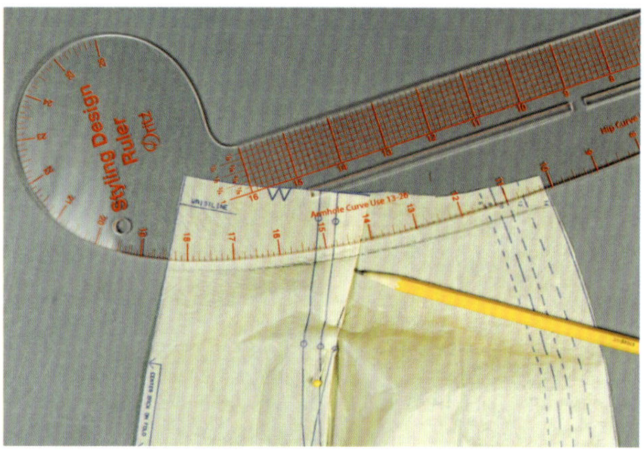

Hohlkreuz

Der Bereich direkt unter der hinteren Taille fällt nicht glatt oder der Rock wölbt sich im Gesäßbereich, was darauf hindeutet, dass das Kleidungsstück an der hinteren Mitte zu lang ist. Es entstehen diagonale Falten, die darauf hindeuten, dass Weite oder Länge der Abnäher nicht zur Körperform passen. Stoffüberschuss abstecken, um festzustellen, wie viel an der hinteren Mitte gekürzt werden muss.

ÄNDERUNG

Abnäher anpassen. Wird die Abnäherweite geändert, entsprechende Weitenänderung an der Seitennaht vornehmen, damit die Taillenweite gleich bleibt. Taillennahtlinie am hinteren Rockschnitt nach unten versetzen. Abnäher zur Mitte falten und Naht- und Schnittlinien mit einem Kurvenlineal verlaufend zeichnen.

Anpassungen an der Hüfte

Bei einem guten Sitz an der Hüftlinie fühlen sich Kleidungsstücke im Stehen und Sitzen gleichermaßen bequem an. Sie fallen fließend, ohne Falten zu werfen.

Bevor Sie die Weite ändern, verkürzen oder verlängern Sie den Schnitt wenn nötig unterhalb der Taillenlinie. Dank Längenanpassungen ist es mitunter gar nicht mehr nötig, die Hüftweite anzupassen. Wenn eine Ihrer Hüften höher ist als die andere, kann es notwendig sein, das Schnittmuster zu kopieren und für die jeweilige Körperhälfte separat zu ändern. Bei breiteren oder schmäleren Hüften passen Sie das Schnittmuster mit der entsprechenden Beweglichkeitszugabe an. Für optimalen Tragekomfort muss für Größen unter 42 eine minimale Beweglichkeitszugabe von 5 cm an der Hüftlinie des Kleidungsstück beachtet werden. Für Größe 42 oder größer sollten es mindestens 6,5 cm sein. Bei breiten Hüften oder schwererem Stoff brauchen Sie für eine perfekte Passform mitunter mehr als die minimale Beweglichkeitszugabe, bei Strickstoffen weniger.

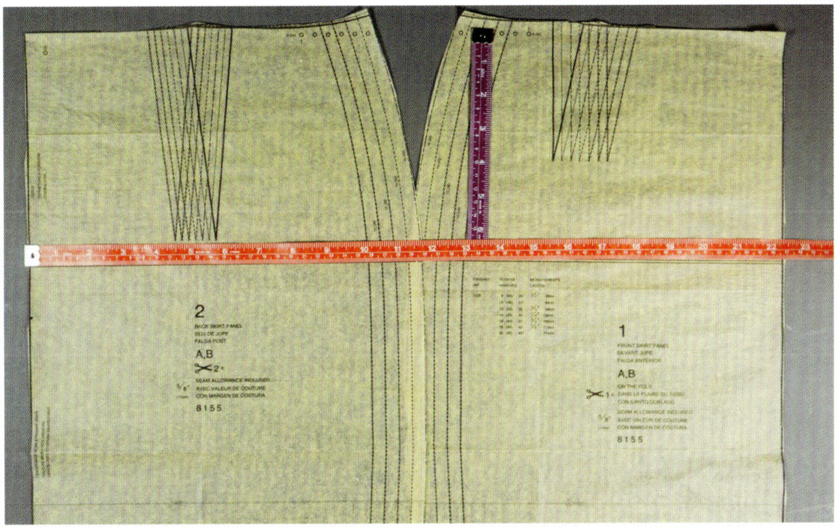

SCHNITTMUSTERANPASSUNGEN FESTLEGEN

Am Körper: Hüfte von der Seite an der stärksten Stelle des Gesäßes messen, dabei das Maßband (rot) parallel zum Boden halten. Ermitteln Sie den Verlauf der Hüftlinie, indem Sie vertikal (lila) an der Seitennaht von der Taillenlinie bis zur stärksten Stelle der Hüfte messen. Fügen Sie 5 bis 6,5 cm minimale Beweglichkeitszugabe hinzu.

Am Schnittmuster: Die Seitennaht an der Stelle markieren, an der sich die stärkste Stelle der Hüftlinie befindet. Vorder- und Rückteil an der Markierung überlappen. Hüftlinie an dieser Stelle von der vorderen bis zur hinteren Mitte messen. Dieses Maß verdoppeln, um den Gesamtumfang zu erhalten. Mit Hüftmaß plus Beweglichkeitszugabe vergleichen, um zu festzustellen, ob Änderungen nötig sind.

Breite Hüften

Bei einer schlechten Passform zeigen sich horizontale Falten an den Hüften. Der Rock verjüngt sich unter dem Gesäß und rutscht nach oben, da im Hüftbereich nicht genügend Platz ist. Das Schnittmuster entlang der Hüftlinie vergrößern.

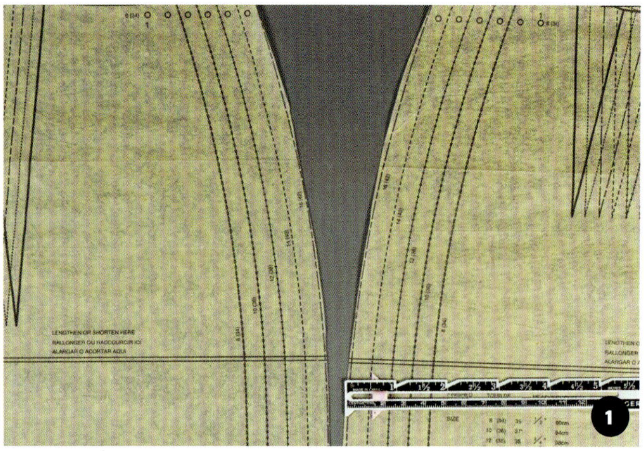

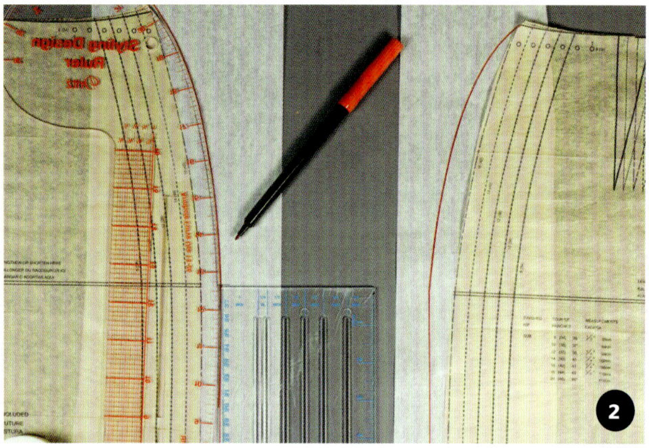

KLEINERE ÄNDERUNGEN

1 **Hüftlinie** an der Seitennaht von Vorder- und Rückteil markieren. Ein Viertel des benötigten Werts an jeder Seitennaht hinzufügen. Maximal 1 cm pro Nahtzugabe für insgesamt 2 cm pro Naht hinzufügen.

2 **Mit einem Kurvenlineal** Naht- und Schnittlinien von der Hüfte bis zur Taille verlaufend zeichnen. Neue Naht- und Schnittlinien von der Hüfte bis zum Saum mit einem Lineal einzeichnen.

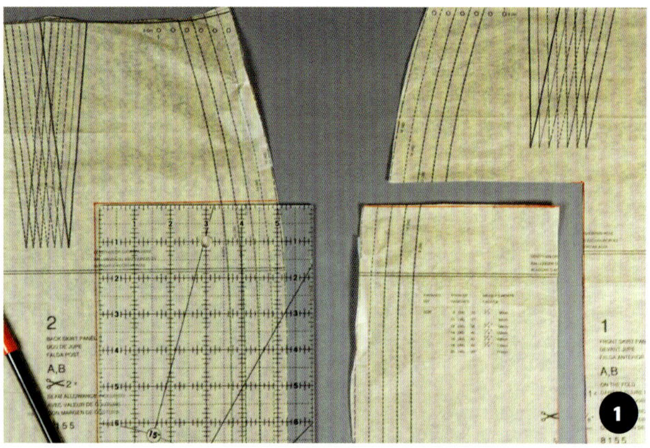

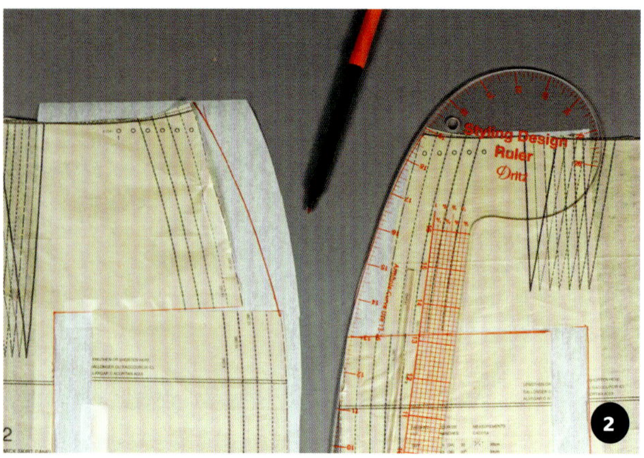

GRÖSSERE ÄNDERUNGEN

1 **Eine Linie** parallel zur Hüftlinie circa 12,5 cm unterhalb der Taillenlinie auf Vorder- und Rückteil zeichnen. Eine zweite Linie parallel zum Längsfadenlauf vom Ende der ersten Linie zum Saum ziehen. Das Schnittmuster entlang dieser Linien auseinanderschneiden.

2 **Schnittmusterteile** nach außen verschieben, um ein Viertel des nötigen Werts hinzuzufügen. Maximal 2,5 cm bei Größen unter 42 für insgesamt 5 cm pro Naht hinzugeben, maximal 3,8 cm bei Größe 42 und größer für insgesamt 7,5 cm pro Naht. Mit einem Kurvenlineal Naht- und Schnittlinien von der Hüfte bis zur Taille verlaufend zeichnen. Den Hüftbereich bis zum Saum mit einem Lineal markieren.

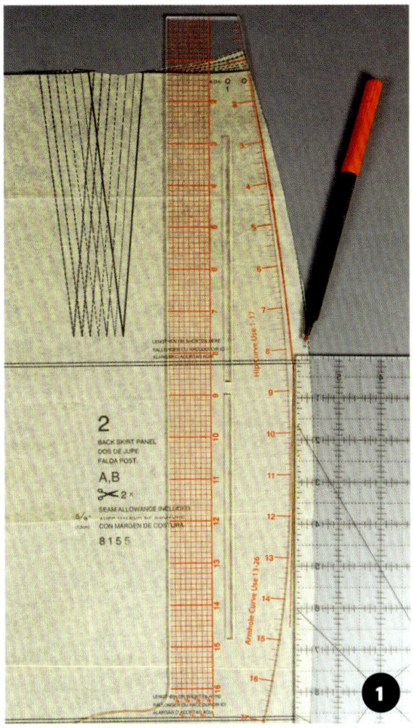

Schmale Hüften

Der überschüssige Stoff wirft Falten und fällt sackartig. Die Weite muss an der Hüftlinie reduziert werden, eventuell müssen auch Abnäher verkleinert werden. In diesem Fall muss zudem die seitliche Taillennaht wie auf Seite 95 beschrieben verkürzt werden.

KLEINERE ÄNDERUNGN

1 **Hüftlinie** an der Seitennaht von Vorder- und Rückteil markieren. Ein Viertel des benötigten Werts an jeder Seitennaht wegnehmen – bis zu 1 cm pro Nahtzugabe für insgesamt 2 cm pro Naht. Neue Naht- und Schnittlinien wie in Schritt 2 auf der gegenüberliegenden Seite oben einzeichnen.

GRÖSSERE ÄNDERUNGEN

Änderungslinien einzeichnen und das Schnittmuster wie bei der größeren Änderung für breite Hüften in Schritt 1 auf der gegenüberliegenden Seite auseinanderschneiden. Schnittmusterteile nach innen verschieben, um ein Viertel der Weite an der Hüftlinie wegzunehmen. Naht- und Schnittlinien von der Taille bis zum Hüftbereich verlaufend zeichnen. Hüftbereich bis zum Saum mit dem Lineal einzeichnen. Abnäher bei Bedarf verkleinern.

Ungleiche Hüften

Es bilden sich diagonale Falten auf einer Seite. Der Stoff ist im Hüftbereich verzogen. Eine Hüfte ist eventuell breiter, schmäler oder höher als die andere. Passen Sie die Weite der Abnäher und der Seitennähte an.

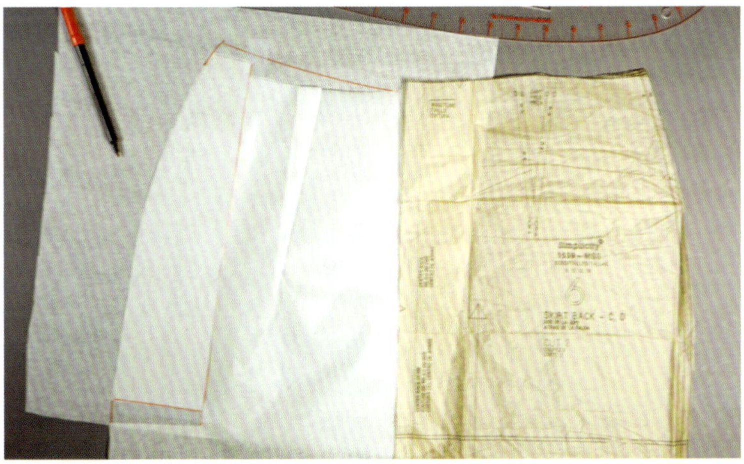

UNGLEICHE HÜFTHÖHE

Vorderes und hinteres Schnittmusterteil abpausen und entlang der Mitte auflegen. Rechte und linke Seite markieren. Änderungslinie an der schlecht sitzenden Seite parallel zum Längsfadenlauf einzeichnen, dabei in der Mitte zwischen Seitennaht und Abnäher beginnen. Eine zweite Linie im rechten Winkel vom Ende der ersten Linie bis zur Seitennaht ziehen. Das Schnittmuster entlang der Änderungslinien auseinanderschneiden.

Schnittmusterteile für zusätzliche Länge nach oben schieben. Schnittmusterteile auf Papier aufkleben. Vorder- und Rückteil aufeinander abstimmen. Abnäher oder Falten falten. Naht- und Schnittlinien an Taille und Seitennähten verlaufend zeichnen.

Schnittmuster auflegen und Stoff zuschneiden und markieren

Wenn Sie das Schnittmuster ausgewählt und das nötige Material gekauft haben, können Sie mit der Fertigung des Kleidungsstücks beginnen. Bevor Sie aber zur Schere greifen, vergewissern Sie sich, dass der Stoff ordentlich vorbereitet und das Schnittmuster korrekt aufgelegt ist.

Bei der Stoffvorbereitung und beim Auflegen des Schnittmusters spielt der Fadenlauf eine wichtige Rolle. Der Fadenlauf ist die Richtung, in der die Kettfäden verlaufen. Meist schenkt man dem Fadenlauf auf einem Kleidungsstück keine besondere Beachtung – bis sich das Kleidungsstück am Körper verzieht oder unschön fällt. Erst dann stellt man fest, dass das Material nicht im Fadenlauf zugeschnitten wurde.

Webstoffe bestehen aus Längsfäden und sie kreuzende Querfäden. Treffen die Fäden im perfekten rechten Winkel aufeinander, hat der Stoff einen geraden Fadenlauf. Bilden die Längs- und Querfäden keinen rechten Winkel, hat der Stoff einen schrägen Fadenlauf. Es kann auch sein, dass der Stoff im rechten Winkel gewebt, aber das Muster etwas verschoben ist: Auch dieser Stoff hat einen schrägen Fadenlauf. Vor dem Zuschneiden muss der Stoff einen geraden Fadenlauf aufweisen, sonst sitzt das Kleidungsstück nicht optimal.

Die Richtung der Längsfäden heißt Längsfadenlauf (a). Dieser verläuft parallel zur Webkante, dem schmalen Rand, der der Länge nach auf beiden Seiten des Stoffes verläuft. Da die Längsfäden fester und stabiler sind als die Querfäden, werden die meisten Kleidungsstücke so zugeschnitten, dass der Längsfadenlauf vertikal verläuft. Die Querfäden bilden den Querfadenverlauf (b), der im rechten Winkel zur Webkante verläuft. Bei den meisten Stoffen ist dieser etwas dehnbarer. Stoffe mit Bordürendruck werden oft im Querfadenlauf zugeschnitten, damit die Bordüre horizontal auf dem Kleidungsstück verläuft. Eine diagonale Linie, die den Längs- und Querfadenlauf unterbricht, wird Schrägfadenlauf genannt. Stoff, der im schrägen Fadenlauf (Schrägschnitt) zugeschnitten wird, ist dehnbarer als Stoff, der im Fadenlauf zugeschnitten wird. Stoffstreifen, die im Schrägschnitt zugeschnitten werden, werden oft zum Einfassen von Rundungen, etwa Hals- und Armausschnitten, verwendet. Gestreifte und Karostoffe können für einen interessanten Effekt ebenfalls im Schrägschnitt zugeschnitten werden. Schnitte, die im exakten Schrägfadenlauf zugeschnitten werden, fallen meist schön fließend.

Um festzustellen, ob ein Webstoff einen geraden Fadenlauf aufweist, ziehen Sie einen Schussfaden (einen Faden, der rechtwinklig zur Webkante verläuft) aus dem Stoff. Überprüfen Sie mit einer Nahtlehre, ob die Linie des fehlenden Fadens im rechten Winkel zu beiden Webkanten verläuft. Wenn nicht, ist der Stoff verzogen. Sind die Abweichungen nicht allzu groß, lässt sich der Stoff zurechtbügeln oder wieder in Form ziehen. Zum Bügeln den Stoff der Länge nach rechts auf rechts falten, und die Webkanten entlang des korrekten Fadenlaufs feststecken. Mit dem Dampfbügeleisen mit viel Druck in die gewünschte Rich-

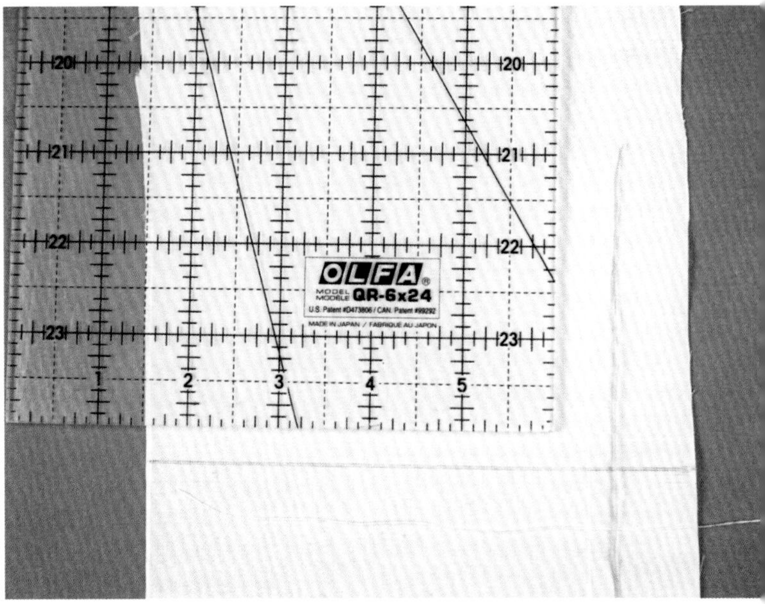

tung bügeln. Sie können außerdem versuchen, den Stoff an den gegenüberliegenden Ecken entlang des Fadenlaufs zu ziehen und zu dehnen. Stoffe, die stark verzogen gewebt oder bedruckt wurden, besser nur für Details und nicht als Hauptstoff verwenden. Webstoffe mit etwas Stretchanteil (Lycra/Elastan) lassen sich nur schwer in Form ziehen.

Strickstoffe entstehen durch miteinander verschlungene Fadenschleifen, die horizontal Maschen und vertikal Rippen bilden. Die Rippen verlaufen parallel zu den Längsseiten des Stoffes. Ihre Richtung ist mit dem Längsfadenlauf von Webstoffen vergleichbar. Die Maschen sind mit dem Querfadenlauf bei gewebten Stoffen vergleichbar. Strickstoffe haben keinen Schrägfadenlauf und im Allgemeinen keine Webkante. Wurde ein Strickstoff bedruckt, hat er unter Umständen eine Reihe von Einstichlöcher an den Längskanten, die zwar an eine Webkante erinnern, aber nicht wirklich dem exakten Längsfadenlauf entsprechen. Andere Strickstoffe sind als Schlauch gefertigt; sie können längs entlang der Rippen zugeschnitten werden, wenn für das Schnittmuster nur eine Stofflage benötigt wird. Aufgrund ihrer speziellen Herstellungsweise kann sich Schlauchware mit der Zeit verziehen. Strickstoffe dehnen sich am stärksten in Querrichtung und werden für eine optimale Passform so zugeschnitten, dass der Querfadenlauf horizontal um den Körper verläuft.

Vor dem Auflegen des Schnittmusters den Stoff für den Zuschnitt vorbereiten. Das Etikett auf dem Stoffballen verrät Ihnen, ob der Stoff vorgewaschen oder chemisch gereinigt werden soll und wie stark er eventuell einläuft. Wurde der Stoff vom Hersteller nicht vorbehandelt oder läuft er laut Etikett mehr als ein Prozent ein, behandeln Sie ihn am besten vor dem Zuschneiden vor. Bei Strickstoffen empfiehlt sich das Vorbehandeln, weil sich so ausgelassene Stiche verhindern lassen. Auch bei Reißverschlüssen und Kurzwaren ist das Vorbehandeln ratsam. Stoffe, die chemisch gereinigt werden müssen, werden durch Dampfbügeln oder professionelle chemische Reinigung vorbehandelt. Das ist besonders wichtig, wenn Sie eine Bügeleinlage verwenden, die mehr Dampf benötigt. Um sicherzustellen, dass der Stoff einen geraden Fadenlauf aufweist, die Schnittkanten begradigen. Dazu können Sie einen Querfaden herausziehen oder entlang des Webmusters oder einer Querrippe eines Strickstoffes schneiden. Anschließend den Stoff der Länge nach falten und jeweils die Web- und Schnittkanten aufeinanderlegen. Wirft der Stoff Falten, ist er verzogen. Leicht verzogener Stoff lässt sich durch Dampfbügeln begradigen. Fixieren Sie die Web- und Schnittkanten bündig mit Stecknadeln. Bügeln Sie von den Webkanten zum Stoffbruch. Stark verzogenen Stoff wird begradigt, indem Sie ihn in diagonaler Richtung dehnen. Beschichtete Stoffe lassen sich nicht begradigen.

Stoffe vorschrumpfen

Waschen und trocknen Sie waschbaren Stoff auf dieselbe Weise wie das fertige Kleidungsstück. Für Stoffe, die chemisch gereinigt werden müssen, empfiehlt sich Dampfbügeln. Bügeln Sie gleichmäßig und horizontal oder vertikal (nicht diagonal) zum Fadenlauf. Lassen Sie den Stoff danach vier bis sechs Stunden auf einer glatten, flachen Oberfläche trocknen, bis er ganz trocken ist.

Schnittkanten begradigen

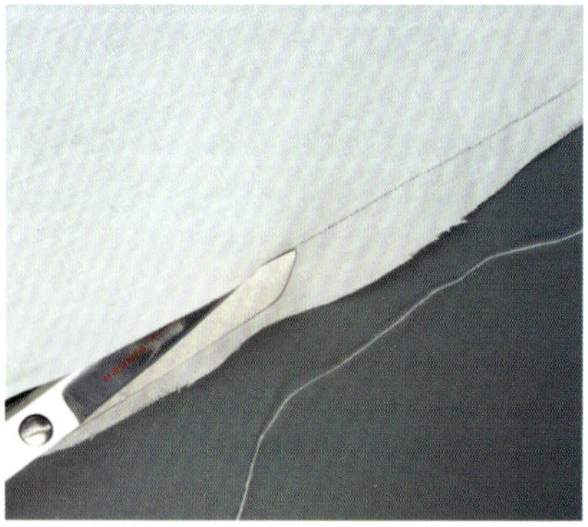

Zum Begradigen von Webstoffen eine Webkante einknipsen und vorsichtig einen oder zwei Schussfäden herausziehen. Den Stoff entlang dieser Linie zuschneiden.

Zum Begradigen von Stoffen mit Streifen, Karomuster oder anderen gewebten Mustern entlang einer markanten Musterlinie schneiden. Verwenden Sie diese Methode nicht für bedruckte Stoffe, da diese schräg zum Fadenlauf aufgedruckt sein könnten.

Zum Begradigen von Strickstoffen entlang einer Maschenreihe schneiden. Manchmal ist es einfacher, die Reihe vorher mit einem Heftfaden in Kontrastfarbe zu heften oder mit einem Markierstift bzw. Schneiderkreide zu markieren.

Auflegen des Schnittmusters

Schnittmusterteile werden am besten auf einer großen Arbeitsfläche aufgelegt. Legen Sie zunächst alle Schnittmusterteile zum Überblick nebeneinander und bügeln Sie eventuelle Falten ohne Dampf bei niedriger Stufe aus. Arbeiten Sie mit dem Auflageplan für die gewünschten Teile, die Stoffbreite und die jeweilige Größe. Bei Stoffen mit Stoff- oder Musterrichtung wählen Sie den entsprechenden Auflageplan.

Falten Sie den Stoff wie im Auflageplan angegeben oder passend zu Ihrer Stoffbreite. Baumwolle und Leinen werden meist mit der rechten Seite nach oben gefaltet; Wollstoffe mit der linken nach oben. Die rechte Stoffseite ist mitunter glänzender oder glatter oder hat eine markantere Bindung. Webkanten sehen auf der rechten Seite akkurater aus. Wenn die rechte Seite nicht erkennbar ist, nehmen Sie jene, die Ihnen besser gefällt. Bei der Verarbeitung verschiedener Seiten kann ein leichter Unterschied in der Schattierung, der beim Zuschneiden nicht erkennbar war, beim fertigen Kleidungsstück sehr wohl deutlich zu sehen sein.

Der Auflageplan zeigt an, wie die Webkanten und der Stoffbruch zu platzieren sind. Meist wird so zugeschnitten, dass der Stoff entlang des Längsfadenlaufs gefaltet wird. Soll der Stoff quer zum Fadenlauf gefaltet werden, wird dies im Auflageplan angegeben. Querliegende Stoffbrüche sollte bei Stoffen mit Stoff- oder Musterrichtung vermieden werden.

Legen Sie die Schnittmusterteile laut Plan auf den Stoff auf. Die meisten Schnittmusterhersteller verwenden standardisierte Symbole und Markierungen. Ein heller Schnittteil bedeutet, dass dieses Teil mit der bedruckten Seite nach oben zugeschnitten wird, ein dunkles Teil wird mit der bedruckten Seite nach unten zugeschnitten.

Ein halb hell, halb dunkel abgebildetes Schnittteil wird in doppelter Stofflage zugeschnitten. Schneiden Sie zuerst die anderen Teile zu und falten Sie den Stoff dann, um dieses Teil zuzuschneiden. Ein über den Stoffbruch hinausragendes Schnittmusterteil wird in einfacher Stofflage zugeschnitten. Nach dem Zuschneiden der anderen Teile falten Sie den Stoff mit der rechten Seite nach oben auf und legen Sie das Schnittmusterteil auf, indem Sie den Fadenlaufpfeil mit dem Fadenlauf des Stoffes ausrichten.

Schnittmusterteile feststecken

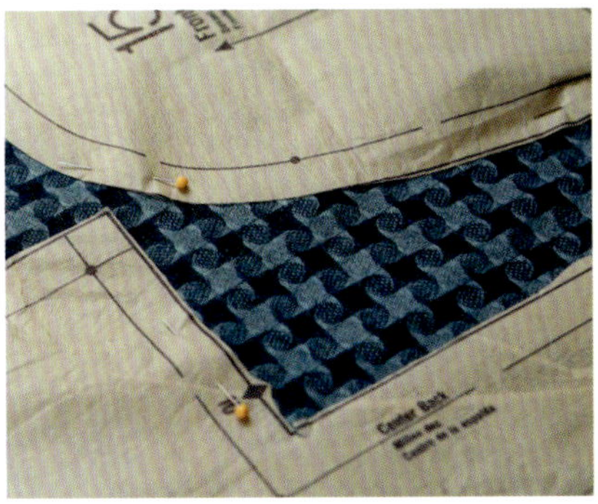

Nadeln innerhalb der Nahtzugaben parallel zur Schnittkante und an Schnittmusterecken diagonal stecken. Stecknadeln werden im Abstand von jeweils etwa 7,5 cm platziert, bei Rundungen oder rutschigem Stoff empfiehlt sich ein geringerer Abstand.

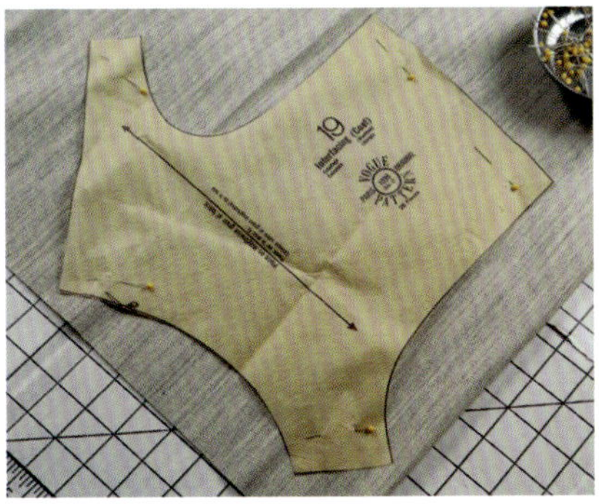

Fadenlaufpfeil von Schnittmusterteilen mit geradem Fadenlauf bei Webstoffen parallel zur Webkante und bei Strickstoffen parallel zu den Rippen platzieren. Von den Enden des Pfeils bis zur Webkante oder Rippe messen und das Schnittmuster so lange verschieben, bis der Abstand gleich ist. Beide Enden der Fadenlauflinie feststecken, damit das Muster nicht verrutscht. Das Schnittmuster feststecken.

TIPP

Bei Schnittmustern mit vielen Einzelteilen und Kerben kann es praktisch sein, die Stoffteile mithilfe von Zahlenaufklebern zu nummerieren.

Schnittmusterteile auf gestreiften und Karostoffen auflegen

Wählen Sie für gestreifte und Karostoffe am besten möglichst einfache Projekte und Schnittmuster. Sind die Nähprojekte zu kompliziert geschnitten, lenken sie vom Muster ab und es ist schwieriger, die Schnittteile zusammenzusetzen, da man dabei auch auf das Muster achten muss. Auch Schnitte mit diagonalen Brustabnähern, langen horizontalen Abnähern und solchen, bei denen bereits angegeben ist, dass sie nicht für gestreifte und Karostoffe geeignet sind, sollten vorzugsweise mit anderen Stoffen gearbeitet werden.

Kaufen Sie bei gestreiften und Karostoffen immer zusätzlichen Stoff, da beim Zusammensetzen der Schnittteile auch darauf geachtet werden muss, dass das Muster an den Nähten passgenau zusammengesetzt werden muss. Wie viel Stoff man zusätzlich braucht, richtet sich nach der Größe eines Musterrapports (ein rechteckiger Bereich, in dem eine Musterwiederholung komplett zu sehen ist) und der Anzahl und Größe der größeren Schnittteile. Meist reichen 25 bis 50 cm zusätzlicher Stoff.

Es ist einfacher, mit gleichmäßigem Streifen- oder Karomuster zu arbeiten als mit ungleichmäßig gemusterten Stoffen. Auch bei Karomustern sind die Farben und Streifen sowohl in der Länge als auch in der Breite meist gleichmäßig angeordnet. Der Musterrapport ist dadurch quadratisch. Bei ungleichmäßigen Karomustern werden die Streifen und Farben in der Länge oder in der Breite oder in beide Richtungen ungleichmäßig angeordnet. Bei einem gleichmäßigen Streifenmuster sind die Streifen gleich breit, egal ob in der Länge oder in der Breite angeordnet, bei ungleichmäßigen Streifenmustern ist dies nicht der Fall. Um zu verhindern, dass zusätzlich Schnittteile aufeinander abgestimmt werden müssen, werden die Schnittmusterteile am besten einlagig und nicht im Stoffbruch zugeschnitten.

Entscheiden Sie vor dem Zuschneiden, wie das Karo- oder Streifenmuster auf dem Kleidungsstück beziehungsweise später dem Körper zu sehen sein soll. Vermeiden Sie es, wenn möglich, breite, horizontale Streifen oder Linien direkt auf der Brust oder auf der Hüfte zu platzieren. Drapieren Sie den Stoff auf dem Körper, um zu sehen, wie das Muster wirkt. Manchmal wirkt es besser, wenn die Saumlinie mit einem breiten Querstreifen oder einer Linie zusammenfällt. Soll der Blick nicht sofort auf den Saum fallen, sollten hier keine dominanten Musterelement wie Streifen oder Linien platziert werden. Beim Auslegen von gestreiften oder Karostoffen wird auf die späteren Nahtlinien und nicht auf die Schnittlinien geachtet.

Um die Nahtlinien aufeinander abzustimmen, legen Sie alle Schnittmusterteile beginnend mit der Vor-

derseite nach und nach auf dem Stoff auf. Platzieren Sie auffällige vertikale Linien an der vorderen und hinteren Mitte oder so, dass die Mitte jeweils genau zwischen ihnen platziert wird. Auch die Schnittmusterteile für die Ärmel werden nach diesem Prinzip aufgelegt, dabei hilft der Schulterpunkt beim Platzieren der Ärmelmitte auf oder zwischen dominanten Musterlinien oder -streifen.

Auch wenn es nicht immer möglich ist, dass das Muster wirklich überall passend aufeinandertrifft, sollte dies immer die Hauptbemühung sein: Querstreifen werden an vertikalen oder Seitennähten ausgerichtet, bei den Ärmeln an den Kerben am Vorderteil, Längsstreifen werden möglichst vertikal ausgerichtet. Achten Sie auch beim Zuschneiden von Taschen, Taschenklappen und anderen Details darauf, dass das Muster passend liegt. Bei Karomustern kann es sein, dass diese an Schulternähten oder der hinteren Kerbe für die Ärmel nicht passend platziert werden können.

Gleichmäßige und ungleichmäßige Karostoffe erkennen

A **Bei einem gleichmäßigen Karomuster** liegen die farbigen Längs- und Querstreifen direkt aufeinander, wenn der Musterrapport mittig diagonal gefaltet wird.

B **Bei einem ungleichmäßigen Karomuster** verlaufen ungleichmäßig angeordnete farbige Streifen in einer oder mehreren Richtungen.

C **Bei einem ungleichmäßigen Karomuster** kann es außerdem sein, dass die farbigen Streifen zwar gleichmäßig angeordnet sind, aber nicht aufeinanderliegen, wenn der Stoff diagonal gefaltet wird, da der Musterrapport nicht quadratisch ist. Das Arbeiten mit diesem Muster ist besonders anspruchsvoll.

Schnittmusterteile auf ungleichmäßigen Karostoffen auflegen

Die Schnittmusterteile auf einer Stofflage auflegen, dabei die Schnittmusterteile umdrehen, um die rechte bzw. linke Hälfte auszuschneiden. Die auffälligste Linie sollte direkt auf der hinteren oder vorderen Mitte platziert werden oder so, dass die Mitte jeweils genau zwischen dominanten Linien liegt. Legen Sie Schnittmuster immer in eine Richtung auf. So wiederholt sich das Karomuster um die Körpermitte herum und wird nicht an der vorderen und hinteren Mittelnaht „gespiegelt".

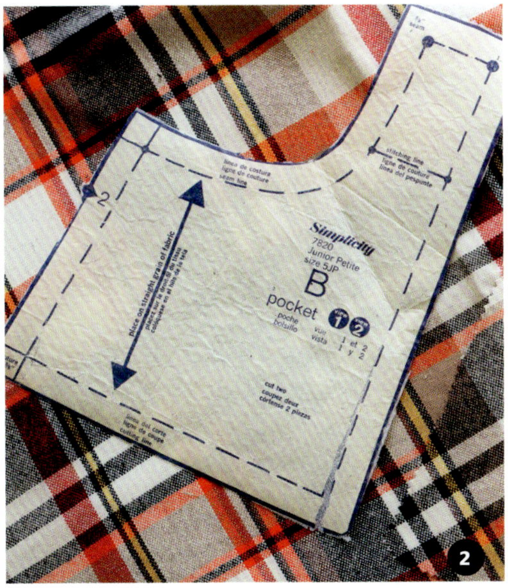

Tipps zum Auflegen von Schnittmusterteilen auf Karostoffen

1. **Schneiden Sie alle Schnittmusterteile** einlagig zu und beginnen Sie mit dem Vorderteil. Schnittmusterteile, die im Stoffbruch zugeschnitten werden sollen, dafür anzeichnen, dann umklappen und wieder anzeichnen, sodass sie in einfacher Stofflage zugeschnitten werden können. Auffällige Musterelemente werden auf der vorderen bzw. hinteren Mitte platziert. Die Einschnitte und Kerben an Vorder- und Hinterteil an den gleichen Stellen am Muster platzieren. Auch die Ärmelmitte wird auf auffälligen Musterelementen platziert. Das Muster an den Kerben an Ärmeln und Armloch des Vorderteils passend platzieren, falls es dadurch hinten nicht genau passt, ist das nicht so schlimm.

2. **Die Schnittteile werden im Fadenlauf** zugeschnitten, um zu verhindern, dass Taschen, Manschetten, Passen und separate Leisten angepasst werden müssen. Auffällige Musterelemente sollten auf allen Schnittteilen passend platziert werden.

3. **Verwenden Sie bereits zugeschnittene Schnittteile,** um das Karomuster auch bei kleineren Schnittteilen passend zu platzieren. Im Bild 3A wurde der vordere Jackenteil auf dem Stoff platziert, aus dem die Tasche zugeschnitten werden soll. Mithilfe der Markierungen auf den Schnittmusterteilen kann die Platzierung der Tasche an der richtigen Stelle im Muster gewährleistet werden (siehe 3B).

4. **Verwenden Sie bereits zugeschnittene Schnittteile** zum Zuschneiden von spiegelgleichen Stoffteilen. Sobald das erste Stoffteil zugeschnitten ist, dieses einfach umklappen und mit dessen Hilfe das zweite Stoffteil so zuschneiden, dass die Streifen des Karomusters genau aufeinandertreffen.

Stoffe mit Stoffrichtung sind etwa Stoffe mit Längsrippen wie Cord, Samt oder Flanell, Plüschstoffe, Kunstfell, glänzende Stoffe wie Satin oder Taft und gemusterte Stoffe mit Musterrichtung. Aber auch einige Stoffe mit Köperbindung wie Denim oder Gabardine, Strickware wie Jerseystoffe und Strickware, die je nach Fadenlauf dunkler oder heller erscheinen kann, werden als Stoffe mit Stoffrichtung angesehen.

Um zu verhindern, dass das Kleidungsstück unterschiedliche Farbnuancen aufweist oder dass die Stoffrichtung in verschiedene Richtungen zeigt, werden alle Schnittmusterteile auf dem Stoff ausgelegt und entsprechend ausgerichtet. Längsrippen können entweder horizontal oder vertikal über das Kleidungsstück verlaufen. Plüschstoffe und Kunstfell sehen am besten aus, wenn die Stoffrichtung vertikal verläuft, glänzende Stoffe können auf beide Weisen zugeschnitten werden. Stoffe mit Musterrichtung sollten so zugeschnitten werden, dass das Muster in die richtige Richtung verläuft, sobald das Kleidungsstück fertig ist. Wählen Sie aus, in welche Richtung die Stoffrichtung zeigen soll, und legen Sie dann die Schnittmusterteile entsprechend aus. Um die richtige Platzierung sicherzustellen, werden die Schnittmusterteile am besten mit Pfeilen, die die Stoffrichtung anzeigen, versehen. Manchmal werden Falten quer gefaltet, in diesem Fall empfiehlt es sich, den Stoff zu falten wie im Schnittmuster angegeben, und dann entlang der Faltlinie zuzuschneiden. Ziehen Sie am oberen Stoffteil, sodass die Längsrippen wieder senkrecht aufeinandertreffen, und schneiden Sie die Teile dann zu.

TIPP

Meist wird beim Nähen mit der Nähmaschine die untere Stofflage durch die Transporteure mit jedem Stich ein kleines Stück weiter gezogen als die obere Stofflage. Wird eine längere Naht genäht, wird der Stoff so allerdings so sehr verschoben, dass korrekt zusammengesetzte Stoffteile nicht mehr genau passend aufeinanderliegen. Durch einen Obertransportfuß, der nur die obere Stofflage transportiert, kann dies ausgeglichen werden, sodass Streifen, Linien und passend zusammengesetzte gemusterte Stoffteile während des Nähens genau aufeinander liegen bleiben.

Tipps zum Zuschneiden

Stellen Sie den Tisch, auf dem Sie Stoffe zuschneiden, am besten so auf, dass er mitten in einem Raum steht und Sie rund um den Tisch herum arbeiten können. Wenn Sie diese Möglichkeit nicht haben und an einem kleineren Tisch zuschneiden müssen, können Sie kleinere Schnittteile auch aus kleineren Stoffteilen zuschneiden, so müssen Sie nicht immer mit sehr großen Stoffmengen arbeiten.

Beim Zuschneiden ist genaues Arbeiten besonders wichtig, denn schon durch kleine Ungenauigkeiten kann es sein, dass Stoffteile nicht mehr zusammenpassen. Überprüfen Sie, bevor Sie Schnittteile zuschneiden, die Platzierung der Schnittmusterteile und eventuell vorgenommene Änderungen. Achten Sie beim Zuschneiden von Karostoffen und Stoffen mit Stoff- oder Musterrichtung darauf, dass die Schnittmusterteile mit dem Muster passend platziert werden. Klebeband (Seite 38) oder Haftspray kann hilfreich sein, um Schnittmusterteile zu fixieren, die so nicht so einfach verrutschen. Bei schweren oder voluminösen Stoffen schneidet man am besten immer nur eine Stofflage und nicht im Stoffbruch zu. Das Zuschneiden von rutschigen Stoffen ist einfacher, wenn man davor auf dem Tisch ein Laken, Flanellstoff, eine Decke, Papier oder anderes rutschsicheres Material auslegt.

Verwenden Sie scharfe, gerade oder gezackte Stoffscheren mit einer Klingenlänge von 18 oder 20,5 cm. Machen Sie gerade, lange Schnitte genau auf der

Schnittlinie. Für Rundungen arbeitet man am besten mit kleineren Schnitten. Dabei liegt eine Hand auf dem Schnittmusterteil nahe bei der Schnittlinie, damit dieses nicht verrutscht. Ein Rollschneider (Seite 34) ist besonders hilfreich beim Zuschneiden von Leder, rutschigen Stoffen oder mehreren Stofflagen. Zugeschnitten wird dabei auf einer speziellen Vinyl-Schneidematte. Verwenden Sie einen kleineren Rollschneider für enge Kurven, kurze Schnitte, Einschnitte und Kerben.

Kerben und Einschnitte können ausgehend von der Markierung in Richtung Stoff geschnitten werden oder sie werden durch kurze Einschnitte in die Nahtzugabe markiert. Achten Sie dabei darauf, nicht in die Nahtlinie zu schneiden. Machen Sie kleine Einschnitte, um Falt- und Schnittlinien, Nahtlinien von Abnähern und Falten und die vordere und hintere Mitte zu markieren. Ebenso wird die Stelle, an der der Ärmel in das Armloch eingesetzt wird, oben am Schulterpunkt mit einem Einschnitt markiert. Bei voluminösen oder leichten Webstoffen sind Einschnitte manchmal nicht gut sichtbar, arbeiten Sie hier lieber mit Kerben.

Kleinere Stoffteile, die beim Zuschneiden als Reste anfallen, können für Naht- oder Bügelproben, für das Nähen von Probeknopflöchern oder zum Beziehen von Knöpfen verwendet werden. Alle Schnittteile werden nun so aufgelegt und festgesteckt, dass sie einfach nacheinander in der richtigen Reihenfolge genäht werden können, oder sie werden auf einer Schneiderpuppe festgesteckt. Um das Markieren und generell das Arbeiten mit den Schnittteilen zu erleichtern, bleiben alle Schnittmusterteile, auf den Stoffteilen, die gerade nicht genäht werden, stecken. Oft findet man auf ihnen wichtige Informationen zum Nähen der jeweiligen Teile.

Viele Schnittmuster arbeiten mit im Schrägschnitt zugeschnittenen Stoffstreifen bzw. Schrägband, die zum Versäubern von offenen Kanten wie Hals- oder Armausschnitten, als Designelement oder für besonders professionelle Hong-Kong-Säume verwendet werden. Schrägbänder sollten in der Länge der zu versäubernden Kante zugeschnitten werden, ist dies nicht möglich, können sie auch zusammengesetzt werden.

Schrägband zuschneiden und zusammensetzen

Den Stoff diagonal falten, sodass die gerade, quer zum Fadenlauf zugeschnittene Kante parallel zur Webkante liegt. Die 45°-Faltlinie zeigt den schrägen Fadenlauf an. Entlang der Faltlinie einen ersten Schrägbandstreifen zuschneiden.

Ausgehend von dieser Schnittlinie weitere Schnittlinien mit Schneiderkreide oder Markierstift und einem Maßstab oder einem durchsichtigen Lineal anzeichnen. Entlang dieser Linien weitere Schrägbandstreifen zuschneiden. Wird in einem Schnittmuster mit einem Abschluss mit Schrägband gearbeitet, ist normalerweise im Muster angegeben, wie lang und breit der Schrägbandstreifen sein sollte. Für schwere Stoffe wie Cord mit breiten Rippen müssen breitere Schrägbandstreifen zugeschnitten werden.

Wenn nötig mehrere Schrägbandstreifen zusammensetzen, bis die richtige Länge erreicht ist. Dafür die kurzen Kanten rechts auf rechts und Kante auf Kante legen, die Kanten liegen dadurch schräg zueinander. Die kurzen Kanten 6 mm breit steppen. Die Nahtzugaben auseinanderbügeln und wenn nötig zurückschneiden, sodass sie nicht über den Stoffstreifen hinausragen.

Tipps zum Markieren

Wenn alle Schnittteile zugeschnitten sind, möchte man am liebsten sofort mit dem Nähen loslegen. Nehmen Sie sich dennoch jetzt Zeit, um sorgfältig alle Markierungen vom Schnittmuster auf die Schnittteile zu übertragen – sie sind wie Verkehrsschilder beim Nähen: hier halten, hier den Stoff drehen, hier nicht nähen und so weiter.

Beim Markieren werden Markierungen vom Schnittmuster auf die Schnittteile übertragen, bevor die Schnittmusterteile vom Stoff genommen werden. Dieses Markierungen sind Ihre Referenz während allen weiteren Näharbeiten am jeweiligen Projekt. Zeichen, die unbedingt übertragen werden müssen, sind alle grundlegenden Markierungen zur Konstruktion des Kleidungsstücks, aber auch Markierungen für die Platzierung von Details wie Taschen.

Am besten wird auf der linken Stoffseite markiert. Einige Markierungen, wie jene für die Platzierung von Taschen oder Knopflöchern, werden zuerst links markiert und dann auf die rechte Stoffseite übertragen. Es gibt je nach verwendetem Stoff verschiedene Möglichkeiten, um Markierungen auf den Stoff zu übertragen. Wählen Sie jene, mit der Sie schnell und genau arbeiten können.

Das Markieren mit Stecknadeln geht besonders schnell. Stecknadeln sollten allerdings nicht für feine Stoffe wie Seide oder für Kunstleder verwendet werden, da hier die Einstichlöcher sichtbar bleiben können. Arbeiten Sie nur mit Stecknadeln, wenn Sie die Stoffteile sofort nähen möchten, es kann sein, dass sie mit der Zeit aus dem Stoff fallen, vor allem bei leichten Webstoffen oder bei Strickware.

Schneiderkreide oder Kreidestifte eignen sich für die meisten Stoffe.

Kopierrädchen und Schneiderkopierpapier eignen sich für einfache, flache Stoffe. Manche Stoffe können durch das Kopierrädchen beschädigt werden, testen Sie es also am besten zuerst auf einem Stoffrest. Zum Übertragen von Markierungen mit einem Kopierrädchen braucht man eine glatte, flache Oberfläche. Geben Sie ein großes Stück Karton unter den Stoff, so ist der Tisch geschützt. Das Schneiderkopierpapier kann mit Kreide oder Wachs beschichtet sein. Die Kreidebeschichtung ist auf den meisten Stoffen gut sichtbar, die so übertragenen Markierungen verwischen aber schneller. Die Wachsbeschichtung lässt sich auf einige Stoffe nicht so gut übertragen, aber auf den Stoffen, auf denen es geht, sind die Linien deutlich sichtbar und verwischen nicht. Verwenden Sie Schneiderkopierpapier in einer Farbe, die der Stofffarbe ähnlich ist, bei der die Linien aber trotzdem noch gut sichtbar sind. (In diesem Buch wird manchmal mit Kontrastfarben gearbeitet, um die Details besser sichtbar zu machen.)

Textilmarker sind wie Filzstifte, die speziell für Stoff entwickelt wurden. Mit deren Hilfe kann man Markierungen durch das Schnittmuster auf den Stoff übertragen. Die Farbe verblasst mit der Zeit oder kann ausgewaschen werden, daher kann man mit diesen Stiften auch auf der rechten Stoffseite markieren.

Mithilfe von Heftstichen werden Markierungen von der linken auf die rechte Stoffseite übertragen. Durch Heftnähte können außerdem wichtige Zusammensetzpunkte oder Stellen, an denen der Stoff gedreht werden muss, markiert werden. Übertragen Sie die Markierungen auf die linke Stoffseite und heften Sie dann entlang der Markierungslinien. Arbeiten Sie mit langen Heftstichen und einem Unterfaden in Kontrastfarbe, dieser ist später auf der rechten Seite gut zu sehen. Um Ecken zu markieren, steppen Sie direkt auf der Nahtlinie und mit zum Stoff passendem Garn – diese Nähte können später im Stoff verbleiben und machen die Ecke stabiler.

Das Markieren mit Kerben oder Einschnitten eignet sich für fast alle Stoffe, außer für leichte Tweedstoffe und voluminöse Wollstoffe. Machen Sie etwa 3 bis 6 mm lange Einschnitte oder Kerben in die Nahtzugaben.

Durch Bügeln können Faltlinien, Abnäher oder Falten markiert werden. Diese Methode eignet sich für Stoffe, bei denen Bügelfalten sichtbar bleiben.

Markieren mit Kreide, Kreidestift oder Textilmarker

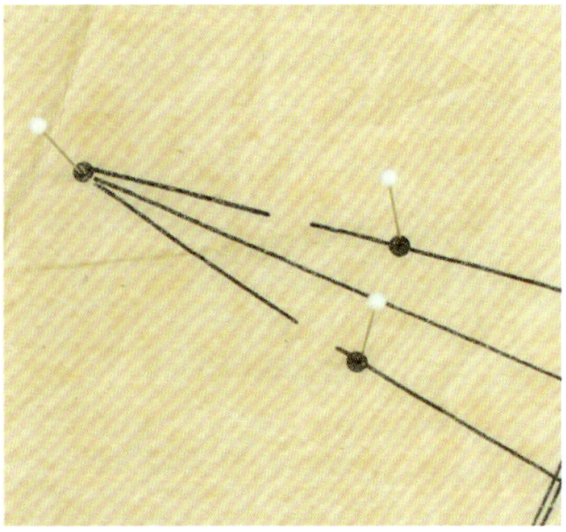

Die zu markierenden Stellen mit senkrecht durch Schnittmuster und Stoff gesteckten Stecknadeln markieren.

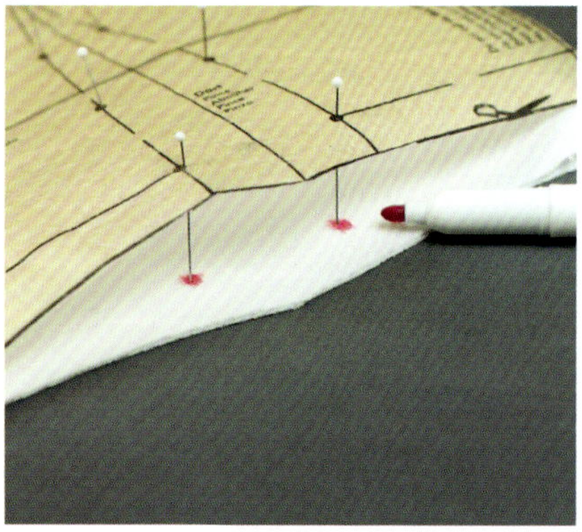

Das Schnittmuster vorsichtig entlang der Stecknadel nach oben ziehen. Die Einstichstellen der Stecknadeln auf der linken Stoffseite mit Schneiderkreide, Kreidestift oder Textilmarker markieren.

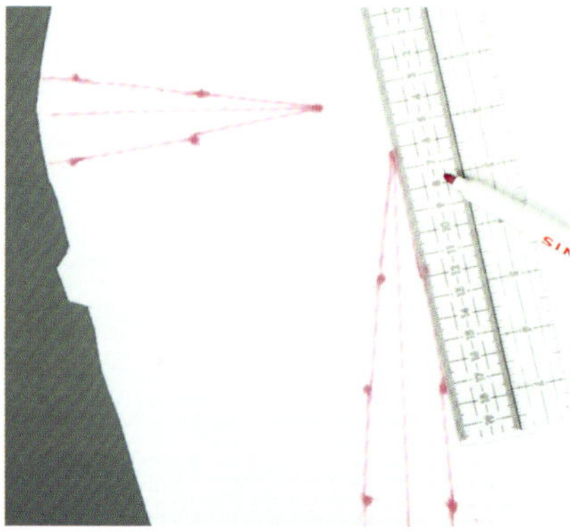

Den Stoff mit der rechte Seite nach oben auflegen und markieren. Die Stecknadeln entfernen.

Markieren durch Heften oder Bügeln

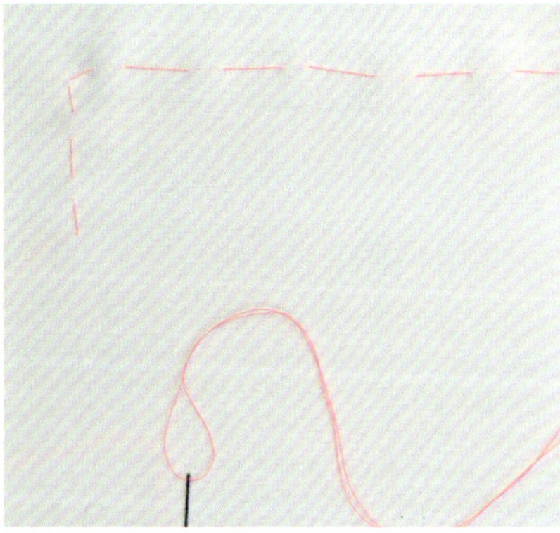

Mit der Hand lange und kurze Heftstiche nähen, um einlagige Stoffteile zu markieren. Nähen Sie durch das Schnittmuster, dabei sind die Stiche auf der Schnittmusterseite kurz und auf der Stoffseite lang. Das Schnittmuster vorsichtig abnehmen.

Maschinengenähte Heftnähte eignen sich, um Kreidestift-, Textilmarker- oder Schneiderkreidemarkierungen von der linken auf die rechte Stoffseite zu übertragen. Verwenden Sie einen Unterfaden in Kontrastfarbe und stellen Sie die Stichlänge möglichst lang ein. Empfindliche Stoffe sollten nicht mit der Maschine geheftet werden. Maschinenheftnähte nicht bügeln.

Durch Einbügeln werden Faltlinien, Abnäher und Falten markiert. Stecken Sie das Schnittmuster auf den Stoff. Falten Sie Schnittmuster und Stoff entlang der Faltlinien und bügeln Sie die so entstehenden Falten vorsichtig mit einem Bügeleisen ohne Dampf.

Markieren mit Schneiderkopierpapier und Kopierrädchen

Das Schneiderkopierpapier wird unter die Schnittmusterteile gelegt, dabei zeigt die beschichtete Seite zur linken Stoffseite.

Kerben und andere größere Symbole werden mit kurzen Linien senkrecht zur Nahtlinie oder mit einem X markiert. Die Enden von Abnähern oder Falten werden mit kurzen Linien markiert.

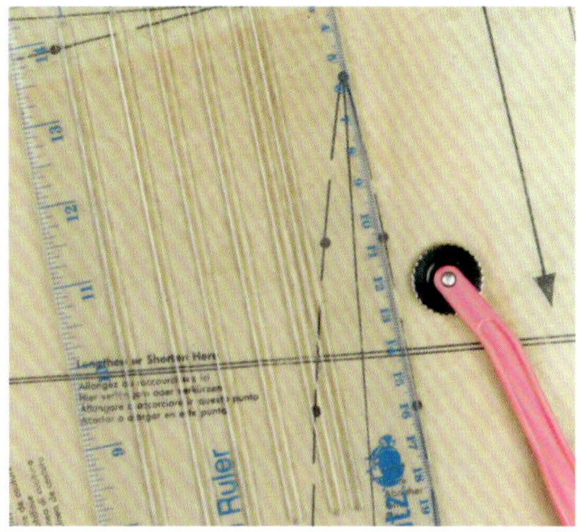

Verwenden Sie eine Lineal, an dem Sie das Kopierrädchen ausrichten können, zum Markieren von langen Nahtlinien oder den Mittellinien von Falten oder Abnähern, um sicherzustellen, dass die Linien wirklich gerade sind.

Zeitsparendes Markieren

Kleine Einschnitte oder Kerben eignen sich, um Einschnitte, Abnäher, Faltlinien oder die vordere und hintere Mitte zu markieren. Machen Sie dafür mit der Spitze der Schere kleine, etwa 3 mm lange Einschnitte in die Nahtzugaben durch Schnittmuster und Stoff.

Mit Stecknadeln können Abnäher, besondere Punkte oder Faltlinien auch ohne Schneiderkreide, Kreidestifte oder Textilmarker markiert werden. Eine Stecknadel an der gewünschten Stelle durch Schnittmuster und Stoff stecken. Das Schnittmuster vorsichtig über den Stecknadelkopf ziehen. Die Stecknadel jetzt in den Stoff stecken, sodass die Markierung auch von rechts zu sehen ist.

Nähtechniken

Nähte

Die Naht ist der grundlegendste Teil der Konstruktion eines Kleidungsstücks. Um eine Naht zu nähen, werden zwei Stoffteile mit einem etwa 1,5 cm breiten Abstand zu den Schnittkanten gesteppt. Eine perfekte Naht ist ein Hauptmerkmal qualitativ hochwertiger Kleidung. Gekräuselte, schiefe oder ungleichmäßige Nähte können hingegen das Aussehen und die Passform eines Kleidungsstücks verderben.

Aber Nähte dienen nicht nur dazu, Kleidung zusammenzuhalten, sie können auch als Zierelemente gearbeitet werden. Nähte, die an ungewöhnlichen Stellen platziert oder mit einem Faden in Kontrastfarbe abgesteppt werden, können aus einem Kleidungsstück einen echten Hingucker machen. Damit sie nicht aufreißen, benötigen die meisten einfachen Nähte eine Nahtversäuberung. Mithilfe dieser werden die Schnittkanten der Nahtzugaben versäubert bzw. umschlossen, um sie stabiler zu machen und gegen Ausfransen zu sichern. Versäuberungsnähte, Absteppnähte, Einhalte- und Kräuselnähte sind Variationen der einfachen Naht. Manche Nähte, wie etwa die Kappnaht, verstärken oder formen das Kleidungsstück zusätzlich. Andere wiederum, wie etwa französische oder mit einer Einfassung versehene Nähte, veredeln das Aussehen oder machen das Kleidungsstück widerstandsfähiger.

Positionieren Sie den Stoff links und die Schnittkanten rechts der Nadel. Führen Sie den Stoff während des Nähens sanft mit beiden Händen. Benutzen Sie die Führungslinien auf der Stichplatte als Hilfe, um gerade zu nähen. Zusätzliche Hilfe bietet eine Nahtführung oder ein Stück Klebeband, das im gewünschten Abstand zur Nadel aufgeklebt wird. Durchtrennen Sie im Anschluss die Fäden mit dem Fadenabschneider, der sich entweder seitlich oder an der Rückseite der Nähmaschine befindet, oder schneiden Sie sie mit einer Schere ab.

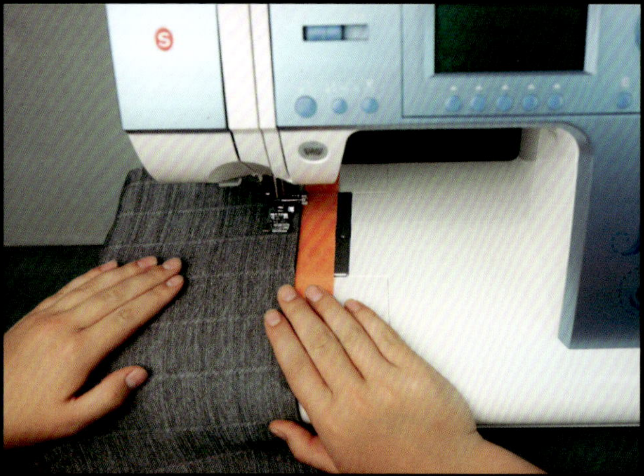

Einfache Nähte

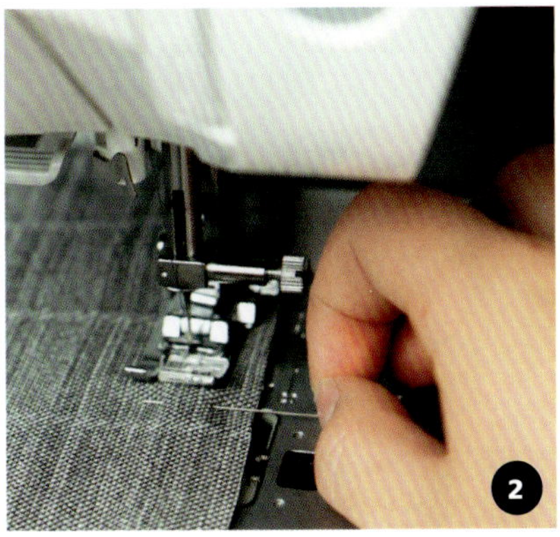

1 **Die Stoffteile rechts auf rechts legen und entlang der Kanten in regelmäßigen Abständen zusammenstecken,** dabei darauf achten, dass Einschnitte und alle anderen Markierungen korrekt übereinanderliegen. Stecknadeln im rechten Winkel zur Nahtlinie ungefähr 1,5 cm von den Stoffkanten entfernt anbringen. Dabei liegen die Nadelspitzen direkt über der Nahtlinie und die Stecknadelköpfe zeigen in Richtung Schnittkante.

2 **Den Nahtbeginn mit einem Rückstich sichern.** An der Nahtlinie entlangsteppen und während des Nähens die Stecknadeln entfernen. Die Naht am Ende mit einer 1,5 cm langen Rückstichnaht sichern. Die Fäden abschneiden.

3 **Die Naht von links flachbügeln.** Anschließend die Nahtzugaben auseinanderbügeln. Die Finger oder das stumpfe Ende eines Eckenformers verwenden, um die Nahtzugaben während des Bügelns auseinanderzudrücken. Für runde Nähte, etwa im Hüftbereich eines Rockes oder einer Hose, ein Bügelholz verwenden.

Runde Nähte

Eine Stütznaht knapp innerhalb der Nahtlinie eines Stoffteils nähen. Die Nahtzugabe entlang der Rundung in regelmäßigen Abständen einschneiden.

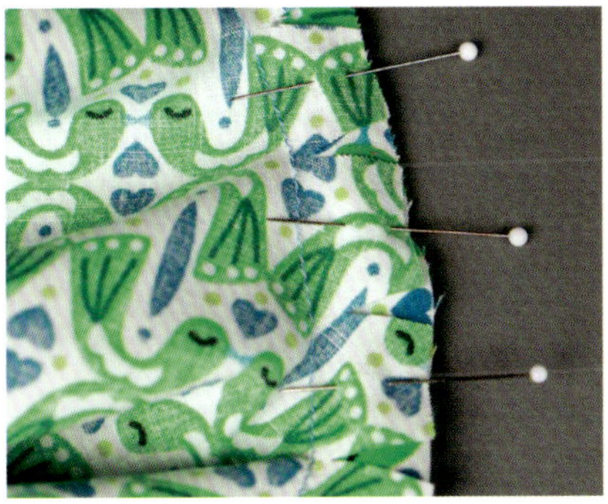

Die Stoffteile rechts auf rechts mit der eingeschnittenen Kante nach oben aufeinanderstecken. Die eingeschnittene Rundung glattstreichen, sodass sie bündig auf dem anderen Stoffteil liegt und alle Markierungen übereinstimmen.

Entlang der Nahtlinie steppen. Wählen Sie dafür einen etwas kürzeren Stich als für den Stoff empfohlen und achten Sie darauf, dass die untere Stoffschicht flach liegen bleibt.

Keilförmige Kerben in die Nahtzugabe des flachen Stoffteils schneiden. Dazu kleine Falten in die Nahtzugabe machen und diese schräg zurückschneiden. Achten Sie dabei darauf, nicht in die Naht zu schneiden.

Die Naht bügeln, um die Stiche flachzudrücken. Wenden und die Naht von der anderen Seite ebenfalls bügeln. Nahtlinien werden schief und sehen unförmig aus, wenn sie nicht in Form gebügelt werden. Die Nahtzugaben mithilfe der Spitze des Bügeleisens auseinanderbügeln, dabei darauf achten, nicht auf das Kleidungsstück zu bügeln.

Versäuberungsnähte und Einfassungen unterscheiden sich voneinander insofern, als dass für erstere keine zusätzlichen Stoffstreifen oder Einfassungen benötigt werden. Die Schnittkanten der Nahtzugaben werden in die Naht selbst eingearbeitet. Versäuberungsnähte eignen sich besonders für leichte Stoffe, da die zusätzlichen Stofflagen hier kein Problem darstellen. Vor allem für sehr feine Stoffe eignen sich diese Nähte, da keine offenen Kanten durch den Stoff durchscheinen. Mit einem Geradstichfuß und einer Stichplatte (siehe Seite 18) können Sie sicherstellen, dass dünne Stoffe nicht in den Transporteur gezogen werden. Verwenden Sie Versäuberungsnähte für Blusen, ungefütterte Jacken, Unterwäsche oder dünne Vorhangstoffe. Auch für Kinderbekleidung eignen sie sich hervorragend, da sie Verschleiß und häufiges Waschen aushalten.

Für eingefasste Nähte und Kappnähte näht man zunächst eine einfache Naht. Danach wird eine Nahtzugabe über die andere gefaltet und gesteppt. Diese Nähte sehen auf beiden Stoffseiten sauber aus, damit eignen sie sich gut für raumteilende Vorhänge, Wendetischdecken und Wendekleidung, die aus einem einzigen Stoffteil genäht wird.

Falsche Kappnähte sehen auf der rechten Stoffseite aus wie normale Kappnähte, haben jedoch auf der linken Stoffseite eine offene Kante. Falsche Kappnähte eignen sich für schwerere Stoffe.

Französische Nähte sehen auf der rechten Stoffseite aus wie eine einfache Naht, auf der linken Stoffseite ist eine schmale Falte zu sehen. Die Stoffteile werden zunächst links auf links zusammengenäht. Bei Rundungen gestaltet sich diese Naht etwas schwieriger, darum wird sie meist nur für gerade Nähte verwendet.

Für falsche französische Nähte näht man zunächst ebenfalls eine einfache Naht. Danach werden die Nahtzugaben zurückgeschnitten, nach innen gefaltet und entlang der Bruchkanten zusammengesteppt. Eingefasste und falsche französische Nähte können sowohl für Rundungen als auch für gerade Nähte verwendet werden.

Eine eingefasste Naht nähen

Eine einfache Naht nähen und eine der beiden Nahtzugabe auf 3 mm zurückschneiden. (Faden in Kontrastfarbe dient der besseren Veranschaulichung.) Nicht bügeln.

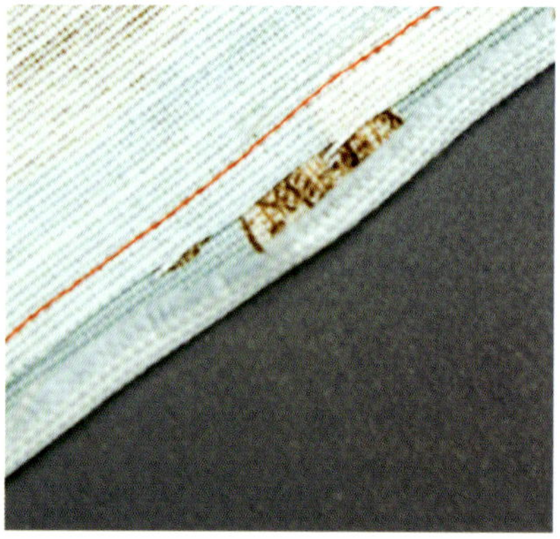

Die nicht zurückgeschnitte Nahtzugabe über die zurückgeschnittene falten, dabei wird die offene Stoffkante umschlossen. Die unversäuberte Kante der nicht zurückgeschnittenen Nahtzugabe schließt mit der Nahtlinie ab. Die Nahtzugaben bügeln und feststecken.

An der Bruchkante entlangsteppen, dabei so nah an der ersten Nahtlinie wie möglich steppen. Die Naht auf eine Seite umbügeln.

Eine französische Naht nähen

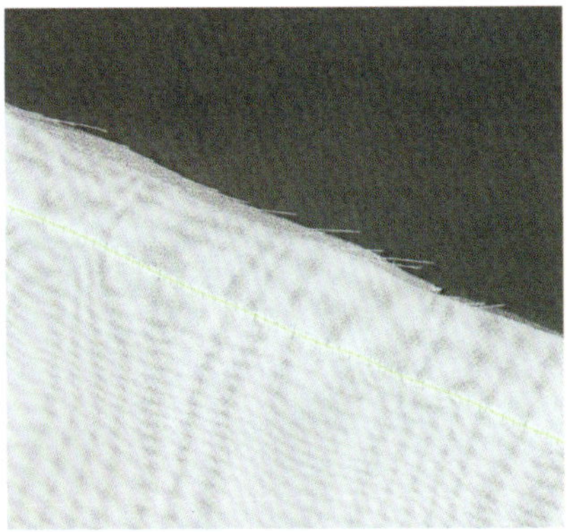

Die Stoffteile links auf links zusammenstecken. Entlang der offenen Kanten 1 cm breit steppen. (Faden in Kontrastfarbe dient der besseren Veranschaulichung.)

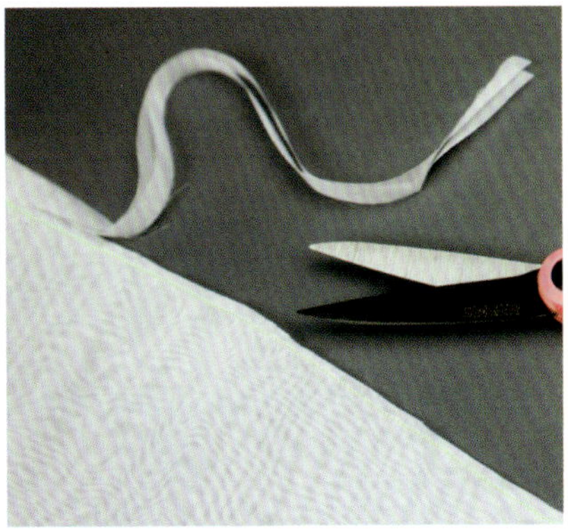

Beide Nahtzugaben auf 3 mm zurückschneiden.

Die Stoffteile rechts auf rechts falten (die Nahtlinie liegt direkt in der Falte) und bügeln.

Entlang der Faltkante 6 mm breit steppen. Hierbei werden die innenliegenden Schnittkanten eingeschlossen.

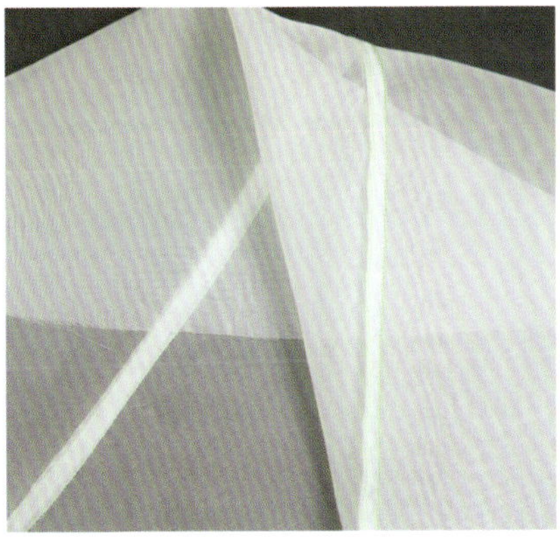

Die rechte Seite auf offene Fäden überprüfen und diese wenn nötig zurückschneiden. Die Naht auf eine Seite umbügeln.

Eine falsche französische Naht nähen

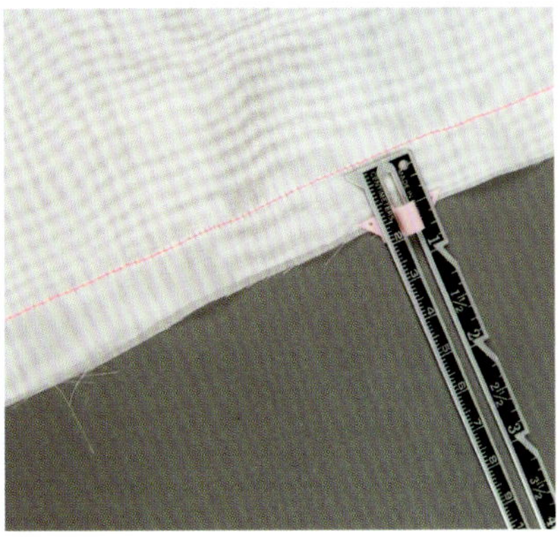

Stoffteile rechts auf rechts zusammenstecken und eine einfache Naht nähen. (Faden in Kontrastfarbe dient der besseren Veranschaulichung.) Beide Nahtzugaben auf 1,3 cm zurückschneiden und auseinanderbügeln.

Die Nahtzugaben jeweils 6 mm breit nach innen umschlagen und zur Naht hin bügeln, sodass die offenen Schnittkanten an der Nahtlinie aufeinanderstoßen.

Die Kanten knappkantig entlang der Faltkanten zusammensteppen. Die Naht auf eine Seite umbügeln.

Eine falsche Kappnaht nähen

Stoffteile rechts auf rechts zusammenstecken und eine einfache Naht nähen. Die später untenliegende Nahtzugabe auf 6 mm zurückschneiden. Nahtzugaben auf eine Seite bügeln.

Die Naht von rechts 6 mm bis 1,3 cm breit absteppen. Eine zweite Naht knapp entlang der ersten Nahtlinie steppen.

Die fertige Naht sieht auf der rechten Seite aus wie eine Kappnaht, auf der linken Seite bleibt eine Nahtzugabe unversäubert.

Eine Kappnaht nähen

Die Stoffteile links auf links zusammenstecken und 1,5 cm breit steppen. Die Nahtzugaben auseinanderbügeln. Eine der Nahtzugaben auf 3 mm zurückschneiden.

Die breitere Nahtzugabe 6 mm breit über die zurückgeschnittene Nahtzugabe schlagen und feststecken. Die gefaltete Nahtzugabe bügeln.

Von rechts knappkantig entlang der Bruchkante steppen, dann nochmals entlang der ersten Nahtlinie steppen. So entsteht eine von beiden Seiten saubere Naht.

Stretchnähte

Beim Nähen von Stretchstoffen wird meist mit Overlocknähten gearbeitet. Aber auch die meisten herkömmlichen Nähmaschinen verfügen, abgesehen vom klassischen Zickzackstich, über eine große Auswahl an für Stretchstoffe geeigneten Stichen. Zu den Stretchstrickstoffen zählen unter anderem Jersey, Stretchfrottee, Stretchvelours und Strickware für Freizeitbekleidung. Stretchwebstoffe, wie zum Beispiel Stretchdenim, Cord und Popeline, enthalten meist einen Lycra-/Elastananteil. Außer wenn das Kleidungsstück sehr locker sitzt, arbeitet man beim Nähen dieser Stoffe mit Stretchnähten, damit die Nähte bei Bewegungen nicht reißen. Testen Sie die gewünschte Stichart zunächst auf einem Stoffmuster des verwendeten Stretchstoffes, um zu überprüfen, ob sie sich im Hinblick auf das Gewicht und die Dehnbarkeit des Stoffes eignet. Da sich viele der speziellen Stretchstiche aus Kombinationen von kleinen Gerad- und Zickzackstichen zusammensetzen, ist es aufwendig und zeitraubend, diese Nähte wieder aufzutrennen. Deshalb sollten Sie vor dem Nähen nochmals überprüfen, ob alle Nähte richtig platziert sind.

1 Der geschlossene Overlockstich ist eine Kombination aus Gerad- und Zickzackstich, der eine gerade feste Naht mit der Dehnbarkeit einer Zickzacknaht ergibt. Er eignet sich gut für Webstoffe, die an den Schnittkanten zum Einrollen neigen.

2 Der 3-Step-Zickzackstich ist ein hervorragender Allroundstich für das Nähen von Stretchstoffen. Ein schmaler 3-Step-Zickzackstich kann für normale Nähte verwendet werden, während ein breiterer Stich als praktische und optisch ansprechende Absteppnaht gearbeitet werden kann. Den 3-Step-Zickzackstich kann man außerdem arbeiten, um Sportbekleidung mit elastischen Kantenabschlüssen zu versehen.

3 Der Zickzackstich ist bei herkömmlichen Nähmaschinen der Standardstich für Strickstoffe. Passen Sie die Stichbreite an die Dehnbarkeit des Stoffes an. Verwenden Sie den Zickzackstich außerdem für Überwendlichnähte. Zickzacknähte können im Vergleich zu anderen Stretchnähten leicht wieder aufgetrennt werden.

4 Der Stretchgeradstich wird durch eine Vorwärts-Rückwärts-Bewegung von rückwärtsnähfähigen Maschinen erzeugt. Heutzutage verfügen die meisten elektronischen Nähmaschinen über ähnliche Sticharten, mit denen man robuste, dehnbare Nähte arbeiten kann. Diese Sticharten eignen sich besonders für Nähte an Stellen, die stark beansprucht werden, etwa Ärmelöffnungen.

5 Der gerade Zwillingsnadelstich erzeugt auf der rechten Stoffseite zwei gleichmäßige gerade Nähte. Da der Unterfaden zwei Fäden auf einmal erfasst, entsteht auf der Unterseite automatisch eine Zickzacknaht. Zwillings- und Drillingsnadeln eignen sich besonders für Stretchapplikationen.

Versiegelte Nähte werden für Stellen verwendet, an denen ein Ausleiern des Stoffes verhindert werden soll, etwa an Schulternähten.

Eine versiegelte Naht arbeiten

1 **Die Stoffteile rechts auf rechts zusammenstecken und Twillband,** dünnes Polyesterband oder eine nicht dehnbare Trikoteinlage auf die gewünschte Nahtlinie legen. Das Nahtband so auflegen, dass es 1 cm in die Nahtzugabe hineinragt.

2 **Die Stoffteile mit** einer Doppelnaht, einer Überwendlichnaht oder einer schmalen Zickzacknaht steppen. Abhängig von der gewählten Naht die Nahtzugaben entweder auseinander- oder auf eine Seite umbügeln.

3 **Die Nahtzugaben knapp zurückschneiden,** dabei darauf achten, nicht in die Naht zu schneiden.

Nahtversäuberungen

Sorgfältig versäuberte Nähte lassen Ihre Nähprojekte besonders professionell und hochwertig aussehen. Zudem verbessern sie die Funktionstüchtigkeit eines jeden Kleidungsstücks. Nahtversäuberungen erhöhen die Reißfestigkeit von Nähten auf Webstoffen und verhindern, dass sich Nähte auf Strickstoffen einrollen. Einige Versäuberungstechniken verstärken die Nähte zusätzlich und wirken wie eine zweite Sicherheitsnaht, die einem Einreißen der Naht vorbeugt.

Gewöhnen Sie sich an, jede Naht, sofort nachdem sie genäht wurde, zu versäubern – noch bevor sie von einer weiteren Naht gekreuzt wird. Entscheiden Sie sich für eine Versäuberungstechnik, die die Naht nicht zu voluminös macht und nach dem Bügeln nicht durchscheint. Probieren Sie verschiedene Versäuberungen auf Stoffmustern aus, um herauszufinden, welche Nahtversäuberungtechnik am besten geeignet ist.

Die hier gezeigten Versäuberungstechniken eignen sich auch zum Versäubern von Besatz- und Saumkanten.

A **Die Webkantenversäuberung** erfordert keine zusätzlichen Nähte. Diese Art der Versäuberung eignet sich für lange, gerade Nähte auf Webstoffen, bedarf jedoch der Anpassung des Schnittmusters, damit die Stoffteile so zugeschnitten werden können, dass die Naht an der Webkante liegt.

B **Die Versäuberung mit einer Zickzackschere** bietet sich vor allem bei festen Webstoffen an. Diese schnelle und einfache Technik verhindert, dass der Stoff ausfranst oder sich einrollt.

C **Eine Versäuberung durch umgeschlagene Nahtzugaben** (auch sauberer Abschluss) eignet sich für leichte bis mittelschwere Stoffe. Dadurch, dass hier mehrere Nähte genäht werden, ist diese Versäuberungstechnik zwar zeitaufwendiger, liefert jedoch die elegantesten Resultate.

D **Eine Versäuberung mithilfe eines Zickzackstichs** verhindert, dass Stoffe ausfransen. Sie eignet sich zudem für Strickware, da diese Naht dehnbarer ist als eine Geradstichversäuberung.

GRUNDLEGENDE NAHTVERSÄUBERUNGSTECHNIKEN

Webkantenversäuberung. Das Schnittmuster so auflegen, dass die Kanten, an denen die gewünschte gerade Naht gearbeitet werden soll, an der Webkante zugeschnitten werden können. Die Webkanten im Abstand von 7,5 bis 10 cm einschneiden, um ein unebenes Zusammenziehen und Einrollen zu verhindern.

Versäuberung mit der Zickzackschere. Die Stoffteile 6 mm breit steppen. Die Nahtzugaben auseinanderbügeln. Die Stoffkanten der Nahtzugabe mit einer Zickzack- oder Bogenschere knapp zurückschneiden.

VERSÄUBERN DURCH UMGESCHLAGENE NAHTZUGABEN (SAUBERER ABSCHLUSS)

3 bis 6 mm breit entlang der Nahtzugabenkanten steppen. Diese Naht vereinfacht vor allem bei Rundungen das Umklappen. Bei geraden Kanten ist diese Naht nicht notwendig.

Die Nahtzugaben entlang der Nahtlinie – wenn vorhanden – links auf links umklappen.

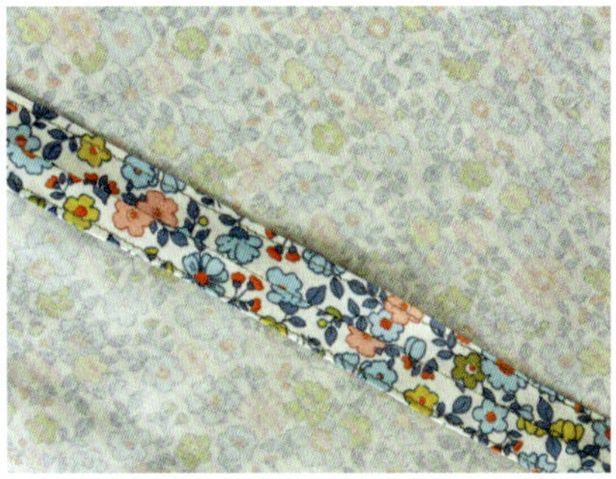

Knapp am Stoffbruch entlangsteppen, dabei nur auf der Nahtzugabe steppen. Nahtzugaben auseinanderbügeln.

VERSÄUBERN MIT ZICKZACKSTICH

Den Zickzackstich auf maximale Breite einstellen. Knapp an (aber nicht über) den Nahtzugabenkanten steppen. Die Nahtzugaben knapp zurückschneiden, ohne die Naht zu beschädigen.

Den Zickzackstich etwas breiter einstellen und so steppen, dass die Nadel über den Stoff hinaussticht. Werden die Kanten zuvor umgebügelt, sieht die Naht noch sauberer aus.

Einen 3-Step-Zickzackstich auswählen, um zu verhindern, dass sich die Kanten einrollen. Knapp an (aber nicht über) den Nahtzugabenkanten steppen. Die Nahtzugaben knapp zurückschneiden, ohne in die Naht zu schneiden.

Einfassungen

Bei Einfassungen werden die Schnittkanten von Nahtzugaben von einem leichten Stoffstreifen vollständig umschlossen, um Ausfransen zu verhindern – und so sieht das Kleidungsstück auch von innen besonders sauber aus. Einfassungen eignen sich gut für ungefütterte Jacken, vor allem für jene aus schweren oder leicht ausfransenden Stoffen.

Einfassungen mit Schräg- oder Trikotband sowie die Hongkong-Einfassung sind besonders verbreitet. Sie eignen sich gut für mittelschwere Stoffe wie Chino-Twill, Denim, Leinen, Gabardine und Flanell sowie für schwere Stoffe wie Wolle, Samt, Baumwollsamt und Cord. Alle drei Einfassungstechniken können auch zum Versäubern von Besatz- und Saumkanten verwendet werden.

Das Einfassen mit Schrägband ist die einfachste Einfassungstechnik. Verwenden Sie doppelt gefalztes Schrägband aus Baumwolle, Rayon oder Polyester passend zum verwendeten Stoff.

Das Einfassen mit Trikotband ist für die meisten Stoffe die unauffälligste Einfassungstechnik. Im Handel sind vorgeschnittene, hauchdünne Nylonstreifen in einer Breite von 1,5 cm bis 3,2 cm erhältlich. Für Einfassungen verwenden Sie am besten die schmäleren Bänder.

Die Hongkong-Einfassung ist eine Technik, die vor allem bei Designerstücken verwendet wird. Sie ist unkompliziert und verleiht dem Kleidungsinneren eine saubere Optik, daher wird sie auch von vielen Hobbynähern bevorzugt.

Eine Hongkong-Einfassung arbeiten

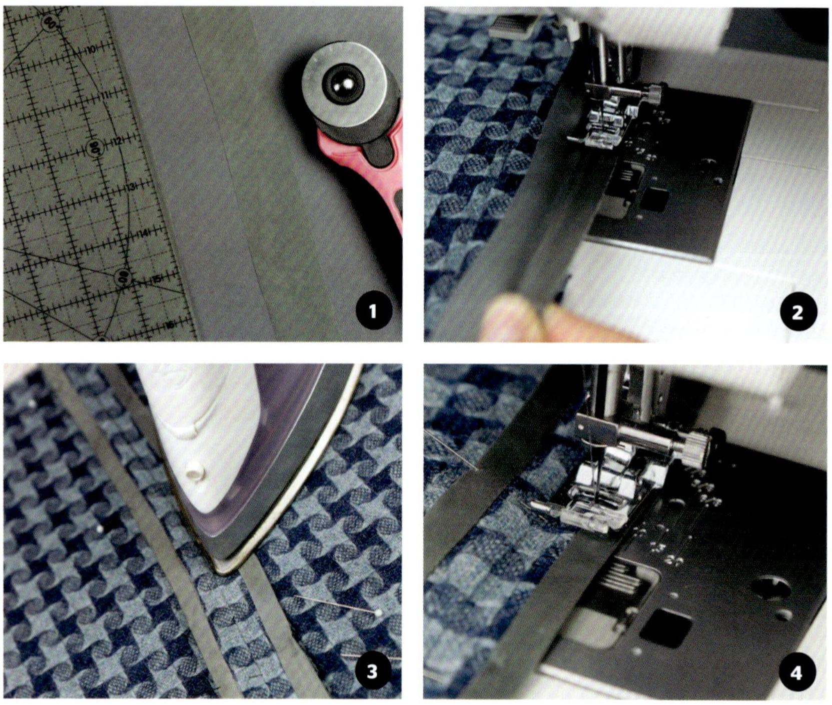

1. **3,2 cm breite Futterstoffstreifen im Schrägschnitt zuschneiden.** Bei Bedarf Streifen zusammensetzen (siehe Seite 82), bis der Streifen doppelt so lang ist wie die einzufassende Kante.
2. **Den Streifen rechts auf rechts** auf der Nahtzugabe feststecken und 6 mm breit steppen, dabei den Streifen leicht dehnen. Die Kante des Nähfußes dient als Nähhilfe. Bei schweren Stoffen die Nahtzugabe auf 3 mm zurückschneiden, bei leichten Stoffen muss die Nahtzugabe nicht zurückgeschnitten werden.
3. **Den Streifen über die Schnittkanten der Nahtzugabe umbügeln,** zur Unterseite hin falten, dabei die Schnittkante umschließen, und durch alle Lagen hindurch feststecken. Die Schnittkante des Streifens muss nicht versäubert werden, da Schrägbänder nicht ausfransen.
4. **Im Nahtschatten** der bereits gesteppten Naht steppen. Die zweite Naht ist damit auf der rechten Stoffseite unsichtbar und die Schnittkante des Streifens wird auf der Unterseite in der Naht erfasst. Die eingefasste Kante vorsichtig bügeln.

Overlocknähte und -versäuberungen

Overlocknähte können für verschiedene Kleidungsstücke verwendet werden. Lesen Sie die Bedienungsanleitung Ihrer Overlockmaschine für weitere Informationen zu Ihrer Maschine. Entscheiden Sie sich anhand des Kleidungsstücks, des gewählten Stoffes und Ihrer persönlichen Präferenz für eine Naht. Overlocknähte eignen sich nicht für die Konstruktion von Kleidungsstücken – viele Nähte werden deshalb sowohl mit der Overlock- als auch mit der normalen Nähmaschine genäht. So sollten etwa Hosen, Jacken oder Kleidungsstücke mit veränderbarer Passform sowie Nähte, die hohen Belastungen standhalten sollen, mit einer normalen Naht und mit mit Überwendlichstichen versäuberten Nahtzugaben gearbeitet werden.

Nähte und Nahtversäuberungen

Overlocknähte (siehe Seite 22) eignen sich hervorragend für Web- und Strickstoffe. Für Kleidungsstücke mit weiter Passform und für Nähte, die nicht stark belastet werden, verwenden Sie am besten den 3-Faden-Overlockstich. Die stabileren 4- und 5-Faden-Sicherheitsstiche werden vor allem für Webstoffe verwendet, da der Kettenstich beim Dehnen reißen kann. Falsche 3- und 4-Faden-Sicherheitsstiche, die für stabile Stretchnähte entworfen wurden, können aber ebenfalls für Webstoffe verwendet werden.

Eine Nahtversäuberung mit einem Überwendlichstich wird gearbeitet, wenn die (meist 1,5 cm breite) Nahtzugabe vollständig erhalten bleiben soll. Sie eignet sich am besten, wenn genug Stoff eingerechnet werden soll, dass Nähte später ausgelassen werden können, und für maßgeschneiderte Kleidungsstücke aus Wolle, Leinen und Seide.

Verstärkungsnähte sind empfehlenswert bei Nähten, die hoher Belastung ausgesetzt sind.

Französische Nähte werden sowohl für Gardinenstoffe als auch für leichte Webstoffe verwendet. Diese Naht ist voluminös, daher eignet sie sich am besten für voluminöse und geraffte Projekte wie Röcke und Vorhänge.

Rollnähte können auf festen Gardinenstoffen und Spitze anstatt von französischen Nähten gearbeitet werden.

Falsche Kappnähte werden für Denim und andere schwere Webstoffe verwendet.

Kräuselnähte werden mithilfe von Differentialtransport und Kräuselfuß genäht und versäubert. Alternativ können Sie die Naht mit einer normalen Nähmaschine nähen und mit der Overlockmaschine versäubern.

Mit falschen Flatlocknähten können Sie Ziereffekte erzeugen, indem Sie Zierfaden als Obergreiferfaden verwenden.

Flatlocknähte, die direkt auf einem Stoffbruch gearbeitet werden, erzeugen interessante Ziereffekte.

Nahtversäuberung mit Überwendlichstich für normale Nähte. Stoffteile rechts auf rechts legen und mit der Nähmaschine 1,5 cm breit steppen. Nahtzugaben mit Überwendlich- oder Overlockstich versäubern, unversäuberte Kanten dafür etwas zurückschneiden.

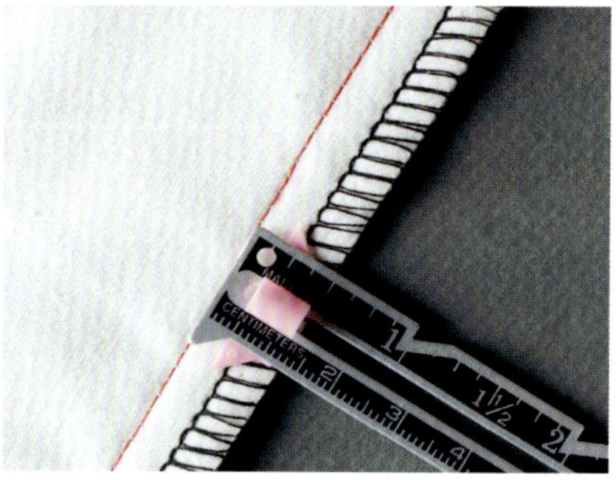

Verstärkungsnaht. Stoffteile rechts auf rechts legen und mit der Nähmaschine 1,5 cm breit steppen. Für dehnbare Strickstoffe einen schmalen Zickzackstich verwenden. Die Nahtzugaben mit der Overlockmaschine 3 mm breit zusammen versäubern.

Französische Naht. Stoffteile links auf links legen und mit einem Überwendlichstich versäubern, dabei sticht die linke Nadel 6 mm innerhalb der Nahtzugabe ein. Die Stoffteile rechts auf rechts falten und bügeln. Mit Geradstich dicht entlang der innenliegenden Naht nähen. Bei der normalen Nähmaschine hierfür einen Reißverschlussfuß verwenden.

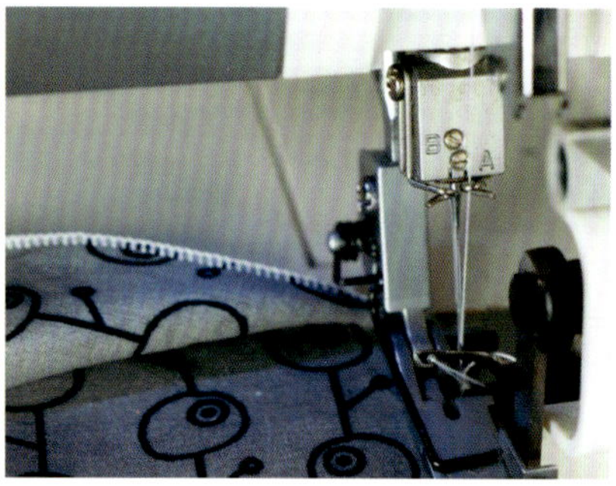

Rollnaht. Stoffteile rechts auf rechts legen. Entlang der Nahtlinie mit einem Rollsaumstich steppen, Nahtzugaben zuvor zurückschneiden, und dann bügeln. Falls nötig, die Kanten zuvor mit Trikotband verstärken.

Eine falsche Kappnaht nähen

Stoffteile rechts auf rechts legen und mit der normalen Nähmaschine steppen. Die Nahtzugaben mit der Overlockmaschine zurückschneiden und versäubern.

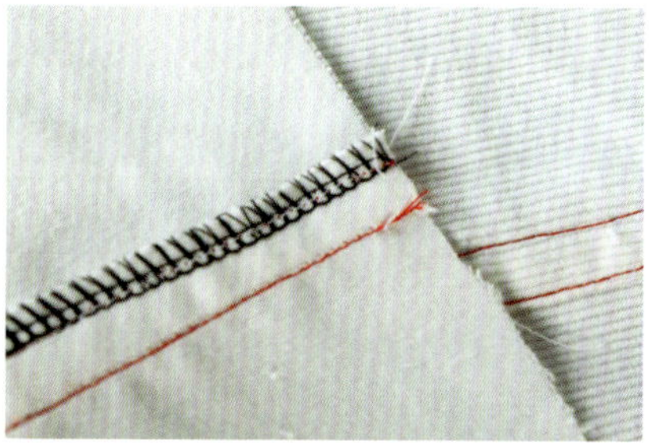

Nahtzugaben auf eine Seite bügeln. Mit der normalen Nähmaschine von rechts zunächst direkt neben der Naht und dann nochmals 6 mm breit durch alle Stofflagen absteppen.

Eine überlappende Naht nähen

1 Die beiden Stoffteile einzeln entlang der Nahtlinie mit einem Überwendlich- oder Overlockstich versäubern.

2 Die Stoffteile aufeinanderlegen, sodass die Nahtlinien direkt aufeinanderliegen, und mit Textilkleber fixieren.

3 Mit der normalen Nähmaschine 3 mm von den mit der Overlockmaschine versäuberten Nähten entfernt mit Geradstich durch alle Lagen steppen.

Eine Kräuselnaht nähen

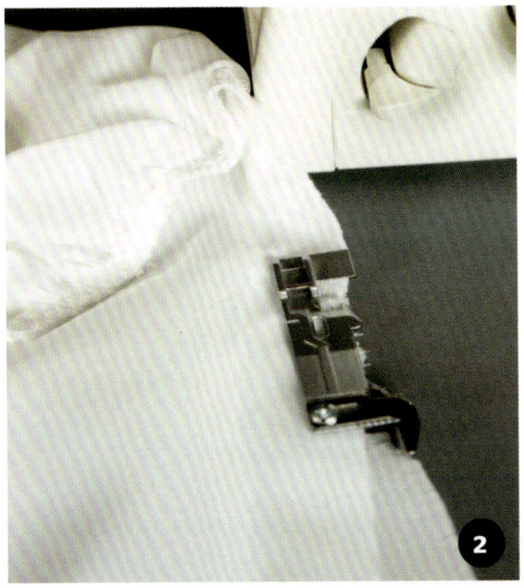

1 **Einen Kräuselfuß einsetzen** und den Differentialtransport auf eine höhere Stufe einstellen.

2 **Die Stoffteile Kante auf Kante** legen, dabei liegt der zu kräuselnde Stoff unten.

3 **Die Stoffteile entlang der Nahtlinie** mit einer Überwendlichnaht steppen.

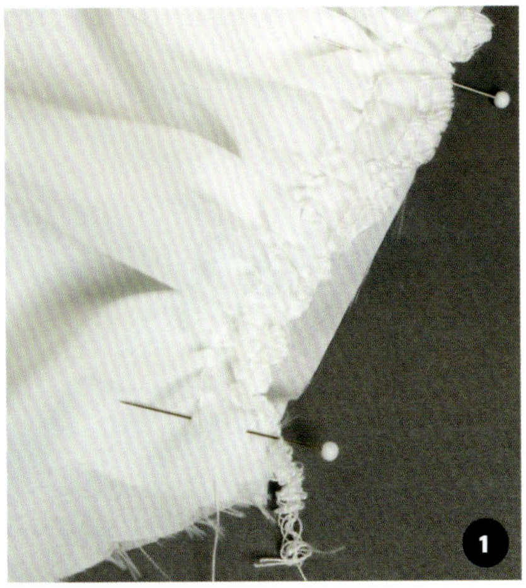

ALTERNATIVE METHODE

1 **Die Nahtzugabe eines Stoffteils** mit der normalen Nähmaschine entlang der Nahtlinie heften, die offenen Kanten zurückschneiden und mit Überwendlichstich versäubern. Die versäuberte Kante rechts auf rechts auf dem entsprechenden Stoffteil feststecken. Unterfaden und Overlocknadelfaden herausziehen, um den Stoff zu kräuseln.

2 **Entlang der Nahtlinie mit der normalen Nähmaschine steppen.** Nahtzugaben mit der Overlockmaschine versäubern. Oder: Die linke Nadel an der Nahtlinie platzieren und die Nahtzugaben mit der Overlockmaschine versäubern, dabei überschüssige Nahtzugabe zurückschneiden. Während des Nähens die Stecknadeln entfernen.

Eine falsche Flatlocknaht nähen

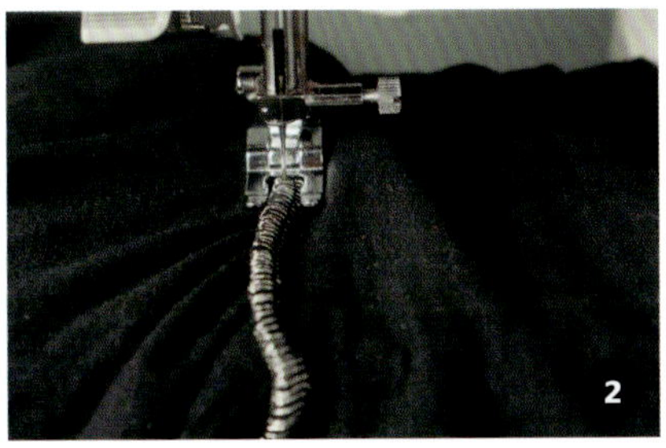

1 **Einen Zierfaden** als Obergreiferfaden einfädeln. Stoff links auf links legen und mit der Overlockmaschine versäubern. Die Nahtzugaben auf eine Seite umbügeln, dabei liegt die Ziernaht oben.

2 **Die Ziernaht** mit der normalen Nähmaschine durch alle Stofflagen knappkantig absteppen.

Eine Flatlocknaht auf einem Stoffbruch nähen

Auf der rechten Stoffseite die Nahtlinie anzeichnen und den Stoff entlang der Markierung rechts auf rechts falten. Auf der Overlockmaschine den Flatlockstich einstellen. Den Stoff links der Messer platzieren.

Die Naht overlocken, ohne die Falte zurückzuschneiden. Die Nahtlinie so ausrichten, dass die Naht zu einer Hälfte auf und zur anderen Hälfte über den Stoff verläuft.

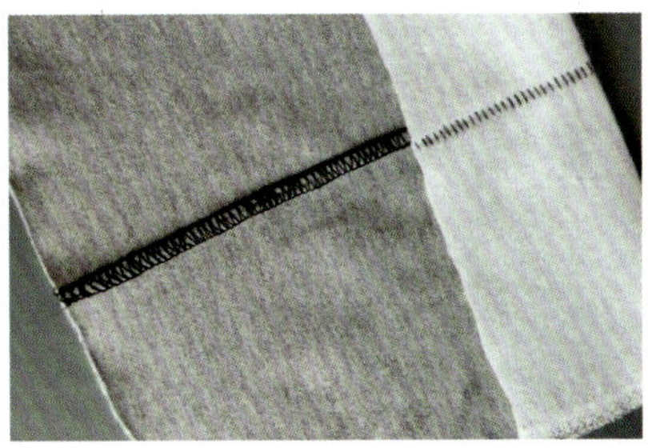

Den Stoff auseinanderfalten und die Naht flach ziehen.

Verstärkte Nähte

Eine Methode, verstärkte Nähte zu fertigen, ist es, diese mit einer **aufbügelbaren Einlage** zu versehen. Einlagen können zudem beim Versäubern von im Schrägschnitt zugeschnittenen oder sehr dehnbaren Strickstoffen verwendet werden.

Elastische verstärkte Nähte werden mit transparentem Gummiband gearbeitet. Dadurch lässt sich die versäuberte Naht dehnen, ohne auszuleiern.

Für nicht dehnbare verstärkte Nähte wird Twillband, Nahtband oder Zierband verwendet.

Für wenig dehnbare stabilisierte Nähte werden Trikotbänder verwendet. Diese stützen und stabilisieren die Naht an Stellen, an denen eine geringe Dehnung erwünscht ist. Diese Methode eignet sich hervorragend zur Stabilisierung von Nähten bei Pullovern und T-Shirts aus Strickstoffen, da die Dehnbarkeit des Stoffes nicht eingeschränkt wird.

Mit einer Bügeleinlage verstärkte Naht. Aus aufbügelbarer Webeinlage einen 2 cm breiten Streifen in der Länge der Naht zuschneiden. Die Einlage auf die linke Stoffseite aufbügeln und die Naht wie gewünscht steppen.

Nicht dehnbare verstärkte Naht. Die Nahtzugaben mit der Overlockmaschine versäubern, dabei Twill-, Naht- oder Zierband auflegen und den Nähfußdruck so einstellen, dass das Band beim Nähen nicht gezogen wird. Bei Bedarf den Differentialtransport niedriger stellen, um zu verhindern, dass die Naht Falten wirft.

Elastische verstärkte Naht. Falls vorhanden, einen Gummibandfuß verwenden. Den Differentialtransport höher stellen oder den Nähfußdruck so einstellen, dass er einen leichten Druck auf das Gummiband ausübt. Die Naht mit der Overlockmaschine versäubern, ohne in das Gummiband zu schneiden.

Wenig dehnbare verstärkte Naht. Aus Trikotband einen Streifen in der Länge der Naht zuschneiden. Den Differentialtransport etwas höher einstellen, um den Stoff zu entlasten und zu verhindern, dass er sich zu sehr dehnt. Die Stoffkante mit der Overlockmaschine versäubern. Überschüssiges Trikotband knappkantig zurückschneiden.

Abnäher

Abnäher dienen dazu, ein flaches Stück Stoff an Brust, Taille, Hüfte oder Ellbogen an Rundungen anzupassen. Es gibt zwei Arten von Abnähern: Der gerade Abnäher hat ein breites und ein spitzes Ende, der Taillenabnäher hat hingegen zwei spitze Enden. Letzterer wird meist an der Taille verwendet, wobei die Spitzen in Richtung Brust und Hüften zeigen. Abnäher verleihen dem Kleidungsstück nicht nur eine bessere Passform, sondern auch ein besonderes und einzigartiges Design. Abnäher sollten sorgfältig gearbeitet werden und auf beiden Seiten des Kleidungsstücks dieselbe Länge und Platzierung haben.

Abnäher nähen

Breite Abnäher und Abnäher für voluminöse Stoffe werden an der Bruchkante aufgeschnitten und auf etwa 1,5 cm zurück- und bis 1,3 cm zur Spitze eingeschnitten. Die Nahtzugaben werden dann auseinander- und die Spitze flachgebügelt.

Abnäher werden grundsätzlich mithilfe eines Bügelholzes gebügelt, um die Rundung beizubehalten. Vertikale Abnäher werden meist zur vorderen oder hinteren Mitte hin umgebügelt, horizontale Abnäher nach unten.

Einen geraden Abnäher nähen

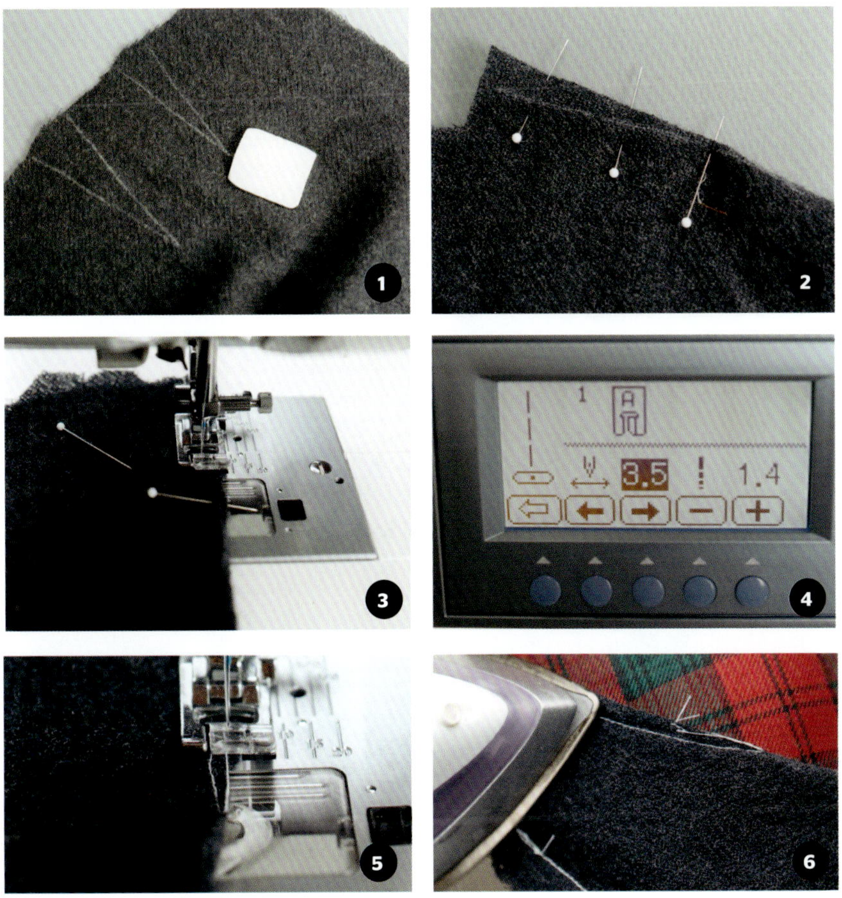

1. **Abnäher** mit einer für den Stoff geeigneten Methode anzeichnen.
2. **Abnäher mittig falten,** dabei stimmen Nahtlinien und Markierungen am breiten Ende und an der Spitze überein.
3. **Vom breiten Ende** zur Spitze steppen, dabei die Naht am Anfang verriegeln.
4. **1,6 cm vor der Spitze** die Stichlänge verkürzen. Die letzten zwei bis drei Stiche direkt auf dem Stoffbruch nähen. An der Spitze die Naht nicht verriegeln, um zu verhindern, dass sich der Stoff kräuselt.
5. **Den Nähfuß anheben und den Abnäher** nach vorn ziehen. Den Nähfuß ca. 2,5 cm vor der Spitze senken und die Naht verriegeln. Hierfür Stichlänge auf 0 einstellen und entlang der Bruchkante steppen. Fäden abschneiden.
6. **Die Bruchkante bügeln.** Dabei darauf achten, dass der Stoff an der Spitze keine Falten wirft. Den Abnäher entlang der Bruchkante aufschneiden und mithilfe eines Bügelholzes auseinanderbügeln. Abnäher für saubere, flache Nähte vor dem Steppen immer bügeln.

Einen Taillenabnäher nähen

Taillenabnäher haben zwei spitze Enden und werden verwendet, um Kleidungsstücke an der Taille einzuhalten. Sie werden in zwei Schritten angefertigt: Ausgehend von der Taillenlinie wird zu jeder Spitze gesteppt. Dabei überlappen die Nähte in der Taille um ca. 2,5 cm. Dann wird die Abnäherfalte entlang der Taillenlinie und mittig zwischen der Spitzen 3 bis 6 mm zur Naht eingeschnitten. So wird Spannung reduziert und der Abnäher wölbt sich gleichmäßig.

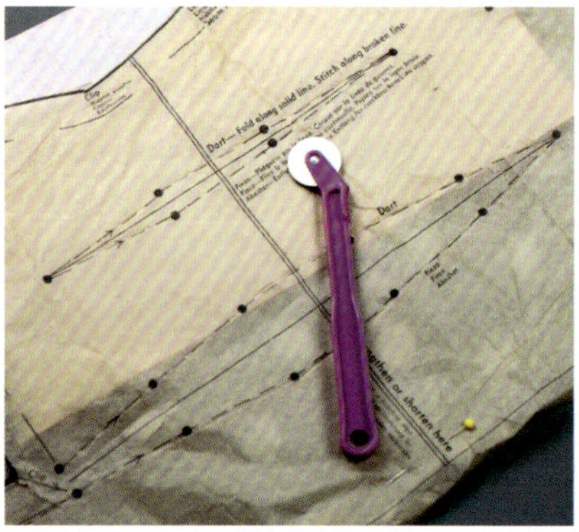

Einen Taillenabnäher nähen

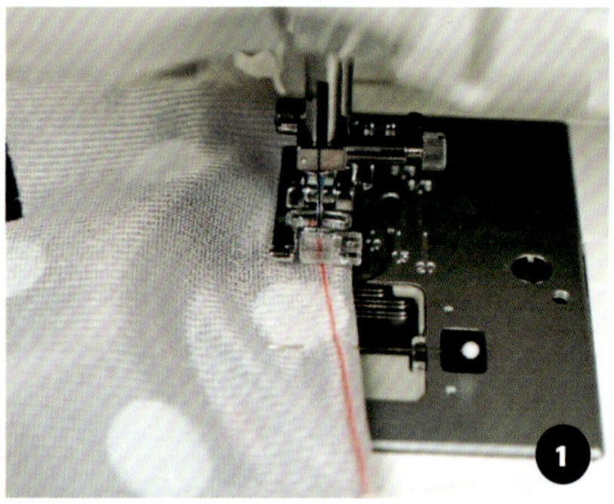

1 **Ausgehend von der Mitte des Abnähers zur Spitze steppen.** Für die letzten 1,3 cm die Stichlänge kürzer einstellen.

2 **Die letzten zwei bis drei Stiche** direkt auf der Bruchkante steppen. An der Spitze die Naht nicht verriegeln, um zu verhindern, dass sich der Stoff kräuselt.

3 **Den Nähfuß anheben und den Abnäher** nach vorn ziehen. Den Nähfuß ca. 2,5 cm vor der Spitze senken und die Naht verriegeln. Hierfür die Stichlänge auf 0 einstellen und entlang der Bruchkante steppen. Fäden abschneiden.

4 **Das Nähwerk wenden** und die Schritte 1 bis 3 für die andere Hälfte des Abnähers wiederholen.

Raffungen

Eine sanfte, feminine Passform wird oft durch Raffungen erzeugt, die Taillenlinien, Bündchen, Passen, Halsausschnitte oder Schulteransätze definieren. Weiche und dünne Stoffe erhalten durch Raffungen einen drapierten Look, während Stoffe mit Stoffrichtung einen welligen Effekt erzeugen.

Um Raffungen zu nähen, steppt man zuerst zwei Nähte entlang der gewünschten Raffungslinie. Danach zieht man an den Fäden an beiden Enden, um den Stoff zu raffen. Zum Schluss wird das geraffte Stoffteil an das entsprechende kürzere Stoffteil genäht. Für Raffungen arbeitet man mit einer längeren Stichlänge als für herkömmlichen Nähte. Probieren Sie verschiedene Stichlängen auf dem gewünschten Stoff aus, um herauszufinden, mit welcher Stichlänge sich der Stoff am besten raffen lässt. Durch einen längeren Stich kann der Stoff einfacher zusammengerafft werden, während ein kürzerer Stich gleichmäßigere Raffungen erzeugt.

Lockern Sie die Oberfadenspannung. Dies vereinfacht das Herausziehen des Unterfadens, um den Stoff zu raffen.

Bei schweren oder steifen Stoffen verwenden Sie am besten ein extrastarkes Garn als Unterfaden. Ein Unterfaden in Kontrastfarbe lässt sich außerdem leichter vom Oberfaden unterscheiden.

Eine einfache Raffung nähen

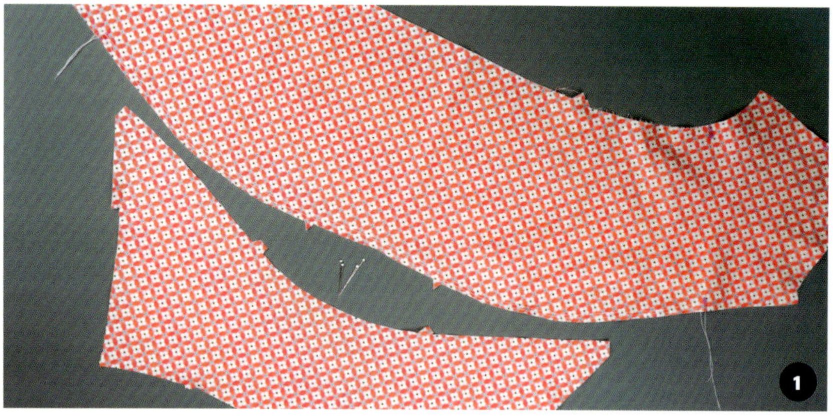
1

1 Von rechts die unversäuberte, zu raffende Kante 1,3 cm breit steppen. Die Oberfadenspannung lockern und eine längere Stichlänge einstellen. In die Nahtzugabe eine zweite Naht (mit 6 mm Abstand zur ersten) steppen.

2 Das Stoffteil rechts auf rechts und Kante auf Kante auf dem entsprechenden Stoffteil feststecken. Falls keine Markierungen vorhanden sind, beide Kanten vierteln und zusammenstecken.

3 An einer Seite der gehefteten Kante an den Unterfäden ziehen, um diese Seite zu raffen, dabei den Stoff am Faden entlangziehen, um den Stoff zu raffen. Wenn die geraffte Hälfte genau auf die normale Kante passt, die Unterfäden um eine Stecknadel schlingen, um sie zu sichern. An den Unterfäden an der anderen Seite ziehen, um die zweite Hälfte zu raffen.

4 Die Raffungen gleichmäßig verteilen und mit Stecknadeln abstecken. Normale Stichlänge und Spannung einstellen.

5 Dicht entlang der Heftnaht auf der Nahtlinie nähen (geraffte Seite oben). Während des Nähens die Raffungen zwischen den Stecknadeln zurechtrücken und auf beiden Seiten der Nadel festhalten.

6 Die Nahtzugaben zurückschneiden und bügeln. Die Nahtzugaben in die gewünschte Richtung bügeln: zur Raffungen für noch mehr Volumen, zum Kleidungsstück für einen flacheren Abschluss.

7 Raffungen mit der Bügeleisenspitze von rechts bügeln, dabei immer mit den Raffungen bügeln.

2

3

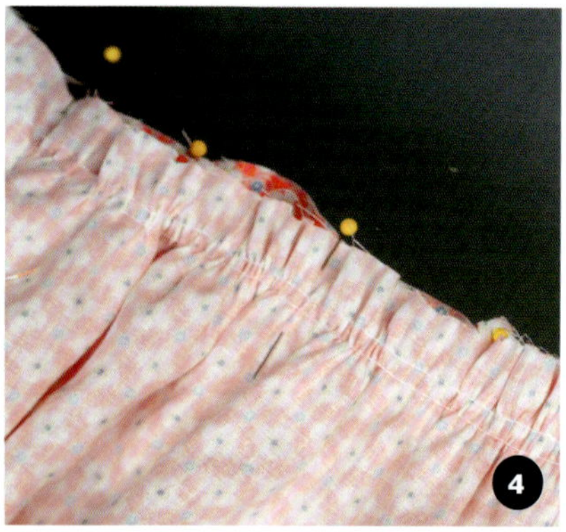
4

5

6

7

Kräuseln mit Gummiband

Mit Gummiband gekräuselte Raffungen sorgen für eine äußerst bequeme und flexible Passform.

Das Gummiband wird entweder direkt auf das Kleidungsstück gesteppt oder durch einen Tunnel eingezogen. Für einen Tunnel wird entweder eine Kante umgeschlagen oder ein Schrägband auf den Stoff genäht. Wählen Sie einen Gummizug aus, der fürdie Nähtechnik geeignet ist und sich für die Stelle, an der das Band angebracht werden soll, eignet (siehe Seite 40). Gummiband, das durch einen Tunnel eingezogen wird, kann beliebig breit sein. Benutzen Sie festes, geflochtenes oder Gittergummiband. Geflochtenes Gummiband ist längs gerippt und wird beim Dehnen schmäler.

Gewebte oder gestrickte Gummibänder sind weich, widerstandsfähig und angenehm auf der Haut. Um das Gummiband in schmalen Bereichen, wie etwa Ärmel- oder Beinkanten, festzusteppen, legen Sie das Kleidungsstück flach vor sich aus. Für Raffungen im Hüftbereich die Gummibandenden auf Hüfthöhe übereinanderlegen und die kurzen Kanten steppen.

Kürzen Sie das Gummiband auf die im Schnittmuster empfohlene Länge. Diese Länge enthält bereits eine Nahtzugabe. Möchten Sie an einer Stelle ein Gummiband anbringen, an der im Schnittmuster keines vorgesehen ist, sollte dieses etwas kürzer sein als die Körpermaße plus Nahtzugabe. Geben Sie für eine elastische Naht zusätzliche 2,5 cm und für die Variante mit Tunnelzug zusätzliche 1,3 cm zu.

Kräuseln mit gesteppetem Gummiband

1. **Gummiband und Stoff vierteln** und mit Stecknadeln markieren.
2. **Das Gummiband von links auf dem Stoff feststecken,** dabei liegen die Stecknadeln direkt aufeinander. An beiden Enden des Gummibands eine Nahtzugabe von 1,3 cm einrechnen.
3. **Das Gummiband feststeppen** und dabei zwischen den Stecknadeln leicht dehnen. Arbeiten Sie mit einem Zickzackstich, einem Mehrfachzickzackstich oder zwei geraden Nähten (jeweils eine entlang jeder Kante des Gummibandes).

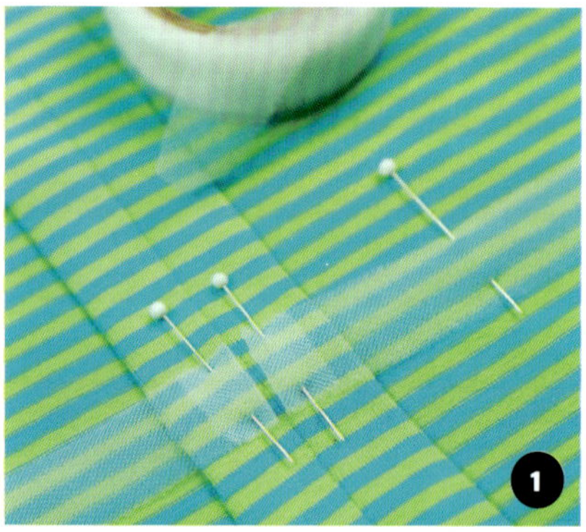

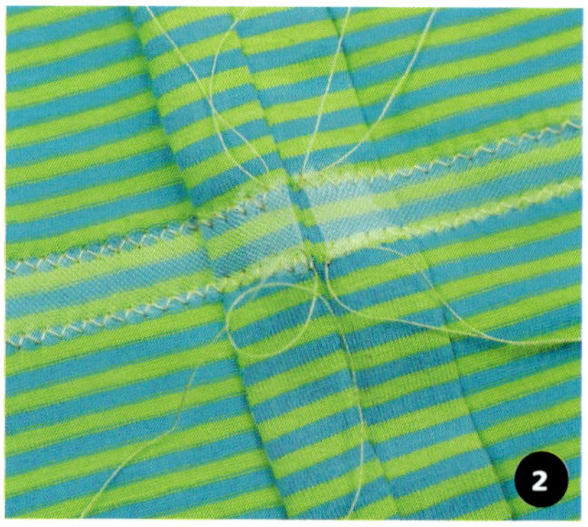

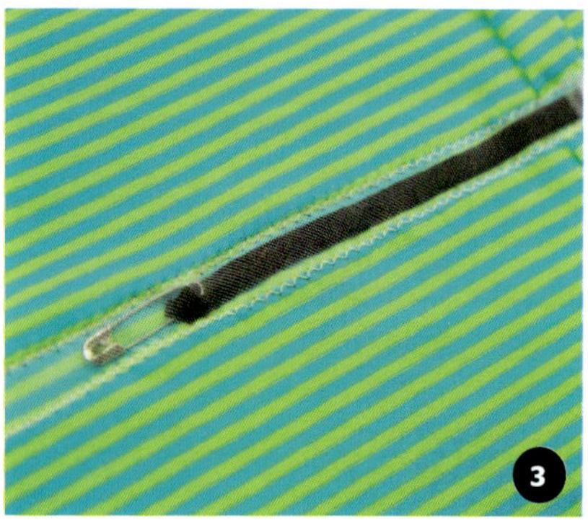

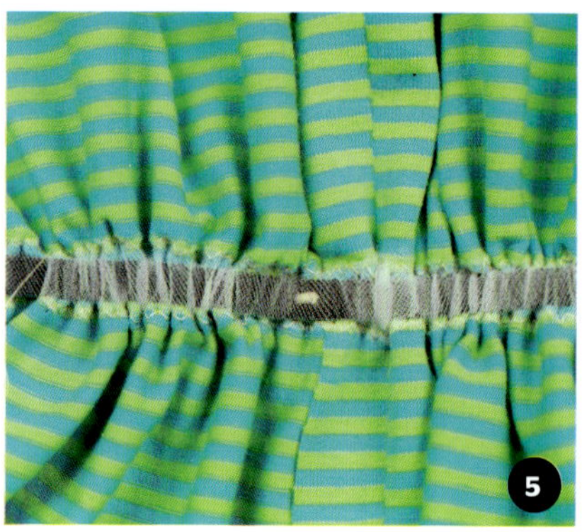

Kräuseln mithilfe eines Tunnels (Taille)

1. **Einen streifen Trikot- oder Schrägband** (6 mm breiter als das Gummiband) an der Stoffinnenseite entlang der markierten Tunnelzuglinien von Seitennaht zu Seitennaht feststecken. Die kurzen Kanten des Schrägbands jeweils 3 mm breit umschlagen und auf der Nahtlinie feststecken. Das Kleidungsstück mit der linken Seite nach oben am besten auf einem Bügelbrett ausbreiten.
2. **Das Schrägband knappkantig absteppen,** dabei eine Öffnung für das Gummiband freilassen. Hierfür eignet sich ein schmaler, kurzer Zickzackstich. Das Nahtende nicht verriegeln, da der Rückstich auf der rechten Kleidungsseite sichtbar ist, stattdessen alle vier Fäden zur Innenseite ziehen und verknoten.
3. **Das Gummiband mithilfe einer Sicherheitsnadel** in den Tunnel einziehen, dabei darauf achten, das es sich nicht verdreht. Eine große Sicherheitsnadel an das andere Ende des Gummibands anbringen, damit es nicht in den Tunnel gezogen wird.
4. **Die Gummibandenden 1,3 cm breit überlappen lassen** und mit Geradstich oder Zickzackstich steppen, dabei die Naht am Beginn und am Ende verriegeln. Fäden abschneiden.
5. **Die Öffnung am Tunnel** mit einem Saumstich schließen. Raffung gleichmäßig verteilen.

Ärmel

Man unterscheidet grundsätzlich drei Arten von Ärmeln: eingesetzte Ärmel, Kimonoärmel und Raglanärmel. Eingesetzte Ärmel haben eine abgerundete Armkugel, die größer ist als das entsprechende Armloch. Die Armkugel wird eingehalten, um problemlos eingesetzt werden zu können. Als modische Akzente können an den Armkugeln von eingesetzten Ärmeln Raffungen oder Falten gearbeitet werden. Üblicherweise werden Ärmel mit zwei Einhaltenähten versehen, um die Armkugel einsetzen zu können. Im Gegensatz dazu arbeitet man bei Herrenhemden mit flach eingesetzten Ärmeln, die nicht wie klassische eingesetzte Ärmel eingehalten werden. Der Ärmel wird dabei am Armloch festgenäht, bevor die Seitennähte des Kleidungsstücks geschlossen werden.

Kimonoärmel werden nahtlos aus dem Vorder- und Rückteil des Kleidungsstücks gearbeitet. Die Schulterform ist wie bei Raglanärmeln abgerundet. Kimonoärmel haben oftmals eine lockere Passform und werfen unter den Ärmeln Falten. Da jedoch selbst locker sitzende Kimonoärmel im Unterarmbereich stark beansprucht werden, sollten Sie die Naht in diesem Bereich mit Nahtband, einer zweiten Naht, kurzen Stichen oder einem verstärkenden Stretchstich stabilisieren.

Raglanärmel werden auf Vorder- und Rückseite mit je einer schrägen Naht angenäht. Außerdem verläuft meist eine Naht über die Schulter und die gesamte Länge des Ärmels. Diese Naht verleiht der Schulter ihre runde Form. Bei manchen Schnittmustern werden die Schultern anstelle von Nähten mit Abnähern geformt. Für eine angenehmere Passform schließen Sie zunächst die Ärmel- und Seitennähte, bevor Sie den Ärmel einsetzen.

Formhilfen wie Schulterpolster werden bei einigen Ärmelverarbeitungen zur Vervollständigung der Ärmel benötigt. Meist handelt es sich dabei um kleine Polster, die die eingehaltene Armkugel stützen. Sie heben Raffungen an, sodass der Ärmel locker fällt.

Tipps zum Nähen von Ärmeln

Mustermarkierungen wie Kerben, Punkte und Schulternahtmarkierungen helfen dabei, Ärmel richtig zu platzieren. Außerdem ist zu beachten, dass auf der Rückseite des Ärmels meist mehr Stoff eingehalten werden muss als auf der Vorderseite. Oben in der Mitte des Armlochs sollte der Stoff etwa 2,5 cm breit nicht eingehalten werden.

Bei Schnittmusterteilen zeigen Kerben an, wie Ärmel und Armloch zusammengesetzt werden sollen. Doppelkerben zeigen die hintere Seite des Ärmels und des Armlochs an, eine einzelne Kerbe zeigt die Vorderseite an. Markieren Sie Kerben auf der Nahtzugabe mit 6 mm langen Einschnitten.

Mithilfe dieser Methode lassen sich Oberteile aus Strick- oder Webstoffen mit einfachen Ärmeln schnell und einfach nähen. Seitennähte und Unterarmnähte werden in einem Rutsch gesteppt und dürfen daher nicht versetzt angeordnet sein.

Einen Ärmel flach annähen

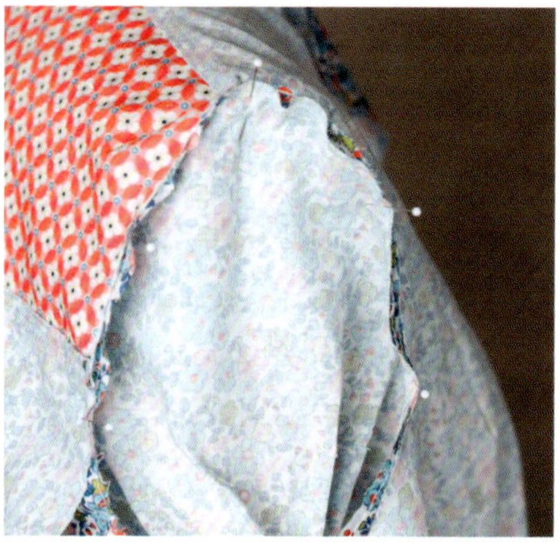

Den Ärmel rechts auf rechts und Kante auf Kante auf dem Armloch feststecken, dabei liegen Kerben und andere Markierungspunkte genau übereinander.

Stecknadeln entlang der Kante des Armlochs feststecken, dabei die Armkugel leicht einhalten.

Den Ärmel am Armloch annähen, dabei liegt die Armlochkante oben.

Die Nahtzugabe vom Ärmel wegbügeln und wenn gewünscht versäubern. Für eine Kappnaht die Nahtzugabe des Armlochs auf 6 mm zurückschneiden.

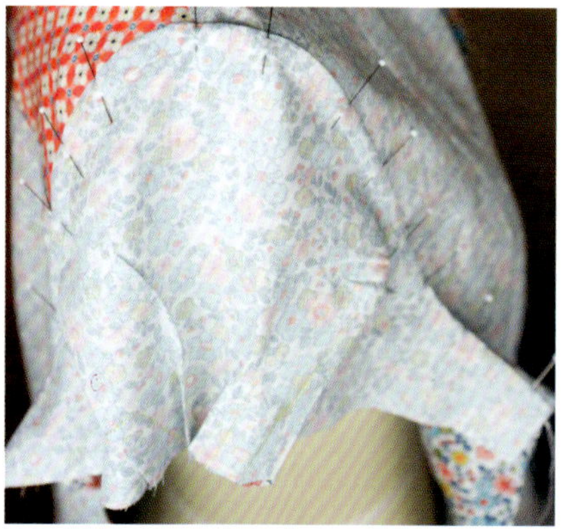

Die Ärmelnahtzugabe über die zurückgeschnittene Nahtzugabe falten und feststecken. Die Ärmelnaht von rechts 6 mm breit absteppen. (Bei T-Shirts und Tops ist das Absteppen optional.)

Vorder- und Rückseite des Kleidungsstücks und den Ärmel entlang der Seiten- bzw. Unterarmnaht zusammenstecken. Die Nähte in einem Rutsch schließen. Die Naht im Unterarmbereich mit kurzen Stichen oder einer Kappnaht verstärken.

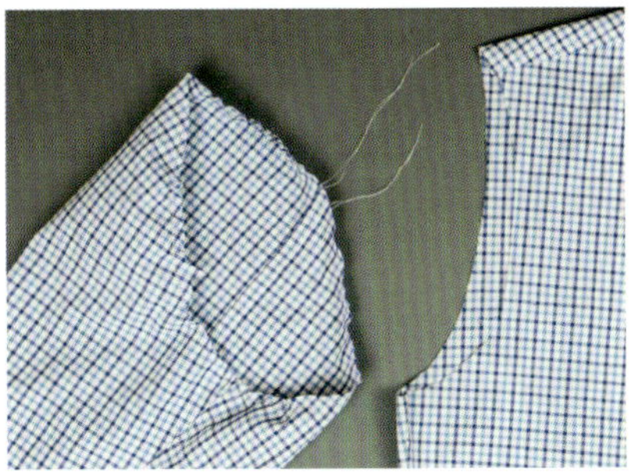

Ärmel mit aufwendigeren Armkugeln und Ärmel, deren Unterarmnähte keine Verlängerung der Seitennähte darstellen, werden erst eingesetzt, nachdem die Unterarm- und die Seitennähte geschlossen wurden. Bei allen Arten von Ärmeln hat diese Art des Einsetzens den Vorteil, dass man die Ärmelposition am Armloch ganz genau bestimmen kann.

Einen Ärmel einsetzen

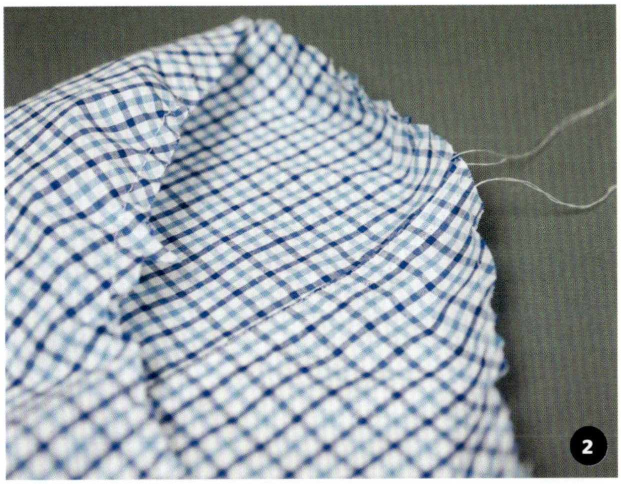

1 **Unterarmnaht rechts auf rechts steppen.** Naht aufbügeln, dabei ein Ärmelbrett oder eine Bügelrolle verwenden, um zu verhindern, dass sich die Naht durchdrückt. Die Seitennähte des Kleidungsstücks schließen.

2 **Entlang der Armkugel** (der Bereich zwischen den Vorder- und Rückseitenmarkierungen) von rechts innerhalb der Nahtlinie eine Einhaltenaht nähen, eine zweite Einhaltenaht 1 cm von der Kante entfernt steppen.

3 **Den Ärmel auf rechts und das Kleidungsstück auf links wenden.** Den Ärmel rechts auf rechts in das Armloch schieben, hierbei darauf achten, dass Kerben, Markierungspunkte, Unterarmnaht und Schulternaht genau aufeinanderliegen, und feststecken.

4 **An den Unterfäden der Einhaltenähte ziehen,** bis die Armkugel genau in das Armloch passt. Die Mehrweiten gleichmäßig verteilen, oben an der Armkugel an der Schulternaht 2,5 cm flach (nicht eingehalten) belassen.

5 **Die Kante in kurzen Abständen abstecken.** Mehr Stecknadeln an Vorder- und Rückseite verwenden, wo durch das Einhalten Mehrweiten entstehen.

6 **Die Ärmel von rechts** auf eine gleichmäßige Passform prüfen. Die Nahtzugabe darf kleine Falten aufweisen, die Naht hingegen nicht.

7 **Die Fadenenden der Einhaltenaht** an beiden Enden um Stecknadeln wickeln, um diese zu sichern.

8 **Ärmelseite nach oben auflegen.** Ausgehend von einer Kerbe knapp entlang der Einhaltenaht steppen. Einmal um den Ärmel herumsteppen (am Anfangspunkt vorbei, bis zu einer anderen Kerbe), dabei den Unterarmbereich mit zwei Nähten verstärken. Die Stecknadeln während des Nähens entfernen.

9 **Die Nahtzugabe im Unterarmbereich zwischen den Kerben** auf 6 mm zurückschneiden. Die Nahtzugabe der Armkugel nicht zurückschneiden. Nahtzugaben mit Zickzackstich zusammen versäubern.

10 **Nahtzugabe der Armkugel** mithilfe eines Handbügelkissens oder eines Ärmelbretts bügeln, dabei nicht in den Ärmel hineinbügeln.

Manschetten

Oft werden bei langen Ärmeln an Hemden, Blusen und leichten Jacken Manschetten mit Knöpfen gearbeitet. Die Anfertigung von Kragen und Manschetten ist sehr ähnlich, die Tipps zum Arbeiten von Kragen auf Seite 144 gelten daher auch für Manschetten.

Bei einteiligen Manschetten wird auf eine Manschettenhälfte ein Stück Einlage aufgebracht. Die mit der Einlage verstärkte Hälfte liegt später außen, die Hälfte ohne Einlage wird zur Innenseite gefaltet. Auch bei zweiteiligen Manschetten wird ein Teil der Manschette mit einer Einlage versehen und dieser Teil der Manschette liegt später außen. Der zweite Teil wird zum Besatz auf der Innenseite.

Nähen Sie Manschetten mit einer Absteppnaht oder mit der Hand am Ärmel fest. Das Arbeiten mit einer Absteppnaht ist deutlich schneller, da die Naht mit der Nähmaschine gesteppt wird. Bei von Hand versäuberten Manschetten ist allerdings von rechts keine Naht zusehen.

Bei einem durchgehend eingefassten Ärmelschlitz wird der Schlitz mit einem Stoffstreifen aus Ärmelstoff eingefasst. Das Einfassband wird längs zum Fadenlauf zugeschnitten. Wird die Manschette geschlossen, ist der Schlitz nicht mehr zu sehen.

Beim klassischen Hemdärmelschlitz handelt es sich um einen Schlitz mit Blende. Die Blende wird gefaltet und so abgesteppt, dass die Kanten sauber überlappen. Diese Art des Ärmelschlitzes wird vor allem bei klassischen Schnitten verwendet. Wird die Manschette geschlossen, ist der spitz zulaufende Teil der Blende zu sehen.

Einen durchgehend eingefassten Ärmelschlitz arbeiten

Entlang der Markierung für den Ärmelschlitz mit kurzem Geradstich eine Stütznaht nähen, dabei quer über die Spitze steppen. Den Schlitz aufschneiden, dabei die Stütznaht nicht beschädigen.

Die Kanten des Einfassbandes 6 mm breit nach innen umbügeln. Eine Kante des Bands von rechts auf dem Schlitz feststecken und entlang der Bruchkante steppen.

Das Einfassband über die Kante falten, feststecken und von rechts im Nahtschatten der soeben gesteppten Naht feststeppen.

Den Ärmel mit der linken Seiten nach außen flach auflegen, dabei liegen die Saumkanten genau übereinander. Den Schlitz mit einer schrägen Naht sichern.

Das Einfassband von rechts bügeln und die Manschette annähen (siehe Seite 142).

Einen Hemdärmelschlitz arbeiten

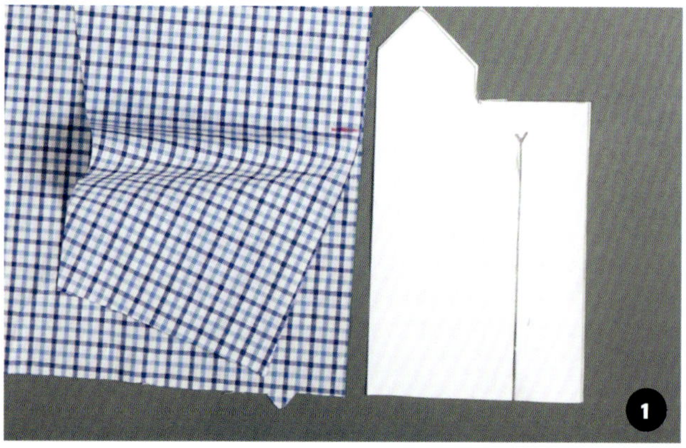
1

2

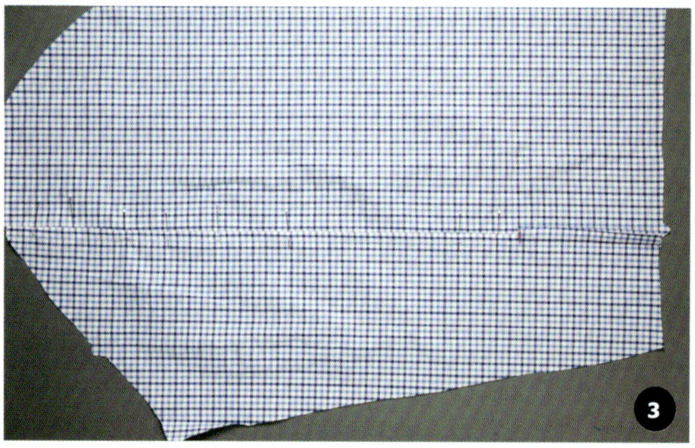
3

4

5

6

7

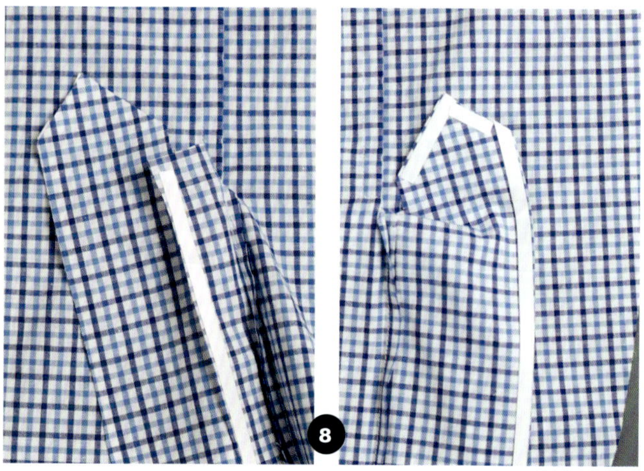
8

1 **Die Ärmelnaht** bis zur Markierung für die Spitze des Ärmelschlitzes steppen.

2 **Die Ärmelnahtzugabe** an der Markierung einschneiden und eine Nahtzugabe oberhalb der Markierung auf 6 mm zurückschneiden.

3 **Die andere Nahtzugabe** über die zurückgeschnittenen Nahtzugabe klappen und für eine flache Kappnaht die Nahtzugabe feststecken, bügeln und absteppen.

4 **Die zugeschnittene Schlitzblende** mit der rechten Stoffseite nach unten an der Ärmelkante ausrichten, die Schlitzblende liegt dabei über dem noch nicht gesteppten Teil der Ärmelnaht, und feststecken.

5 **Die Schlitzblende** entlang der Schlitzmarkierungen rundherum knappkantig an den Ärmel steppen.

6 **Die Schlitzblende** durch den Schlitz auf rechts wenden. Die Nähte bügeln.

7 **Die Blendenkanten 6 mm** breit umbügeln.

8 **Doppelseitiges wasserlösliches Klebeband** verwenden, um die gefalteten Kanten über dem Schlitz zu fixieren.

9 **Die Kanten der Blende** in ihre endgültige Position bringen und bügeln. Den überlappenden Teil anheben, um die untere Schlitzkante mit einer knappkantigen Absteppnaht an den Ärmelschlitz zu nähen.

10 **Beginnend vom oberen Schlitzende** die übrigen Kanten der Blende von rechts durch alle Lagen absteppen. Für eine besonders saubere Verarbeitung so knapp wie möglich entlang der Schlitzbelegkanten steppen. Wenn gewünscht die äußere Kante der Schlitzblende bis zur Ärmelöffnung knappkantig absteppen. Die Fäden zur Unterseite ziehen und verknoten.

Manschetten annähen

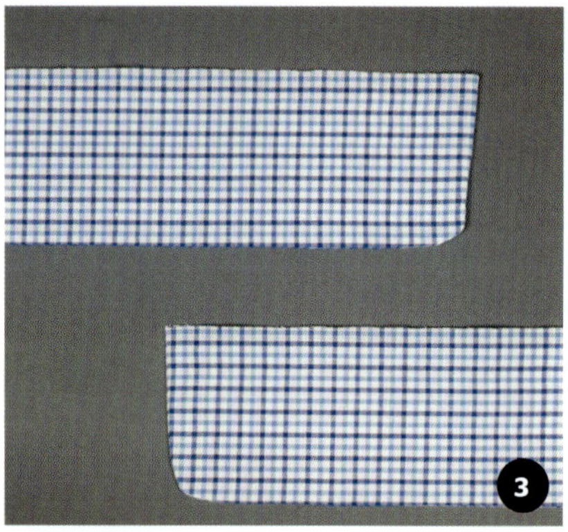

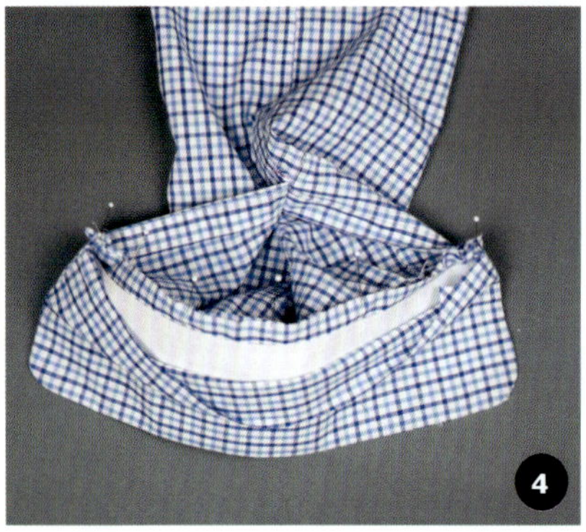

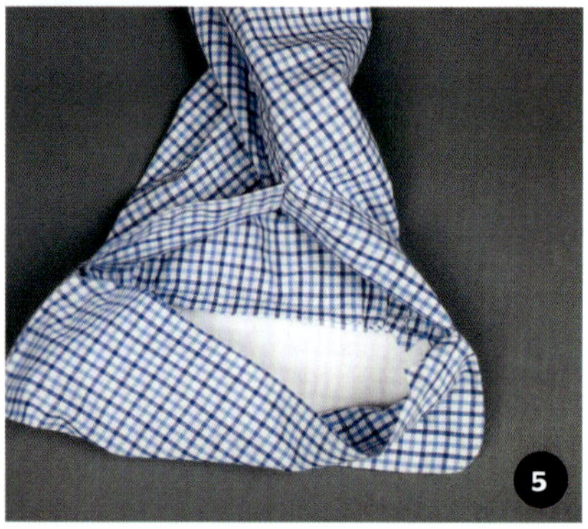

1 **Eine Einlage auf den äußeren Manschettenteil bügeln**. Falls das Manschettenschnittmuster aus zwei Teilen besteht, die Einlage so zuschneiden, dass sie mit einem Teil (ohne Nahtzugaben) übereinstimmt. Falls die Manschette aus einem Teil besteht, das Manschettenschnittmuster der Länge nach falten und mit dessen Hilfe eine Einlage zuschneiden (ohne Nahtzugaben).

2 **Die Manschettenteile rechts auf rechts legen** und entlang der Unter- und der Seitenkanten zusammensteppen. Nahtzugaben zurückschneiden.

3 **Die Manschette wenden** und alle Nähte flachbügeln.

4 **Ärmel rechts auf rechts** an dem mit Einlage versehenen Manschettenteil feststecken und steppen, dabei darauf achten, dass die Manschettenkanten und der Ärmelschlitz bündig liegen. Nahtzugabe nicht zurückschneiden.

5 **Die Nahtzugabe** in die Manschette falten. Die Nahtzugabe der noch nicht gesteppten Manschetteninnenkante ebenfalls nach innen falten, sodass die Nahtlinie unter der gefalteten Kante verschwindet.

6 **Die noch nicht gesteppte Kante** von rechts entlang des äußeren Manschettenteils feststecken. Dabei die Ärmelschlitzkanten an beiden Enden offen lassen.

7 **Das innere Manschettenteil** knappkantig feststeppen, dann einmal rund um die ganze Manschette steppen. Die Manschette wenn gewünscht von rechts absteppen.

Schulterpolster für Kleider oder Blusen nähen

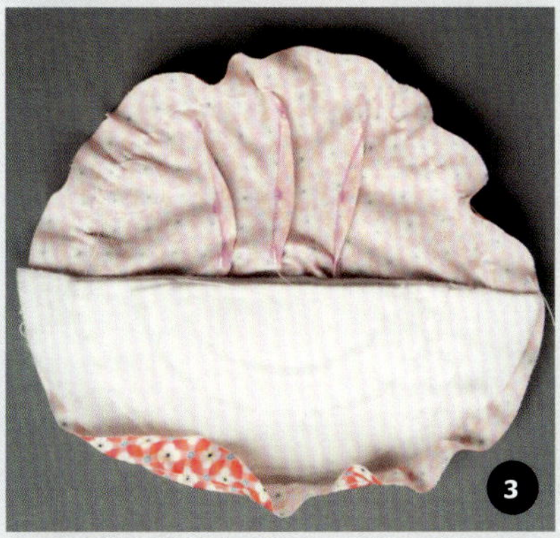

1 **Vier Kreise aus 3 mm dickem Volumenvlies zuschneiden.** Der größte Kreis hat einen Durchmesser von 19 cm, jeder weitere Kreis ist um 1,3 cm im Durchmesser kleiner. Die Kreise halbieren, um 8 Halbkreise zu erhalten. Je vier Halbkreise gerade Kante auf gerade Kante aufeinanderlegen. Den kleinsten Halbkreis mit einem Vorstich an den zweitgrößten annähen. Die übrigen Halbkreise auf gleiche Weise festnähen. So entstehen zwei 1,3 cm dicke Schulterpolster.

2 **Aus Stoff zwei Kreise** mit einem Durchmesser von 21,5 cm zuschneiden. Auf je einer Hälfte eines Stoffkreises drei parallele gerundete Abnäher nähen. Dies verleiht dem Stoff eine leicht tassenähnliche Form.

3 **Eine 1 cm breite Heftnaht** um jeden Stoffkreis steppen. Die Heftstiche einhalten, sodass sich die Stoffkanten zur linken Stoffseite wölben. Je eine Schulterpolsterfüllung auf die Stoffkreishälfte ohne Abnäher legen.

4 **Die Heftstiche einhalten,** bis die Kante der Schulterpolsterfüllung vom Stoff bedeckt wird und sich die Stoffhälfte ohne Füllung weiter nach links wölbt. Den Stoff über die Schulterpolsterfüllung falten und zusammenstecken, dabei liegt die offene eingehaltene Kante innen. Knappkantig entlang der Kante durch alle Stofflagen steppen.

DAS BRAUCHEN SIE:

- 3 mm Volumenvlies
- ein Stück des verwendeten Stoffes

Kragen

Kragen sind wichtige Details, die besonders sorgfältig genäht werden sollten. Ein perfekter Kragen umschließt den Hals, ohne sich zu verziehen oder Falten zu werfen, und behält während des Tragens seine Form. Kragen sollten gleichmäßige Kragenspitzen und flache, glatte Kanten aufweisen.

Eine in der Regel mithilfe des Kragenschnittmusterteils zugeschnittene Einlage verleiht dem Kragen Form und Stabilität. Die meisten Kragen profitieren von dem etwas stabileren Aussehen, das durch aufbügelbare Einlagen entsteht. Arbeiten Sie am besten mit einer Webeinlage, die für klassische Hemdenstoffe geeignet ist. Für weiche und zarte Stoffe, wie etwa Rayon oder Crepe de Chine wird eine leichte Einlage verwendet, die nur auf niedriger Temperatur gebügelt werden muss.

Der Umkehrkragen ähnelt dem Reverskragen eines Blazers. Die vorderen Belege können zu einem Revers aufgeklappt werden. Diese Kragenart kann sowohl offen, als auch geschlossen getragen werden. Auf den obersten Knopf wird bei legeren Kleidungsstücken oft verzichtet.

Der Hemdkragen mit Kragensteg hat seinen Ursprung in der traditionellen Herrenmode. Er besteht aus zwei separaten Teilen: dem Kragen und dem Kragensteg. Bei manchen Schnittmustern ist der Kragensteg eine Erweiterung der Kragenteile. So benötigt man eine Naht weniger und der Kragen lässt sich schneller nähen, dennoch unterschieden sich die beiden Varianten in der Verarbeitung kaum. Für ein professionelles Aussehen werden Kragen und Kragensteg knappkantig abgesteppt.

Der Stehkragen kann in doppelter Stofflage zugeschnitten und dann längs gefaltet werden.

Tipps zum Nähen von Kragen

Schneiden Sie die Außenkanten des Unterkragens um knapp 3 mm zurück, sodass sich die Naht nach dem Wenden zur Kragenunterseite verschiebt. Stecken Sie Kragen und Unterkragen rechts auf rechts und Kante auf Kante zusammen.

Bügeln Sie die Naht mithilfe eines Bügelholzes auf. Wenden Sie den Kragen auf rechts. Die Kragenspitzen mithilfe eines Eckenformers vorsichtig ausarbeiten. Bügeln Sie den Kragen, sodass sich die Naht leicht zum Unterkragen hin verschiebt.

Den Kragen am Halsausschnitt feststecken. Falls notwendig, die unversäuberte Kante des Unterkragens zurückschneiden, sodass sie mit der Kante des Oberkragens abschließt. Dadurch passt sich der Kragen perfekt der Halsrundung an.

Einen runden Kragen nähen (mit Bügeleinlage)

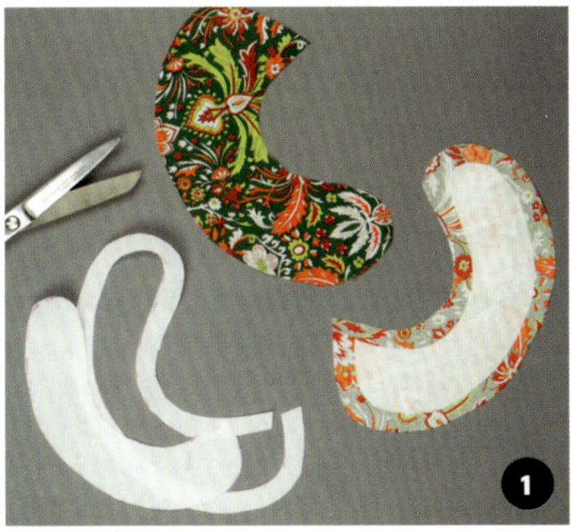
1

2B

2B

1 **Eine aufbügelbare Einlage** ohne Nahtzugaben zuschneiden und laut Herstellerangaben von links auf den Oberkragen bügeln.

2 **Oberkragen und Unterkragen** mit kurzen Stichen rechts auf rechts steppen.

3 **Die Naht** aufbügeln, damit die Naht schön flach liegt und der Kragen problemlos gewendet werden kann. Die Nahtzugaben mit einer Zickzackschere knapp zurückschneiden. Den Kragen wenden und bügeln.

Einen spitzen Kragen nähen (mit eingenähter Einlage)

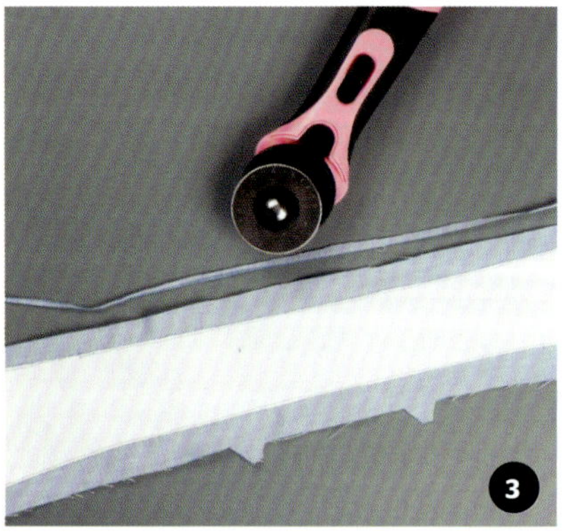

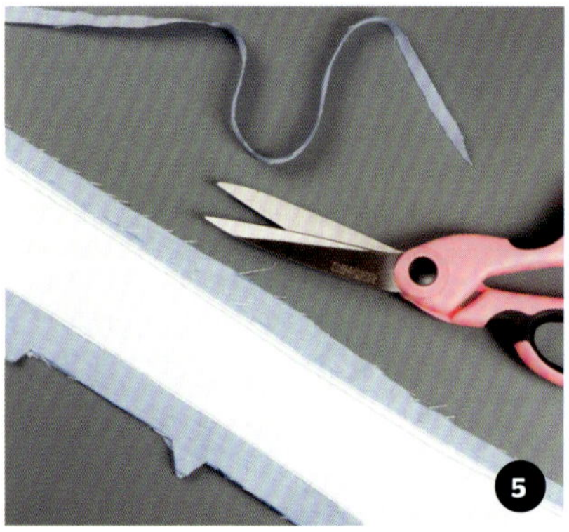

1. **Eine Einlage für den Oberkragen** zuschneiden. Die Nahtzugaben der Einlage auf 3 mm und die Spitzen schräg zur Nahtlinie zurückschneiden.

2. **Die Einlage auf die linke Seite des Oberkragens** legen und rundherum knappkantig feststeppen.

3. **Etwa 3 mm der äußeren Schnittkante** des Unterkragens zurückschneiden – das sorgt dafür, dass der Unterkragen nicht sichtbar ist, sobald der Kragen am Halsausschnitt festgenäht wird. Ober- und Unterkragen rechts auf rechts und Kante auf Kante legen und feststecken.

4. **Die Kragenteile entlang der Nahtlinie zusammennähen,** dabei an den Spitzen ein oder zwei Stiche diagonal steppen, anstatt den Stoff zu drehen – das sorgt dafür, dass die Spitzen nach dem Wenden auch wirklich spitz sind. Die Nahtzugaben an den Spitzen zurückschneiden, dafür die Ecken zuerst diagonal knapp zur Spitze zurückschneiden und dann die Nahtzugabe links und rechts der Spitze schräg zur Naht zurückschneiden.

5. **Die Nahtzugaben** am Unterkragen auf 3 mm und am Oberkragen auf 6 mm zurückschneiden.

6. **Die Nahtzugaben mithilfe eines Bügelholzes** auseinanderbügeln. Den Kragen auf rechts wenden.

7. **Die Spitzen mit einem Eckenformer** vorsichtig ausarbeiten. Den Kragen bügeln, dabei die Naht zur Kragenunterseite schieben, damit sie später nicht zu sehen ist. Anschließend nach Wunsch die Außenkanten des Kragens rundherum absteppen.

Einen Umkehrkragen am Halsausschnitt annähen

Vorbereitungen für den Kragen

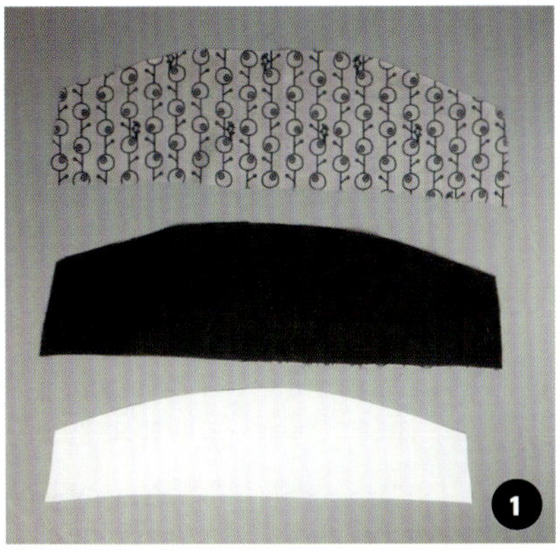

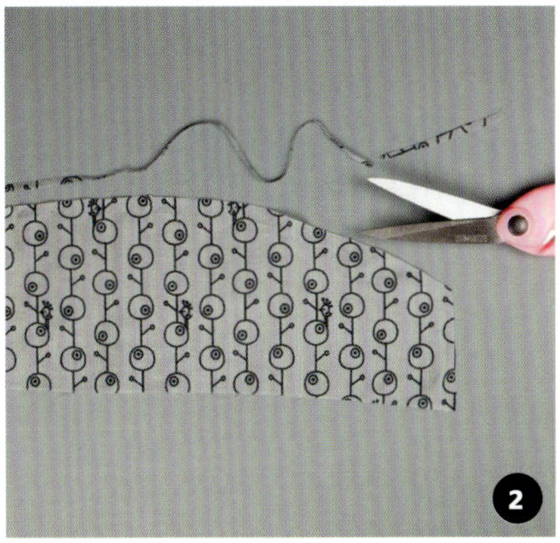

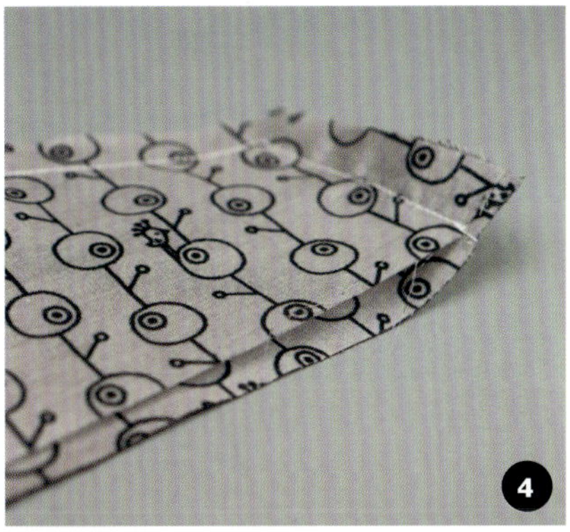

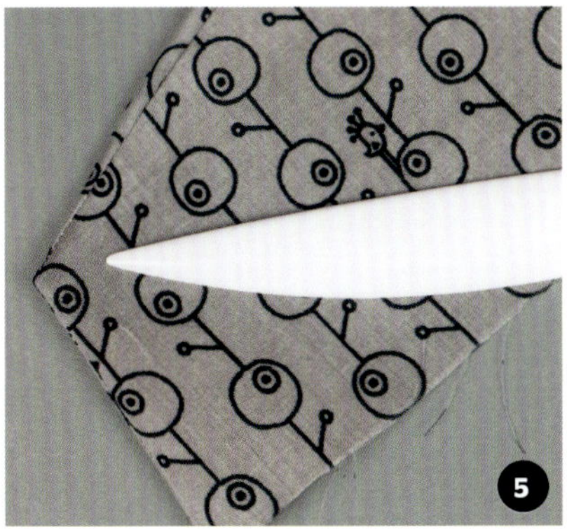

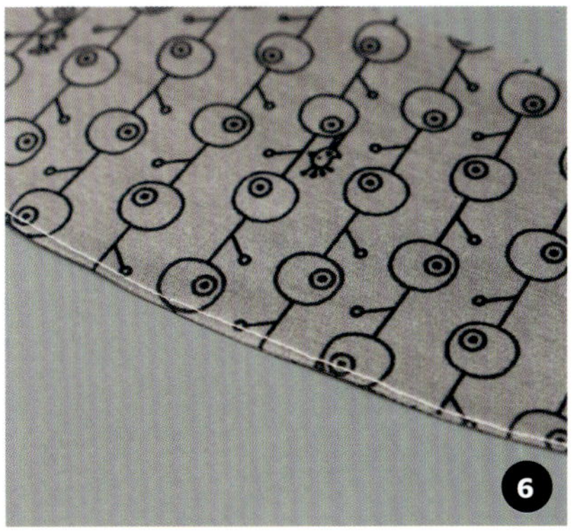

1 **Eine Einlage für den Oberkragen zuschneiden** (Den Oberkragen bereits vorher ganzflächig durch eine Bügeleinlage verstärken!), dabei auf Nahtzugaben verzichten.

2 **Etwa 3 mm der äußeren Schnittkante** des Unterkragens zurückschneiden.

3 **Die Einlage innerhalb der Nahtlinien auf den Oberkragen** bügeln. Den Unterkragen Kante auf Kante auf dem Oberkragen feststecken und steppen.

4 **Die Kragenteile wölben sich leicht,** da der Unterkragen kleiner ist.

5 **Den Kragen wenden und die Ecken mit einem Eckenformer** ausarbeiten, dazu zuvor die Nahtzugaben wie auf Seite 146 zurückschneiden und anschließend die Naht zur Kragenunterseite schieben.

6 **Den Kragen bügeln** und rundherum knappkantig absteppen.

Kragen an Passenfutter und Belegen festnähen

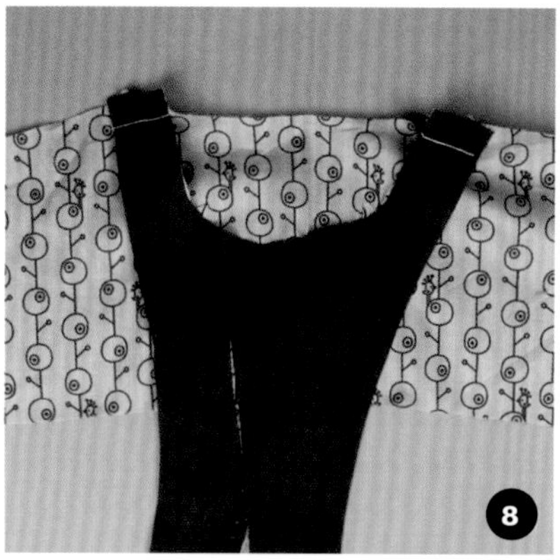

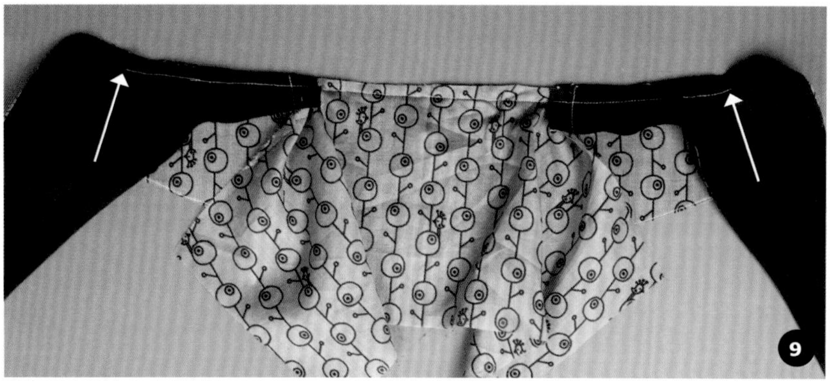

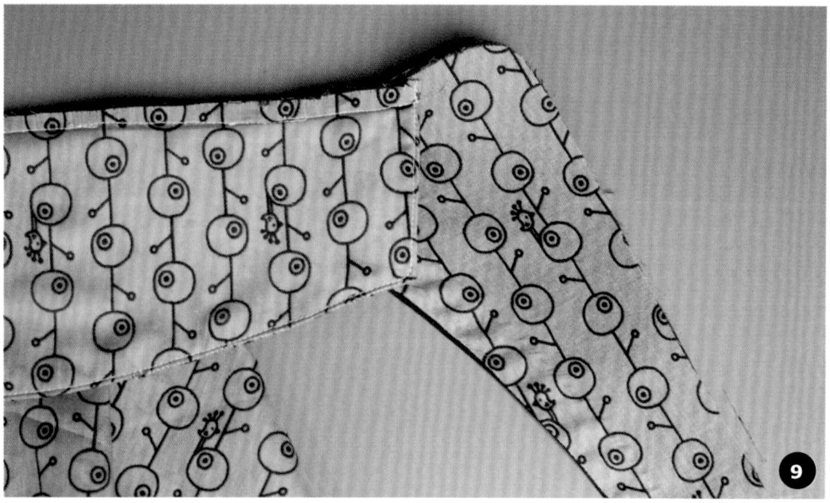

7 Die Belege mit Einlagen verstärken und die Kanten je nach verwendetem Stoff versäubern. Hier wurden die Einlagen mit der aufbügelbaren Seite nach oben rechts auf rechts entlang der Innenkanten der Belege festgesteckt und gesteppt, die Nahtzugaben zurückgeschnitten, die Belege gewendet und die Einlage festgebügelt.

8 Die kurzen Kanten der Belege rechts auf rechts auf das Passenfutter legen und feststeppen.

9 Kragen, Passenfutter und Belege rechts auf rechts legen und feststecken. Den Kragen entlang des Halsausschnitts feststeppen. Die Nahtzugaben an den Enden des Kragens einknipsen (weiße Pfeile).

Kragen und Belege an den Vorderteilen annähen

10 Vorderteile und Passe entlang der Schulternähte zusammensetzen und steppen. Die Nahtzugaben zur Passe umbügeln.

11 Belege und Kragen an den Vorderteilen feststecken und knappkantig von Saum bis Saum feststeppen.

12 Belege und Kragen auf rechts wenden und bügeln. Innen die Nahtzugaben des Passenfutters an den Schulternähten umbügeln, um die Naht, die Passe und Vorderteil verbindet zu verbergen, feststecken und die Schulternähte von rechts absteppen.

13 Kragen und Belege knappkantig absteppen. (Faden in Kontrastfarbe dient der besseren Veranschaulichung.)

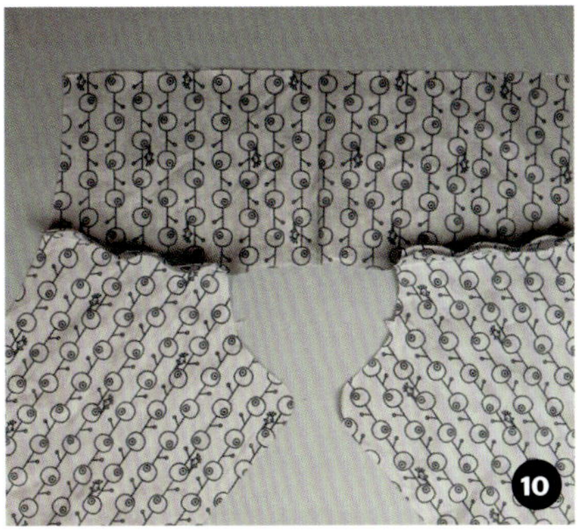

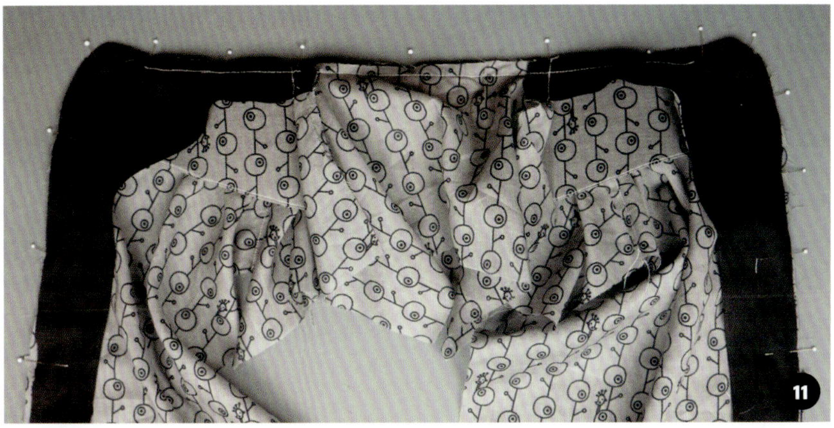

Einen Hemdkragen mit Kragensteg annähen

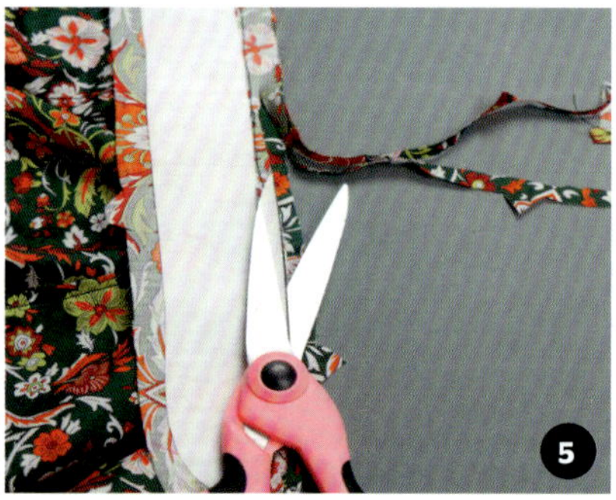

1 **Die Nahtzugaben der Einlage für den Kragensteg** zurückschneiden. Ein oder beide Kragenstegteile mit einer Einlage verstärken.

2 **Die Markierungen für den Kragen** auf den Kragensteg übertragen.

3 **Die Kragenstegteile rechts auf rechts legen,** den Halsausschnitt dazwischenschieben und feststecken.

4 **Den Kragensteg am Halsausschnitt feststeppen,** die Naht endet dabei etwa 1,5 cm vor der Stegkante (weißer Pfeil).

5 **Die Nahtzugaben** abgeschrägt zurückschneiden.

6 **Den Kragensteg von der Halsausschnittnaht bis zur Markierung** für den Kragen zusammensteppen (weiße Pfeile). Die Nahtzugabe entlang der Rundung bis zur Naht einknipsen.

7 **Den Kragensteg** auf rechts wenden.

8 **Den Kragen Kante auf Kante** auf die rechte Seite des äußeren Kragenstegteils steppen. Nahtzugaben abgeschrägt zurückschneiden und umbügeln.

9 **Die Nahtzugaben des inneren Kragenstegteils** 6 mm breit zurückschneiden, nach innen umbügeln und feststecken.

10 **Kragen und Kragensteg** durch alle Stofflagen knappkantig absteppen.

Taillenbund

Da der Bund das gesamte Kleidungsstück hält, müssen alle Kanten besonders stabil sein, zudem sollte der verwendete Stoff immer längs zum Fadenlauf zugeschnitten werden.

Ein Stanzband ist ein langer Streifen aufbügelbare Bundeinlage mit einer Perforierung in der Mitte, durch die das Stanzband einfacher gefaltet werden kann. Heutzutage werden Stanzbänder allerdings nur noch selten verwendet – alternativ kann ein etwa 2 bis 2,5 cm breiter Gummizug für den Bund verwendet werden. Ein Bund mit Gummizug ist stabil, aber nicht so steif wie ein Bund mit Stanzband. Der Gummizug wird beim Festnähen des Bundes nicht gedehnt, sondern ist nur dazu da, dem Bund Form zu geben. Da es nicht so einfach ist, Knopflöcher auf einem Gummizug zu nähen, werden an die Stellen, an denen später Knöpfe und Knopflöcher gearbeitet werden, kleine Stücke Einlage genäht.

Beim Zuschneiden des Bunds sollte darauf geachtet werden, dass er bequem sitzt. Vergessen Sie außerdem nicht, Nahtzugaben und Zugaben für die Überlappung an beiden Enden einzurechnen. Die Länge des Bunds entspricht dem Hüftumfang plus 7 cm (1,3 cm Bequemlichkeitszugabe, 3,2 cm Nahtzugabe und 2,5 cm Überlappungszugabe). Natürlich kann der Bund, wenn mehr Überlappung gewünscht ist, auch länger zugeschnitten werden. Für die Breite etwa zweimal die gewünschte Bundbreite plus 3,2 cm Nahtzugabe rechnen.

Einen Taillenbund nähen – Methode 1

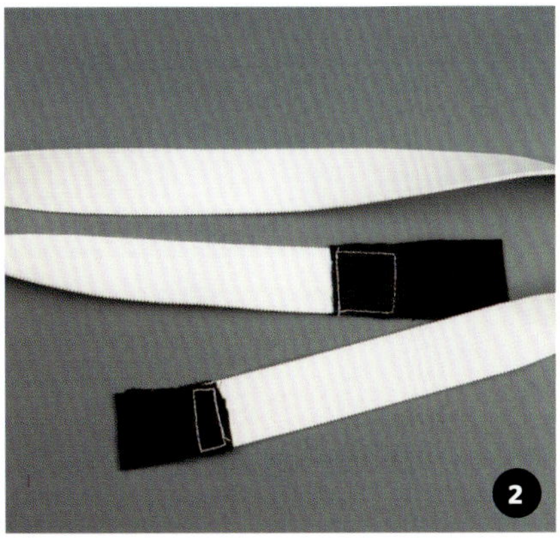

1 Den Stoffstreifen für den Bund längs zum Fadenlauf (idealerweise entlang der Webkante) zuschneiden. Einen Gummizug zuschneiden – dieser sollte 10 cm kürzer sein als der Stoffstreifen. Zwei Stücke Bügelvlies in der Breite des Gummizugs und mit einer Länge von 12,5 bzw. 7,5 cm zuschneiden. Diese dienen später als Verlängerung des Gummizugs.

2 Die Bügelvliesstücke links auf links falten, die Gummizugenden etwa 1,25 cm weit dazwischenschieben und das Bügelvlies zusammenbügeln. Verlängerung und Gummizug zusätzlich steppen. Der verlängerte Gummizug sollte jetzt genauso lang sein wie der Stoffstreifen für den Bund abzüglich der Nahtzugabe von 2,5 cm.

3 Die später innere Kante des Stoffstreifens versäubern oder mit einem Schrägband einfassen. Wurde der Streifen entlang der Webkante geschnitten, entfällt dieser Schritt.

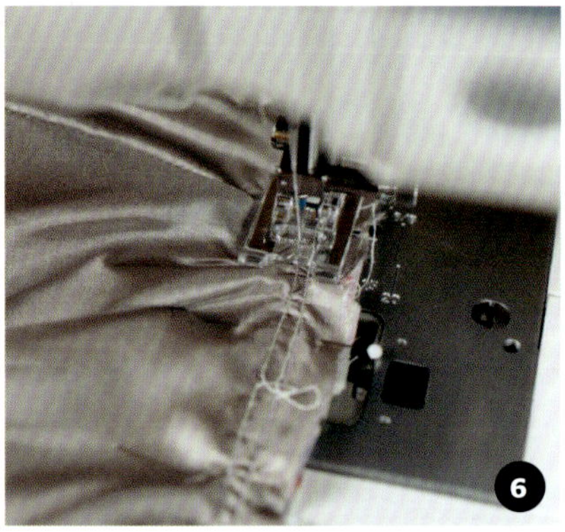

4 Die offene Kante des Stoffstreifens rechts auf rechts auf dem gewünschten Kleidungsstück feststecken und 1,5 cm breit festheften.

5 Falls notwendig oder im Schnittmuster so angegeben das Kleidungsstück einhalten, um es an die Länge des Bundes anzupassen.

6 Bund und Kleidungsstück zusammennähen, dabei im Nahtschatten der (unteren) Heftnaht steppen.

7 Den Bund nach oben klappen. Die Nahtzugaben nach oben bügeln, die Nahtzugabe an der Kante des Kleidungsstücks auf 3 mm und am Bundstoffstreifen auf 6 mm zurückschneiden. Den Bund über die obere Kante falten und innen feststecken.

8 Den Bund von rechts im Nahtschatten der Bundnaht rundherum knappkantig absteppen, dabei während des Nähens die Stecknadeln entfernen.

9 Den Gummizug mithilfe einer Einfädelhilfe oder einer Sicherheitsnadel in den Bund einziehen. Das Ende mit dem längeren Bügelvliesteil sollte dabei am überlappenden Ende des Bundes (Obertritt) sitzen.

10 Die Nahtzugaben an den Bundenden nach innen umschlagen, feststecken und die Bundenden von rechts knappkantig entlang der umgeschlagenen Kanten absteppen.

TIPP

Meist wird die innere Kante des Bundes durch eine untergeschlagene Kante versäubert. Einfacher ist es, den Bund entlang der Webkante zuzuschneiden. Da die Webkante nicht ausfranst, kann diese ohne Versäubern als innenliegende Kante verwendet werden. Alternativ kann die innere Kante des Bundes auch mit Schrägband eingefasst werden.

Einen Taillenbund nähen – Methode 2

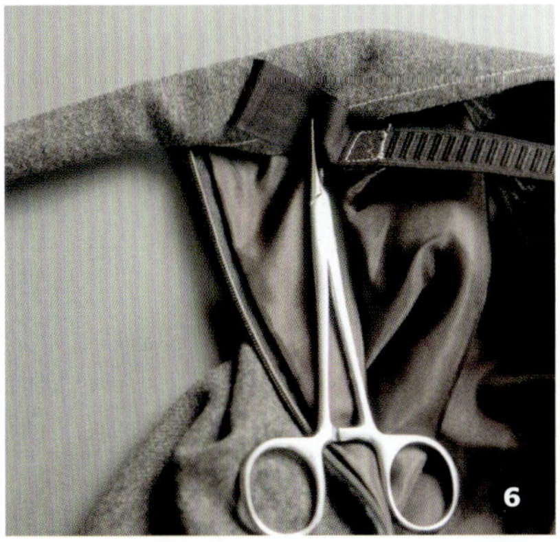

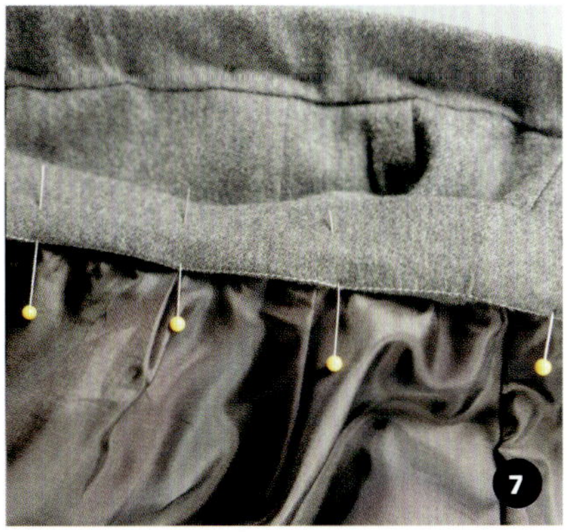

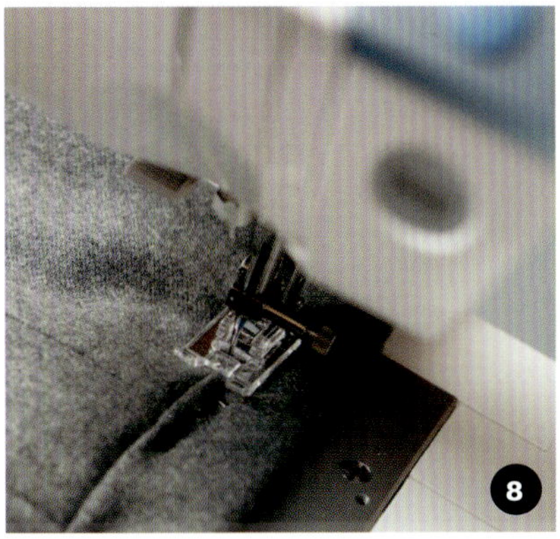

1 **Eine offene Kante des Stoffstreifens** 6 mm breit mit einer Stütznaht versehen. Wurde der Streifen entlang der Webkante geschnitten, entfällt dieser Schritt.

2 **Die offene Kante des Stoffstreifens** rechts auf rechts und Kante auf Kante auf dem gewünschten Kleidungsstück feststeppen.

3 **Die Nahtzugabe des Bundes** auf 6 mm, die an der Kante des Kleidungsstücks auf 3 mm zurückschneiden.

4 **Den Bundstoffstreifen nach rechts falten,** sodass die linke Seite nach oben zeigt, und an der Kante absteppen, dabei die Bundenden rundherum bis zur Kante des Kleidungsstücks steppen. Die Nahtzugabe an den Ecken diagonal zurückschneiden.

5 **Bügelvliesstücke und Gummizug wie auf Seite 151** (Methode 1) zuschneiden. Bügelvliesstücke falten, Gummizugenden etwa 1,25 cm weit dazwischenschieben, das Bügelvlies zusammenbügeln und Verlängerung und Gummizug zusätzlich steppen.

6 **Den Bund auf rechts wenden,** die Ecken an den Enden des Bundes mit einer Stricknadel oder einem Eckenformer ausarbeiten. Den Gummizug einsetzen, dabei sollte das Ende mit dem längeren Bügelvliesteil am überlappenden Ende des Bundes (Obertritt) sitzen.

7 **Den äußere Bundkante** entlang der Stütznaht einschlagen und feststecken.

8 **Den Bund von rechts** im Nahtschatten der Bundnaht rundherum knappkantig absteppen, dabei während des Nähens die Stecknadeln entfernen.

Säume

Säume sollten auf der rechten Seite des Kleidungsstückes so gut wie unsichtbar sein, außer es handelt sich um dekorative Säume. Verwenden Sie daher am besten einen Faden in der gleichen Farbe wie der Stoff oder einen, der etwas dunkler ist als der Stoff.

Beim Versäumen mit der Hand immer nur einige Fäden des Oberstoffs mit der Nadel fassen und die Stiche nicht zu sehr festziehen – ansonsten kann es sein, dass der Saum Falten wirft oder sich kräuselt. Fertige Säume nur vorsichtig bügeln – wird ein Saum zu lange gebügelt, kann es sein, dass sich die Naht auf der rechten Seite durchdrückt.

Die Breite des Saums kann je nach Stoff und Kleidungsstück variieren. Bei gerade fallenden Kleidungsstücken empfiehlt sich eine Saumzugabe von 7,5 cm, bei ausgestellten Kleidungsstücken reichen 3,8–5 cm Saumzugabe. Leichte Stoffe werden unabhängig vom Kleidungsstück am besten mit einem Schmalsaum gearbeitet. Auch bei feinen Strickstoffen sorgt ein Schmalsaum dafür, dass die Kanten nicht ausleiern. Besonders schnell genäht und stabil sind mit der Maschine gesteppte Säume.

Vor dem Versäumen das Kleidungsstück, vor allem bei schrägen Kanten oder ausgestellten Kleidungsstücken, mindestens 24 Stunden auf einem Kleiderbügel aushängen lassen. Dann das zu versäumende Kleidungsstück anprobieren, dabei auch etwaige darunter getragene Kleidungsstücke anziehen, um sicherzustellen, dass das Kleidungsstück korrekt sitzt – das Gleiche gilt für Schuhe und Gürtel (falls das Kleidungsstück mit Gürtel getragen werden soll). Den Saum am besten von einer zweiten Person mit Schneiderkreide und einem Maßband oder Meterstab anzeichnen lassen. Den Saum anschließend rundherum mit Stecknadeln abstecken oder mit Kreide markieren, dabei darauf achten, dass der Abstand zum Boden immer gleich ist. Stehen Sie gerade und lassen Sie Ihren Helfer um Sie herumarbeiten. Den Saum umschlagen und feststecken. Das Kleidungsstück nochmals vor einem großen Spiegel anprobieren, dabei kontrollieren, ob der Saum überall auf der gleichen Höhe festgesteckt wurde.

Im Gegensatz zu Säumen an Kleidern oder Röcken werden Hosenbeinsäume nicht mit rundherum gleichem Abstand zum Boden festgesteckt. Bei einer langen Hose sollte der vordere Saum auf dem Fußrücken aufliegen und nach hinten leicht abfallen. An beiden Hosenbeinen den gewünschten Saum feststecken und die Hose anprobieren, um die Länge zu überprüfen. Vor dem Festnähen des Saums die offene Kante versäubern, um sie gegen Ausfransen zu schützen. Wird die Saumnaht direkt auf dieser Naht genäht, gibt sie ihr außerdem zusätzlich Halt. Die für den Stoff und das Projekt geeignete Saumart und den Stich auswählen. Für gewebte Stoffe und Strickware eignet sich ein mit Blindstich genähter Saum. Die meisten Nähmaschinen verfügen über diese Stichart, die mit einem speziellen Blindstichfuß gearbeitet wird. Dabei läuft der Faden locker über eine Schiene in der Mitte des Nähfußes, wodurch besonders glatte Nähte entstehen. Der Blindstichfuß ist außerdem mit einer speziellen Führungsschiene ausgestattet, die dafür sorgt, dass der Oberstoff nach unten gedrückt wird, sodass der Saum ungehindert genäht werden kann. Das Versäumen mithilfe eines Einfassbandes ist die richtige Wahl für Stoffe, die zum Ausfransen neigen, wie Wolle, Tweed oder Leinen. Das Einfassband (etwa 12 mm breit) falten und die Saumkante in die Faltkante schieben. Das Band knappkantig absteppen, die Enden dabei an einer Seitennaht überlappen lassen. Einfache gewebte Einfassbänder eignen sich für Wollstoffe, dehnbare Einfassbänder eignen sich für abgerundete Säume und Strickware. Leichte bis mittelschwere Stoffe mit einem Überwendlichstich versäumen, schwere Stoffe blindsäumen.

Saumarten und geeignete Stiche

Abgesteppter Saum Auf diese Weise wird gleichzeitig der Saum gesteppt und die offene Stoffkante versäubert. Einen 4 cm breiten Saum umschlagen und feststecken. Bei Stoffen die zum Ausfransen neigen, die offene Kante mit einer Zickzackschere zurückschneiden oder umschlagen. Den Saum von rechts 2,5 cm breit absteppen. Nach Wunsch oberhalb der Absteppnaht eine zweite dekorative Steppnaht setzen.

Saum mit Zwillingsnadelnaht Diese Naht ist besonders geeignet für Strickware und Freizeitbekleidung. Beim Nähen mit der Zwillingsnadel wird die Naht mit zwei Oberfäden und einem Unterfaden gebildet. Sie besteht aus zwei parallelen Nähten auf der rechten und einer Zickzacknaht auf der linken Stoffseite. Den Saum in der gewünschten Breite umschlagen und von rechts mithilfe einer Zwillingsnadel und einer Nahtführung durch beide Stofflagen nähen. Die Nahtzugabe anschließend mit einer Zickzackschere zurückschneiden.

Saum mit Zickzacknaht Der Zickzackstich eignet sich besonders für Strickware, da sie dehnbar ist, und für Stoffe, die zum Ausfransen neigen. Eine mittlere Stichbreite und -länge einstellen, den Saum möglichst nah an der offenen Kante steppen und die Nahtzugabe anschließend bis knapp zur Naht zurückschneiden. Den Saum umschlagen und mit Blindstich festnähen.

Saum mit Saumband Das Versäumen mithilfe eines Saumbandes eignet sich vor allem für leichte gewebte Stoffe. Dafür wird das Saumband in den Saum geschoben und nach Herstellerangaben festgebügelt.

Eingefasster Saum Dieser Saum eignet sich für schwere Wollstoffe und Stoffe, die zum Ausfransen neigen. Die offene Kante wird zunächst mit einem Schrägband oder der Hongkong-Einfassung versäubert (Seite 124), anschließend wird der Saum mit Blindstich oder einer blinden Steppnaht festgenäht. Achten Sie dabei besonders darauf, die Stiche nicht zu sehr festzuziehen, ansonsten kann es sein, dass der Stoff Falten wirft.

Einen Saum feststecken

Den Saum rundherum mithilfe eines Maßbands oder Meterstabs und Stecknadeln oder Schneiderkreide oder mithilfe eines Rockabrunders mit gleichem Abstand zum Boden markieren. Stehen Sie dabei gerade und lassen Sie Ihren Helfer um Sie herumarbeiten. Markierungen sollten etwa alle 5 cm erfolgen.

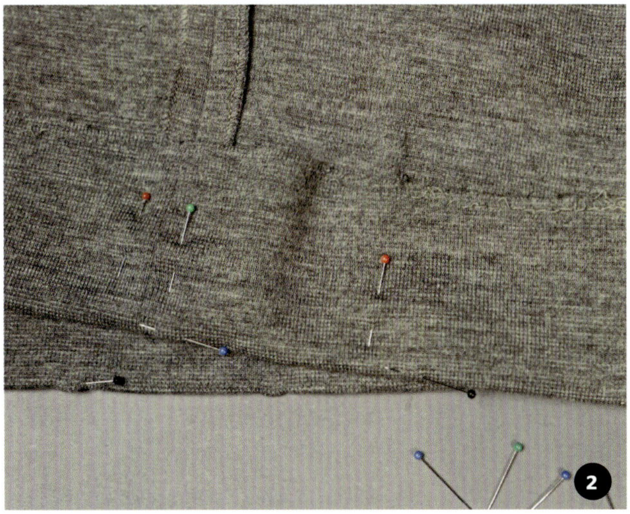

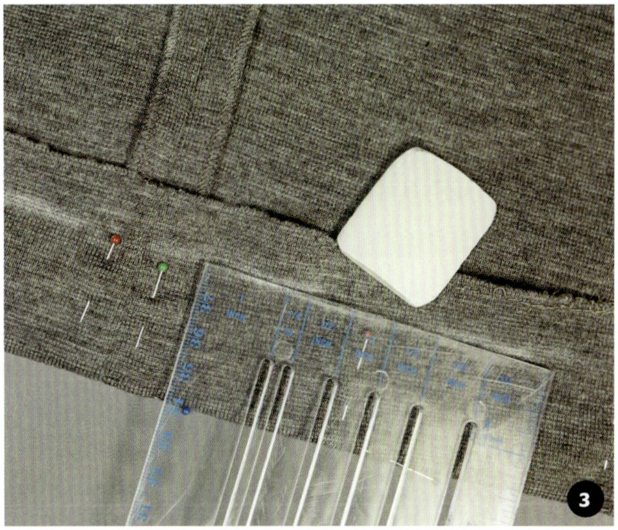

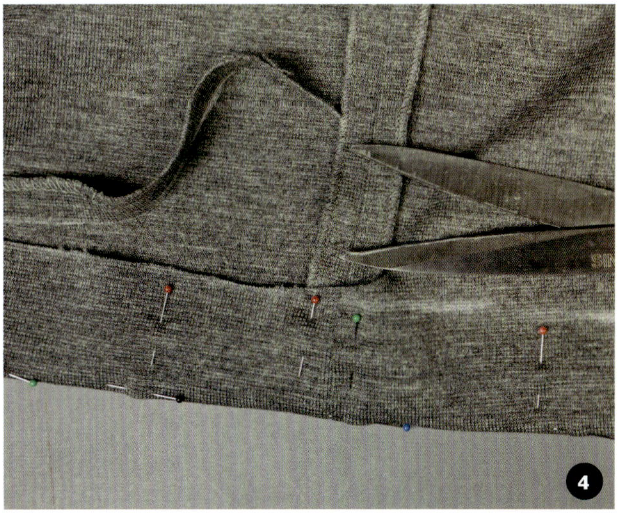

1 Die Nahtzugaben entlang der Seitennaht in der Breite des Saums zur Hälfte zurückschneiden, um zu verhindern, dass der Saum an den Nähten zu voluminös liegt.

2 Den Saum entlang der Markierung (im Bild mit Stecknadeln markiert) nach oben falten und in gleichmäßigen Abständen mit Stecknadeln feststecken. Das Kleidungsstück anprobieren, um die Länge des Saums zu überprüfen. Den Saum 6 mm breit vom Stoffbruch heften. Den Stoffbruch bügeln, dabei wenn nötig Mehrweiten einhalten.

3 Die gewünschte Saumbreite markieren, dabei 6 mm Zugabe zum Versäubern einrechnen. Arbeiten Sie am besten auf einem großen Tisch oder auf dem Bügelbrett und verwenden Sie eine Nahtlehre, um gleichmäßige Markierungen zu setzen.

4 Die Saumzugabe entlang der Markierungen zurückschneiden. Die offene Kante je nach verwendetem Stoff versäubern (Seite 58). Die versäuberte Kante feststecken, dabei darauf achten, dass die Seitennähte genau aufeinanderliegen.

Einen abgerundeten Saum nähen

Aufgrund der Rundung können bei abgerundeten Säumen Mehrweiten entstehen, die eingehalten werden müssen. Offene Kanten am besten mit Zickzackstich, Schrägband, Saumband oder einer Zickzackschere versäubern, dann den Saum feststecken und mit Blindstich oder einem geeigneten Handstich festnähen.

1 Die Fadenspannung lockern und 6 mm von der offenen Saumkante eine Einhaltenaht nähen, Nahtbeginn und Nahtende liegen dabei auf einer Seitennaht. Die Fadenenden zum Einhalten lang hängen lassen. Den Saum entlang der markierten Saumlinie heften.

2 Den Unterfaden der Einhaltenaht in gleichmäßigen Abständen mithilfe von Stecknadeln aus der Naht herausziehen, um den Saum an die Rundung anzupassen. Anschließend am Unterfaden ziehen, um die Schlaufen aufzulösen. Ziehen Sie nicht zu fest, sonst besteht die Gefahr, dass die Naht später spannt. Den Saum mithilfe eines Bügelhandschuhs vorsichtig glatt drücken.

Einen Blindsaum mit der Nähmaschine nähen

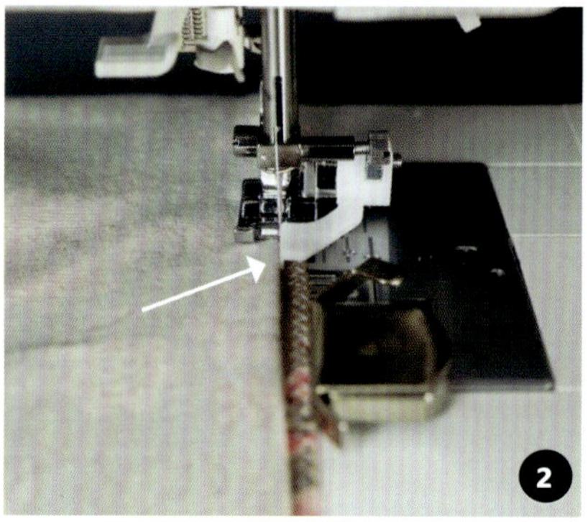

1 Die offene Saumkante 6 mm breit auf das Kleidungsstück heften. An der Nähmaschine den Blindstich einstellen und den Blindstichfuß einsetzen. Stichbreite und -länge des Zickzackstiches nach Bedienungsanleitung einstellen.

2 Die Saumnahtzugabe mit der rechten Seite nach oben unter den Nähfuß legen. Den Stoff entlang der Heftnaht zurückschlagen. Der so entstehende Stoffbruch wird von unten mit dem weißen Abstandshalter erfasst (Pfeil). Knappkantig entlang des Bruchs steppen, der Zickzackstich sollte dabei immer nur einige Fäden im Bruch erfassen. Den fertigen Saum bügeln.

Einfache Abschlüsse

Abgerundete Abschlüsse – beispielsweise Halsausschnitte – lassen sich mithilfe der Nähmaschine und einem im Schrägschnitt zugeschnittenen Stoffstreifen oder einem Schrägband ganz einfach versäubern. Für ein selbstgemachtes Schrägband einen etwa 3,2 cm breiten Stoffstreifen im Schrägschnitt zuschneiden. Das Schrägband sollte etwa 5 cm länger sein als der zu versäubernde Ausschnitt.

Gesteppte Schmalsäume eignen sich hingegen, um Ärmel- und Unterkanten von Blusen zu versäubern. Mit einem Schmalsaum wird der Saum nicht wulstig, daher kommt er vor allem bei leichten oder Seidenstoffen zum Einsatz. Er eignet sich aber genauso für Stoffe wie Satin, Taft und Organza. Ein Schmalsaum kann mit Versteifungsband zusätzlich verstärkt werden. Vor dem Säumen die Nahtzugabe auf 1,2 cm zurückschneiden.

Einen Schmalsaum nähen

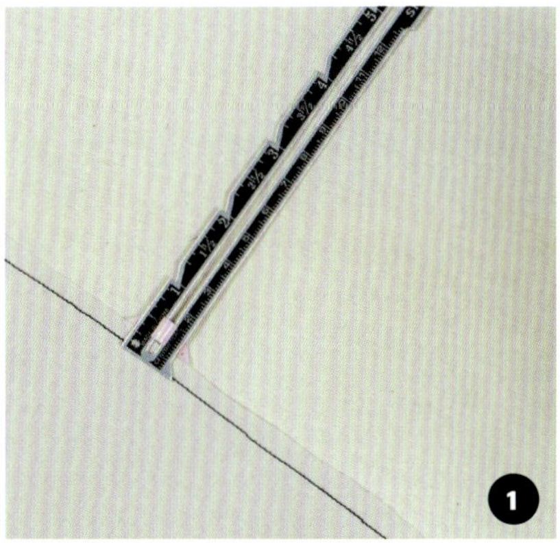

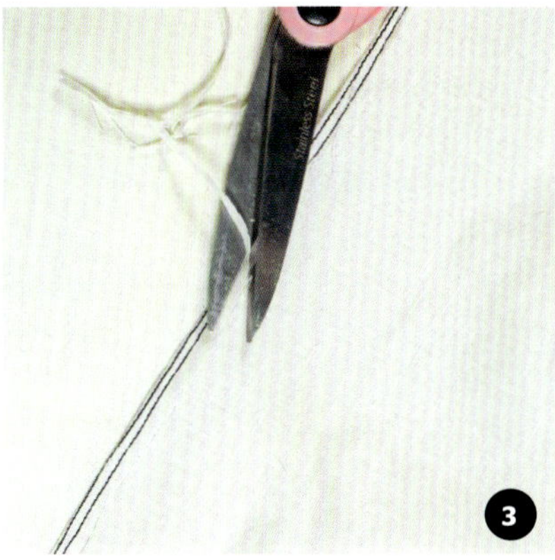

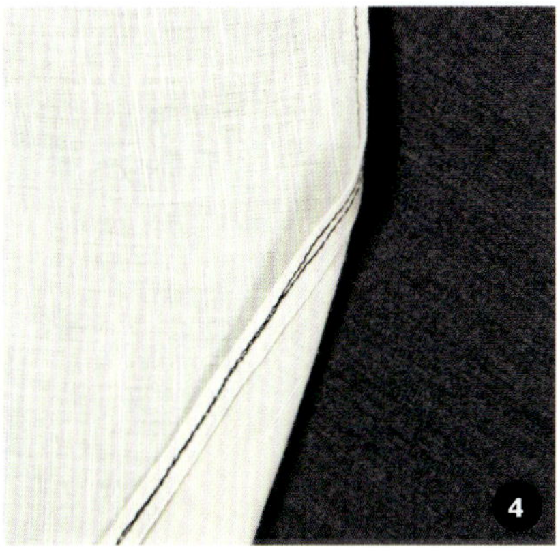

1 **6 mm von der Saumkante entfernt** eine Geradstichnaht steppen.

2 **Die Kante entlang der Nahtlinie** nach links umschlagen und bügeln.

3 **Den Saum knappkantig mit einem Geradstich** mit kurzer Stichlänge feststeppen. Überschüssigen Stoff mit einer Applikationsschere bis zur Naht schmal zurückschneiden. Den Saum vorsichtig bügeln.

4 **Die Saumkante nochmals nach links umschlagen,** sodass die offene Kante versteckt liegt und den Saum knappkantig absteppen.

Einen runden Hals- oder Armausschnitt mit Schrägband versäubern

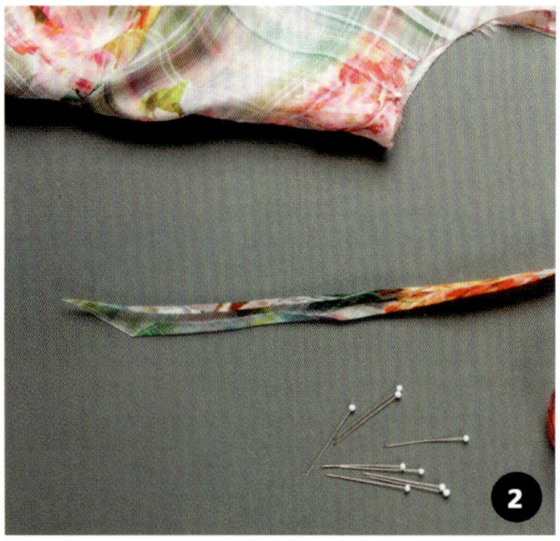

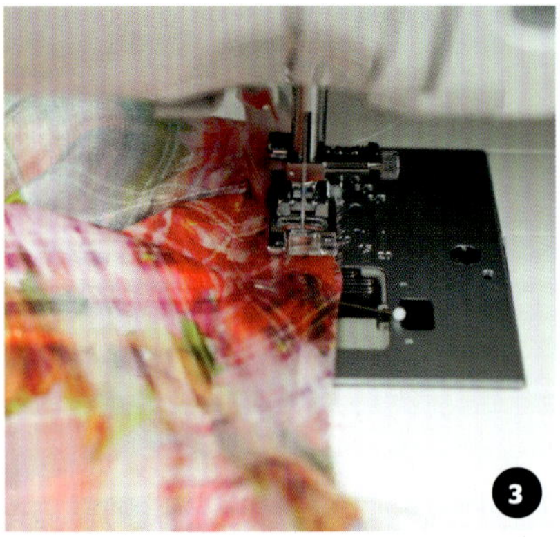

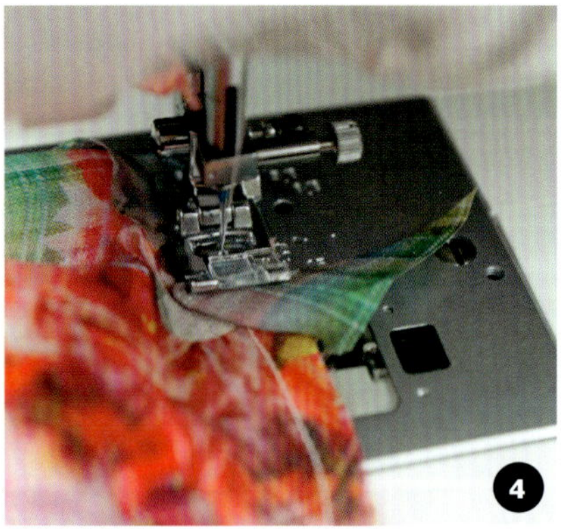

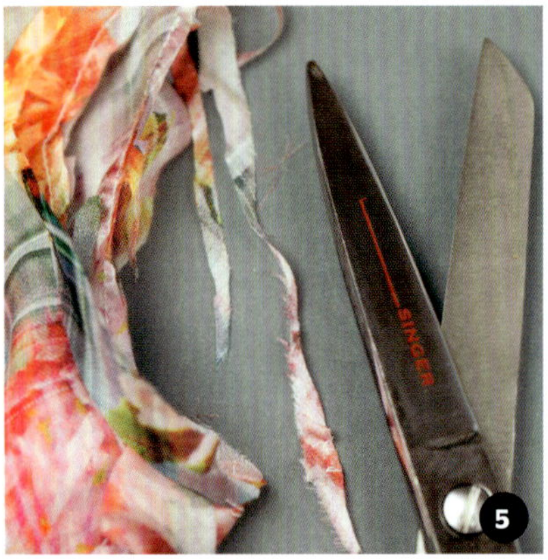

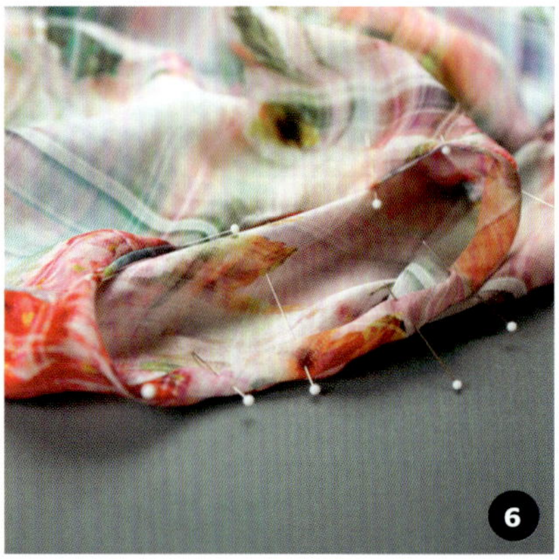

1 **Einen etwa 2,5 cm breiten Stoffstreifen** im Schrägschnitt zuschneiden.

2 **Den Stoffstreifen der Länge nach** links auf links falten und bügeln. Ein Schrägbandformer ist hier hilfreich! Den Stoffstreifen wieder auffalten. Die Nahtzugabe am zu versäubernden Ausschnitt auf 6 mm zurückschneiden.

3 **Den Stoffstreifen rechts auf rechts** und Kante auf Kante auf die Ausschnittkante legen, das Ende liegt dabei 2,5 cm von der Rückenmitte (Halsausschnitt) bzw. der Seitennaht (Armausschnitt) entfernt.

4 **Das Ende des Stoffstreifens** in die Nahtzugabe falten und dann den Stoffstreifen entlang der äußeren Kante feststeppen. Das zweite Ende des Stoffstreifens ebenfalls in die Nahtzugabe falten und mit dem anderen Stoffstreifenende überlappen lassen.

5 **Die Nahtzugaben** zurückschneiden.

6 **Den Streifen nach innen umklappen,** bügeln und feststecken.

7 **Das Schrägband von rechts** knappkantig absteppen.

Taschen

Taschen sind nicht nur dekorativ: Viele Kleidungsstücke wären einfach nicht dasselbe, ohne diese praktischen, funktionalen Details. Es gibt sogar Hochzeits- und Abendkleider, die mit Taschen versehen sind – sie sorgen dafür, dass man alles, was man braucht (Handy, Schlüssel, Medikamente), immer sofort zur Hand hat. Taschen sollten so platziert werden, dass sie bequem erreicht werden können, bei Bedarf sollten Schnittmuster angepasst werden.

Für Naht- und schräge Eingrifftaschen eignen sich feste Wollstoffe. Auch Baumwolle oder Drillich sind geeignete widerstandsfähige Stoffe. Schneider benutzen für die Taschen bei Hosen und Jacken meist Taschenfutter, einen speziellen leichten Stoff mit Köperbindung. Auch ein widerstandsfähiger Futterstoff ist eine gute Wahl.

Aufgesetzte Taschen werden von rechts auf dem Kleidungsstück festgenäht. Die Ecken sollten dabei sauber und gleichmäßig genäht werden und fest sitzen. Die Taschen können mit einer Einlage verstärkt und mit Innen- oder Außenstoff gefüttert werden.

Nahttaschen sind Taschen, die in die Naht genäht werden. Sie sind beim fertigen Kleidungsstück nicht sichtbar, sondern verschwinden in der Naht.

Schräge Eingrifftaschen sitzen schräg zur Hüfte an den Seiten von Hosen oder Röcken.

Paspeltaschen sind Eingrifftaschen mit betonten Eingriffen. Sie können ein- oder zweiseitig paspeliert sein und werden manchmal mit einer Taschenklappe verschlossen.

Aufgesetzte Taschen

Aufgesetzte Taschen sind ein Detail, das sofort ins Auge springt, daher ist es wichtig, sie so zu platzieren, dass sie die Figur möglichst gut unterstreichen. Variieren Sie die auf dem Schnittmuster angegebene Platzierung, bis Sie eine finden, die am besten zu Ihrem Körper passt und Dekolletee oder Hüfte nicht ungünstig betont.

Sobald Sie die richtige Stelle gefunden haben, die Taschen feststecken und das Kleidungsstück nochmals anprobieren, um die Platzierung zu überprüfen. Bei Taschen ist es notwendig, die Stoffteile besonders sorgfältig abzumessen, da alle Stoffteile zusammenpassen müssen – besonders wichtig ist dies, wenn zwei symmetrische Taschen aufgesetzt werden sollen.

Aufgesetzte Taschen können mit der Hand oder der Nähmaschine festgenäht werden. Vor allem bei legeren Kleidungsstücken spart das Arbeiten mit der Maschine Zeit und sorgt für sichere Nähte. Werden besonders saubere, unsichtbare Nähte gewünscht, sollten die Taschen mit der Hand festgenäht werden. Verstärkt man aufgesetzte Taschen mit einem leichten Bügelvlies, behalten sie ihre Form und sind strapazierfähiger. Das Bügelvlies sollte dabei an der oberen Kante der Tasche bis zum Stoffbruch und an der unteren Kante bis zur Nahtlinie reichen. Gewebte, im Schrägschnitt geschnittene Stoffe sind perfekt, da die Taschen so nicht zu steif werden. Es empfiehlt sich außerdem, aufgesetzte Taschen an den oberen Ecken zu verstärken: Versehen Sie Hemdtaschen und Taschen bei Sportbekleidung mit dreieckigen Zierriegeln und Taschen bei Kinder- und widerstandsfähiger Outdoorbekleidung mit einem Zickzackriegel. Das Absteppen der Taschen macht diese noch stabiler.

Eckige aufgesetzte Tasche

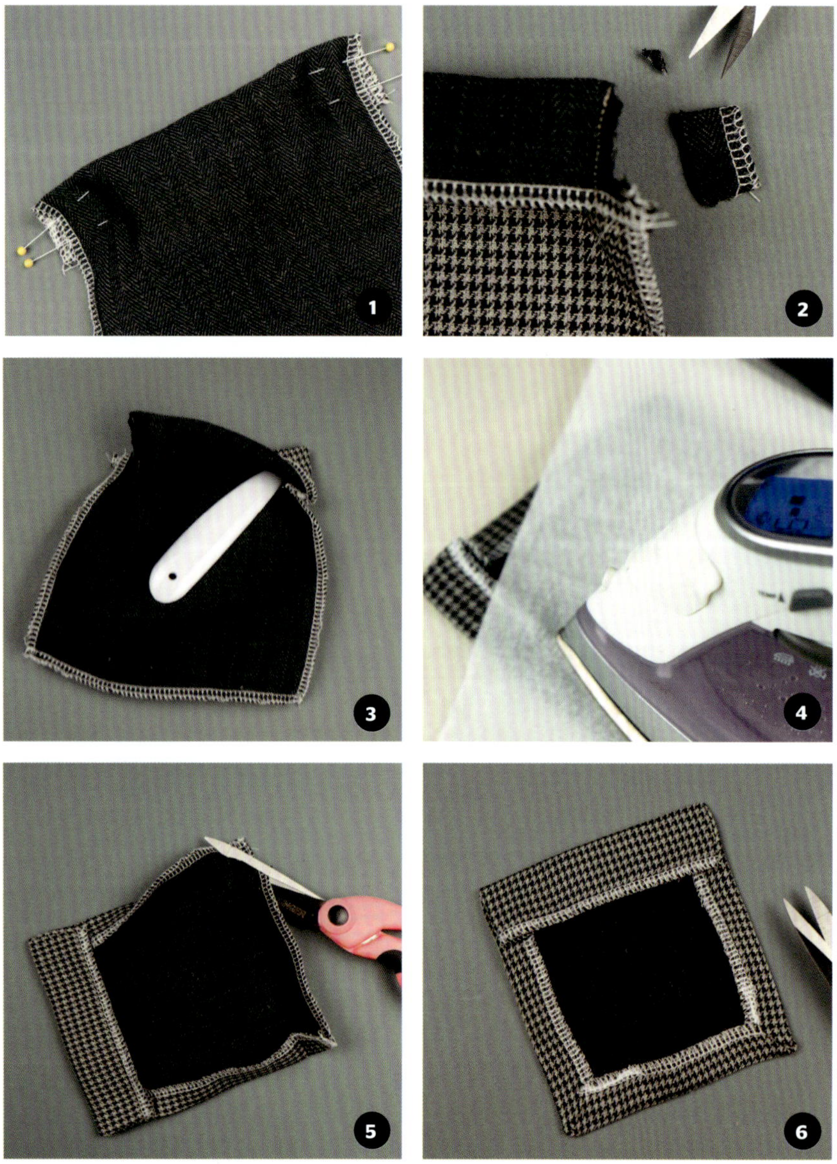

1 **Die obere Kante der Tasche** versäubern. Die Seitenkanten der Tasche bei Bedarf (je nach Stoff) ebenfalls versäubern. Die obere Kante rechts auf rechts einschlagen. An den kurzen Seiten der umgeschlagenen Kante den Taschenstoff jeweils etwa 3 mm nach innen ziehen und feststecken (siehe Bild). Die Kante entlang der Nahtlinie steppen und links und rechts schließen.

2 **Nahtzugaben an den Ecken** zurückschneiden.

3 **Die Kante auf rechts wenden** und die Ecken mit einem Eckenformer ausarbeiten.

4 **Die seitlichen Nahtzugaben** umbügeln.

5 **Die Nahtzugabe an der unteren Kante** nach oben falten und ebenfalls bügeln, dabei liegen die gefalteten Seitenkanten genau aufeinander. Wieder aufklappen und die Ecken diagonal 6 mm breit zurückschneiden.

6 **Die Nahtzugabe der unteren Kante und der Seitenkanten wieder** nach innen umbügeln, sodass die abgeschrägten Nahtzugaben an den Ecken im rechten Winkel aufeinander treffen. Nichtversäuberte Nahtzugaben wenn nötig zurückschneiden. Die fertige Tasche nochmals von rechts bügeln und die Kanten nach Wunsch mit einem Kantenstich versehen oder rundherum absteppen.

Aufgesetzte Tasche mit abgerundeten Ecken

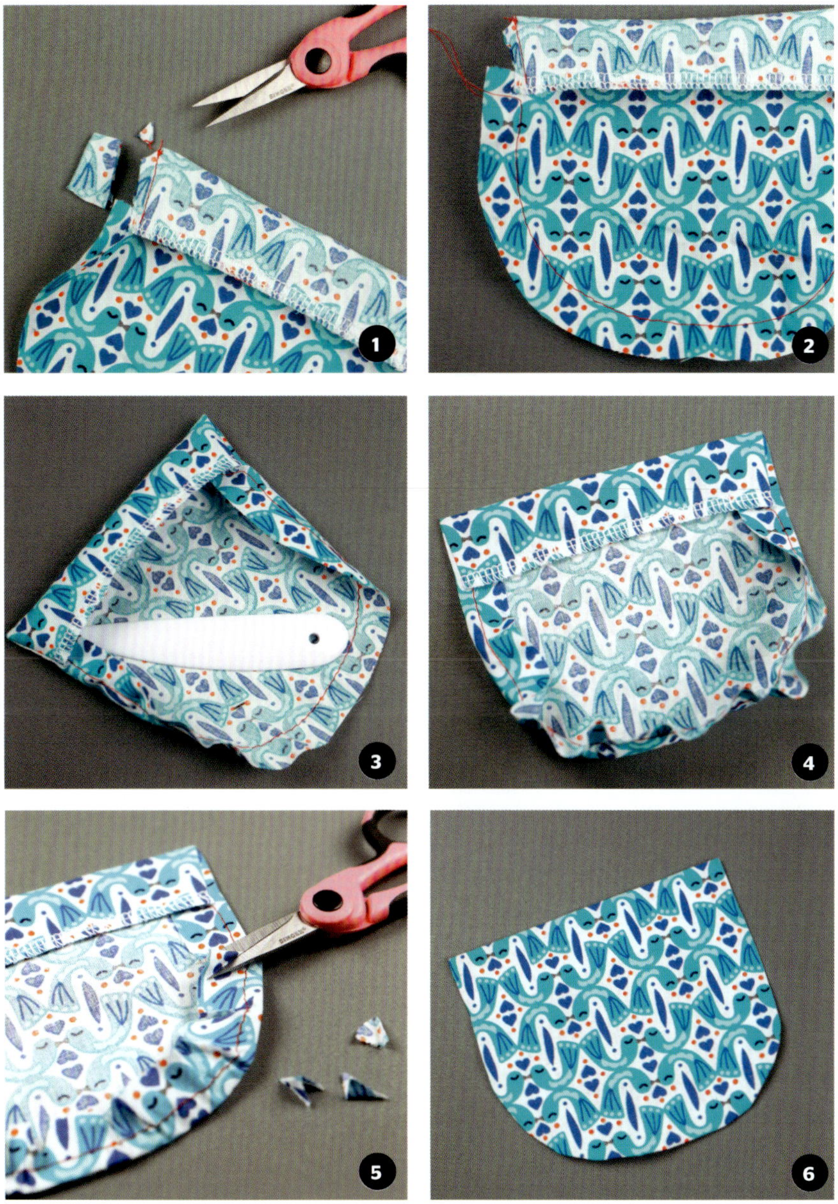

1 Die obere Kante wie bei der eckigen aufgesetzten Tasche arbeiten. Die Seitenkanten bei Bedarf je nach Stoff versäubern.

2 Die Tasche entlang der Kanten steppen, dabei die Stichlänge nach und nach vergrößern und an den Rundungen eine Einhaltenaht nähen. (Faden in Kontrastfarbe dient der besseren Veranschaulichung.)

3 Die Tasche auf rechts wenden und die Ecken mit einem Eckenformer ausarbeiten.

4 Die Nahtzugaben nach innen umbügeln. Den Unterfaden vorsichtig festziehen, um die Nahtzugabe gleichmäßig zusammenzuziehen.

5 Wenn notwendig, die Nahtzugabe an den Rundungen einknipsen, damit sie flach liegt. Die Nahtzugabe rundherum auf 6 mm zurückschneiden.

6 Die fertige Tasche von rechts bügeln und die Kanten nach Wunsch mit einem Kantenstich versehen oder rundherum absteppen.

Mit Außenstoff gefütterte aufgesetzte Tasche

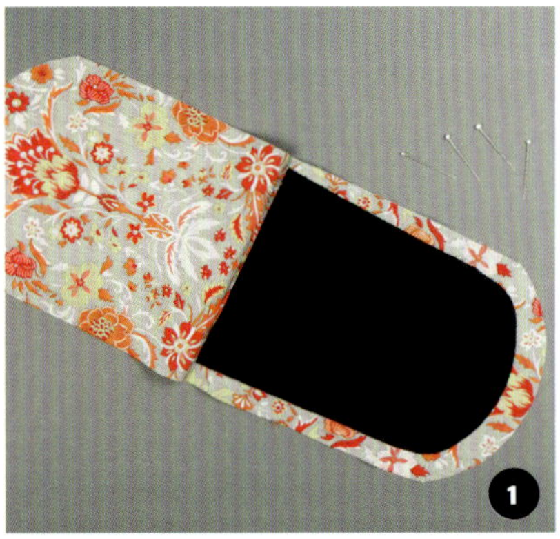

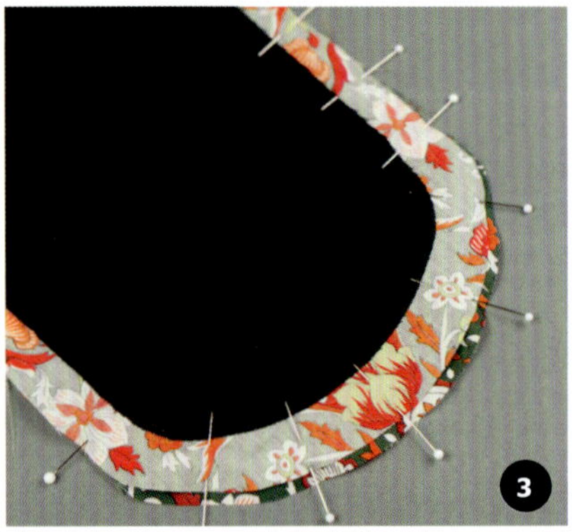

1 **Den Stoff für die Tasche rechts auf rechts falten.** Das Schnittmusterteil für die Tasche Kante an Kante auf den Stoffbruch legen und die Tasche in doppelter Stofflage zuschneiden. Einen Taschenteil mit einer Einlage verstärken.

2 **Auf dem nichtverstärkten Taschenteil** einen 2,5 cm langen schrägen Einschnitt machen.

3 **Die Taschenteile rechts auf rechts falten,** dabei das nichtverstärkte Taschenteil an den Kanten 3 mm nach innen ziehen, und feststecken.

4 **Knappkantig entlang der Einlage** steppen. Die Nahtzugabe rundherum zurückschneiden und an der Rundung einknipsen.

5 **Die Tasche durch den Schlitz auf rechts wenden.** Die Kanten bügeln, dabei die Naht auf die Taschenseite mit dem Schlitz schieben.

6 **Die Ecken mit einem Eckenformer** ausarbeiten.

7 **Um den Schlitz zu schließen,** ein Stück Bügelvlies mit der haftenden Seite nach oben in den Schlitz schieben und festbügeln.

Mit Futterstoff gefütterte aufgesetzte Tasche

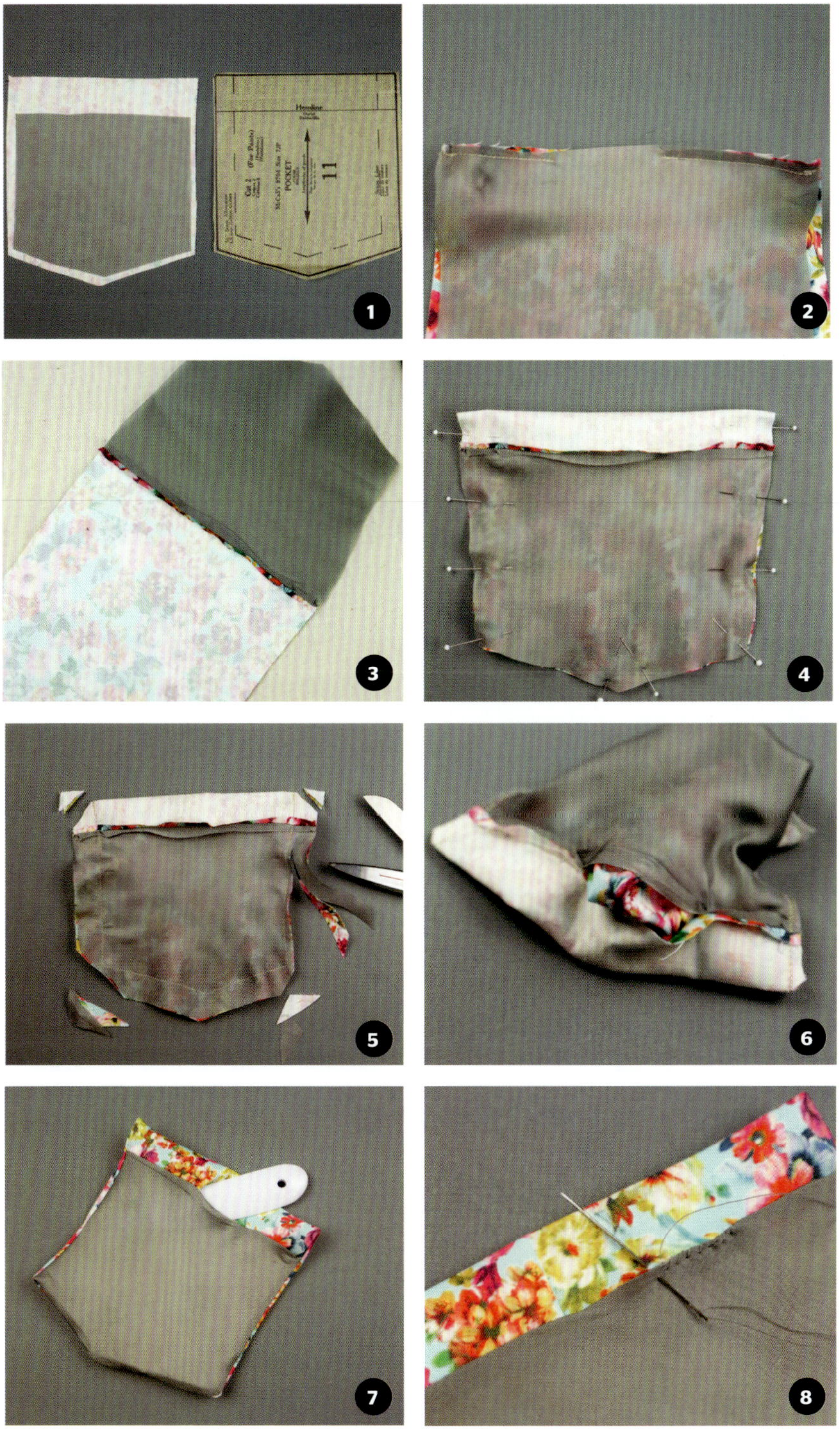

1 Das Schnittmuster für die Tasche auf Stoff übertragen und zuschneiden. Die Schnittlinie auf dem Futter 1,3 cm unterhalb der oberen Kante und jeweils 3 mm innerhalb der Seitenkanten und der unteren Kanten anzeichnen. Futterstoff zuschneiden.

2 Stoffteile für Tasche und Futter rechts auf rechts und obere Kante auf obere Kante legen und die obere Kante mit einer Nahtzugabe von 6 mm steppen, dabei in der Mitte eine Wendeöffnung lassen.

3 Die Nahtzugaben auseinanderbügeln.

4 Futter und Tasche entlang der Unterkante rechts auf rechts feststecken und die Seiten- und unteren Kanten steppen.

5 Die Nahtzugaben zurückschneiden, an den Ecken abschrägen und bei Bedarf an Rundungen einknipsen.

6 Die Tasche durch die Wendeöffnung auf rechts wenden.

7 Die Ecken mit einem Eckenformer sauber ausarbeiten. Die Tasche von der Futterseite her bügeln, dabei die Naht zur Futterseite der Tasche verschieben.

8 Die Wendeöffnung mit einem Saumstich schließen.

Eine Tasche mit der Nähmaschine aufsetzen

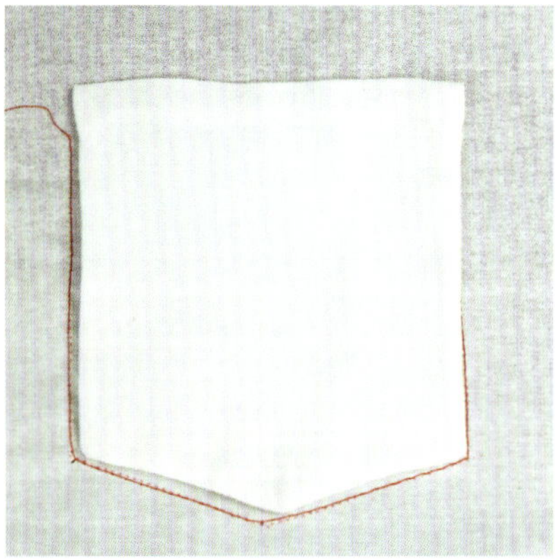

Die Tasche an der gewünschten Stelle auf den Oberstoff legen und zur Orientierung rundherum eine Heftnaht steppen.

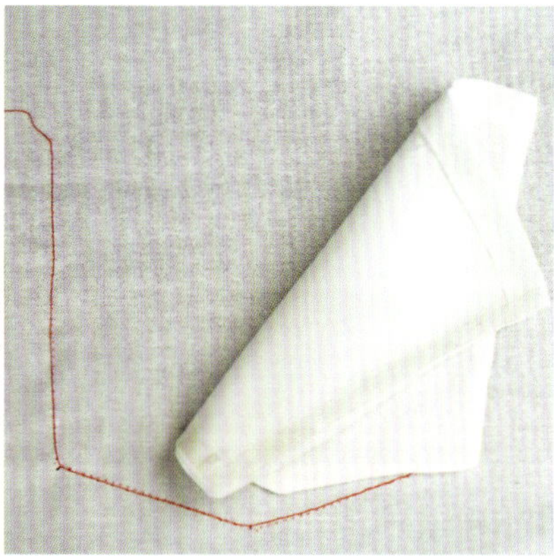

Die Tasche mithilfe von Klebeband, Stecknadeln oder Haftspray auf dem Oberstoff fixieren.

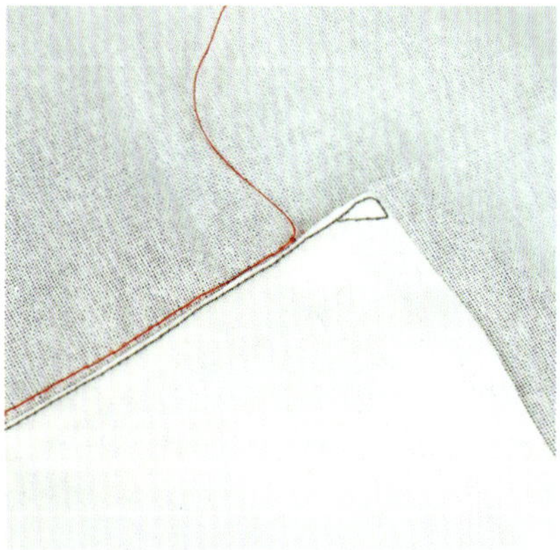

Die Tasche mit einem Kantenstich auf den Oberstoff feststeppen, dabei die oberen Ecken mit einem dreieckigen Riegel sichern. Die Heftnaht entfernen.

Eine Tasche mit der Hand aufsetzen

Die Platzierung der Tasche mit einer Heftnaht festlegen. Die Tasche vor dem Aufsetzen rundherum absteppen oder mit einer Kantennaht versehen.

Die Tasche an die gewünschte Stelle heften, dabei sorgfältig entlang den Kanten nähen – mithilfe dieser Naht wird die Tasche später von links festgenäht.

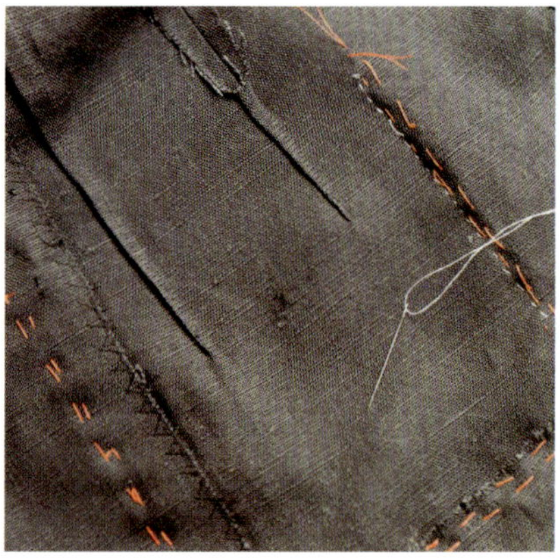

Die Tasche von links mit einem Saumstich festnähen, sodass die Naht auf der rechten Seite nicht zu sehen ist. Die Heftnähte entfernen.

Nahttaschen

Es gibt drei Arten, Nahttaschen zuzuschneiden: Angeschnittene Taschen werden als Teil der Schnittteile des Kleidungsstück zugeschnitten, separate Taschen werden später eingesetzt oder ein Teil der Tasche ist angeschnitten und der zweite Teil wird eingesetzt. Bei einer angeschnittenen Nahttasche kommt man mit einer Naht weniger aus, es kann allerdings trotzdem sein, dass die Tasche voluminös aussieht, wenn der Stoff etwas dicker ist. Eine separate Tasche kann aus Futterstoff gefertigt werden und liegt damit automatisch flacher. Eine Kombination aus beiden Methoden verhindert Auftragen und sorgt dafür, dass das Taschenfutter an der Hüfte nicht hervorsteht. Damit die Taschenöffnung bei angesetzten Taschen nicht ausleiert, die Nahtzugabe des vorderen Taschenteils an der Öffnung mit einem schmalen Twill- oder Saumband verstärken. Zum Schluss die Öffnung rundherum absteppen, das sichert die Tasche und sorgt dafür, dass die Nähte flach liegen und nicht auftragen.

Nahttasche mit angeschnittener Taschenöffnung

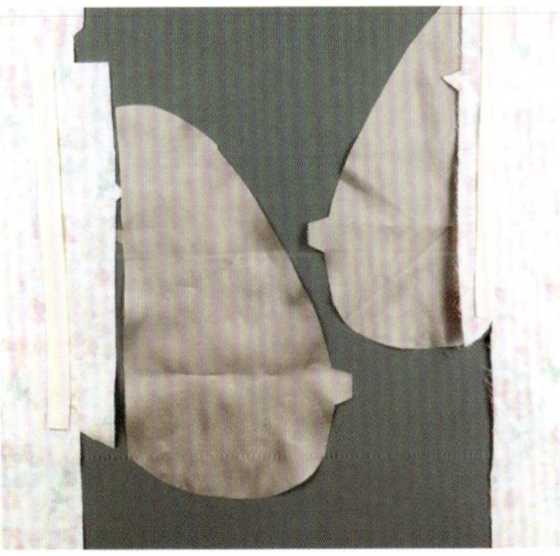

Je ein Stück Twill- oder Saumband auf die linke Seite der angeschnittenen Taschenöffnungen innerhalb der Nahtzugabe legen und rundherum mit einer Kantennaht festnähen. Die Taschenteile rechts auf rechts auf den angeschnittenen Taschenöffnungen festnähen. Die Nahtzugaben auf 6 mm zurückschneiden und die Taschenteile umbügeln.

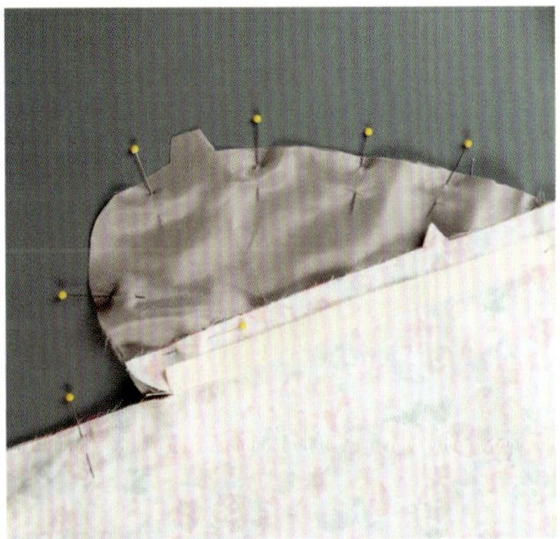

Vorder- und Rückseite des Kleidungsstücks rechts auf rechts aufeinanderlegen und feststecken. Entlang der Taschenöffnung eine Heftnaht steppen. Jetzt Vorder- und Hinterteil des Kleidungsstücks von unten und oben zusammennähen, dabei jeweils bis zur Taschenöffnung nähen und die Naht an der Öffnung durch Vor- und Zurücknähen verriegeln.

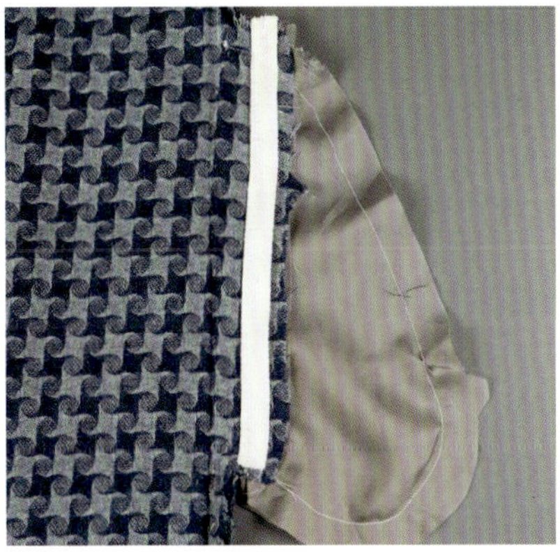

Anschließend die Taschenteile rundherum steppen, dabei endet die Naht jeweils bei der Seitennaht. Am hinteren Taschenteil die Nahtzugabe zur Seitennaht einknipsen und umbügeln. Die Tasche nach vorn umbügeln. Die offenen Kanten der Tasche zusammen versäubern. Die Heftnaht entlang der Taschenöffnung entfernen.

Schräge Eingrifftaschen

Schräge Eingrifftaschen bestehen aus drei Teilen: dem vorderen und dem hinteren Taschenbeutel und dem seitlichen Vorderteil des jeweiligen Kleidungsstücks. Der hintere Taschenbeutel füllt dabei den Bereich oberhalb der Taschenöffnung und komplettiert die Innentasche. Der vordere Taschenbeutel kann aus Futterstoff zugeschnitten werden, dann liegt die Tasche schön flach.

Eine schräge Eingrifftasche nähen

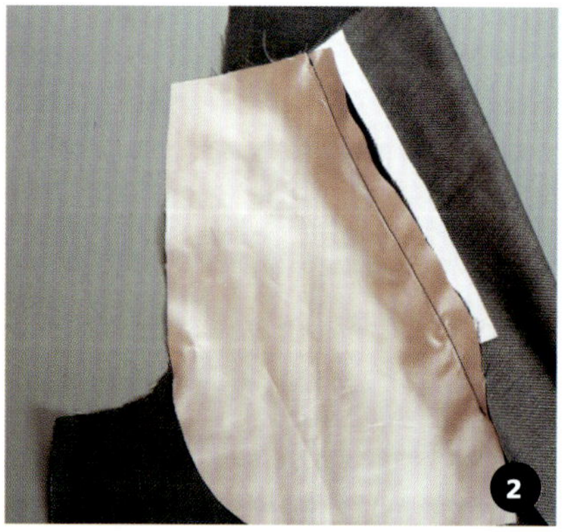

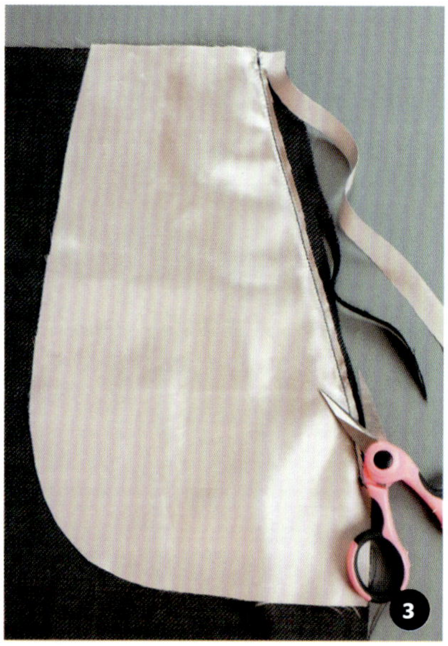

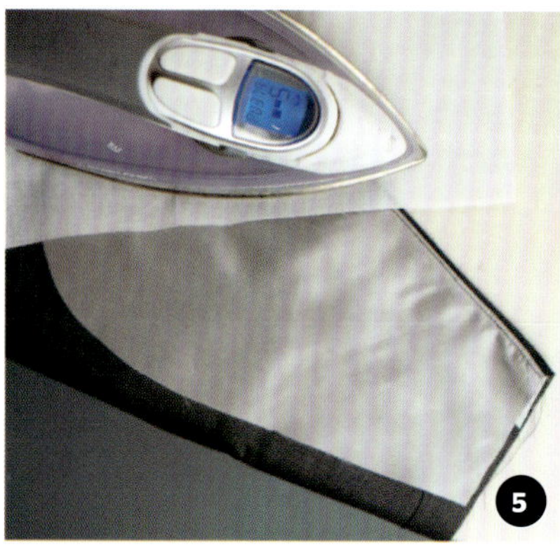

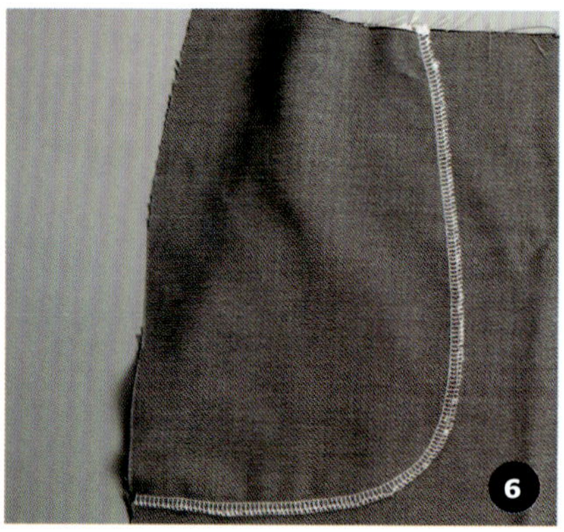

1 **Einen 5 cm breiten Streifen Einlage** oder Saumband in der Länge der Taschenöffnung zuschneiden und von links 1,3 cm von der geraden Kante (Taschenöffnung) des seitlichen Vorderteils entfernt feststecken und steppen. Die Nahtzugaben knapp zurückschneiden.

2 **Den vorderen Taschenbeutel rechts auf rechts** und Kante auf Kante auf das Vorderteil legen und feststeppen.

3 **Die Nahtzugaben** zurückschneiden, dabei sollte die Nahtzugabe des Taschenbeutels kürzer sein als die des seitlichen Vorderteils, und bei Bedarf an Rundungen einknipsen. Die Nahtzugaben nach innen umbügeln.

4 **Die Naht an der Kante untersteppen,** falls sie nicht mehr abgesteppt wird, um zu verhindern, dass sie sich auf die rechte Seite des Kleidungsstücks schiebt.

5 **Den vorderen Taschenbeutel nach innen falten** und bügeln, dabei die Naht ins Innere der Tasche verschieben, damit sie später nicht sichtbar ist. Falls die Kante nicht untersteppt wurde, diese jetzt absteppen oder mit einem Kantenstich versehen.

6 **Den hinteren Taschenbeutel auf den vorderen Taschenbeutel steppen.** Die Schnittmustermarkierungen helfen beim genauen Aufeinanderlegen der Stoffteile – die Tasche sollte flach liegen und keine Falten werfen. Offene Kanten mit einer Zickzackstich zusammen versäubern.

Doppelpaspeltaschen sehen ein bisschen so aus wie große eingefasste Knopflöcher. Die Taschenöffnung besteht aus zwei Paspelstreifen, also schmalen gefalteten Stoffstreifen. Der Taschenbeutel, der am besten aus Futterstoff zugeschnitten wird, liegt im Inneren des Kleidungsstücks und wird an den Paspelstreifen festgesteppt.

Paspeltaschen sind ein Nähpojekt für Fortgeschrittene, da man präzise und sorgfältig markieren, zuschneiden und nähen muss. Überprüfen Sie die Platzierung der Tasche, bevor Sie beginnen, und nochmals, bevor Sie die Taschenöffnung einschneiden. Der Oberstoff wird an der Stelle, an der später der Tascheneingriff sitzt, mit Bügelvlies verstärkt.

Taschenbeutel zuschneiden und nähen

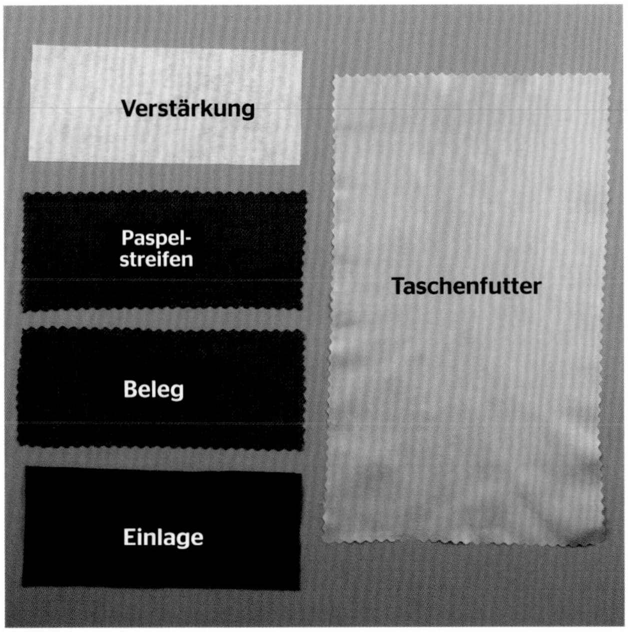

Für einen Tascheneingriff mit 12,5 cm langen Paspeln folgende Schnittteile zuschneiden: eine Eingriffverstärkung (aufnähbare Einlage), einen Paspelstreifen und einen Beleg aus Oberstoff und eine aufbügelbare Einlage à je 18 × 7,5 cm und ein Futterstoffteil à 18 × 30,5–38 cm, je nach gewünschter Tiefe des Taschenbeutels. Die Tiefe des Taschenbeutels entspricht der halben Futterstofflänge abzüglich 3,8 cm Nahtzugabe.

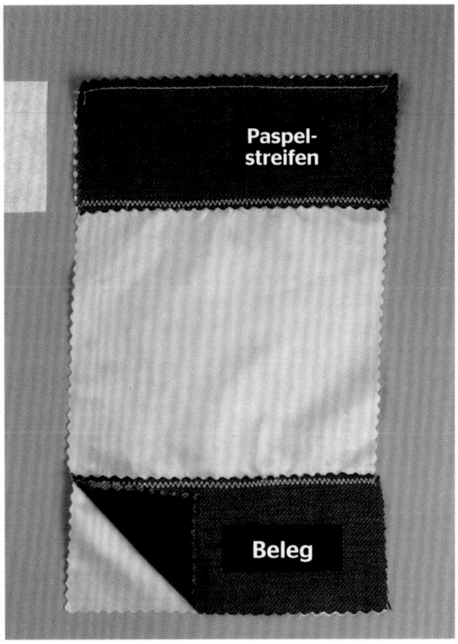

1 **Die aufbügelbare Einlage auf die linke Seite des Paspelstreifens bügeln.** Den Paspelstreifen mit der rechten Seite nach oben Kante auf Kante auf den Futterstoff legen und entlang der unteren Kante mit Zickzackstich auf den Futterstoff steppen. Die obere Kante auf den Futterstoff heften.

2 **Den Beleg wie den Paspelstreifen** auf den Futterstoff steppen. (Faden in Kontrastfarbe dient der besseren Veranschaulichung.)

Eine Paspeltasche nähen

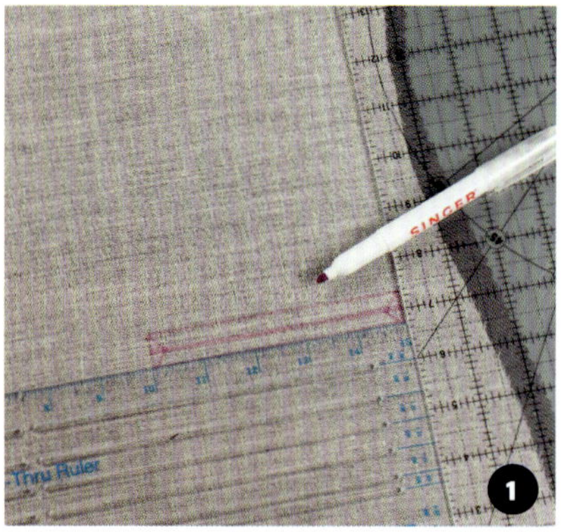

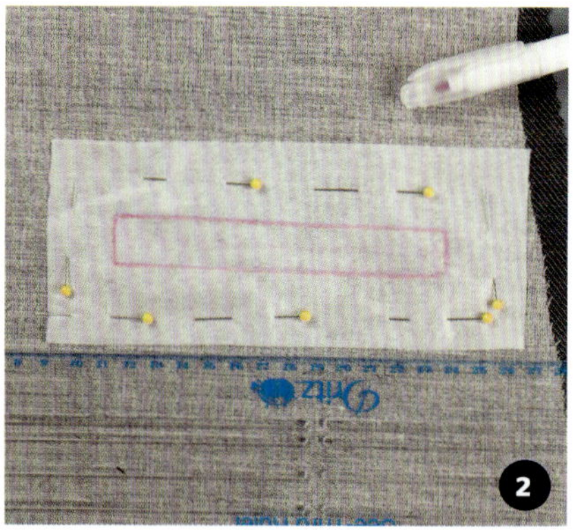

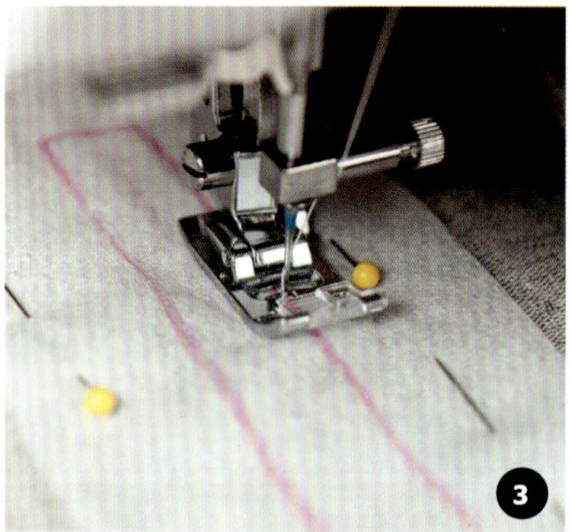

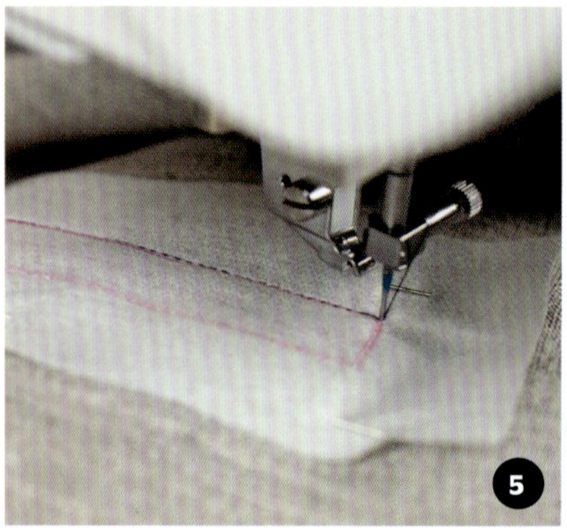

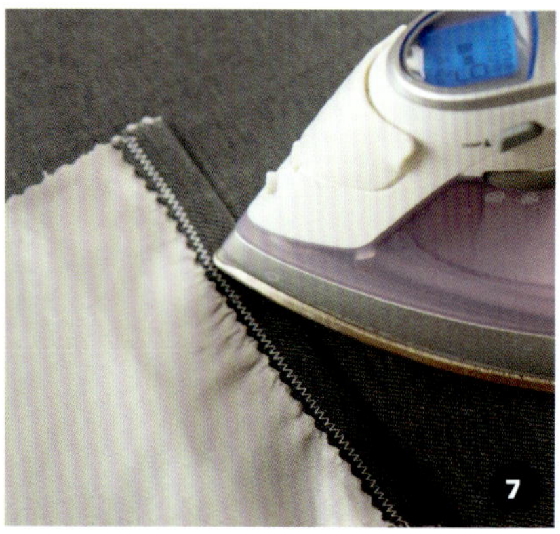

1 **Die Platzierung des Tascheneingriffs** mit einer geraden Linie auf der linken Seite des Kleidungsstücks markieren. 6 mm ober- und unterhalb dieser Linie je eine parallele Linie anzeichnen. Die Enden des Tascheneingriffs mit zwei kurzen vertikalen Linien im Abstand von 12,5 cm markieren. Die Eingriffverstärkung sollte mindestens 2,5 cm größer sein, als der angezeichnete Tascheneingriff.

2 **Die Eingriffverstärkung feststecken** und die Markierung für den Tascheneingriff auf die Verstärkung übertragen.

3 **Die Eingriffverstärkung entlang des markierten Tascheneingriffs** mit kurzen geraden Stichen rundherum heften, dabei bei einer langen Linie beginnen und die Naht nicht verriegeln. Die Naht ist dadurch auf der rechten Seite zu sehen – überprüfen Sie jetzt die Platzierung des Tascheneingriffs.

4 **Den Paspelstreifen rechts auf rechts** auf das Kleidungsstück legen, dabei liegt der Streifen mittig über dem gehefteten Tascheneingriff. (Hier ist die Tasche zurückgeschlagen, um deren Platzierung zu zeigen; außerdem wird hier mit Faden in Kontrastfarbe gearbeitet.)

5 **Die langen Kanten des Tascheneingriffs von links steppen** und die Naht an Anfang und Ende verriegeln. (Hier wurde der Nähfuß angehoben, um das Nahtende zu zeigen)

6 **Von links füßchenbreit** auf beiden Seiten eine parallele Heftnaht steppen.

7 **Den Paspelstreifen von unten umbügeln,** dabei liegt die untere Heftnaht direkt in der Bügelfalte. Achten Sie darauf, dass die Kante sauber und flach liegt.

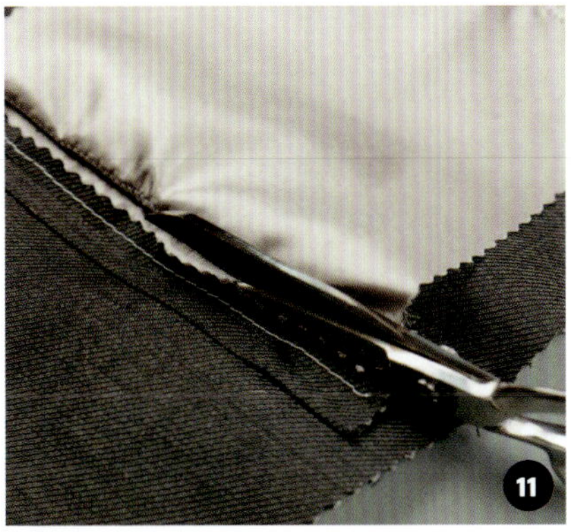

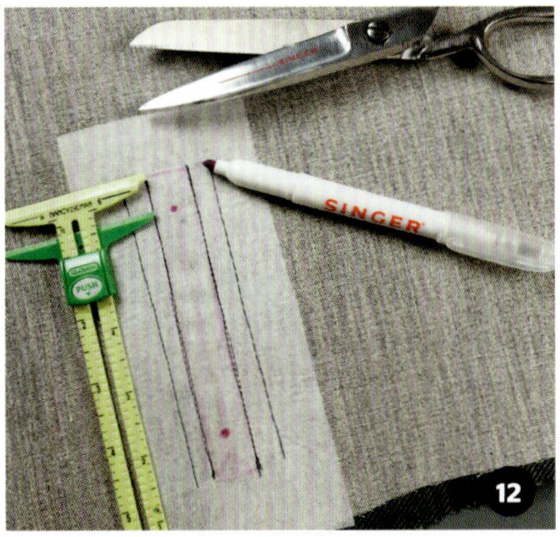

8 Von links entlang der unteren lange Kante des Tascheneingriffs steppen, die Naht dabei an den senkrechten Linien verriegeln. Hier sitzt später die untere Paspel.

9 Den Paspelstreifen von oben umbügeln, dabei liegt die obere Heftnaht direkt in der Bügelfalte.

10 Die obere lange Kante des Tascheneingriffs von links steppen, die Naht dabei an den senkrechten Linien verriegeln. Hier sitzt später die obere Paspel.

11 Den Paspelstreifen zwischen den beiden Nähten aufschneiden. Achten Sie dabei darauf, nicht in den Oberstoff zu schneiden. Die Heftnähte entfernen.

12 Links 1,5 cm innerhalb der senkrechten Linien kleine Punkte anzeichnen.

13 Den Oberstoff mittig zwischen diesen Markierungen aufschneiden. Ausgehend von den Markierungen an jedem Ende zwei diagonale Schnitte zu den Ecken machen. Achten Sie dabei darauf, nur den Oberstoff zu schneiden.

14 Paspeln und Taschenbeutel durch den Tascheneingriff auf links wenden. Achten Sie dabei darauf, dass die dreieckigen Stoffstücke an den kurzen Kanten flach zwischen Paspeln und Eingriffverstärkung liegen.

15 Die Paspeln von links vorsichtig bügeln.

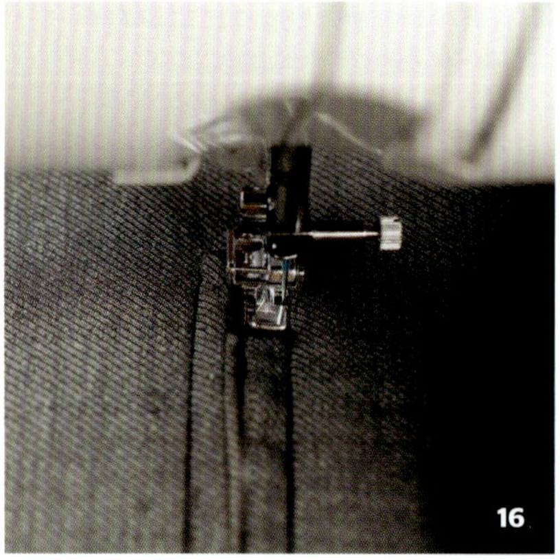

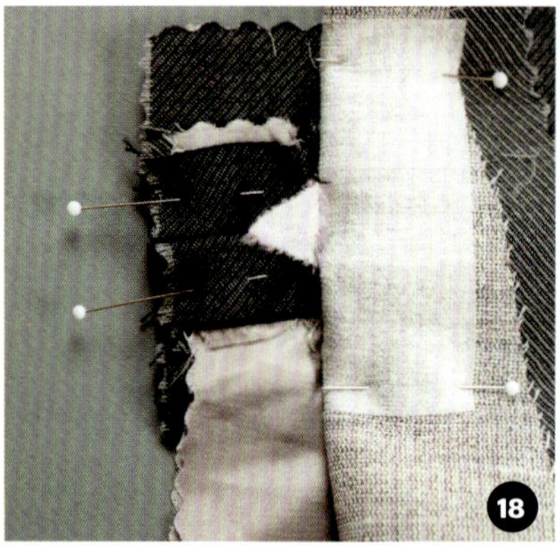

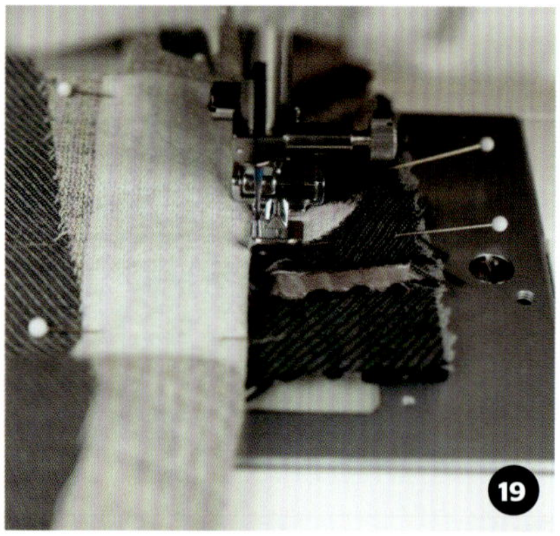

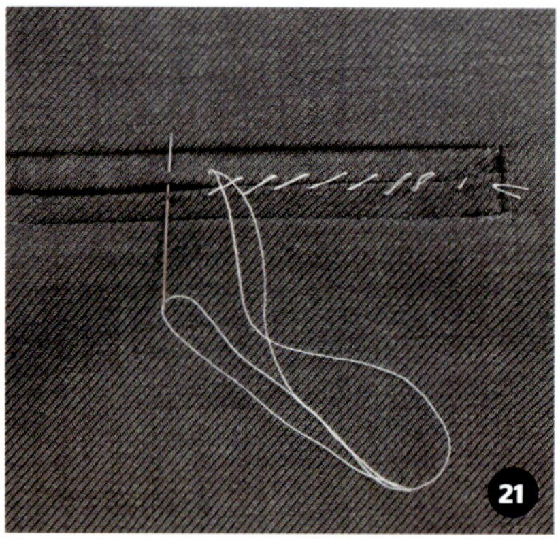

16 Von rechts im Nahtschatten der oberen Paspelnaht steppen, dabei einen Reißverschlussfuß verwenden und durch alle Stofflagen nähen.

17 Den Taschenbeutel falten, sodass der Beleg auf der Taschenöffnung liegt, und feststecken.

18 Den Oberstoff an den kurzen Kanten umschlagen, um die Seitennähte der Tasche zu steppen.

19 Die Seitennähte der Tasche mit einem Reißverschlussfuß steppen. Die Naht sollte möglichst nah an den gefalteten Dreiecken an den kurzen Seiten des Tascheneingriffs sitzen.

20 Den Taschenbeutel bügeln.

21 Die Kanten der oberen und unteren Paspel von Hand zusammennähen und damit den Tascheneingriff schließen, um das Kleidungsstück fertigzustellen.

Einseitige Paspeltaschen

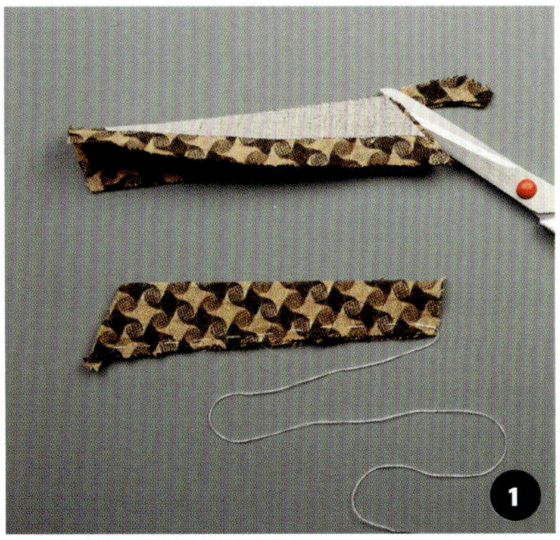

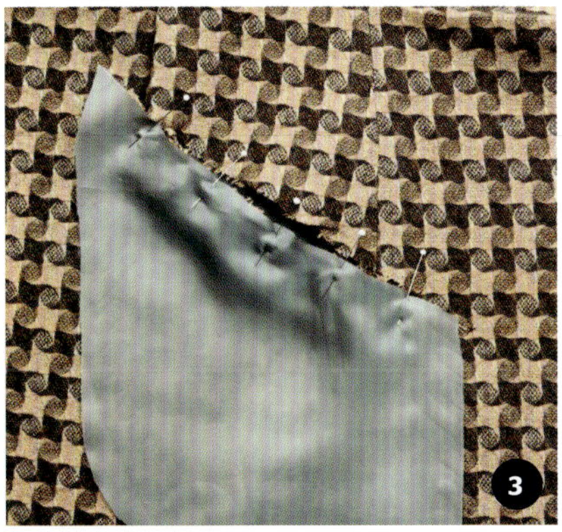

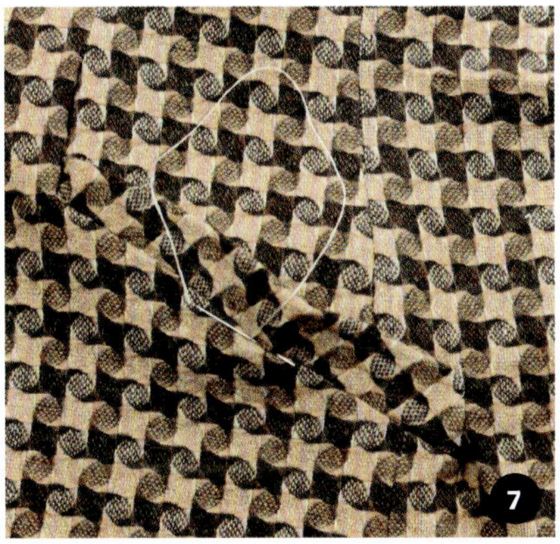

1 **Eine Einlage auf die linke Seite des Paspelstreifens bügeln.** Wenn Sie eine Rosshaareinlage oder eine andere stabilere Einlage verwenden, halbieren Sie diese und bügeln Sie sie rechts und links der Faltlinie auf. Den Paspelstreifen der Länge nach rechts auf rechts falten und an den kurzen offenen Kante steppen. Nahtzugaben zurückschneiden, Paspel auf rechts wenden, bügeln und die lange Kante heften.

2 **Die Paspel von rechts** mit der gehefteten Kante auf die untere Kante des Tascheneingriffs auf den Oberstoff heften.

3 **Den vorderen Taschenbeutel** (aus Futterstoff) rechts auf rechts auf die untere Kante des Tascheneingriffs steppen, dabei liegt die Paspel zwischen Taschenbeutel und Oberstoff.

4 **Den hinteren Taschenbeutel** (aus Oberstoff) rechts auf rechts und Kante auf Kante auf die obere Kante des Tascheneingriffs steppen.

5 **Vorderen und hinteren Taschenbeutel** durch den Tascheneingriff auf die linke Seite des Oberstoffs wenden. Die gesteppte Kante des Paspelstreifens dabei ins Innere der Tasche schieben.

6 **Die Paspelnaht** bügeln.

7 **Die Taschenteile zur Seite falten,** und im Nahtschatten der Paspelnaht mit der Hand eine Saumnaht nähen, um die Nahtzugabe zu sichern.

8 **Hinteren und vorderen Taschenbeutel** zusammenstecken und rundherum bis jeweils zum Tascheneingriff steppen.

Verschlüsse

Mit Verschlüssen werden Kleidungsstücke nicht nur verschlossen, sie sorgen auch dafür, dass Kleidungsstücke bequem an- und ausgezogen werden können. Reißverschlüsse, Knöpfe, Druckknöpfe sowie Haken und Augen können versteckt angebracht werden, Verschlüsse eignen sich aber auch als dekorative Details: Ein schicker Knopf, ein Reißverschluss in einer Kontrastfarbe oder bunte Druckknöpfe können einem Kleidungsstück den letzten Schliff verleihen.

Wählen Sie den Verschluss, der für das Kleidungsstück, das Sie nähen wollen, am besten geeignet ist – je nach verwendetem Stoff und je nachdem, wie viel Zug auf den Verschluss wirkt. Ein Hosenhaken mit Steg (gegenüber) hält der Belastung, die auf einen Hosenbund wirkt, beispielsweise besser stand als Universalhaken und -augen. Für genauere Informationen zu Art und Größe des Verschlusses, der für ein bestimmtes Kleidungsstück verwendet werden soll, werfen Sie einen Blick auf das benötigte Zubehör, das auf dem Schnittmusterumschlag angeführt wird.

Da auf Verschlüsse ein gewisser Zug wirkt, ist es wichtig, den Oberstoff an der Stelle, an der der Verschluss platziert wird, zu verstärken. Dafür eignen sich Nahtzugaben oder Belege – bei Verschlüssen, die stärker unter Zug stehen, sollte eine Einlage verwendet werden.

Knöpfe, Druckknöpfe und Haken und Augen am besten mit einem Universalfaden und einer Sharp-Nadel oder einer spitzen Sticknadel festnähen. Für schwere Stoffe und Verschlüsse, auf die besonders viel Zug wirkt, eignet sich ein fester Baumwollfaden wie Stepp- oder Knopflochgarn.

Haken und Augen

Ein zweiteiliger Verschluss aus Haken und Augen ist besonders stabil. Es gibt verschieden Arten von Haken und Augen: Normale Universalmetallhaken und -augen gibt es in den Größen 0 bis 3 in Schwarz oder Silber. Die Augen sind entweder gerade (Stege) oder rund. Stege eignen sich für Verschlüsse, die an überlappenden Kanten angebracht werden, etwa an einem Hosenbund. Runde Augen verwendet man, wenn zwei Kanten aufeinanderstoßen, etwa am Halsausschnitt über einem mittigen Reißverschluss. Statt runden Augen können auch Fadenschlaufen verwendet werden – vor allem bei empfindlichen Stoffen oder an Stellen, an denen eine Metallauge zu sehr auftragen würde, empfiehlt sich diese Alternative. Sie werden nach dem gleichen Prinzip gefertigt wie Knopfschlaufen, Fadenstege und Gürtelschlaufen: Eine lange Schlaufe wird mit einem Knopflochstich umnäht. Hosenhaken und -augen sind besonders stabil und halten so mehr Zug stand. Auch diese gibt es in Schwarz oder Silber, sie werden allerdings nur für überlappende Kanten verwendet. Große oder umsponnene Haken und Augen eignen sich für Jacken und Mäntel: Sie sind dekorativ und dennoch stabil genug, um auch schwere Stoffe zusammenzuhalten.

Eine Fadenschlaufe anfertigen

Den Faden doppelt einfädeln. An der Kante des Oberstoffs einstechen und zwei Fadenschlaufen in der gewünschten Größe der Schlaufe nähen. Diese werden später mit einem Knopflochstich umnäht. Die Schlaufe kann dabei über einen Finger, einen Stift oder einen anderen runden Gegenstand gelegt werden.

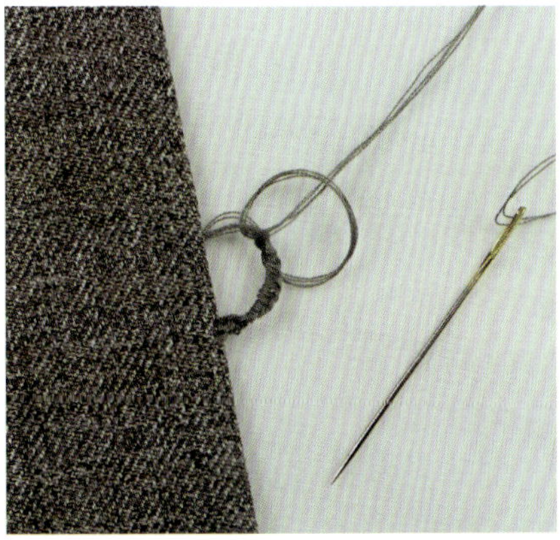

Die Schlaufe mit einem Knopflochstich umnähen. Dafür mit der Nadel in die Schlaufe einstechen, eine kleine Fadenschlinge lassen, durch diese wieder ausstechen und den Faden festziehen, sodass die Schlinge zur Fadenschlaufe gezogen wird.

Nach diesem Prinzip die gesamte Schlaufe umnähen, die Naht am Ende mit zwei Rückstichen sichern und die Fadenenden abschneiden.

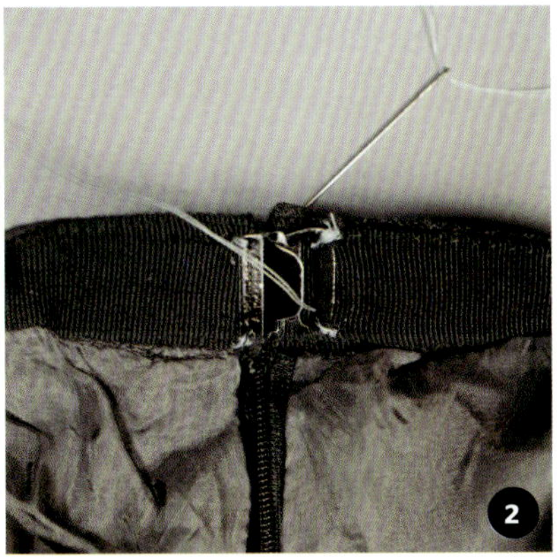

Hosenhaken und Steg bzw. Haken und Augen annähen

1 **Den Hosenhaken auf der linken Seite** der überlappenden Kante (Obertritt) etwa 3 mm innerhalb der Kante platzieren und mit einigen Stichen durch jedes Loch festnähen, dabei nicht durch die rechte Seite des Oberstoffs nähen.

2 **Den Obertritt über den Untertritt** legen und von links durch alle Stofflagen je eine Stecknadel durch die Löcher des Hakens stecken, um die Position des Stegs zu ermitteln. Den Steg festnähen.

Runde Haken und Augen kommen zum Einsatz, wenn der Bund nicht überlappt, sondern aufeinanderstößt. Den Haken wie rechts beschrieben platzieren und mit einigen Stichen durch beide Löcher und den Haken selbst festnähen. Das Auge wird so platziert, dass es über den Stoffbruch des Bundes ragt, und anschließend mit einigen Stichen festgenäht.

Für perfekte Knopflöcher ist auf Folgendes besonders zu achten:

- Die Länge des Knopflochs richtet sich nach der Größe des Knopfes und dem Stoffgewicht des verwendeten Stoffs.
- Die Enden werden mit einem Riegel versehen, so ist das Knopfloch stabil und reißt nicht aus, wenn es unter Zug steht.
- Die Nähte sollten sehr sorgfältig und mit gleichmäßigen Stichen gearbeitet werden.
- Das Knopfloch sollte etwa 3 mm größer sein als der verwendete Knopf.
- Der Abstand zwischen den Stichen sollte so groß sein, dass das Knopfloch aufgeschnitten werden kann, ohne dabei die Naht aufzutrennen.
- Beim Aufschneiden des Knopflochs darauf achten, dass die Nähte nicht aufgetrennt werden.
- Eine eventuelle Knopflochverstärkung darf nicht sichtbar sein. Wählen Sie außerdem eine zum verwendeten Stoff passende Einlage.
- Knopflöcher sollten immer im Fadenlauf genäht werden. Vertikale Knopflöcher sollten parallel zur Stoffkante und horizontale Knopflöcher parallel zum Saum platziert werden.

Horizontale Knopflöcher sind besonders zu empfehlen, da der Knopf so nicht aus dem Knopfloch rutschen kann. Außerdem halten sie auch stärkerem Zug stand, ohne auszureißen. Horizontale Knopflöcher sollten zur Kante des Kleidungsstücks etwa 3 mm größer sein als der verwendete Knopf. Der Abstand von der Mittellinie des Kleidungsstücks zur äußeren Stoffkante sollte mindestens drei Viertel mal so lang sein wie der Knopf – so ist sichergestellt, dass der Knopf später vollständig auf dem Oberstoff aufliegt und nicht über die Kante hinausragt.

Vertikale Knopflöcher kommen bei Knopf- und Hemdleisten zum Einsatz. Hier verwendet man meist mehrere kleinere Knöpfe, um das Kleidungsstück komplett zu schließen. Vertikale Knopflöcher werden direkt auf der vorderen oder hinteren Mittellinie des Kleidungsstücks genäht.

Bei einem geknöpften Kleidungsstück ist es besonders wichtig, dass die Knopflöcher und die Mittellinie des Kleidungsstücks direkt aufeinanderliegen. Ist die Überlappung größer oder kleiner als im Schnittmuster angegeben, kann es sein, dass das Kleidungsstück nicht richtig sitzt.

Die Abstände zwischen den Knopflöchern sollten grundsätzlich gleich lang sein. Falls es notwendig ist, die Länge des Kleidungsstücks oder den Sitz der Oberteillinie anzupassen, muss die Länge der Abstände dementsprechend angepasst werden. Dies ist auch der Fall, wenn Sie Knöpfe verwenden möchten, die größer oder kleiner sind als im Schnittmuster angegeben. Die Knopflöcher sollten grundsätzlich so platziert werden, dass sie dort sitzen, wo die größte Belastung auf die Knopfleiste wirkt. Wenn die Knopflöcher nicht richtig platziert werden, kann es sein, dass das Kleidungsstück unschön aufspringt.

Bei normalen Öffnungen an der Vorderseite eines Kleidungsstücks sollten Knopflöcher am Halsausschnitt und an der stärksten Stelle der Brust platziert werden. Bei doppelreihigen Jacken und Mänteln werden die Knopflöcher hingegen etwas unterhalb der Brust platziert, um zu vermeiden, dass Knöpfe direkt auf der Brust platziert werden. (Bei zwei Knöpfen kann das ganz schnell seltsam aussehen!) Bei Mänteln, Überblusen und Kleidern oder Jacken mit Wiener Nähten sollte ein Knopfloch direkt in der Taille sitzen. Um Faltenwurf zu vermeiden, sollten bei Einsteckblusen oder Kleidern mit Gürtel keine Knopflöcher direkt in der Taille platziert werden. Bei Kleidern, Röcken und Hemdblusenkleidern sollte der letzte Knopf bzw. das letzte Knopfloch etwa 12,5 bis 15 cm oberhalb des Saums platziert werden.

Um sicherzustellen, dass Knopflöcher gleichmäßig platziert werden, das obere und untere Knopfloch markieren und den Abstand messen. Die gemessene Länge durch die Anzahl der Knöpfe minus 1 teilen. Das ergibt den erforderlichen Abstand zwischen den einzelnen Knopflöchern. Nach dem Markieren das Kleidungsstück anprobieren, um sicherzustellen, dass die Knopflöcher richtig sitzen – und bei Bedarf anpassen.

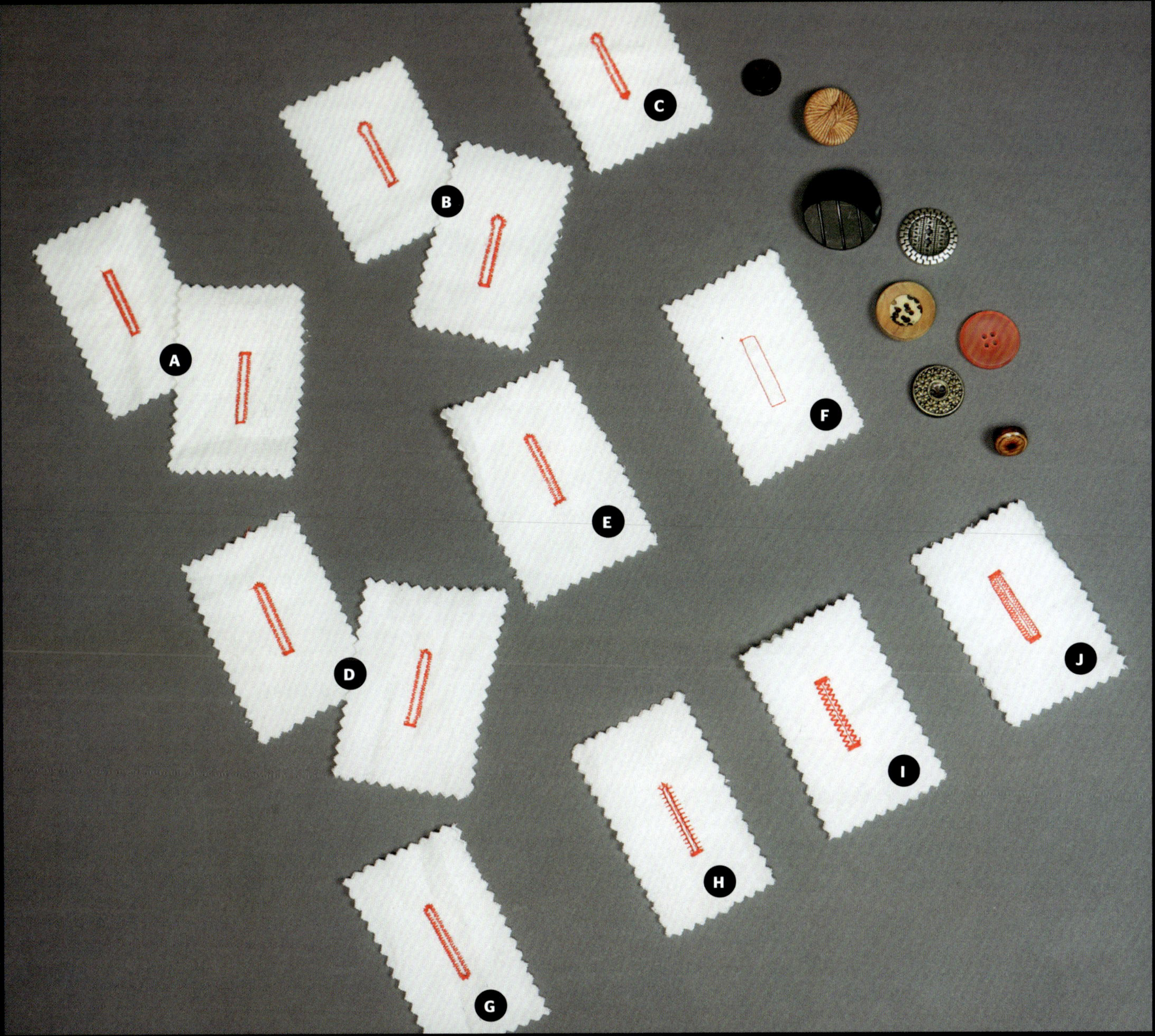

Hier finden Sie eine Übersicht über die Knopflochvarianten, über die die meisten handelsüblichen Nähmaschinen verfügen. Andere als die hier angeführten Knopflöcher sind dekorative Varianten, die ganz nach Wunsch verwendet werden können.

A Riegelknopfloch mit weiten Zickzackquerstichen an beiden Enden für quadratische Knopflöcher.

B Augenknopfloch mit Querriegel mit Extraplatz für Knopfstiel oder -öse oder dicke Fadenstege am abgerundeten Ende.

C Augenknopfloch ohne Querriegel.

D Rundknopfloch mit Normalriegel.

E Rundknopfloch mit Querriegel mit extra breiten verstärkten Querstichen.

F Heftnaht für Paspelknopfloch als Markierung für das Nähen von paspelierten Knopflöchern.

G Rundknopfloch ohne Querriegel.

H Zierknopfloch.

I Stretchknopfloch – besonders geeignet für Strickware und Stretchstoffe.

J Heirloom-Knopfloch – geeignet für leichte bis mittelschwere, gewobene Materialien wie Blusen, Kleider, Freizeitbekleidung und Bettwäsche.

Die Länge eines Knopflochs bestimmen

Die Breite und Höhe des gewünschten Knopfes abmessen. Breite plus Höhe des Knopfes plus 3 mm Versäuberungszugabe für die Enden des Knopflochs ergeben die Länge für ein mit der Nähmaschine gearbeitetes Knopfloch. Das Knopfloch sollte so groß sein, dass sich der Knopf ohne Probleme durchschieben lässt, und doch so kurz, dass das Kleidungsstück fest verschlossen werden kann.

Es empfiehlt sich, das Knopfloch zunächst auf einem Stoffrest probezunähen. Dafür zunächst einen Schlitz in der Länge des Knopflochs abzüglich der 3 mm Verstärkungszugabe schneiden. Wenn der Knopf sich einfach durchschieben lässt, ist die Länge korrekt. Anschließend ein Probeknopfloch auf einem Stück Stoff (Oberstoff verstärkt mit Einlage und Beleg) nähen. Die Stichlänge und -breite, den Abstand zwischen den Stichen und die Länge des Einschnitts überprüfen.

Ein Knopfloch markieren

Das Schnittmuster Kante auf Kante auf die rechte Seite des Kleidungsstücks legen. Mit zwei senkrecht gesteckten Stecknadeln von links die Enden des Knopflochs markieren. Das Schnittmuster entfernen. Jetzt gibt es drei Möglichkeiten, um die Position der Knopflöcher zu markieren:

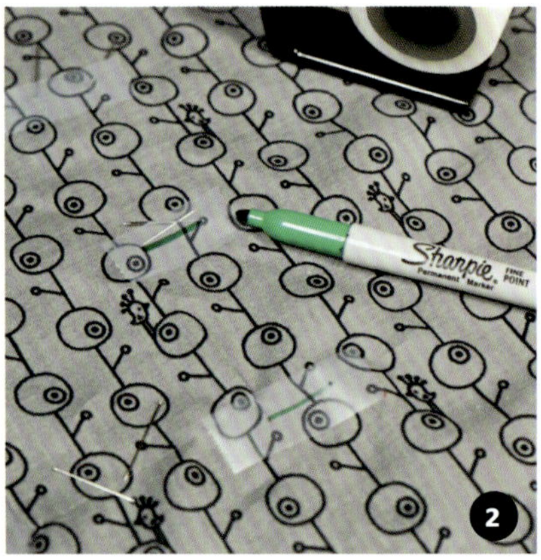

1 **Mit einem wasserlöslichen Markierstift** eine Linie zwischen den Stecknadeln ziehen.

2 **Durchsichtiges Klebeband** über die Stecknadeln kleben und mit einem Kugelschreiber oder einem Markierstift auf dem Klebeband eine Linie ziehen. Anschließend die Klebebandstücke an einer Seite zur Hälfte abziehen und die Stecknadeln von links herausziehen.

3 **Die Stecknadellöcher mit Markierstift markieren** und dann mit der Nähmaschine oder von Hand eine Heftnaht von Punkt zu Punkt nähen. Senkrecht zu den Heftnähten weitere Heftnähte nähen, um sicherzugehen, dass die Knopflöcher parallel sind.

Maschinengenähte Knopflöcher

Maschinengenähte Knopflöcher eignen sich für so gut wie alle Kleidungsstücke, vor allem für Freizeitbekleidung. Es gibt drei Möglichkeiten, Knopflöcher mit der Nähmaschine zu nähen: mit einem Knopflochprogramm (2- oder 4-Stufen-Knopflochautomatik), mit einem Knopflochstich oder mit einer 1-Stufen--Knopflochautomatik. Nähen Sie immer zuerst ein Probeknopfloch auf einem Stück des verwendeten Stoffes mit Einlage. So sehen Sie, an welcher Stelle genau die Maschine zu nähen beginnt, und können den Stoff dementsprechend platzieren.

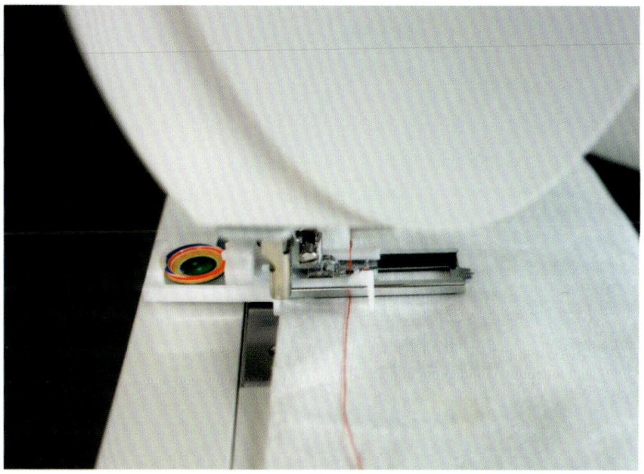

Mit einem Knopflochprogramm genähte Knopflöcher bestehen aus Zickzackstichen und Querriegeln. Fast alle Nähmaschinen verfügen über Knopflochprogramme, die Knopflöcher auf diese Weise in zwei oder vier Schritten nähen (2- oder 4-Stufen-Knopflochautomatik) – beachten Sie die Angaben in der Bedienungsanleitung Ihrer Maschine! Ein 4-Stufen-Knopfloch besteht aus einer Zickzacknaht vorwärts (Steg oder Raupe), einem Querriegel, einer Zickzacknaht rückwärts (Steg oder Raupe) und einem weiteren Querriegel. Bei einer 2-Stufen-Knopflochautomatik werden die Querriegel jeweils direkt nach der Vorwärts- bzw. Rückwärtsnaht genäht. Der Vorteil hier ist, dass die Stichbreite des Zickzackstichs je nach Stoff und Größe des Knopflochs angepasst werden kann. Das ist vor allem praktisch für Knöpfe, die größer sind und daher nicht mit dem 1-Stufen-Knopflochfuß genäht werden können. Wählen Sie einen langen Zickzackstich bei dicken, grob gewebten Stoffen und kürzere Stiche bei empfindlichen oder feinen Stoffen. Verfügt Ihre Nähmaschine über keine vorprogrammierte Knopflochautomatik, können die Nähte des Knopflochs nach diesem Prinzip auch einzeln genäht werden.

Umstochene Knopflöcher sind Varianten eines maschinengenähten 2-, 4- oder 1-Stufen-Knopflochs. Das Knopfloch wird mit einem engen Zickzackstich genäht und aufgeschnitten. Anschließend werden die offenen Kanten mit einem Zickzackstich versäubert. Das Knopfloch sieht dadurch aus, als wäre es mit der Hand genäht worden. Besonders geeignet ist diese Art des Knopflochs, wenn die Einlage eine andere Farbe hat als der Oberstoff.

Mit einer 1-Stufen-Knopflochautomatik genähte Knopflöcher werden in einem Schritt genäht. Dafür ist ein besonderer Nähfuß notwendig. 1-Stufen-Knopflöcher können mit einem normalbreiten Zickzackstich oder bei leichteren Stoffen mit einem schmalen Zickzackstich genäht werden. Der Knopf wird in eine Halterung des Knopflochfußes eingelegt und bestimmt so die Größe des Knopflochs – für perfekt passende Knopflöcher. Viele Nähmaschinen verfügen über einen Knopflochhebel, der abgesenkt wird und so der Maschine die korrekte Länge des Knopflochs anzeigt. Die Knopflöcher sind immer gleich lang, es muss also nur die gewünschte Platzierung markiert werden.

Müssen Knopflöcher aufgrund von Schnittmusteränderungen neu platziert werden, nähen Sie diese, sobald die Belege an das Stoffteil genäht und versäubert sind und bevor das Kleidungsstück zusammengenäht wird. So lässt sich der Stoff mit der Nähmaschine nähen, ohne dass er Falten wirft oder Stoffteile im Weg liegen.

Ein 4-Stufen-Knopfloch nähen

Den Stoff unter den Knopflochfuß schieben, dabei liegt der Beginn der Knopflochmarkierung unter der Nadel und der Fuß direkt über der Markierung. (Hier unten sehen sie die einzelnen Schritte – während des Nähens einfach nach und nach auf die nächste Stufe schalten, ohne den Nähfuß zu heben.)

1 **Die Sticheinstellung** auf die erste Stufe stellen. Langsam einige Stiche für den ersten Querriegel nähen.

2 **Eine Zickzacknaht** bis zum Ende der Markierung nähen (erster Steg oder Raupe).

3 **Langsam einige Stiche** für den zweiten Querriegel nähen.

4 **Den zweiten Steg** steppen, um das Knopfloch fertigzustellen. Die Naht zum Schluss verriegeln.

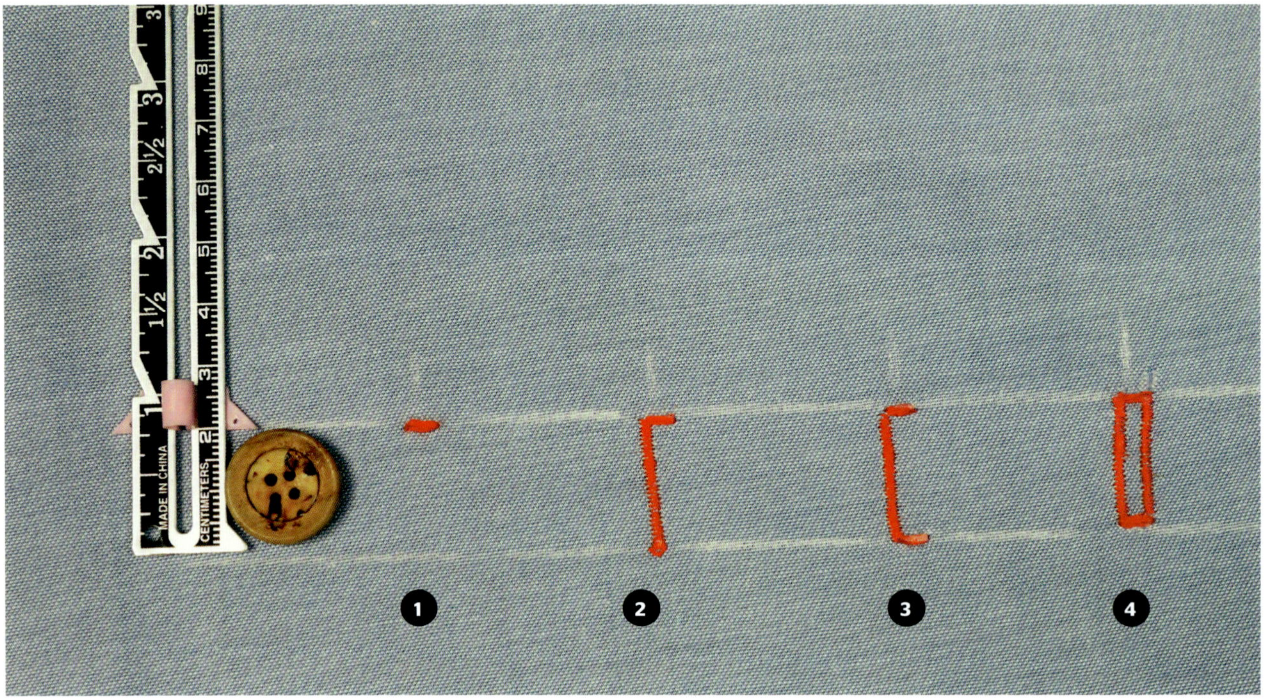

TIPP

Ein schiefes oder verwackeltes Knopfloch kann ein ansonsten einwandfreies Kleidungsstück nachlässig aussehen lassen. Falls es nötig ist, das Knopfloch aufzutrennen, auf der linken Seite des Stoffes eine dünne Seidennadel oder eine sehr dünne Nähnadel in die Stiche der Zickzacknaht schieben. Anschließend die Zickzacknaht mit einer Rasierklinge oder einem Cuttermesser vorsichtig durchtrennen. Von der rechten Seite lassen sich die aufgetrennten Fadenstücke jetzt ganz einfach aus dem Stoff ziehen.

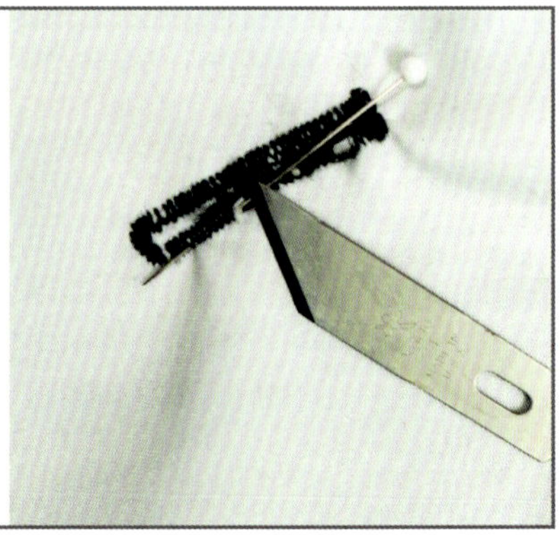

Ein Knopfloch öffnen

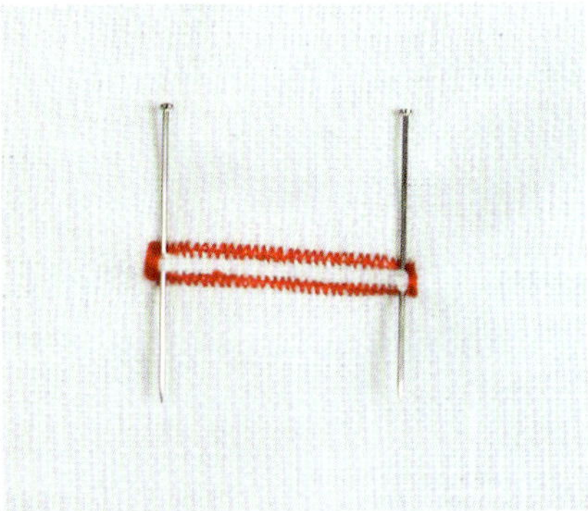

An den Enden des Knopflochs Stecknadeln quer stecken, um zu verhindern, dass zu weit geschnitten wird.

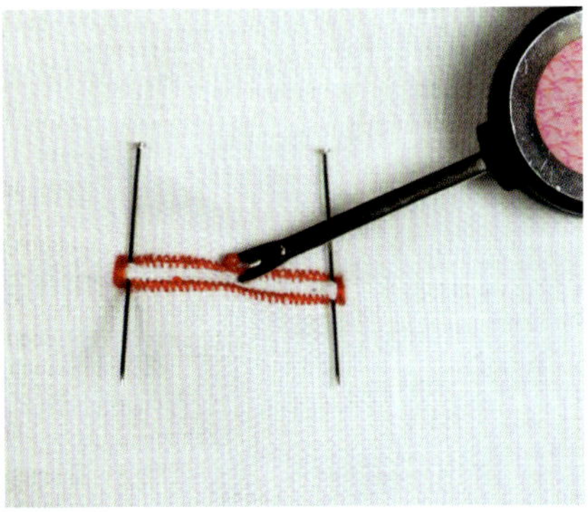

Mit der Spitze einer kleinen, scharfen Schere oder eines Nahttrenners in die Mitte des Knopflochs stechen und den Stoff vorsichtig bis zu einer Stecknadel auftrennen. Dann die andere Hälfte aufschneiden.

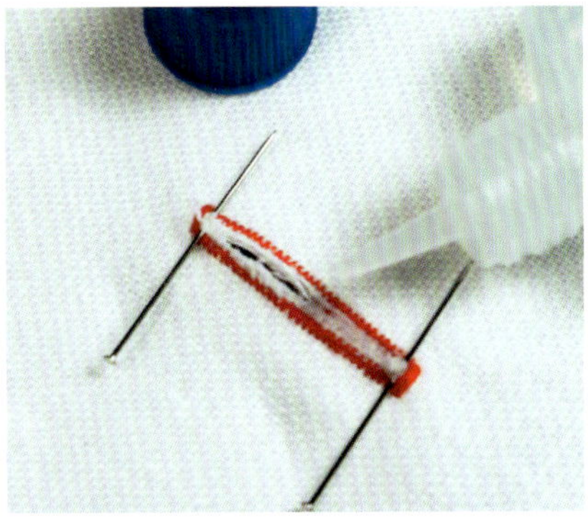

Die Schnittkanten mit flüssigem Fransenstopp versehen, um Ausfransen zu verhindern. Geben Sie zuvor einige Tropfen Fransenstopp auf eine Stück Stoffrest, um sicherzustellen, dass er keine Flecken hinterlässt.

TIPPS

Nähen Sie immer zuerst ein Probeknopfloch auf einem Stoffrest des Stoffes, den Sie für das Kleidungsstück verwenden möchten. Vergessen Sie außerdem nicht, den Stoff entsprechend zu falten und zu verstärken, sodass er genauso dick ist wie das Stoffteil, das mit Knopflöchern versehen werden soll. Das Probeknopfloch öffnen und den gewünschten Knopf durchschieben, um sicherzugehen, dass die Größe des Knopflochs stimmt.

Da ein Knopflochfuß länger ist als ein normaler Nähfuß, wird weniger Druck auf den Stoff ausgeübt und manche Stoffe werden nicht so gut transportiert. Wenn Sie bemerken, dass die Naht nicht gleichmäßig ist oder der Stoff nicht wirklich erfasst und transportiert wird, verändern Sie zunächst den Nähfußdruck. Wenn das nicht hilft, verstärken Sie den Knopflochbereich auf der rechten und linken Seite des Stoffes mit einer wasserlöslichen Stickfolie. Sobald das Knopfloch genäht ist, lässt sich die Stickfolie ganz einfach abziehen – und Überreste der Folie unter der Naht sind nach dem nächsten Waschgang verschwunden.

Ein umstochenes Knopfloch nähen

Das Knopfloch mit einem schmalen Zickzackstich steppen und dann öffnen.

Den Stoff wie zu Beginn positionieren, den Zickzackstich etwas breiter einstellen und die offenen Kanten des Knopflochs mit einer zweiten Zickzacknaht versäubern.

Ein 1-Stufen-Knopfloch nähen

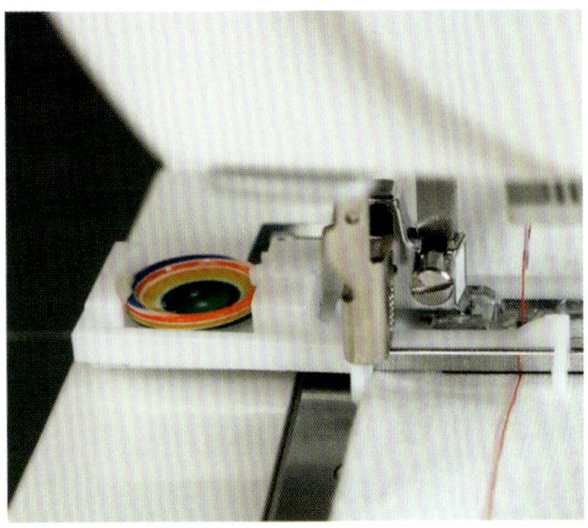

Den Knopf in die Halterung des Knopflochfußes geben. In der Bedienungsanleitung für die Nähmaschine die richtige Einstellung nachschlagen. Das Knopfloch wird automatisch in der richtigen Größe genäht.

Knöpfe sind funktional – und zugleich dekorativ! Und mehr als alle anderen Verschlussoptionen geben Ihnen Knöpfe die Gelegenheit, Kleidungsstücke individuell zu gestalten. Grundsätzlich gibt es zwei verschiedene Arten von Knöpfen: Lochknöpfe und Ösenknöpfe.

Lochknöpfe sind meist flach und mit zwei oder vier Löchern versehen. Wenn sie nur dekorativ sind, können sie direkt auf den Oberstoff genäht werden, soll mit ihnen ein Kleidungsstück verschlossen werden, wird ein Fadensteg gefertigt. Durch den Fadensteg liegt der Knopf nicht direkt auf dem Stoff – dadurch ist genug Platz für eine weitere Lage Stoff, wenn die Knöpfe geschlossen werden.

Ösenknöpfe sind auf der Unterseite bereits mit einem Steg bzw. einer Öse versehen. Sie eignen sich für schwere Stoffe und für Fälle, in denen statt Knopflöchern Schlaufen verwendet werden.

Achten Sie bei der Wahl der Knöpfe darauf, dass diese nicht nur im Hinblick auf Farbe und Stoffart zum verwendeten Stoff passen, sondern auch im Bezug auf das Stoffgewicht und die Pflegehinweise.

Farbe. Die Farbe der Knöpfe sollte grundsätzlich auf den Stoff abgestimmt werden. Aber auch mit farblich passenden Knöpfen oder Knöpfen in Kontrastfarben lassen sich interessante Looks erzeugen. Wenn Sie keinen passenden Knopf finden, kaufen Sie überziehbare Knöpfe (meist ist in der Packung auch alles Zubehör, das man braucht, enthalten) und überziehen Sie einen Knopf mit einem passenden Stoff.

Art. Kleine, zierliche Knöpfe eignen sich für feminine Kleidungsstücke. Klassische, schlichte Knöpfe eignen sich für Hemden und andere maßgeschneiderte Kleidungsstücke. Modeschmuckknöpfe eignen sich für Kinder- und Freizeitbekleidung. Strassknöpfe verleihen Kleidungsstücken aus Samt einen Extraschliff. Leder- oder Metallknöpfe passen perfekt zu Cord und Wolltweed.

Gewicht. Für leichte, empfindliche Stoffen nur leichte Knöpfe verwenden – schwere Knöpfe sorgen dafür, dass sich feine Stoffe verziehen oder sogar reißen. Bei schweren Stoffe können die Knöpfe dementsprechend größer und schwerer sein.

Pflege. Wählen Sie Knöpfe, die im Hinblick auf die Pflege die gleichen Ansprüche haben wie die verwendeten Stoffe (waschbar, chemische Reinigung usw.).

Auf dem Schnittmusterumschlag finden Sie Informationen zur benötigten Anzahl und Größe der Knöpfe. Die verwendeten Knöpfe sollten nicht mehr als 3 mm kleiner oder größer sein als im Schnittmuster angegeben – bei zu großen oder zu kleinen Knöpfen stimmt der Abstand zur Stoffkante möglicherweise nicht mehr. Die Größe von Knöpfen wird meist in Millimetern und Linien angegeben. So wird beispielsweise ein Knopf mit 13 mm Durchmesser auch als 20-linig und ein Knopf mit 19 mm Durchmesser als 30-linig bezeichnet.

Nehmen Sie, wenn Sie Knöpfe kaufen, am besten ein Stück des verwendeten Stoffes mit, so können Sie überprüfen, ob Stoff und Knopf zusammenpassen. Schneiden Sie einen kleinen Schlitz in das Stoffstück, so können Sie den gewünschten Knopf direkt durch das „Knopfloch" schieben.

Knöpfe auf leichten, empfindlichen Stoffen mit doppelt genommenem Universalfaden, auf schweren Stoffen mit Garn oder dickem Nähfaden festnähen.

Die Platzierung eines Knopfes markieren

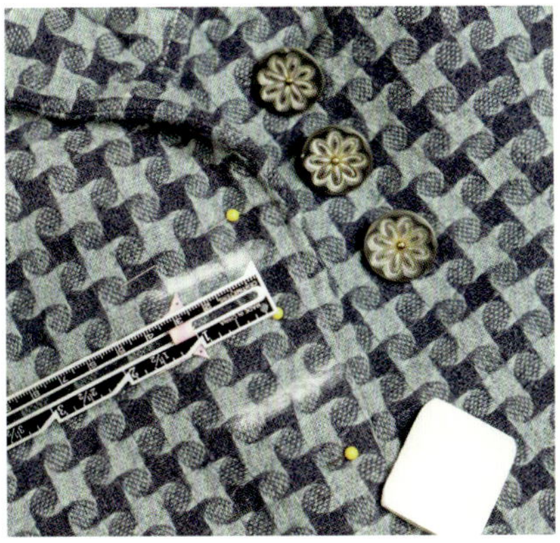

Um die Platzierung des Knopfes zu markieren, die Knopflochleiste auf die Knopfleiste legen, dabei liegt Mittelnaht auf Mittelnaht, und zwischen den Knopflöchern feststecken.

Eine Stecknadel durch das gewünschte Knopfloch und die untere Stoffschicht stecken. Bei vertikalen Knopflöchern sollte die Stecknadel mittig platziert werden, bei horizontalen Knopflöchern wird die Stecknadel an das an der Stoffkante liegende Ende des Knopflochs gesteckt.

Die Knopflochleiste vorsichtig anheben, dabei darauf achten, dass die Stecknadel in der Knopfleiste stecken bleibt. Eine Nähnadel von der linken Stoffseite her direkt neben der Stecknadel einstechen und den Knopf annähen. Die Knöpfe nach und nach annähen und die bereits genähten Knöpfe zuknöpfen, so lassen sich die weiteren anzunähenden Knöpfe leichter platzieren.

Einen Ösenknopf annähen

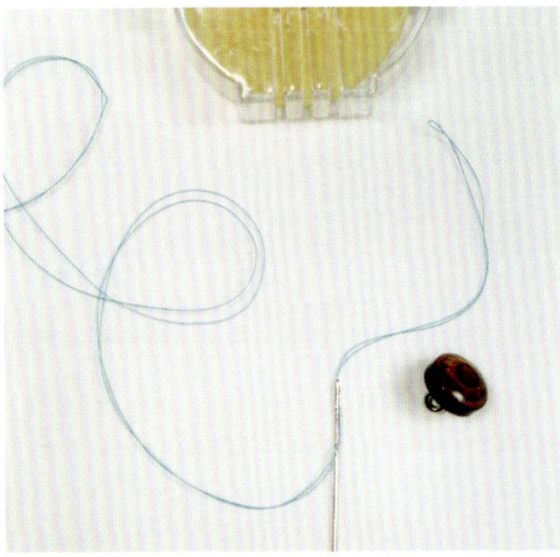

Einen 76 cm langen Faden abschneiden und durch Schneiderwachs ziehen, um ihn zu verstärken. Den Faden doppelt nehmen und das gefaltete Ende des Fadens in eine spitze Sticknadel fädeln. Die Fadenenden verknoten. Den Ösenknopf an der markierten Stelle platzieren, die Öse liegt dabei parallel zum Knopfloch.

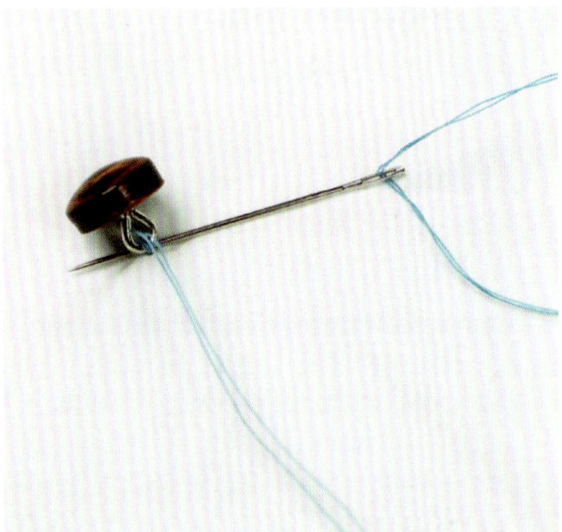

Den Faden auf der rechten Seite unterhalb des Knopfes mit einigen Stichen sichern. Durch die Öse stechen, knapp neben der Ausstichsstelle wieder einstechen und den Faden durchziehen. Den Knopf auf diese Weise mit vier bis sechs Stichen festnähen. Die Fadenenden unterhalb des Knopfes verknoten oder mit einigen Stichen sichern und dann abschneiden. Bei schweren Stoffen empfiehlt es sich, einen Fadensteg zu arbeiten (siehe Seite 184).

Einen Lochknopf mit der Hand annähen

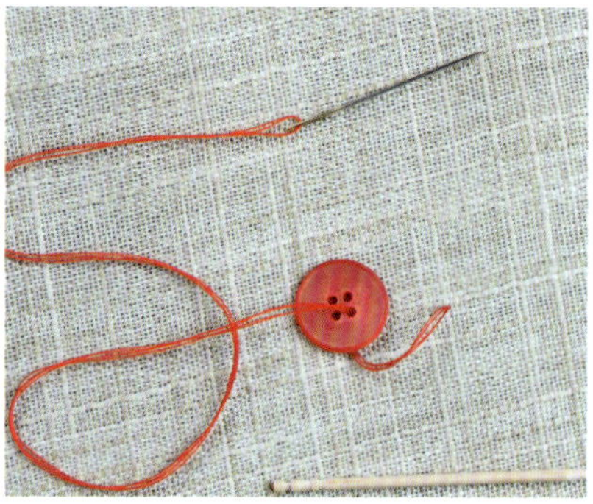

Den Faden wie zum Annähen eines Ösenknopfes einfädeln (Seite 183). Den Lochknopf an der markierten Stelle platzieren, dabei liegen die Löcher parallel zum Knopfloch. Mit der Nadel von der linken Seite durch den Stoff und das erste Loch stechen und den Faden durchziehen.

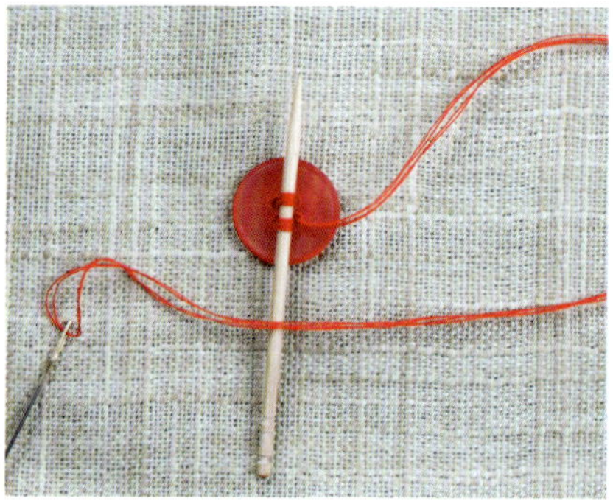

Einen Zahnstocher (oder ein Streichholz oder eine Nähmaschinennadel) auf den Knopf legen. Ab jetzt wird um diesen „Platzhalter" genäht, so lässt sich später ganz einfach ein Fadensteg arbeiten. Den Knopf mit drei oder vier Stichen durch jedes Loch annähen. Zum Schluss auf der rechten Stoffseite unterhalb des Knopfes ausstechen. Den Zahnstocher entfernen.

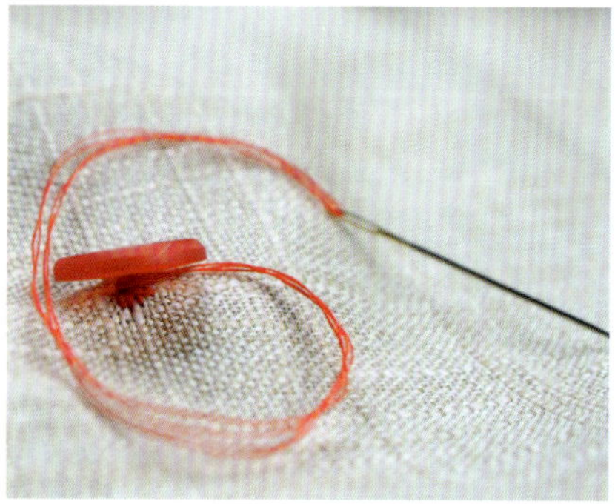

Den Faden drei- oder viermal um den unterhalb des Knopfes liegenden Fadensteg wickeln. Die Fadenenden unterhalb des Knopfes mit einigen Stichen sichern oder verknoten und dann abschneiden.

TIPP

Bei Jacken und Mänteln einen kleinen durchsichtigen Knopf auf der linken Seite des Kleidungsstücks unterhalb des Knopfes annähen (siehe unten). Dieser gibt dem oberen Knopf Halt und verstärkt die Stelle vor allem bei schweren Stoffen besser als eine Einlage.

Einen Lochknopf mit der Nähmaschine annähen

1 **Einen Knopffuß einsetzen.** Mit diesem Fuß wird der Knopf mit schmalen Zickzackstichen angenäht. Stichbreite und -länge wie in der Bedienungsanleitung der Nähmaschine angegeben einstellen. Viele Nähmaschinen verfügen über einen speziellen Knopfstich.

2 **Den Knopf unter den Nähfuß legen.** Die Nadel mithilfe des Handrades in eines der Löcher absenken. Den Nähfuß absenken. Am Handrad drehen, bis die Nadel knapp oberhalb des Nähfußes ist. Wie oben einen Zahnstocher für den Fadensteg auf den Knopf legen.

3 **Die Stichbreite so einstellen,** dass sie dem Abstand zwischen den Löchern entspricht. Die Stichbreite überprüfen, indem Sie die Nadel mit dem Handrad senken, und eventuell anpassen. Schließlich den Knopf mit mindestens sechs Stichen annähen, die Fäden etwa 20 cm lang abschneiden und den Zahnstocher entfernen. Den Oberfaden in eine Nähnadel fädeln, auf der rechten Stoffseite unterhalb des Knopfes ausstechen und den Fadensteg umwickeln. Die Fadenenden unterhalb des Knopfes mit einigen Stichen sichern oder verknoten und dann abschneiden.

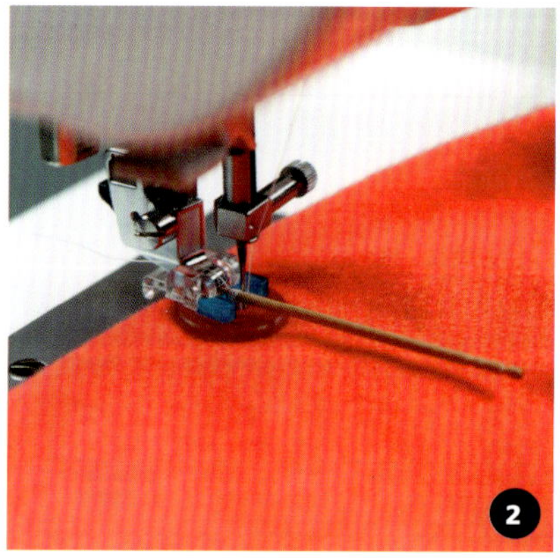

Druckknöpfe

Es gibt unterschiedlichste Arten von Druckknöpfen – hier eine kleine Übersicht über die gebräuchlichsten.

Annähdruckknöpfe Diese Knöpfe eignen sich für Bereiche, auf die nicht viel Zug ausgeübt wird, etwa an Halsausschnitt oder Hüfte, um eine Knopflochleiste an Anfang und Ende zu schließen, für den Taillenbund von Blusen oder für den Obertritt eines Hosenbunds mit Haken und Augen. Annähdruckknöpfe bestehen aus zwei Teilen: der Kappe und dem Sockel. Die Knöpfe sollten groß genug sein, dass sie dem auf sie wirkenden Zug standhalten, aber sie sollten nicht zu schwer für den Stoff sein.

Zackenringdruckknöpfe Diese Druckknöpfe werden mit einer speziellen Zange oder mithilfe eines Hammers angebracht. Sie halten mehr Belastung stand als Annähdruckknöpfe und sind auf der rechten Seite des Werkstücks sichtbar. Vor allem bei Sportbekleidung werden statt Knöpfen und Knopflöchern gerne Zackenringdruckknöpfe verwendet.

Druckknopfband Auf ein Druckknopfband sind in regelmäßigen Abständen Druckknöpfe angebracht. Das Band wird mit einem Reißverschlussfuß angenäht und eignet sich für Sportbekleidung, Wohnaccessoires und im Schritt verschließbare Strampler.

Einen Annähdruckknopf annähen

Die Kappe des Druckknopfes auf der linken Seite des überlappenden Stoffteils etwa 3–6 mm von der Kante entfernt platzieren – sie sollte von rechts nicht sichtbar sein. Die Kappe mit einem einfach genommenen Faden mit einigen Stichen durch jedes Loch festnähen, dabei allerdings nicht durch den Oberstoff, sondern nur durch Einlage und Beleg nähen. Den Faden mit einigen kleinen Stichen sichern, verknoten und abschneiden.

Um die Stelle für den Sockel des Druckknopfs auf der rechten Seite des untenliegenden Stoffteils zu markieren, gibt es zwei Wege. Falls die Kappe in der Mitte mit einem Loch versehen ist, von der rechten Stoffseite her eine Stecknadel durch das Loch stecken und dort, wo die Stecknadel den untenliegenden Stoffteil trifft mit Schneiderkreide eine Markierung machen. Alternativ den Kopf der Kappe mit Schneiderkreide einreiben und auf das untenliegende Stoffteil drücken.

Den Sockel des Druckknopfs mittig auf der Markierung platzieren. Den Sockel wie die Kappe festnähen, dabei allerdings durch alle Stofflagen nähen.

Reißverschlüsse

Was hat Zähne und kann doch nicht beißen? Der Reißverschluss natürlich – und kaum ein Verschluss ist so praktisch wie der klassische Reißverschluss! Meist verwendet man normale, nicht teilbare Allzweckreißverschlüsse, die in verschiedenen Längen erhältlich sind – man kann allerdings auch einen Endlosreißverschluss kaufen, falls man bei Kissenhüllen oder Bettbezügen größere Öffnungen mit einem Reißverschluss schließen möchte – oder um Geld zu sparen, wenn man besonders viel näht! Außerdem gibt es unzählige Varianten: von verdeckt über teilbar bis hin zu besonders stabil.

Auf dem Schnittmusterumschlag sollten Länge und Art des benötigten Reißverschlusses angegeben sein. Achten Sie darauf, den Reißverschluss farblich passend zum verwendeten Stoff zu wählen – oder überraschen Sie mit einem Reißverschluss in Kontrastfarbe! Auch das Gewicht des Reißverschlusses sollte berücksichtigt werden: Für leichte Stoffe eignet sich Reißverschlüsse mit Kunststoffspirale, denn diese sind leichter und flexibler als Allzweckreißverschlüsse aus Metall. Wenn Sie keinen Reißverschluss in der passenden Länge finden, kaufen Sie einen etwas längeren und kürzen Sie ihn nach der Anleitung auf Seite 189.

Es gibt – je nach Kleidungsstück und Platzierung – verschiedene Möglichkeiten, einen Reißverschluss einzunähen. Auf den folgenden Seiten finden Sie Anleitungen zum Einnähen von verdeckten, mittigen und Hosenreißverschlüssen, zwei verschiedene Methoden zum Einnähen von teilbaren Reißverschlüssen und eine Anleitung zum Einsetzen eines unsichtbaren Reißverschlusses. Natürlich gibt es Abwandlungen dieser Varianten, die gezeigten Methoden sind allerdings schnell, einfach und unkompliziert (mithilfe von Textilkleber oder durchsichtigem Klebeband!). Zum Einnähen eines Reißverschlusses verwendet man einen Reißverschlussfuß. Für unsichtbare Reißverschlüsse braucht man einen speziellen nahtverdeckten Reißverschlussfuß.

Vor dem Einnähen werden die Reißverschlussbänder vorsichtig gebügelt, damit sie keine Falten werfen. Die meisten Reißverschlussbänder sind aus Polyester und gehen beim Waschen nicht ein, wenn Sie allerdings mit einem Reißverschluss mit Baumwollband arbeiten, sollten Sie diesen zuvor für etwa 20 Minuten in heißes Wasser legen. Dadurch wird verhindert, dass der Reißverschluss Falten wirft, wenn das Kleidungsstück gewaschen wird. Die Nähte sollten gerade und gleichmäßig gearbeitet werden und an beiden Seiten den gleichen Abstand zur Reißverschlussspirale haben. Reißverschlüsse am besten von unten nach oben steppen und den Schiebergriff dabei nach oben legen, so ist es einfacher, um den Schieber zu nähen.

Auch teilbare Reißverschlüsse können entweder unsichtbar oder mit sichtbaren Reißverschlusszähne eingenäht werden. Sportreißverschlüsse mit etwas größeren Zähnen aus Kunststoff sind leicht und eignen sich perfekt für Freizeit- oder Sportbekleidung. Diese Art von Reißverschluss ist außerdem besonders stabil – und damit auch für Kinderbekleidung bestens geeignet.

Nichtteilbare 2-Wege-Reißverschlüsse (in O-Form) sind perfekt für Hand- und andere Taschen: So kann die Tasche an jeder Stelle des Reißverschlusses geöffnet werden.

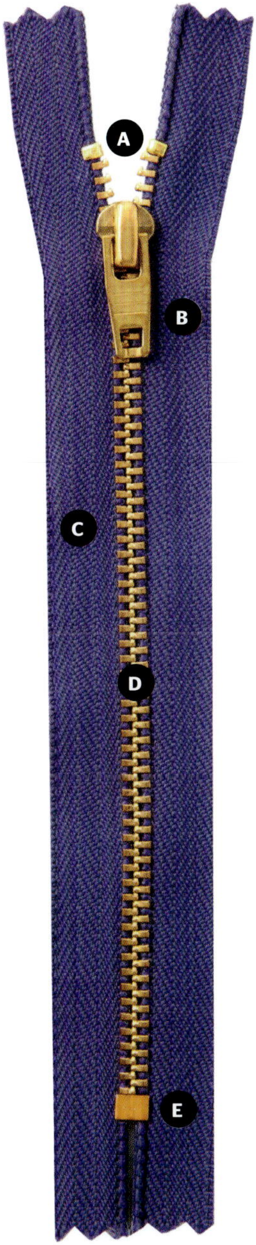

Bestandteile eines Reißverschlusses

A. Anfangsteil Die Anfangsteile sind die kleinen Metallklammern am oberen Ende der Reißverschlussspirale, die verhindern, dass der Schieber über die Spirale hinausgeschoben werden kann.

B. Schieber und Schiebergriff Mithilfe des Schiebers und des Schiebergriffs wird der Reißverschluss geöffnet und geschlossen. Der Schieber verhakt die Reißverschlusszähne und löst sie wieder, wenn der Reißverschluss geöffnet wird.

C. Reißverschlussband Das Reißverschlussband ist jener Stoffstreifen, auf dem die Reißverschlusszähne bzw. die Spirale angebracht wird. Das Band wird beim Einnähen auf das Kleidungsstück genäht

D. Reißverschlusszähne oder -spirale Die Zähne oder die Spirale sind jene Teile die sich ineinander verhaken, wenn der Reißverschluss geschlossen wird. Sie bestehen meist aus Nylon, Polyester oder Metall.

E. Endteil Das Endteil ist das Metallteil am unteren Ende eines Reißverschlusses. Bei teilbaren Reißverschlüssen lässt sich das Endteil in zwei Teile trennen, wodurch der Reißverschluss komplett geöffnet werden kann.

Anwendungsbereiche für verschiedene Reißverschlüsse

Verdeckter Reißverschluss Ein verdeckter Reißverschluss verschwindet komplett unter einem überlappenden Stoffteil – er ist damit eine gute Wahl, falls Sie keinen farblich passenden Reißverschluss zur Hand haben. Verdeckte Reißverschlüsse findet man meist an der Seitennaht von Kleidern, Röcken und Hosen.

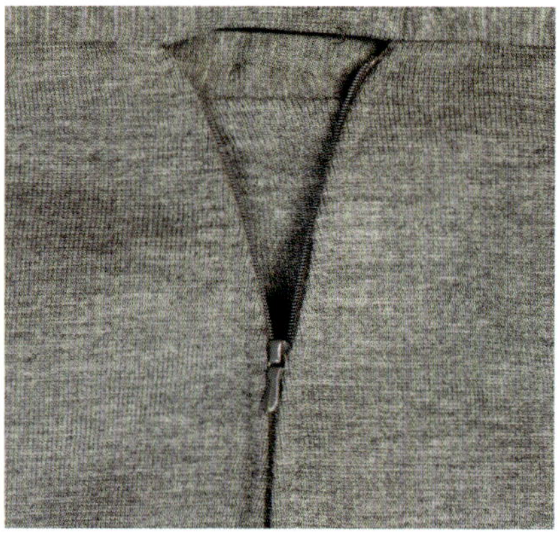

Mittiger Reißverschluss Mittige Reißverschlüsse sitzen entweder auf der vorderen oder der hinteren Mittellinie eines Kleidungsstücks. Hier sollten die Belege festgenäht werden, bevor der Reißverschluss eingesetzt wird, der Bund wird allerdings erst danach (fest-)genäht.

Hosenreißverschluss Hosenreißverschlüsse findet man oft an Hosen, aber auch an Röcken und manchmal sogar an Mänteln oder Jacken. Diese Art des Reißverschlusses sollte nur verwendet werden, wenn im Schnittmuster angegeben, denn hierfür ist es notwendig, dass der etwas größere Untertritt und der Beleg bereits im Schnittmuster mitbedacht werden.

Unsichtbare Reißverschlüsse Unsichtbare oder auch nahtverdeckte Reißverschlüsse sind besonders unauffällig, da hier beim fertigen Kleidungsstück nur der Schiebergriff zu sehen ist. Diese Art des Reißverschlusses ist eine tolle Alternative zu herkömmlichen Reißverschlüssen an Seiten- oder Mittelnähten. Für unsichtbare Reißverschlüsse gibt es einen speziellen nahtverdeckten Reißverschlussfuß, dabei laufen die Reißverschlusszähne beim Nähen in einer speziellen Schiene mit und verschwinden anschließend zusammen mit dem Reißverschlussband unter der Naht – daher nahtverdeckt!

Einen Reißverschluss kürzen

Von oben die gewünschte Länge des Reißverschlusses entlang der Reißverschlusszähne abmessen und mit einer Stecknadel markieren.

An der markierten Stelle mit der Nähmaschine einige Zickzackstiche nähen, diese bilden das Endteil des gekürzten Reißverschlusses.

Jetzt den Reißverschluss unterhalb des neuen Endteils auf die gewünschte Länge kürzen und die Schnittkante vorsichtig mit einem Feuerzeug versiegeln.

Einen verdeckten Reißverschluss einnähen

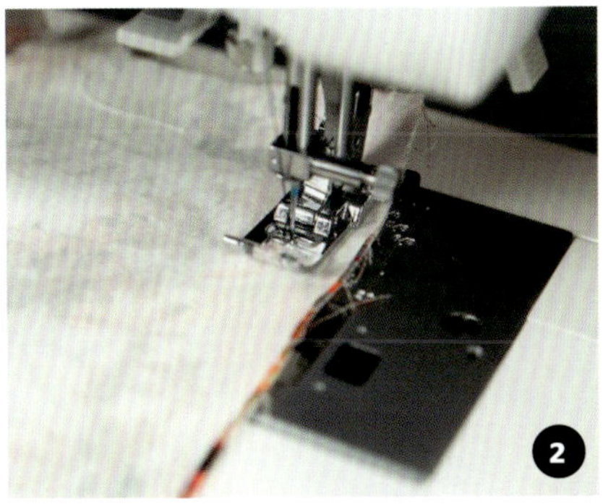

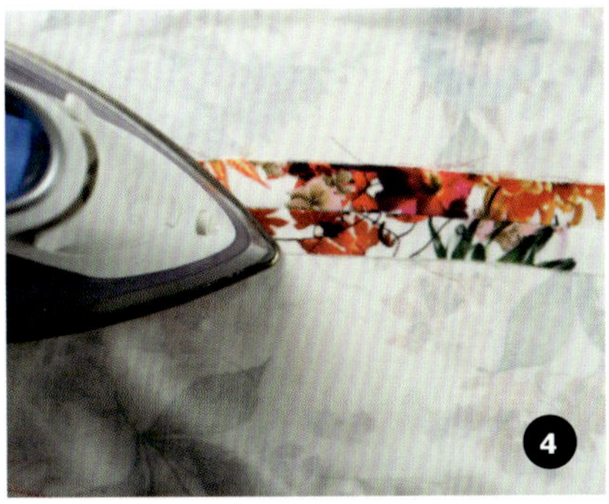

1 **Die Kanten der Öffnung** aufeinanderlegen und von links kontrollieren, ob sie oben Kante auf Kante liegen. Die Öffnung sollte so lang sein wie die Reißverschlussspirale plus 2,5 cm. Die Kanten zusammenstecken.

2 **Die Kante von unten nach oben entlang der Nahtlinie** heften, währenddessen die Stecknadeln entfernen.

3 **Die Heftstiche alle 5 cm auftrennen.** So ist es einfacher, die Heftnaht zu entfernen, sobald der Reißverschluss eingenäht ist.

4 **Die Nahtzugaben auseinanderbügeln.** Soll der Reißverschluss in der Seitennaht eines Rockes oder einer Hose eingenäht werden, die Naht mithilfe eines Bügelholzes auseinanderbügeln, um die Hüftpassform zu erhalten.

5 **Den offenen Reißverschluss rechts auf rechts** auf die Nahtzugaben legen, sodass die Reißverschlusszähne genau an der Nahtlinie liegen und das Anfangsteil etwa 2,5 cm unterhalb der oberen Kante liegt. Das rechte Reißverschlussband feststecken oder mit Textilkleber oder Klebeband fixieren.

6 **Den Reißverschlussfuß links von der Nadel einsetzen** und den Reißverschluss von unten nach oben festheften. Die Stecknadeln währenddessen entfernen.

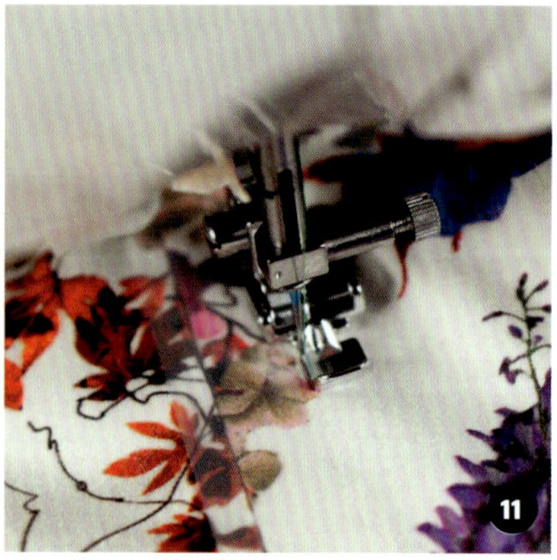

7 Den Reißverschluss schließen und mit der rechten Seite nach oben auflegen. Den Stoff entlang der Heftnaht nach rechts von den Reißverschlusszähnen wegfalten, dabei entsteht zwischen Reißverschluss und Heftnaht eine kleine Falte.

8 Den Reißverschlussfuß rechts von der Nadel einsetzen und die Faltkante von unten nach oben absteppen.

9 Den Reißverschluss so platzieren, dass das andere Band auf der anderen Nahtzugabe liegt, dabei den Schiebergriff nach oben klappen, und feststecken oder -kleben.

10 Den Reißverschlussfuß links von der Nadel einsetzen und den Reißverschluss von oben nach unten annähen, dabei darauf achten, dass nur durch das Reißverschlussband und die Nahtzugabe genäht wird.

11 Den Reißverschluss von rechts etwa 1,3 cm von der Nahtlinie entfernt absteppen. Um das Nähen zu erleichtern zuvor ein durchsichtiges, etwa 1,3 cm breites Klebeband über den Reißverschluss kleben und daran entlangnähen. An der Nahtlinie beginnen und die kurze Quernaht nähen, den Stoff drehen und dann entlang des Reißverschlusses wieder nach oben steppen. Das Klebeband entfernen.

12 Den Faden auf die linke Seite ziehen und verknoten. Die Heftnaht entfernen.

13 Die Naht bügeln, dabei ein Bügeltuch auflegen. Das Reißverschlussband oben wenn nötig auf die richtige Länge kürzen.

Einen mittigen Reißverschluss einnähen

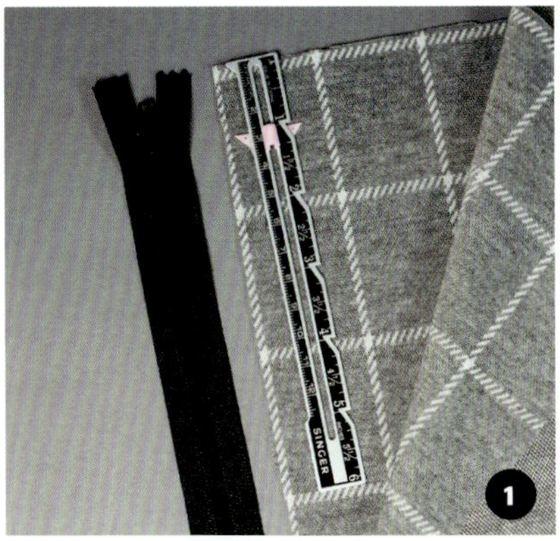

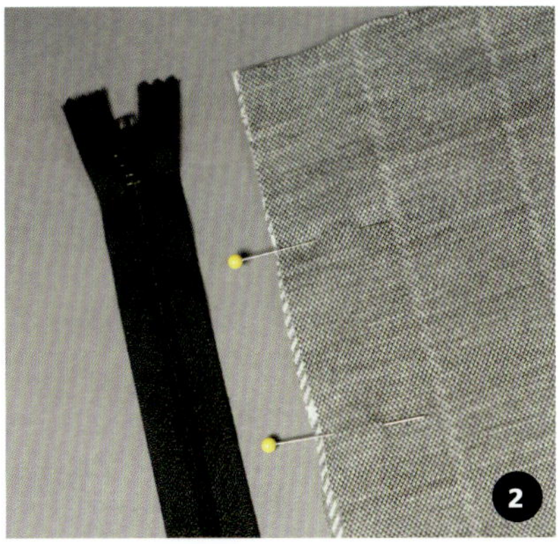

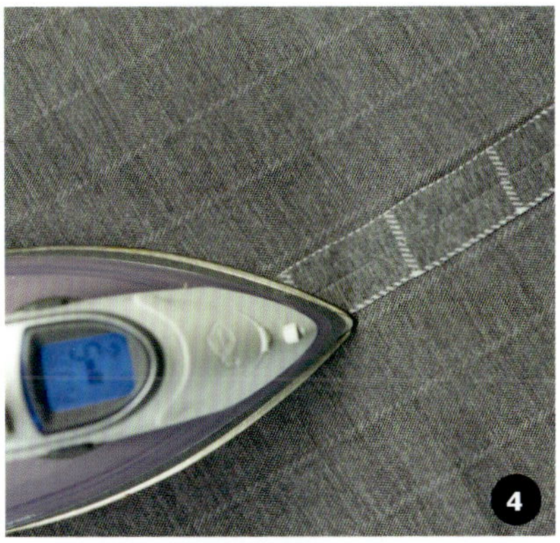

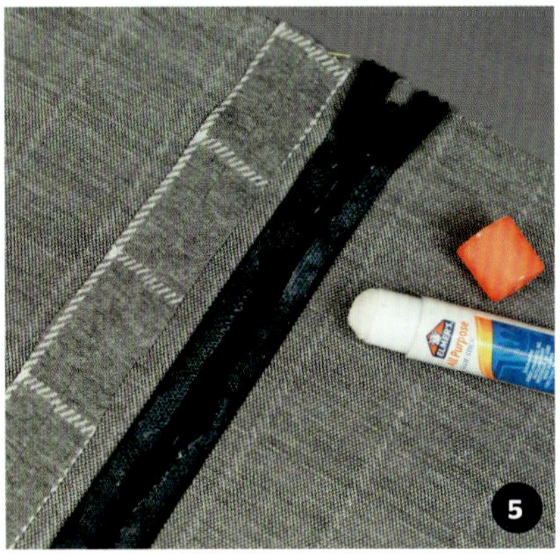

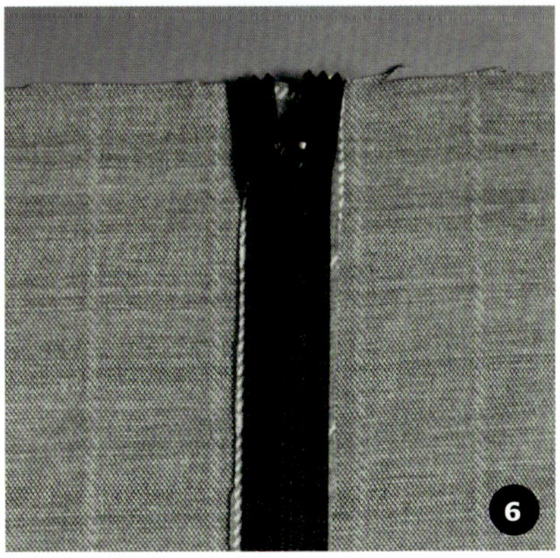

1 **Die Kanten der Öffnung** aufeinanderlegen und von links kontrollieren, ob sie oben Kante auf Kante liegen. Die Öffnung sollte genauso lang sein wie die Reißverschlussspirale plus 2,5 cm.

2 **Die Reißverschlussöffnung** von unten nach oben mit Stecknadeln schließen.

3 **Die Öffnung entlang der Nahtlinie von unten nach oben** heften. Die Heftstiche alle 5 cm einschneiden. So ist es später einfacher, die Heftnaht zu entfernen, sobald der Reißverschluss eingenäht ist.

4 **Die Nahttzugaben auseinanderbügeln** und die offenen Kanten versäubern, falls der Stoff zum Ausfransen neigt.

5 **Doppelseitiges Textilklebeband** oder flüssigen Textilkleber auf die rechte Seite der Reißverschlussbänder auftragen.

6 **Den Reißverschluss rechts auf rechts** auf die Nahtzugaben legen, sodass die Reißverschlusszähne genau an der Nahtlinie liegen und das Anfangsteil etwa 2,5 cm unterhalb der Schnittkante liegt. Den Schiebergriff nach oben klappen. Den Reißverschluss mit den Fingern gut festdrücken. Falls Sie mit Textilkleber arbeiten, lassen Sie diesen einige Minuten trocknen.

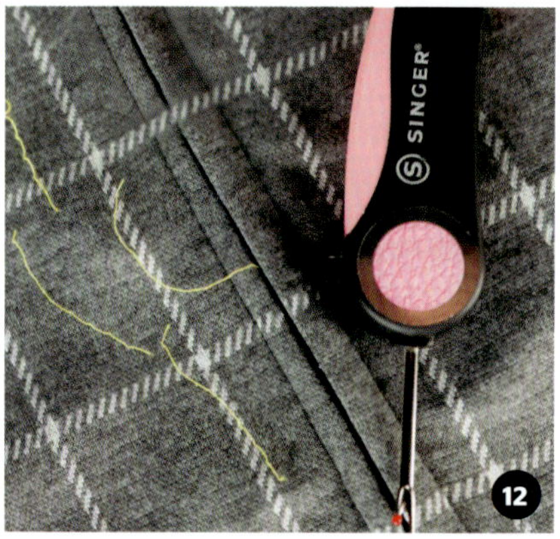

7 Das Kleidungsstück mit der rechten Seite nach oben auflegen und glattstreichen. Das Ende des Reißverschlusses mit einer Stecknadel markieren. Ein Stück etwa 1,3 cm breites Klebebband direkt über die Heftnaht kleben. Verwenden Sie für empfindliche oder geraute Stoffe kein Klebeband, sondern markieren Sie die Nahtlinien beispielsweise mit Schneiderkreide.

8 Den Reißverschlussfuß links der Nadel einsetzen und von rechts das untere Ende des Reißverschlusses festnähen.

9 Den Stoff an der Ecke des Klebebands drehen, und die rechte Seitenkante entlang der Kante des Klebebands steppen.

10 Den Reißverschluss rechts der Nadel einsetzen und das untere Ende des Reißverschlussbandes mit einer Quernaht nochmals festnähen.

11 Den Stoff drehen und die linke Seitenkante steppen. Orientieren Sie sich dabei an der Kante des Klebebands.

12 Das Klebeband entfernen. Die Heftnaht vorsichtig auftrennen.

13 Die Naht bügeln, dabei ein Bügeltuch auflegen. Das Reißverschlussband oben auf die richtige Länge kürzen.

Einen Hosenreißverschluss einsetzen

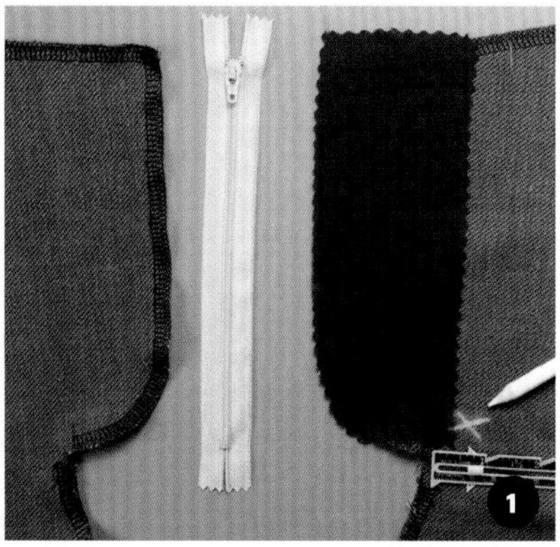

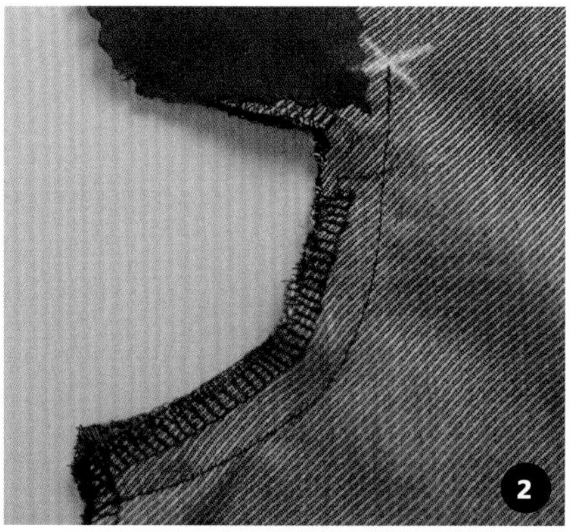

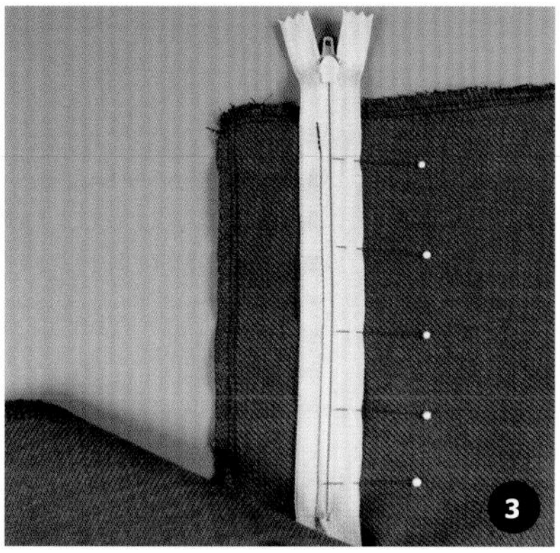

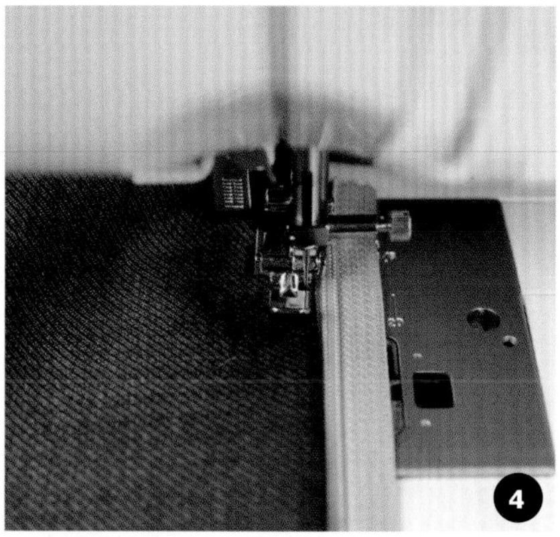

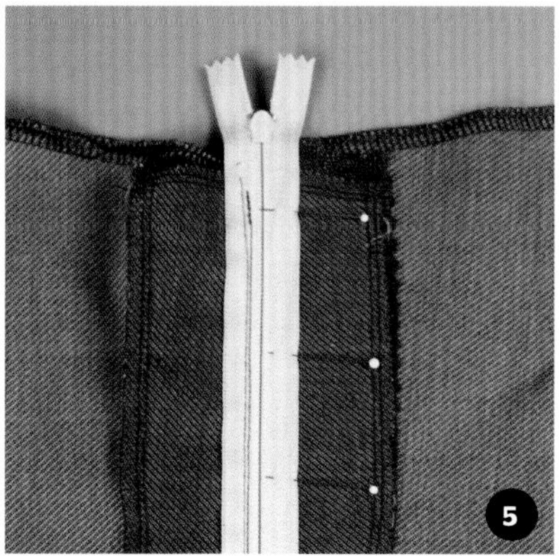

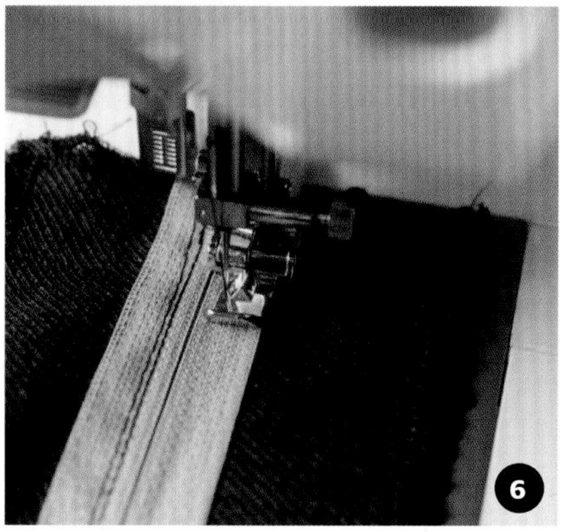

1 **Mit Zickzackschere eine 4,5 cm breite Einlage zuschneiden,** die genauso lang ist wie der Schlitzbeleg. Die Einlage auf die linke Seite des überlappenden Schlitzbelegs bügeln. Das untere Ende des Reißverschlusses markieren und einen Reißverschluss bereitlegen, der 2,5 bis 5 cm länger ist als die Öffnung. Die offenen Kanten der Schlitzbelege versäubern. Den überlappenden Schlitzbeleg entlang der vorderen Mitte falten und bügeln.

2 **Die vordere Schrittnaht** mit kurzen Stichen steppen, die Naht endet am unteren Ende der Reißverschlussöffnung. Die Naht mit einigen Stichen verriegeln.

3 **Den geschlossenen Reißverschluss links auf rechts** auf den untenliegenden Schlitzbesatz legen, dabei liegt die äußere Kante an der vorderen Mitte und das Endteil des Reißverschlusses etwa 3 mm oberhalb der unteren Kante der Reißverschlussöffnung. Die äußere Kante des Reißverschlusses feststecken. Den Reißverschlussfuß rechts der Nadel einsetzen und den Reißverschluss auf den untenliegenden Schlitzbesatz steppen, dabei die Stecknadeln entfernen.

4 **Den Reißverschluss auf rechts umklappen,** den Schlitzbeleg nach links falten, den Stoffbruch bügeln und die Kante absteppen.

5 **Die Hosenteile aufeinanderlegen,** dabei darauf achten, dass die Markierungen für die vordere Mitte aufeinanderliegen, und von rechts feststecken. Von links die offene Kante des Reißverschlusses auf dem überlappenden Schlitzbesatz feststecken.

6 **Den Besatz vom Hosenteil wegfalten,** den Reißverschlussfuß links der Nadel einsetzen und die andere Kante des Reißverschlusses auf den Besatz steppen.

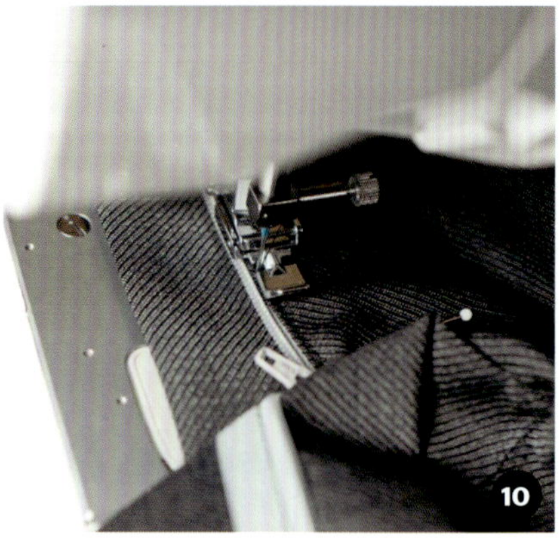

7 Die Ziernahtlinie auf der rechten Seite markieren, sie sollte etwa 3,2 cm links der vorderen Mitte sitzen. Wenn gewünscht entlang der Markierung von Hand heften, dann entlang der Markierung steppen, dabei die Naht am Ende mit einigen Stichen verriegeln. Die Heftnaht entfernen und den Reißverschluss öffnen.

8 Aus Hosenstoff eine Schlitzblende zuschneiden, diese sollte etwa 10 cm breit und so lang sein wie der Besatz. Die unteren Ecken abrunden. Die Schlitzblende der Länge nach links auf links falten und die offenen Kanten zusammen versäubern.

9 Die Schlitzblende auf der Seite des untenliegenden Schlitzbesatzes auf den Reißverschluss legen, die oberen Kanten liegen dabei genau aufeinander und die gefaltete Ecke liegt etwa 2,5 cm rechts des Reißverschlusses.

10 Auf rechts wenden, den Reißverschlussfuß links der Nadel einsetzen und die Schlitzblende knapp neben den Reißverschlusszähnen feststeppen.

11 Den Reißverschluss schließen und die untere rechte Ecke der Schlitzblende von links auf den überlappenden Schlitzbesatz steppen. Wenn gewünscht von rechts eine Quernaht am unteren Ende des Reißverschlusses steppen (weiße Naht).

12 Den Reißverschluss öffnen und die oberen Reißverschlussbandenden auf den Belegen feststeppen. Den Reißverschluss oben auf die richtige Länge kürzen. Die Schrittnahtzugabe unterhalb der Schlitzblende auf 6 mm zurückschneiden und versäubern.

Einen verdeckten teilbaren Reißverschluss einsetzen

Den geschlossenen Reißverschluss von links mithilfe von Stecknadeln oder Textilkleber mittig unter den aufeinanderstoßenden Kanten der Öffnung fixieren. Der Schiebergriff liegt etwa 3 mm unterhalb des Ausschnitts (oder der entsprechenden Kante).

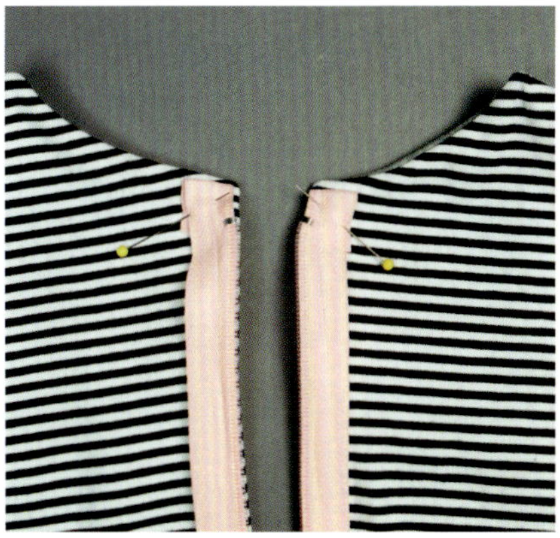

Den Reißverschluss öffnen. Das Reißverschlussband am oberen Ende des Reißverschlusses umfalten und feststecken.

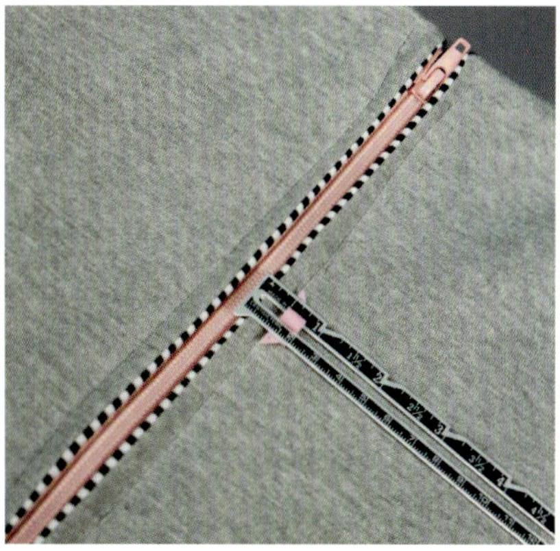

Die Kanten links und rechts der Reißverschlusszähne etwa 1 cm breit absteppen, dabei durch den Oberstoff und das Reißverschlussband und jeweils von unten bis zum Ausschnitt steppen und den Reißverschluss jeweils links und rechts der Nadel einsetzen.

Einen sichtbaren teilbaren Reißverschluss einsetzen

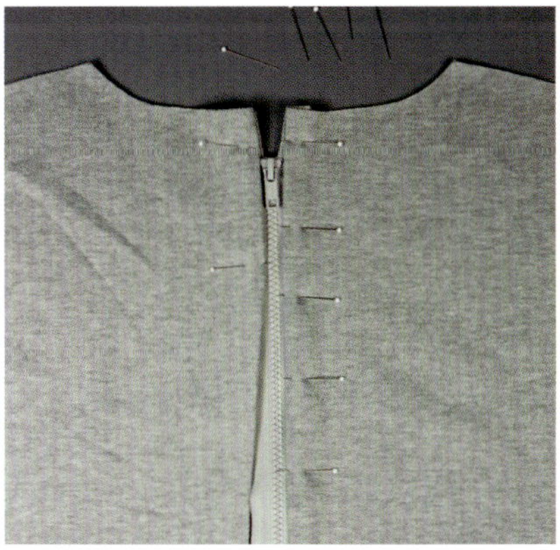

Den geschlossenen Reißverschluss von links unter die aufeinanderstoßenden Kanten der Öffnung legen und die Kanten links und rechts der Reißverschlusszähne feststecken. Der Schiebergriff liegt etwa 3 mm unterhalb des Ausschnitts (oder der entsprechenden Kante).

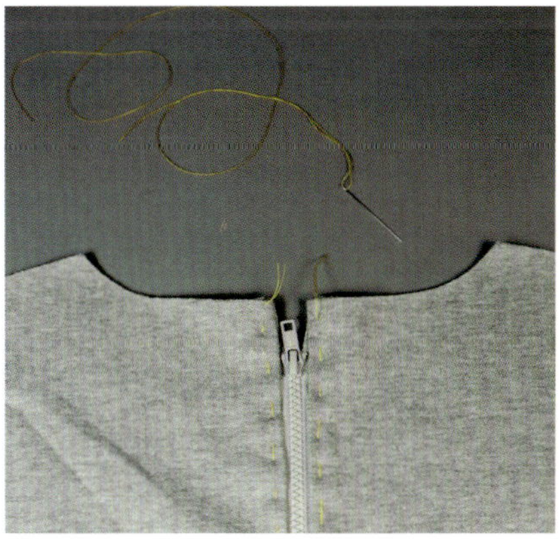

Den Reißverschluss an die Stoffteile heften, dabei das Reißverschlussband am oberen Ende umklappen. Den Reißverschluss öffnen. Die Kanten links und rechts der Reißverschlusszähne von rechts jeweils von unten bis zum Ausschnitt mit einem Reißverschluss- oder Steppfuß knappkantig absteppen.

Damit das Reißverschlussband innen flach liegt, den Reißverschluss schließen und eine weitere Naht 6 mm außerhalb der ersten links und rechts des Reißverschlusses steppen. Die Heftnaht entfernen.

Einen unsichtbaren Reißverschluss einsetzen

Am besten werden unsichtbare Reißverschlüsse eingesetzt, bevor die Stoffteile zusammengenäht werden.

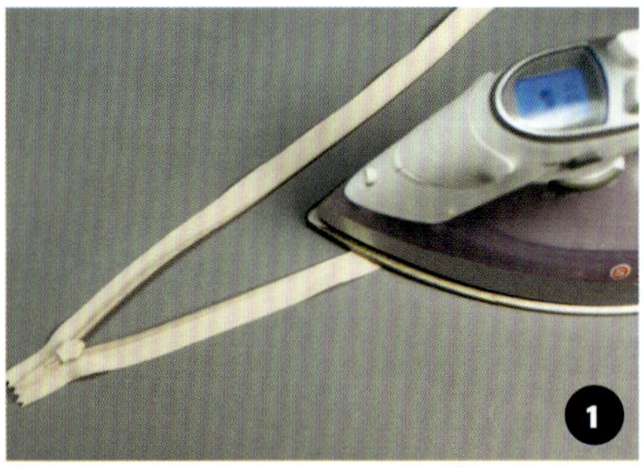

1 **Den Reißverschluss öffnen.** Das Reißverschlussband von links dämpfen, damit es möglichst flach liegt.

2 **Den geschlossenen Reißverschluss** von rechts Kante auf Kante auf das rechte Stoffteil legen, das Anfangsteil der Reißverschlusses liegt dabei 1 cm unterhalb der Ausschnittkante, und die Position des Reißverschlusses mit Stecknadeln markieren.

3 **Den Reißverschluss öffnen und auf der rechten Seite des Kleidungsstücks** entlang einer Kante feststecken oder heften, dabei liegen Anfang und Ende des Reißverschlusses direkt auf den Stecknadelmarkierungen.

4 **Sie können die Kanten alternativ mit einem Zickzackstich** steppen, dabei während des Nähens das Reißverschlussband leicht nach innen verschieben, sodass der Oberstoff das Reißverschlussband verdeckt.

5 **Den nahtverdeckten Reißverschlussfuß einsetzen** und die Reißverschlusszähne unterhalb der Einsparung positionieren. Den Reißverschluss so positionieren, dass die Nadel knapp neben den Reißverschlusszähnen einsticht. Bei schwereren Stoffen sollte die Nadel etwas weiter entfernt positioniert sein.

6 **Den Reißverschluss von oben nach unten festnähen,** bis der Nähfuß unten den Schiebergriff berührt, dabei darauf achten, dass der Stoff nicht zu stark gedehnt wird, die Stecknadeln während dem Nähen entfernen und die Naht am Ende verriegeln.

7 **Das andere Reißverschlussband wie in Schritt 3–6** auf dem linken Stoffteil feststeppen.

8 **Den Reißverschluss schließen und** die Naht unterhalb des Reißverschlusses steppen, dafür einen normalen Reißverschlussfuß verwenden und so nah wie möglich bis zum unteren Ende des Reißverschlusses steppen.

9 **Das untere Ende des Reißverschlusses** mit einem normalen Reißverschlussfuß auf die Nahtzugaben steppen.

Sportbekleidung nähen

Taillenbund mit Gummizug

Taillenbünde mit Gummizug sind bequem und einfach zu nähen. Ein Taillenbund kann angeschnitten gearbeitet werden, das bedeutet, dass die Breite des Bundes bereits beim Zuschnitt der Hosen- oder Rockteile berücksichtigt wird, sodass die Bundnaht entfällt, oder er kann als separates Stoffteil angesetzt werden. Wählen Sie die jeweilige Methode je nach Kleidungsstück und je nachdem, welchen Stoff und welche Art von Gummizug Sie verwenden möchten, aus.

Hier finden Sie Anleitungen für zwei verschiedene Arten eines angeschnittenen Taillenbunds mit Gummizug: einen Taillenbund mit Tunnel und einen abgesteppte Bund. Beide Varianten eignen sich für Kleidungsstücke aus leichten bis mittelschweren Stoffen. Ein angeschnittener Bund mit Tunnelzug ist eher leger – hierfür eignet sich ein fester geflochtener oder ein gewebter Gummizug. Da der Gummizug nicht eingenäht wird, kann er nach Bedarf für eine bessere Passform ohne Probleme angepasst werden. Ein abgesteppter angeschnittener Taillenbund kann je nach verwendetem Absteppstich unterschiedlich aussehen – wählen Sie den Stich, der Ihnen am besten gefällt. Wichtig ist es hier außerdem, einen Gummizug zu wählen, der zwar dehnbar ist, aber nicht so leicht ausleiert, sodass er sich der Körperform anpasst, nicht einschneidet und dennoch genügend Halt gibt – wie etwa ein elastischer Kordelzug.

Außerdem finden Sie hier Anleitungen für zwei Arten eines angesetzten Taillenbunds: einen glatten und einen elastischen Bund. Bei leichten bis mittelschweren Stoffen kann der Taillenbund aus demselben Stoff zugeschnitten werden, der für das Kleidungsstück verwendet wurde. Bei schwereren Stoffen wie Fleece ist Bündchenstoff eine tolle Alternative.

Ein glatter angesetzter elastischer Bund sieht, sobald das Kleidungsstück getragen wird, aus wie ein herkömmlicher Taillenbund. Diese Art von Bund eignet sich für enganliegende Kleidungsstücke aus leichten bis mittelschweren, leicht dehnbaren Strickstoffen. Der Gummizug sollte etwa 2,5 bis 3,2 cm breit sein.

Elastische Bünde eignen sich für voluminösere Kleidungsstücke, wie etwa ausgestellte Röcke, und sie sehen besonders toll aus, wenn ein etwas breiterer Gummizug verwendet wird. Ein elastischer Bund kann nach Wunsch zusätzlich abgesteppt werden. Verwenden Sie am besten einen stabilen Gummizug!

Grundsätzlich werden Gummizüge etwa 5 bis 7,5 cm kürzer als der gemessene Hüftumfang zugeschnitten. Leichte Gummibänder, etwa elastische Strickbänder, sollten etwa 7,5 bis 12,5 cm kürzer sein als der gemessene Hüftumfang. Stabilere Gummibänder sollten hingegen nur etwa 2,5 cm kürzer sein als der gemessene Hüftumfang. Markieren Sie die gewünschte Länge auf dem Gummizug und legen Sie ihn zur Probe um die Hüfte, bevor Sie ihn zuschneiden. Der Gummizug sollte bequem auf der Hüfte sitzen und sich leicht über die breiteste Stelle der Hüfte schieben lassen.

Arbeitet man mit mehreren parallelen Absteppnähten, kann es sein, dass der abgesteppte Gummizug nicht mehr so dehnbar ist bzw. sich nicht mehr so gut zusammenzieht. Bei einem abgesteppten Bund empfiehlt es sich daher, den Gummizug etwa 2,5 cm kürzer als angegeben zuzuschneiden.

TIPPS

Gummibänder, die in einen Tunnel eingezogen werden sollen, zuvor etwa 20 Minuten lang in heißes Wasser legen (vorschrumpfen). Bei Gummibändern, die festgenäht werden, ist dies nicht notwendig.

Verwenden Sie zum Festnähen eines Gummizugs längere Stiche (etwa 8 bis 9 Stiche pro 2,5 cm), denn die Stiche ziehen sich zusammen, wenn der Gummizug nicht gedehnt wird. Sind die Stiche zu kurz, leiert der Gummizug schneller aus.

Den fertigen Bund vorsichtig dämpfen, dazu das Bügeleisen knapp über den Stoff halten, damit sich der Gummizug auf seine ursprüngliche Länge zusammenzieht.

Zwei Methoden zum Schließen von Gummizügen

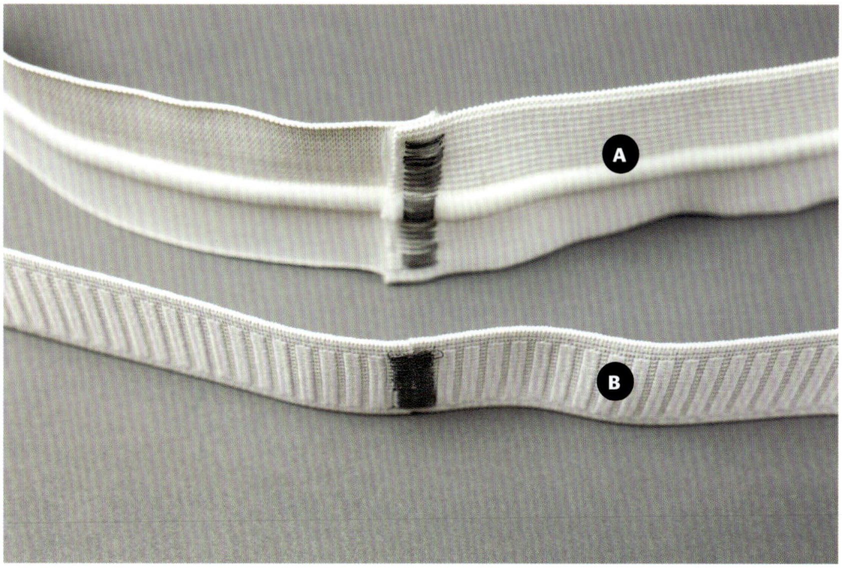

A Mit überlappenden Enden. Die Enden des Gummizugs etwa 1,3 cm breit übereinanderlegen und mit einem weiten oder einem 3-Stufen-Zickzackstich mehrere Male von oben nach unten steppen. Diese Methode eignet sich für weiche Materialien wie Gummilitze.

B Mit aneinanderstoßenden Kanten. Die Enden des Gummizugs Kante an Kante legen und mit einem weiten oder einem 3-Stufen-Zickzackstich zusammennähen, dabei sticht die Nadel abwechselnd rechts und links der Stoßkante ein. Diese Methode empfiehlt sich für stabilere und dickere Gummibänder.

Einen angeschnittenen Bund mit Tunnelzug nähen

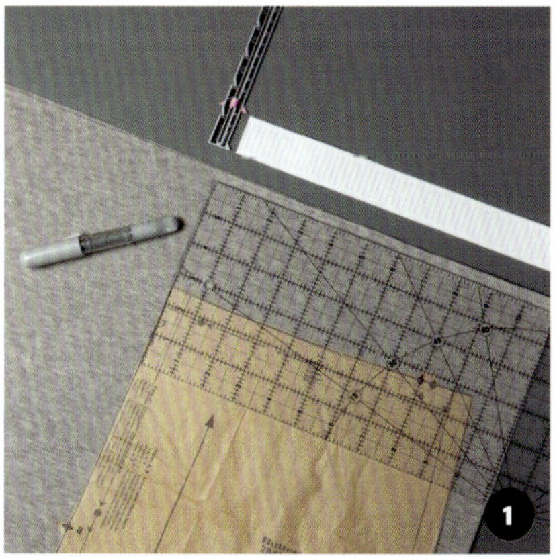

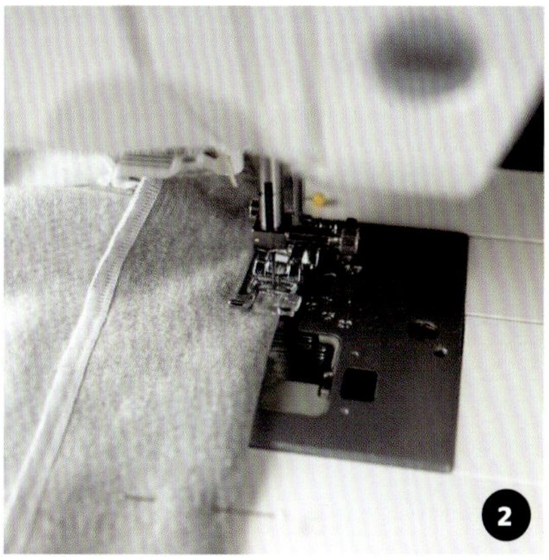

1 **Die Stoffteile für das gewünschte Kleidungsstück am Bund** etwa zweimal länger als die Breite des gewünschten Gummizugs plus 1,5 cm Nahtzugabe zuschneiden. Die Stoffteile wie im Schnittmuster angegeben zusammennähen.

2 **Die offene Kante am Bund versäubern** (Schrägband oder Überwendlichnaht). Das Kleidungsstück auf links wenden, den Bund in der Breite des Gummizugs plus 1,3 cm Nahtzugabe umfalten und den Stoffbruch knappkantig absteppen.

3 **Den Gummizug schließen (siehe oben)** und in den umgefalteten Bund schieben. Die untere Kante des Bunds knapp neben dem Gummizug mit einem Reißverschlussfuß und Geradstich knappkantig steppen, dabei darauf achten, nicht in den Gummizug zu nähen. Wenn notwendig, den Stoff immer wieder über dem Gummizug straff ziehen.

4 **Den Bund dehnen,** um den Stoff gleichmäßig zu verteilen. Den Gummizug an der vorderen und hinteren Mitte und an den Seitennähten im Nahtschatten feststeppen.

Einen abgesteppten angeschnittenen Bund nähen

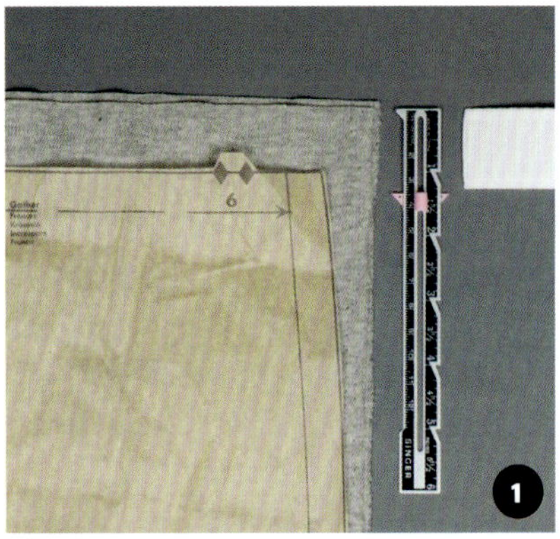

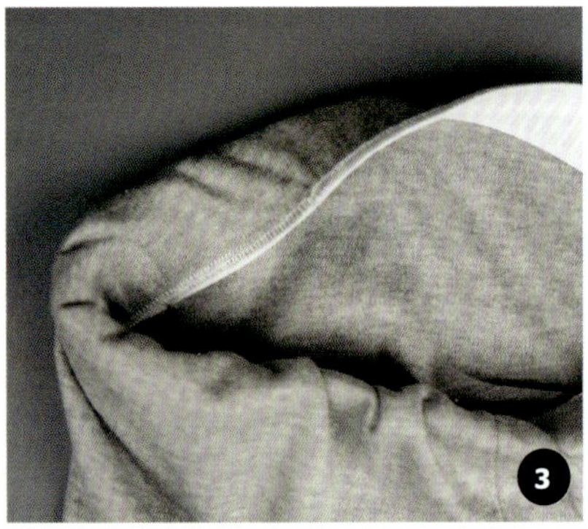

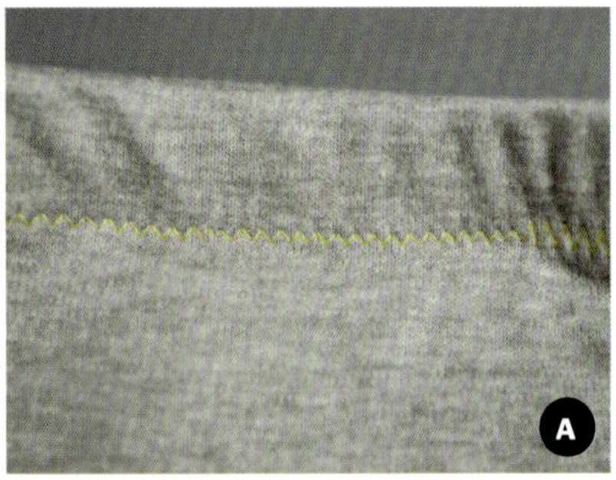

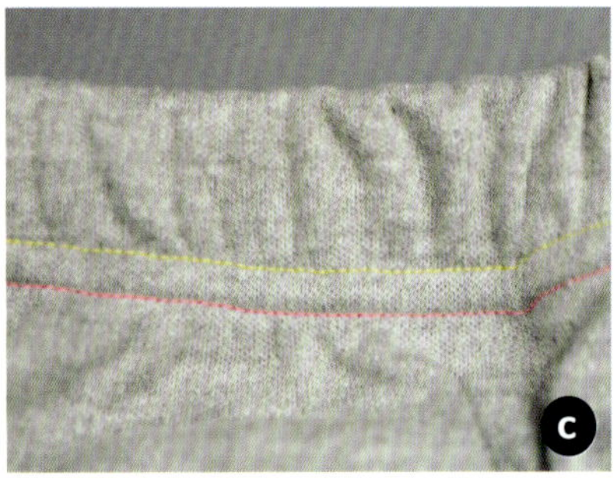

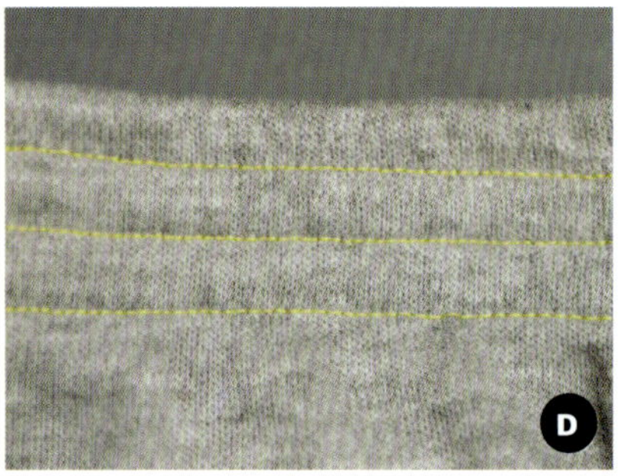

1 **Die Stoffteile für das gewünschte Kleidungsstück am Bund** etwa zweimal länger als die Breite des gewünschten Gummizugs plus 1,5 cm Nahtzugabe zuschneiden. Die Stoffteile wie im Schnittmuster angegeben zusammennähen. Den Gummizug schließen (Seite 199).

2 **Gummizug und Bundstoff vierteln und mit Stecknadeln markieren.** Den Gummizug Kante auf Kante auf die linke Seite des Bunds legen, sodass die Markierungen übereinstimmen, und mit einem Overlock- oder Zickzackstich festnähen, dabei den Gummizug immer wieder auseinanderziehen. Bei einer Overlockmaschine das Messer entfernen.

3 **Den Bund umklappen,** sodass der Gummizug im Stoffbruch liegt.

4 **Den Gummizug an der vorderen** und hinteren Mitte und den Seitennähten im Nahtschatten feststeppen.

5 **Von rechts die untere offene Kante des Bunds steppen,** dabei den Gummizug immer wieder auseinanderziehen. (Faden in Kontrastfarbe dient der besseren Veranschaulichung.)

Stichoptionen

A **Mit Geradstich oder einem schmalen Zickzackstich** entlang der unteren Bundkante steppen.

B **Mit einem mittelbreiten bis breiten Zickzackstich** entlang der unteren Bundkante steppen.

C **Entlang der unteren Bundkante** mit einer Zwillingsnadelnaht.

D **Mehrere gleichmäßige Nähte** mit Geradstich oder Zwillingsnadel über den Bund steppen.

Elastischer Kordelzug

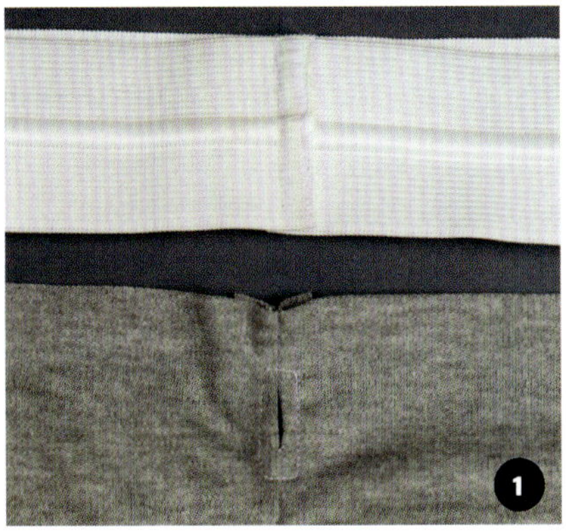

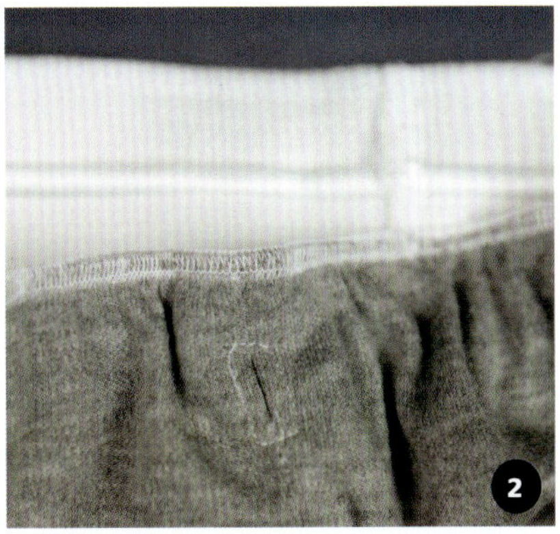

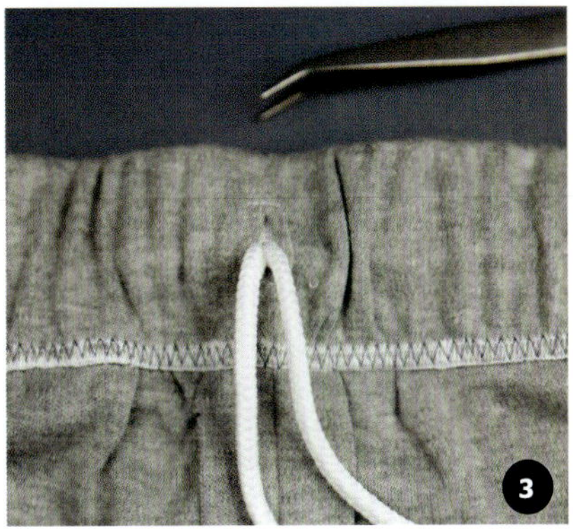

1 **Die Stoffteile für das gewünschte Kleidungsstück** wie in Schritt 1 gegenüber zuschneiden. Den Gummizug mit überlappenden Enden schließen (Seite 199). Die Stoffteile zusammennähen, dabei eine etwa 1,3 cm lange Öffnung an der vorderen Mittelnaht lassen. Die Kanten an der Öffnung versäubern.

2 **Wie Schritt 2 gegenüber arbeiten.** Den Gummizug entlang der unteren Kante mit einem Zickzackstich feststeppen. Den Bund umklappen, sodass der Gummizug im Stoffbruch liegt. Mit Geradstich etwa 6 mm von der oberen und unteren Bundkante entfernt durch alle Stofflagen steppen, dabei den Gummizug immer wieder auseinanderziehen.

3 **Die Kordel durch die Öffnung vorn** einziehen, auf die richtige Länge kürzen und die Enden verknoten.

Alternative Methode

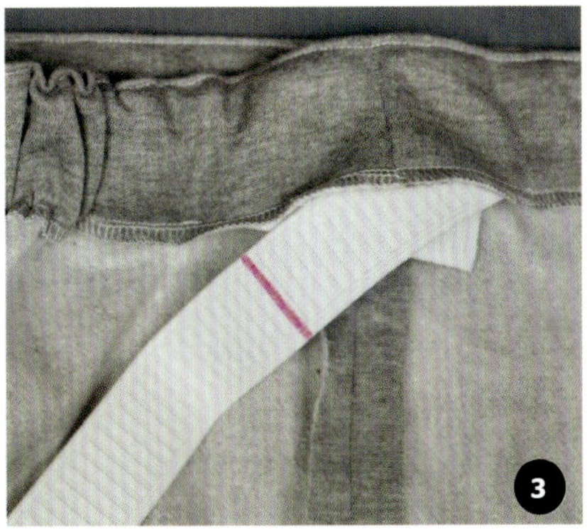

Schritt 1 und 2 wie gegenüber arbeiten.

1 **Die gewünschte Länge des Gummizugs markieren,** den Gummizug aber noch nicht zuschneiden.

2 **Den Gummizug** in den Bund schieben.

3 **Die offene Bundkante mit Geradstich** und einem Reißverschlussfuß steppen, dabei eine Öffnung von etwa 5 cm lassen. Achten Sie darauf, nicht in den Gummizug zu nähen.

4 **Die markierte Stelle des Gummizugs** zur Öffnung schieben und den Gummizug in der gewünschten Länge zusammenstecken. Das Kleidungsstück anprobieren, um zu sehen, ob der Bund gut sitzt. Bei Bedarf die Länge des Gummizugs anpassen. Den Gummizug zuschneiden und schließen (Seite 199). Die Öffnung am Bund schließen und den Gummizug wie in Schritt 4 gegenüber sichern.

Einen glatten angesetzten Bund nähen

1 **Die Schnittlinie an den Stoffteilen für das Kleidungsstück** etwa 1,5 cm oberhalb der Hüftlinie markieren. Für den Bund einen Stoffstreifen quer zum Fadenlauf zuschneiden, dieser sollte etwa zweimal so breit sein wie der verwendete Gummizug plus 3,2 cm Nahtzugabe. Die Länge des Bundstoffstreifens ergibt sich aus dem Hüftumfang plus 8 cm. Die Enden des Stoffstreifens mit etwa 1,5 cm Nahtzugabe aufeinanderstecken und den Sitz des Bunds auf den Hüften überprüfen.

2 **Die kurzen Kanten des Bundstoffstreifens schließen** und die Nahtzugaben auseinanderbügeln. Bundöffnung und Bundstoffstreifen vierteln und mit Stecknadeln markieren. Den Bundstoffstreifen Kante auf Kante und rechts auf rechts auf dem Kleidungsstück feststecken, sodass die Markierungen übereinstimmen. Den Bund mit einem Gerad- oder einem schmalen Zickzackstich etwa 1,5 cm breit an der Kante feststeppen.

3 **Den Gummizug schließen** (Seite 199). Gummizug und Bundkante des Kleidungsstücks vierteln und mit Stecknadeln markieren. Den Gummizug auf der Nahtzugabe des Bunds feststecken, die untere Kante des Gummizugs liegt dabei knapp über der Nahtlinie. Mit obenliegendem Gummizug und beide Nahtzugaben mit einem weiten oder doppelten Zickzackstich steppen, dabei den Gummizug immer wieder auseinanderziehen. Nahtzugaben zurückschneiden.

4 **Den Bund nach links umklappen,** sodass der Gummizug im Stoffbruch liegt, und feststecken. Von rechts im Nahtschatten entlang der Bundnaht steppen, dabei darauf achten, nicht in den Gummizug zu nähen. Die Bundnahtzugabe auf 6 mm zurückschneiden.

Einen elastischen angesetzten Bund nähen

1 **Die Schnittlinie an den Stoffteilen für das Kleidungsstück** etwa 1,5 cm oberhalb der Hüftlinie markieren. Für den Bund einen Stoffstreifen quer zum Fadenlauf zuschneiden, dieser sollte etwa zweimal so breit sein wie der verwendete Gummizug plus 3,2 cm Nahtzugabe. Die Länge des Bunds ergibt sich aus dem Hüftumfang plus 3,2 cm. Den Gummizug schließen (Seite 199).

2 **Die kurzen Kanten des Bundstoffstreifens** mit einer Nahtzugabe von 1,5 cm schließen. Die Nahtzugaben auseinanderbügeln. Bundöffnung und Bundstoff vierteln und mit Stecknadeln markieren. Den Bundstoffstreifen links auf links falten und den Gummizug dazwischenschieben. Die offenen Kanten etwa 1,3 cm breit heften, dabei darauf achten, nicht in den Gummizug zu nähen.

3 **Den Bund Kante auf Kante** und rechts auf rechts auf dem Kleidungsstücks feststecken, sodass die Markierungen übereinstimmen. Wenn das Kleidungsstück am Bund sehr voluminös ist, halten Sie die Bundkante ein, bevor Sie den Bund festnähen. Knapp innerhalb der Heftnaht steppen, dabei den Gummizug immer wieder auseinanderziehen. Die Nahtzugaben auf 6 mm zurückschneiden und wenn gewünscht die offenen Kanten versäubern.

4 **Den Bund dehnen,** damit der Stoff überall gleichmäßig liegt. Das Kleidungsstück auf rechts wenden und den Gummizug an der hinteren Mittelnaht und den Seitennähten senkrecht zur Bundnaht feststeppen. Wenn Sie möchten, können Sie den Bund durch alle Stofflagen absteppen (Schritt 4, Seite 200).

Rippenbündchen kommen häufig zum Einsatz, um die Ärmel oder den Bund von Sportbekleidungsstücken zu versäubern. Aufgrund der Rippen, die sich gut dehnen lassen und dabei kaum ausleiern, dehnen sich die Bündchen beim An- und Ausziehen und sitzen beim getragenen Kleidungsstück trotzdem schön eng. Bündchenstoff ist als Meterware erhältlich, mittlerweile kann man aber auch fertige Bündchen in unterschiedlichen Längen und Breiten kaufen.

Die Breite von Bündchenstoffen reicht von 71 bis 152,5 cm bzw. von 35,5 bis 76 cm für Bündchenschläuche und es gibt sie in unterschiedlichen Stoffgewichten. Für ein Bündchen der Breite nach einen Streifen Bündchenstoff zuschneiden, diesen der Länge nach falten und Kante auf Kante rechts auf rechts auf die zu versäubernde Kante steppen. Bei fertigen Bündchen ist eine Kante bereits versäubert, es ist nicht notwendig, sie zu falten – sie können so, wie sie sind, angenäht werden. Auch fertige Bündchen gibt es in verschiedenen Breiten und Längen, aus unterschiedlichen Stoffen und in unterschiedlichen Stoffgewichten.

Bündchen eignen sich für Halsausschnitte, beispielsweise Roll-, Steh- oder Rundkragen, sie kommen aber auch an Ärmelabschlüssen, Taillenabschlüssen von T-Shirts oder Pullovern und am Bund von Röcken oder Hosen zum Einsatz. Die Schnittbreite und -länge des Bündchens hängt dabei davon ab, wo das Bündchen sitzen und wie das Kleidungsstück aussehen soll. Bei Meterware entspricht die Schnittlänge eines Bündchens zweimal der Länge der zu versäubernden Kante plus 1,3 cm Nahtzugabe. Fertige Bündchen sollten genauso lang sein wie die zu versäubernde Kante plus 6 mm Nahtzugabe. Bei vielen Schnittmustern und Anleitungen zum Nähen von Strickware ist angegeben, wie breit die Bündchen sein sollen, oder es gibt ein Schnitteil extra für das Bündchen. Die Länge eines Bündchens kann man außerdem bestimmen, indem man die Ausschnittöffnung entlang der Nahtlinie misst (siehe Seite 204).

Bei geraden, enganliegenden Ausschnitten oder Abschlüssen ist es außerdem möglich, die Länge zu bestimmen, indem man den Bündchenstoff direkt auf dem getragenen Kleidungsstück feststeckt. Bei geraden Abschlüssen, an denen das Bündchen etwas lockerer sitzen darf, etwa an der unteren Kante eines Rocks, sollte der Bündchenstoff nur etwas kürzer sein als die jeweilige Kante. Je nach Dehnbarkeit und Rücksprungvermögen des Bündchenstoffs sollten Bündchen für kleinere Ausschnitte wie Ärmel oder Halsausschnitte etwa 2,5–5 cm kürzer sein als die gemessene Kantenlänge. Bei Rock- und Hosenbünden und der unteren Kante von Pullovern empfiehlt es sich, das Bündchen etwa 7,5–15 cm kürzer zuzuschneiden, damit die Kleidungsstücke perfekt sitzen.

Bündchen können mit geschlossener oder offener Schulternaht angenäht werden. Die erste Methode geht schneller, aber die Nähte an den Kanten des Bündchens sind dabei nach dem Annähen zu sehen. Sauberer sind Bündchen, die mit offener Schulternaht angenäht werden, wobei die kurzen Kanten des Bündchens eingefasst werden. Wenn es keinen farblich passenden Bündchenstoff gibt, kann auch ein quer zum Fadenlauf zugeschnittener Streifen Oberstoff als Bündchenstoff verwendet werden. Verwenden Sie bevorzugt 50% dehnbare Strickware – ein 25,5 cm langer Streifen Strickware sollte sich also mindestens auf 38 cm dehnen lassen.

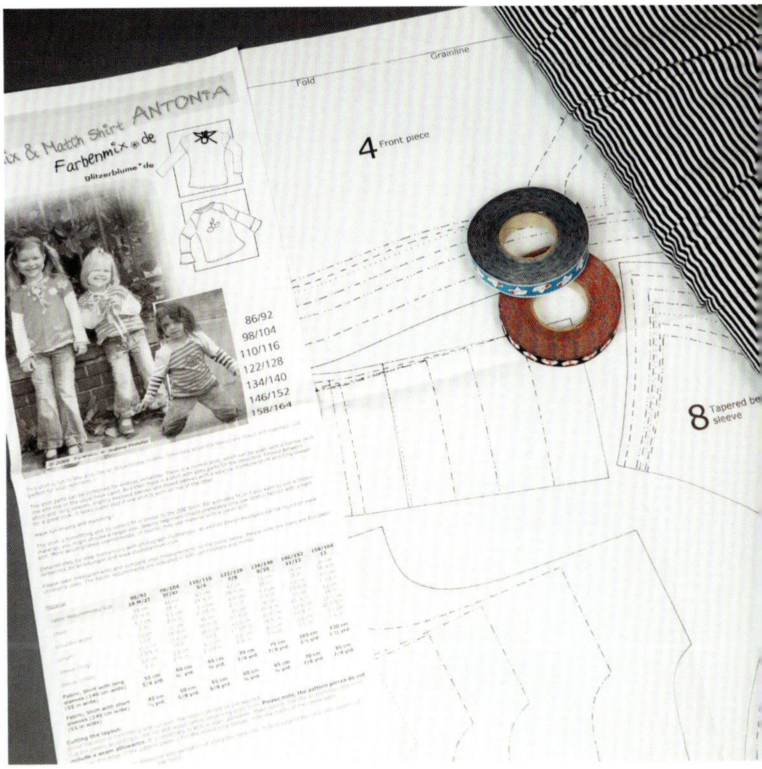

Die Schnittlänge eines Bündchens bestimmen

1 Die Nahtlinie an der Öffnung des Kleidungsstücks abmessen. Für Halsausschnitte das Bündchen wie unten beschrieben zuschneiden. Für andere Abschlüsse sollte das Bündchen zwei Drittel mal so lang sein wie die abgemessene Länge plus 1,3 cm Nahtzugabe. Wird für das Bündchen der gleiche Stoff verwendet wie für das Kleidungsstück, sollte der zugeschnittene Stoffstreifen drei Viertel mal so lang sein wie die abgemessene Länge plus 1,3 cm Nahtzugabe.

2 Bündchen aus Oberstoff an geraden enganliegenden Abschlüssen wie an der Hüfte, an Ärmeln und an Knöcheln mit Stecknadeln an der jeweiligen Kanten feststecken und das Kleidungsstück anprobieren, um zu überprüfen, ob die Bündchen richtig sitzen. Wenn gewünscht kann der Bündchenstoff auch der Breite nach gefaltet werden – so wird das Bündchen stabiler. 1,3 cm Nahtzugabe dazurechnen.

Halsausschnitte, die mit Bündchen gearbeitet werden können

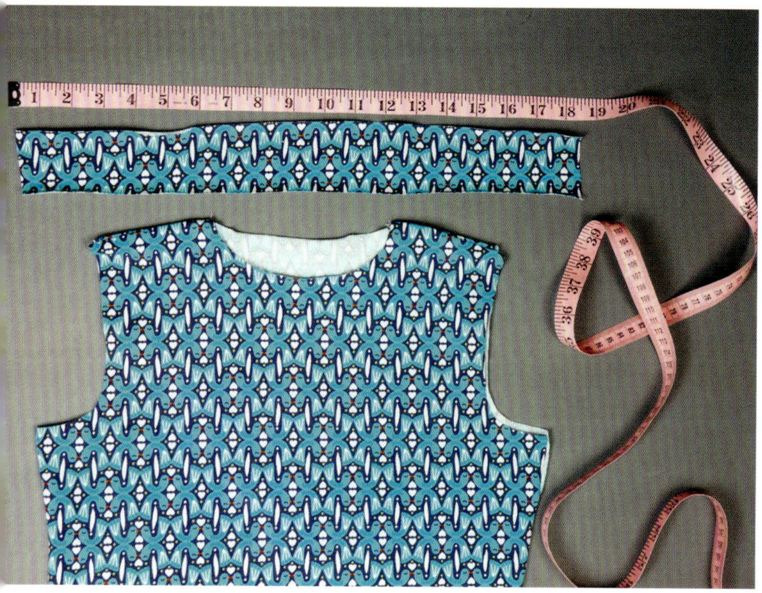

Rundkragen Bei einem Rundkragen ist das fertige Bündchen meist etwa 2,5 bis 3,2 cm hoch, bei U-Ausschnitten und Kinder- sowie Babybekleidung kann das Bündchen aber auch schmäler gearbeitet werden (bis zu 1,3 cm). Die Halsausschnittnaht sitzt etwa 2 cm unterhalb des Halsansatzes. Der Bündchenstoffstreifen sollte etwa zwei Drittel mal so lang sein wie der Halsumfang plus 1,3 cm Nahtzugabe.

Rollkragen Für Kleidungsstücke mit Rollkragen sollte das Bündchen am Halsausschnitt etwa 10 bis 15 cm hoch sein. Die Halsausschnittnaht sitzt dabei direkt am Halsansatz. Die Länge des Bündchenstoffstreifens entspricht der Länge des Halsumfangs plus 1,3 cm Nahtzugabe.

Stehkragen Für einen Stehkragen sollte das fertige Bündchen etwa 5 bis 6 cm hoch sein. Die Halsausschnittnaht sitzt dabei etwa 1,3 cm unterhalb des Halsansatzes. Der Bündchenstoffstreifen sollte etwa drei Viertel mal so lang sein wie der Halsumfang plus 1,3 cm Nahtzugabe.

U-Ausschnitt Kleidungsstücke mit U-Ausschnitt haben einen Rundausschnitt, bei dem die Kante des Bündchens vorn – und manchmal auch hinten – etwas tiefer sitzt als der Halsansatz. Der Bündchenstoffstreifen sollte etwa zwei Drittel mal so lang sein wie der Halsumfang plus 1,3 cm Nahtzugabe. Das fertige Bündchen sollte etwa 2 bis 2,5 cm hoch sein.

Statt Bündchenstoff kann man auch den für das jeweilige Kleidungsstück verwendeten Stoff für die Bündchen verwenden. Für Rollkragen einen Stoffstreifen in der Länge des Halsausschnitts plus 1,3 cm Nahtzugabe zuschneiden, für U-Ausschnitte, Rundkrägen und Stehkrägen einen Stoffstreifen, der drei Viertel mal so lang ist wie der Halsumfang plus 1,3 cm Nahtzugabe.

Bündchen annähen (mit offener Schulternaht)

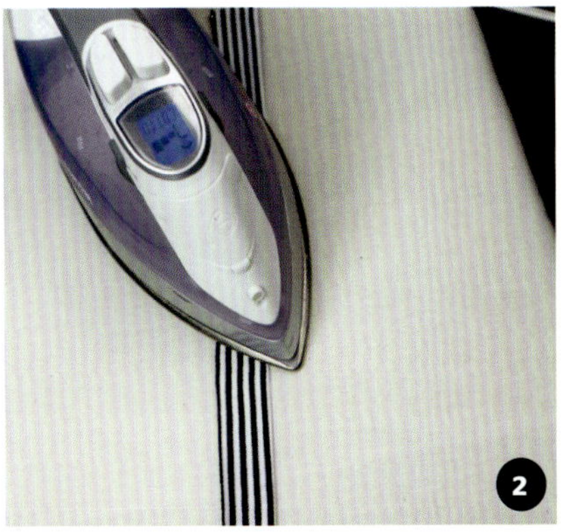

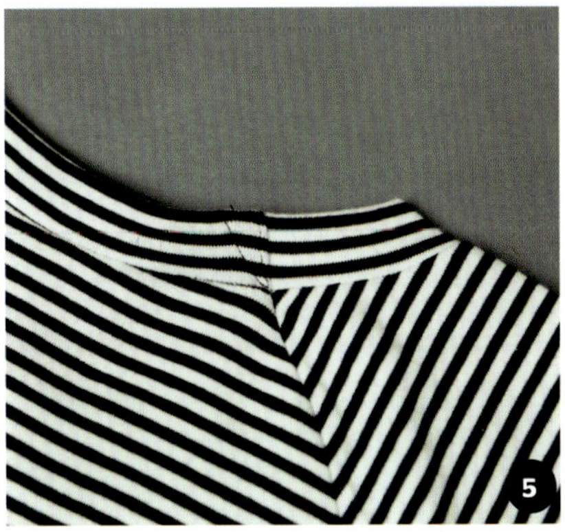

1 **Die Schnittteile für das Oberteil zuschneiden,** dabei an den Öffnungen etwa 6 mm Nahtzugabe zugeben. Vorder- und Rückseite entlang einer Schulternaht zusammennähen. Für Oberteile mit Raglanärmeln Vorder- und Rückseite sowie Ärmel zusammennähen, dabei allerdings eine hintere Schulternaht offen lassen.

2 **Für ein Bündchen aus Oberstoff** den zugeschnittenen Stoffstreifen der Länge nach links auf links falten und bügeln. Bündchen und Halsausschnitt vierteln und mit Stecknadeln markieren.

3 **Den Stoffstreifen rechts auf rechts** und offene Kante auf offene Kante auf dem Ausschnitt feststecken, die Markierungen liegen dabei genau übereinander und die Öffnung des Bündchens liegt an der offenen Schulternaht. Das Bündchen entlang der offenen Kante mit einem schmalen Zickzack- oder einem Overlockstich 6 mm breit steppen, dabei den Stoffstreifen immer wieder straff ziehen. Die Nahtzugaben nach innen umbügeln.

4 **Das Bündchen wenn nötig kürzen.** Die zweite Schulternaht und die Bündchenöffnung von links in einem Rutsch schließen. Achten Sie dabei darauf, dass alle Stoffteile korrekt aufeinanderliegen.

5 **Die Bündchennahtzugabe** mit einem kleinen Dreieck feststeppen. Nach Wunsch das Bündchen an der unteren Kante rundherum mit einem Stretchstich absteppen.

Bündchen annähen (mit geschlossenen Schulternähten)

1 **Die kurzen Kanten des Bündchens** rechts auf rechts aufeinanderlegen und 6 mm breit steppen. Den Ring der Länge nach links auf links falten. Bündchen und Halsausschnitt vierteln und mit Stecknadeln markieren.

2 **Den Ring rechts auf rechts** und offene Kante auf offene Kante auf dem Halsausschnitt feststecken.

3 **Das Bündchen mit einem schmalen Zickzack-** oder einem Overlockstich 6 mm breit feststeppen, dabei das Bündchen straff ziehen. Die Nahtzugabe nach unten umbügeln.

4 **Nach Wunsch das Bündchen** an der unteren Kante rundherum mit einem normalen Stretchstich oder einer Zwillingsnaht absteppen, dabei durch Oberstoff und beide Nahtzugaben nähen. Bei einer normalen Stretchnaht währenddessen das Bündchen straff ziehen.

Einen V-Ausschnitt mit einem überlappenden Bündchen einfassen

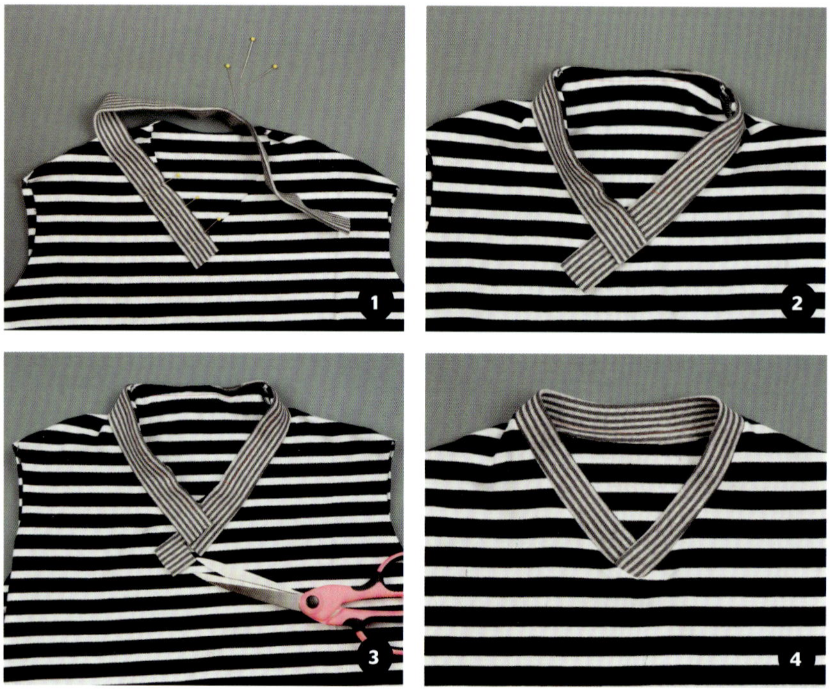

1 **Einen Bündchenstoffstreifen zuschneiden.** Dieser sollte etwas länger sein als die Schnittkante des Halsausschnitts. Den Halsausschnitt links und rechts der Spitze entlang der Nahtlinie mit einer 5 cm langen Stütznaht versehen. Die Nahtzugabe an der Spitze einknipsen.

2 **Den Bündchenstoffstreifen der Länge nach falten** und rechts auf rechts und offene Kante auf offene Kante auf dem Halsausschnitt feststecken, vorn sollte das Bündchen dabei etwa 2,5 cm überlappen. An der vorderen Mitte beginnend das Bündchen auf dem Halsausschnitt festnähen, dabei das Bündchen straffziehen.

3 **An der anderen Seite des Vs** eine Öffnung in der Breite des Bündchens lassen und die Naht verriegeln.

4 **Die Bündchennahtzugabe nach unten klappen, das Bündchen nach oben klappen** und die kurzen Kanten des Bündchens unter das V schieben, dabei das rechte Bündchenende überlappen lassen, und feststecken. Das Oberteil wenden und die Öffnung an der Spitze des Vs schließen, dabei den Stoff an der Spitze drehen und die obenliegende Bündchenkante auf die rechte Nahtzugabe steppen. Die Nahtzugaben knapp zurückschneiden.

Einen V-Ausschnitt mit einem spitz zulaufenden Bündchen einfassen

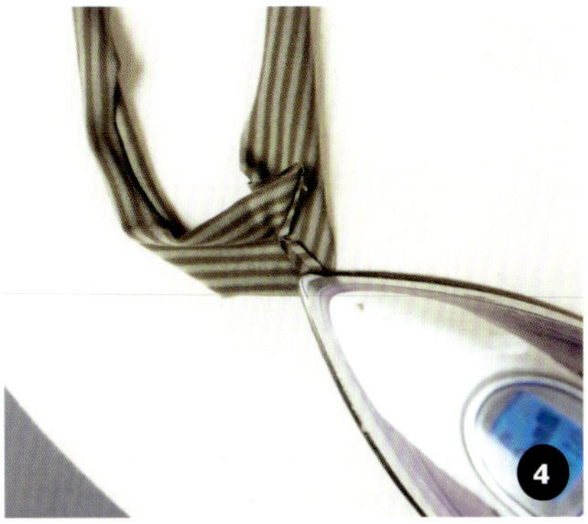

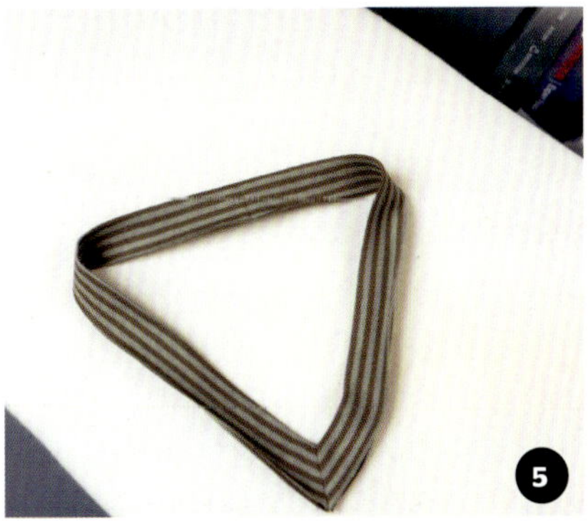

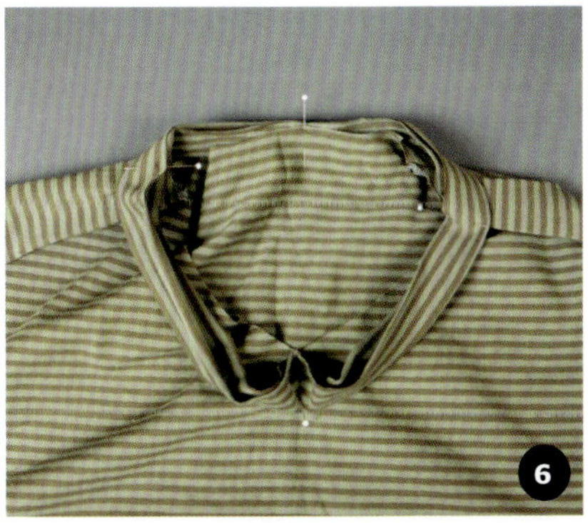

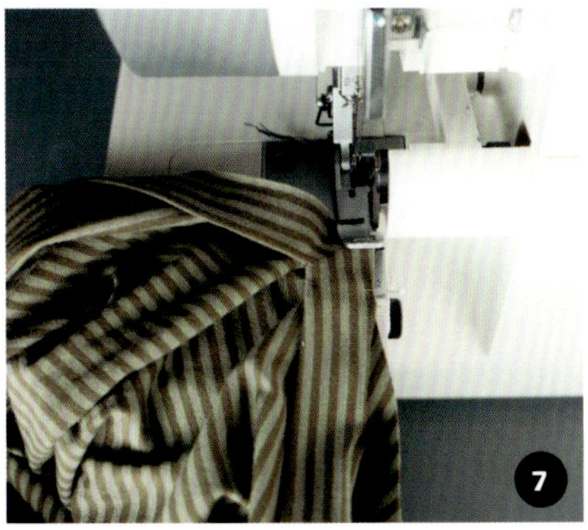

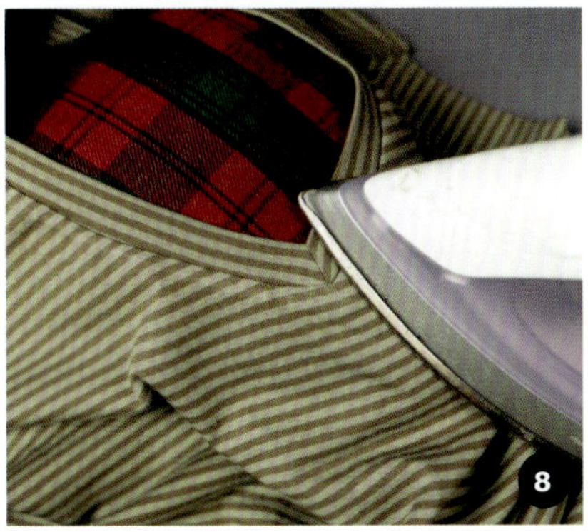

1 **Vorder- und Rückseite** des Kleidungsstücks entlang der Schulternähte schließen. Den Halsausschnitt links und rechts der Spitze 3 mm breit mit einer Stütznaht versehen.

2 **Den Bündchenstoffstreifen** der Breite nach links auf links falten und feststecken. Das Bündchen mit den offenen Kanten unter das V legen und die Spitze mit einem Markierstift übertragen.

3 **Das Bündchen entlang der v-förmigen Markierung** zusammennähen, anschließend die Nahtzugabe an den kurzen Kanten auf 3 mm zurückschneiden. Die Nahtzugabe an der Spitze des Halsausschnitts einknipsen.

4 **Die Nahtzugaben am V des Bündchens auseinanderbügeln.** Das Bündchen wenden.

5 **Den Bündchenstoffstreifen** der Länge nach links auf links falten.

6 **Den Bündchen in gleichmäßigen** Abständen rechts auf rechts und offene Kante auf offene Kante auf dem Halsausschnitt feststecken, dabei liegen die eingeknipsten Nahtzugaben an der Spitze des Halsausschnitts flach unter dem spitz zulaufenden Halsausschnitt.

7 **Das Bündchen mit Stretchstich** auf den Halsausschnitt steppen, dabei die Stecknadeln nach und nach entfernen. Die Naht beginnt und endet dabei genau an der Spitze des Vs.

8 **Die Nahtzugabe nach unten bügeln** und das Bündchen nach Wunsch rundherum mit einem Stretchstich absteppen.

Schnittmuster für Badeanzüge und Trikots sind meist relativ enganliegend geschnitten, damit sie bequem sitzen und doch genug Bewegungsspielraum lassen. Es gibt unterschiedlichste Modelle: Modelle mit Wiener Nähten und solche mit einem Mittelteil in Kontrastfarbe und schwarzen Seitenteilen machen schlank; hochgeschnittene Beinausschnitte verlängern die Beine optisch und lassen den Oberkörper schlanker erscheinen; für eine große Oberweite eignen sich Modelle mit abgenähter Unterbrustlinie; für sehr schmale Frauen eignen sich Modelle mit Raffungen, Rüschen oder Drapierungen oder klassische Modelle aus bunt gemusterten Stoffen.

Der Vorteil von selbstgenähter Bade- und Tanzmode ist, dass Sie die Kleidungsstücke perfekt an Ihren Körper und Ihre Bedürfnisse anpassen können. Nach Wunsch können Badeanzüge vorn komplett mit Futterstoff hinterlegt werden, vor allem bei hellen und dünnen Stoffen ist dies zu empfehlen. Alternativ können Sie aber auch nur Schritt- und Brustbereich hinterlegen. Auch BH-Cups können ganz unkompliziert in einen mit Futterstoff hinterlegten Badeanzug oder ein Trikot eingenäht werden.

Bi-elastische Stoffe sind in zwei Richtungen dehnbar und passen sich damit den Körperrundungen perfekt an. Wählen Sie das Schnittmuster am besten nach der Brustweite aus, sodass an dieser Stelle keine Anpassungen notwendig sind. Wenn Sie verschiedene Kleidergrößen für Brust- und Hüftweite brauchen, wählen Sie ein Schnittmuster mit unterschiedlichen Größen, schneiden Sie die Schnittteile je nach Größe zu und überblenden Sie die Nähte in der Taille.

Schnittmuster anpassen

Für einteilige Badeanzüge oder Leotards messen Sie Ihre Oberkörperlänge (gegenüber) und vergleichen Sie das Ergebnis mit den Angaben in der Größentabelle rechts. Messen Sie nicht die einzelnen Schnittmusterteile, diese sind meist kürzer als die tatsächlichen Körperabmessungen. Stimmen Oberkörperlänge und Brustweite überein, ist es nicht notwendig, das Schnittmuster anzupassen.

Weicht die Oberkörperlänge von den Angaben in der Tabelle ab, passen Sie zunächst die Vorderseite um etwa ein Viertel der Differenz und dann die Rückseite um die gleiche Länge an. Insgesamt entspricht die Anpassung damit nur dem halben Unterschied von Tabellenangabe und tatsächlicher Oberkörperlänge, aber da der bi-elastische Stoff dehnbar ist, ist diese Anpassung meist ausreichend. Hat jedes Schnittmusterteil zwei Änderungslinien, passen Sie alle vier Linien an (benötigte Gesamtanpassung geteilt durch vier).

Wird Badeanzugstoff mit Futterstoff hinterlegt, verliert er etwas an Dehnbarkeit, daher ist es notwendig, Vorder- und Rückseite etwa 1,3 cm länger zuzuschneiden.

Die Oberkörperlänge eines Schnittmusters anpassen

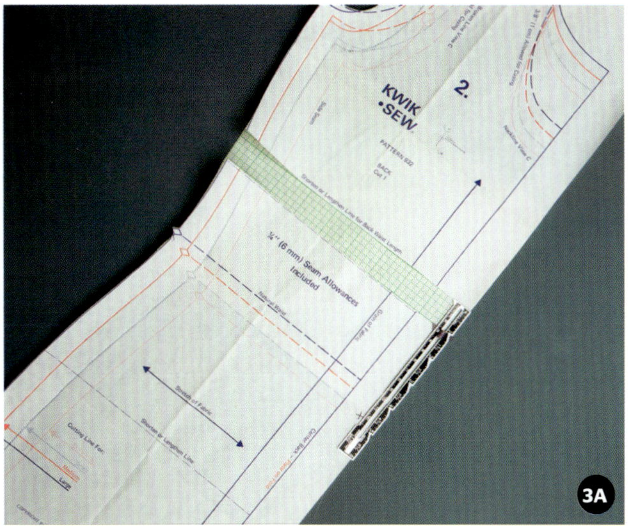

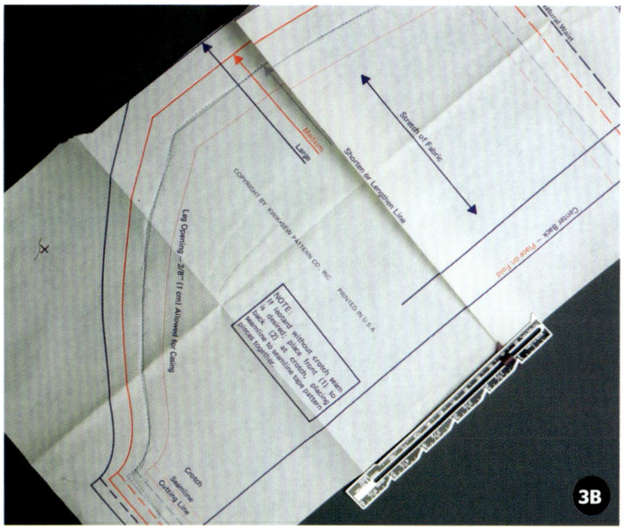

1 Ein Maßband am oberen Ende des Brustbeins anlegen und zwischen den Beinen hindurch bis zum Halsansatz am Rücken führen. Das Maßband liegt dabei wie das spätere Kleidungsstück eng am Körper an. Lassen Sie sich von einer zweiten Person helfen, dann geht es viel einfacher!

2 Den Unterschied zwischen der gemessenen und der in der Tabelle angegebenen Länge ermitteln. Die Anpassung sollte halb so lang sein wie die errechnete Differenz. Außerdem sollte die Anpassung auf alle verfügbaren Änderungslinien verteilt werden.

3 Das Schnittmuster wird angepasst, indem die notwendige Länge der Anpassung von der im Schnittmuster angegebenen Länge abgezogen oder zu ihr dazugezählt wird. Dazu die Schnittmusterteile entlang der Änderungslinien auseinanderziehen oder übereinanderlegen. Bei dem hier gezeigten Beispiel werden Vorder- und Rückseite an jeder Änderungslinie um 6 mm verlängert, um eine Gesamtanpassung von 2,4 cm Länge vorzunehmen.

Brustweite und Oberkörperlänge

BRUSTWEITE	OBERKÖRPERLÄNGE
76 cm	132–137 cm
81,5 cm	134,5–139,5 cm
86,5 cm	137–142 cm
91,5 cm	139,5–145 cm
96,5 cm	142–147 cm
102 cm	145–150 cm
107 cm	147–152,5 cm
112 cm	150–155 cm

Bevor die Schnittmusterteile für einen Badezug oder ein Trikot ausgelegt werden, finden Sie heraus, in welche Richtung sich der Stoff stärker dehnen lässt. Nylon-Elastan-Strickware ist normalerweise in der Länge dehnbarer, Baumwoll-Elastan-Mischgewebe sind meist in der Breite dehnbarer. Für eine angenehmen Passform das Schnittmuster so auf dem Stoff auflegen, dass der Stoff mit der Körperbreite dehnbarer ist.

Moderne Bade- und Tanzmodestoffe haben meist ein sehr gutes Rücksprungvermögen, was bei den meisten Schnittmustern im Zuschnitt berücksichtigt wird – für moderne Bademode wird weniger Beweglichkeitszugabe eingerechnet, um sicherzustellen, dass die Kleidungsteile enganliegend sitzen und sich an den Körper anschmiegen. Wählen Sie daher Stoffe, die für Bade- und Tanzmode geeignet sind.

Badeanzüge und Trikots sind einfach und schnell zu nähen. Bei den meisten Modellen müssen nur einige Nähte gesteppt und Kanten versäubert werden. Zuerst werden Seiten- und Schrittnähte genäht, dann sollte das Kleidungsstück anprobiert werden, um die Passform wenn nötig anzupassen.

Wenn ein einteiliger Badeanzug oder ein Trikot zu lang ist, die Schnittteile einfach an den Schulternähten kürzen, ein zu hoch sitzender Halsausschnitt kann anschließend ganz einfach zurückgeschnitten werden. Wenn die Armausschnitte zu eng sind und unter den Armen drücken, die Öffnung größer schneiden. Auch Beinausschnitte sollten angenehm sitzen: Sind sie zu groß, die Seitennaht am Beinausschnitt tiefer einnehmen. Die Schulternähte ganz zum Schluss schließen und schließlich die elastischen Abschlüsse arbeiten (Seiten 214–215).

EINEN EINFACHEN EINTEILIGEN BADEANZUG ODER EIN TRIKOT NÄHEN

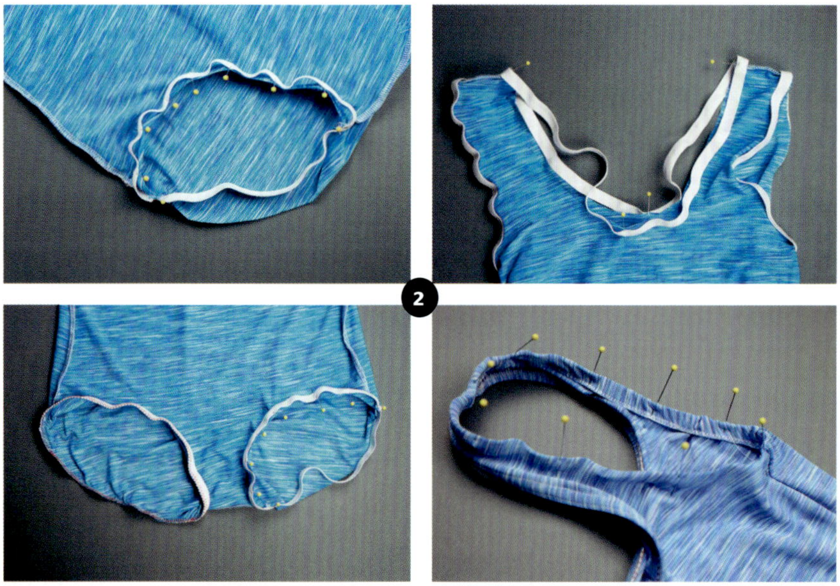

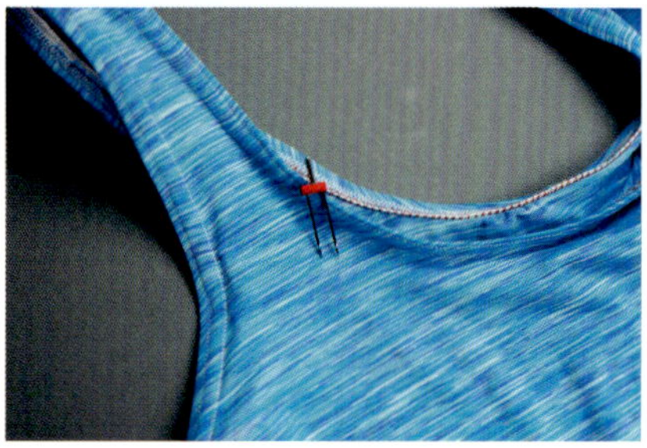

1 Die Schrittnaht steppen und nach Wunsch den Schrittbereich mit Futter unterlegen. Die Seitennähte schließen. Den Badeanzug anprobieren, die Passform überprüfen und wenn nötig anpassen. Nach Wunsch die Vorderseite mit Futterstoff unterlegen. Die Schulternähte schließen.

2 Alle Ausschnitte (Ärmel, Beine, Hals) mit elastischen Abschlüssen versehen und versäubern (siehe Seiten 214–215).

EINEN EINFACHEN ZWEITEILIGEN BADEANZUG NÄHEN

Zum Abmessen von zweiteiligen Kleidungstücken für den Schritt das Maßband vom hinteren unteren Rücken durch die Beine bis zu dem Punkt am Bauch führen, an dem später der Bund des Unterteils sitzen soll; die Unterbrustweite rund um den Rumpf messen; für die Brustlänge von der Achsel bis unterhalb der Brust messen; außerdem vom äußeren Brustansatz bis zum dicksten Teil des Brustbeins messen.

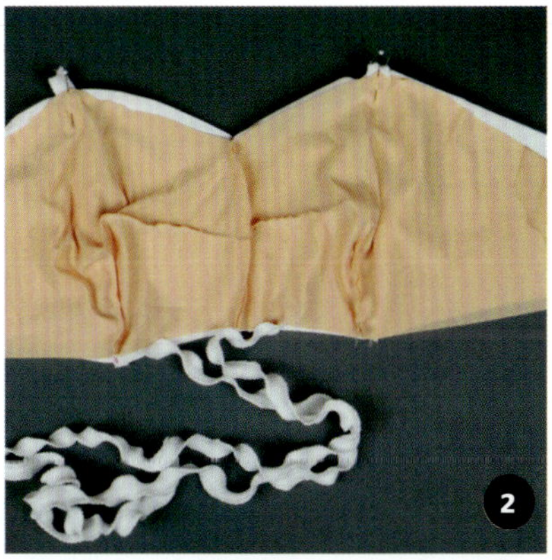

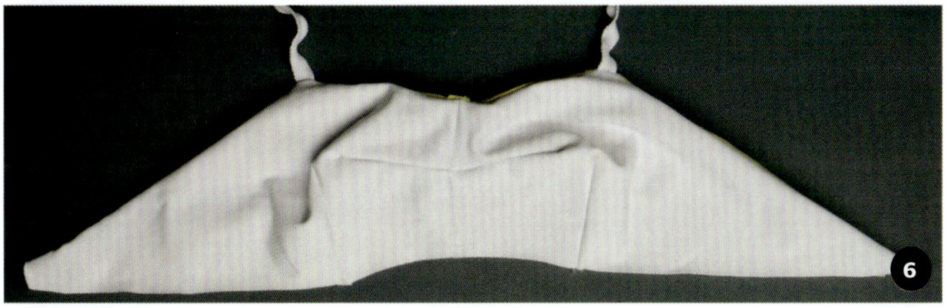

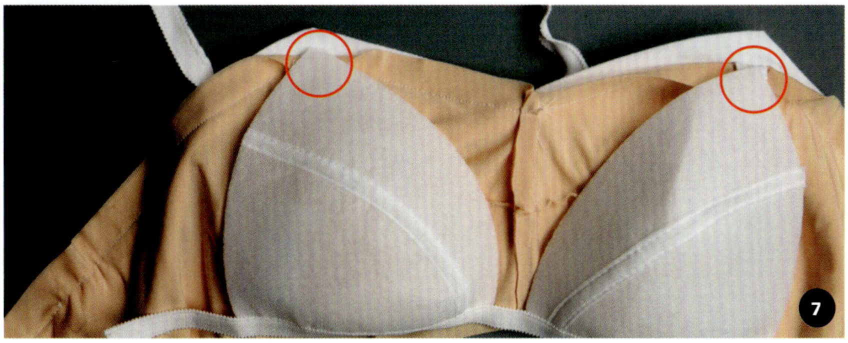

1 **Die Schnittteile** für den zweiteiligen Badeanzug aus Ober- und Futterstoff zuschneiden. Ober- und Futterstoffteile des Oberteils zusammensteppen.

2 **Die Bänder am Oberteil zwischen** Ober- und Futterstoff feststecken.

3 **Den Oberteilfutterstoff in der Breite der Gummizüge für die Abschlüsse** von rechts auf den Oberstoff heften, dabei die Bänder festheften. Wenn der Futterstoff etwas dicker ist, die Nahtzugabe bis knapp zur Naht zurückschneiden. Die meisten Bademode- und Unterwäschefutterstoffe sind allerdings sehr dünn und müssen nicht unbedingt zurückgeschnitten werden. Wenn Sie Oberstoff als Futterstoff verwenden, die Nahtzugaben zurückschneiden.

4 **Wenn verwendet, Stäbchen** auf den Nahtzugaben der Seitennähte platzieren und so positionieren, dass die Enden vom Körper wegzeigen. Im Nahtschatten der Seitennaht die Stäbchen entlang der inneren Kante festnähen.

5 **Die Kanten des Oberteils, wenn notwendig,** mit Gummibändern verstärken (Seiten 214–215). Die meisten Lycra-Elastan-Bademodestoffe sind allerdings so dehnbar, dass es nicht notwendig ist, die Kanten des Oberteils mit Gummibändern zu versehen.

6 **Das Futter entlang der oberen Kante** auf das Oberteil steppen, dabei die Bänder festnähen.

7 **Wenn verwendet, eine BH-Einlage** auf die Nahtzugabe des Futterstoffs nähen.

8 **Das Oberteil wenden.** Die untere Kante des Oberteils versäumen, dabei wenn verwendet die untere Kante der BH-Einlage im Saum einfassen. Siehe Schritt 7 auf Seite 215.

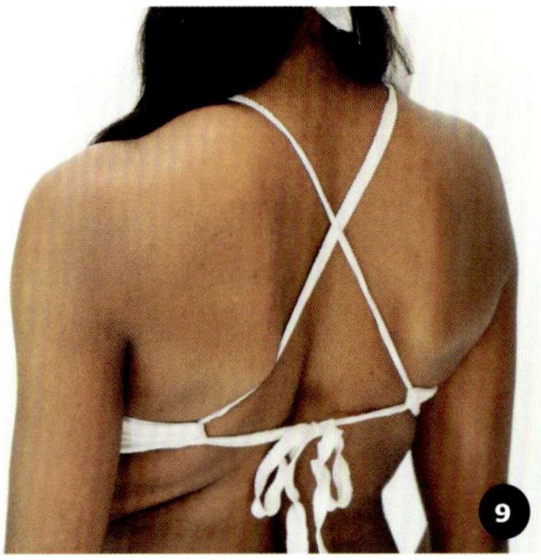

9

10

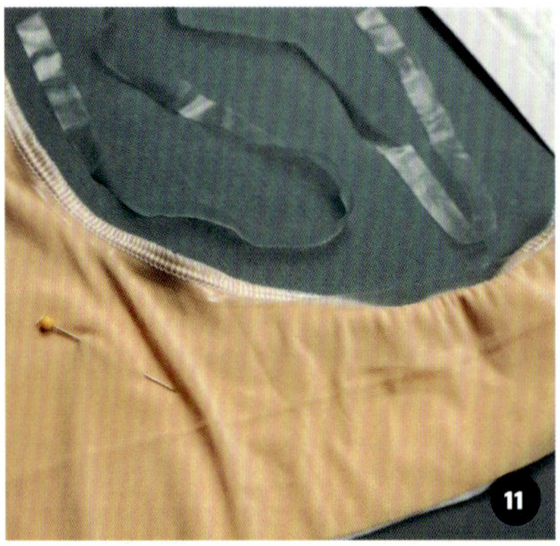

11

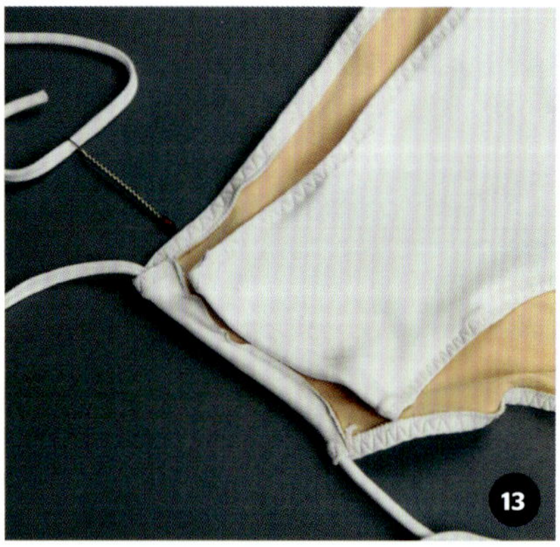

13

14

15

9 **Die Seitenkanten des Oberteils nach innen umschlagen** und steppen, sodass später ein Band durchgezogen werden kann.

10 **Die hintere Mittelnaht des Unterteils (wenn vorhanden) steppen.** Vorder- und Rückseite des Unterteils entlang der Schrittnaht schließen, ebenso die beiden Futterteile zusammennähen. Den Futterstoff entlang der Nahtzugabe auf den Oberstoff heften oder mit Haftspray fixieren.

11 **Die Beinöffnungen mit Gummibändern versehen.**

12 **Die obere Kante von Vorder- und Rückseite** des Unterteils ebenfalls mit einem Gummizug versehen.

13 **Die vier kurzen Kanten nach innen umschlagen** und steppen, sodass ein passendes Band durchgezogen werden kann.

14 **Bänder durch die Tunnel ziehen.**

15 **Alternativ als seitliche Verschlüsse** große Dekoringe einnähen.

RUNDE BÄNDER FERTIGEN

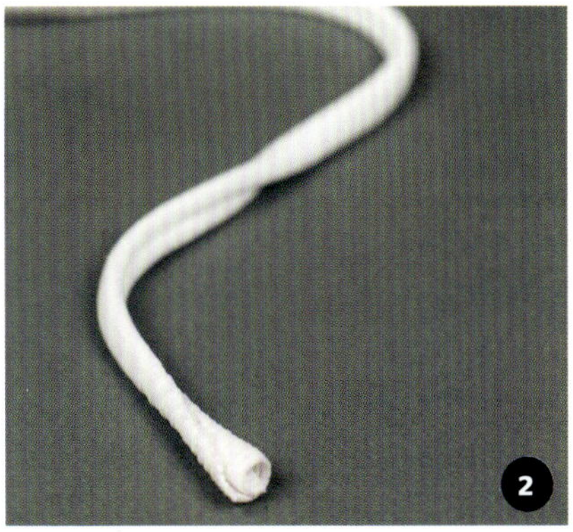

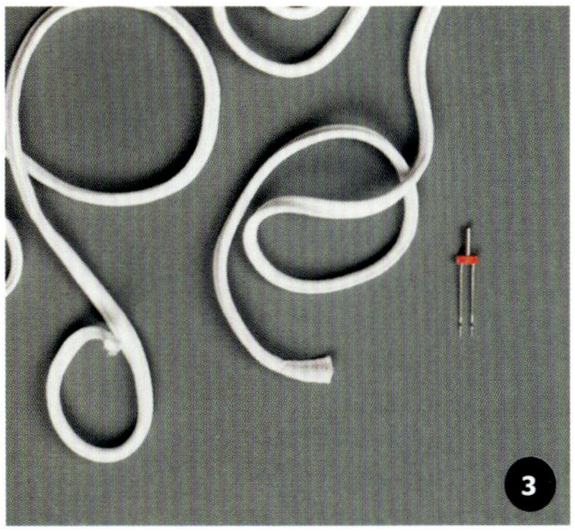

1 **Etwa 2,5 cm breite Stoffstreifen** im Fadenlauf (von Webkante zu Webkante) zuschneiden.

2 **Werden die Streifen gedehnt,** rollen sich die Kanten nach innen, dabei zeigt die linke Stoffseite nach außen. Für Bademode aus gemusterten Stoffen einen farblich passenden einfarbigen Stoff für die Bänder verwenden.

3 **Das Band mit einer Zwillingsnadel** absteppen, dabei zeigt die Kante nach unten und wird mit der Naht geschlossen.

ANPASSUNGEN FÜR DIE GEWÜNSCHTE PASSFORM VORNEHMEN

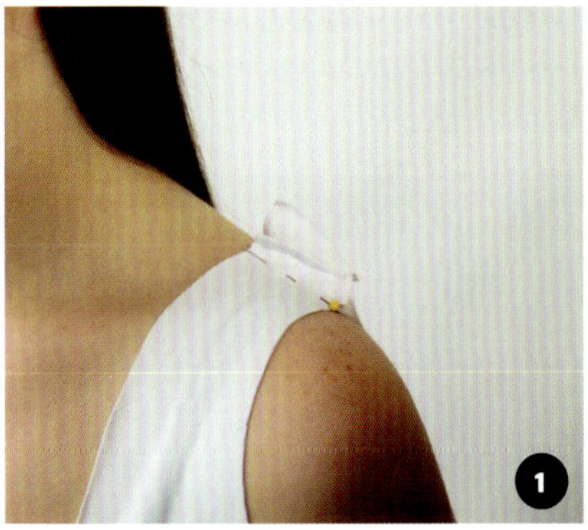

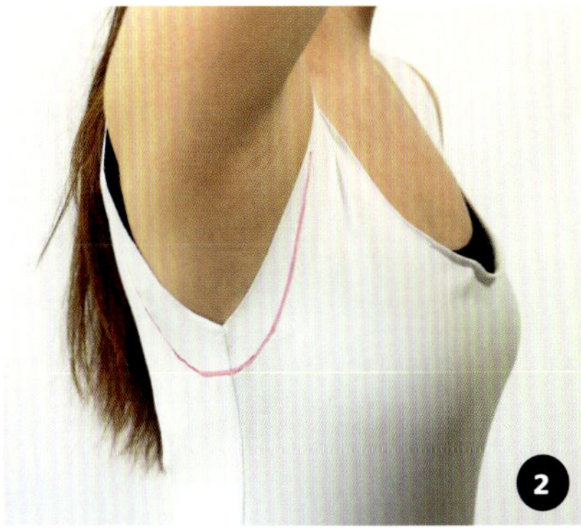

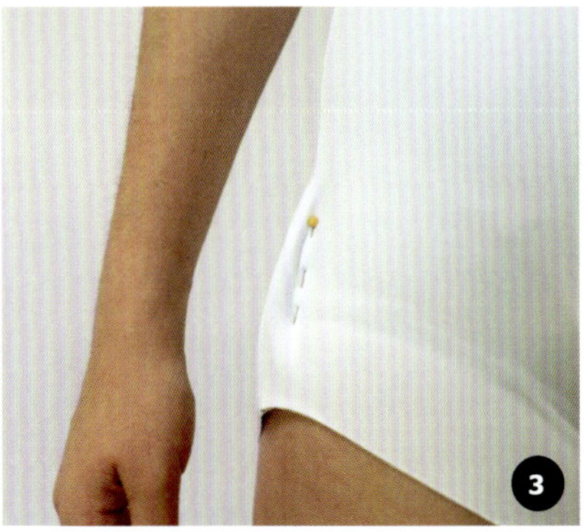

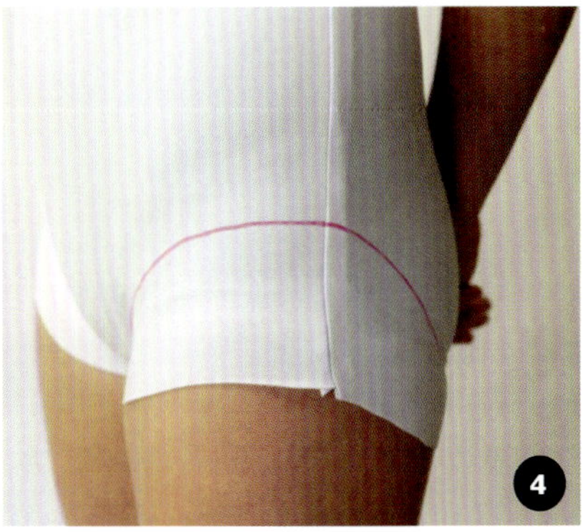

1 **Die Schulternähte versetzen,** um die Oberkörperlänge des Badeanzugs anzupassen. Den Halsausschnitt versetzen, falls er dadurch zu weit oben sitzt. Dafür den neuen Halsausschnitt mit Schneiderkreide markieren und den Stoff entsprechend zuschneiden.

2 **Die Armausschnitte anpassen,** falls sie in der Achsel zu eng sitzt und drückt. Den neuen Armausschnitt mit Schneiderkreide oder einem Markierstift markieren und zuschneiden.

3 **Wenn notwendig, die Seitennähte** einnehmen, sodass die Beinöffnungen schön anliegen, bevor diese mit Gummibändern versehen werden.

4 **Die gewünschte Höhe der Beinausschnitte** mit Schneiderkreide oder Markierstift anzeichnen und zuschneiden.

Elastische Abschlüsse

Um die Abschlüsse zu verstärken und einen guten Passform zu gewährleisten, versieht man die Abschlüsse an Hals-, Arm- und Beinausschnitten sowie die obere Kante von Bikinihöschen mit Gummibändern. Diese elastischen Abschlüsse erlauben es außerdem, das Kleidungsstück einfach und schnell an- und auszuziehen. Auch wenn sich elastische Abschlüsse an die Körperform anpassen, ist die Grundvoraussetzung, dass das Kleidungsstück korrekt sitzt, sonst kann es sein, dass es an den Kanten Falten wirft.

Wenn Sie an Hals-, Arm- oder Beinausschnitten keine Anpassungen vornehmen mussten, die entsprechenden Gummibänder wie im Schnittmuster angegeben zuschneiden. Falls Sie Anpassungen vornehmen mussten, hilft Ihnen die Tabelle unten, die richtige Länge der Gummibänder zu bestimmen. Die Zuschnittinformationen für Gummibänder finden sich meist auf dem Schnittmusterumschlag. Bei einem Schnittmuster, das in verschiedenen Größen genäht werden kann, ist darauf zu achten, dass die Länge des Gummizugs korrekt ist. Außerdem braucht man für einen hohen Beinausschnitt einen längeren Gummizug als für einen normalen.

Auch Latexbänder (wie etwa von Fulflex) oder transparente Bänder (wie etwa von Mobilon) eignen sich. Diese Bänder sind besonders dehnbar, leiern trotzdem nicht aus und sind außerdem chlor- und salzwasserresistent. Polyestergummibänder können ebenso verwendet werden, sie sind allerdings etwas voluminöser. Latex- und transparente Bänder können kürzer oder genauso lang wie die Ausschnittlänge zugeschnitten werden und sorgen in beiden Fällen für einen perfekten Sitz. Polyestergummibänder müssen kürzer zugeschnitten werden (siehe Tabelle unten). Bänder für Erwachsenenbademode sollten etwa 1 cm breit sein, solche für Kinderbademode 6 mm.

TIPP

Wird der Gummizug mit einem Überwendlichstich an der Kante des jeweiligen Ausschnitts festgesteppt, das Band etwa 1-2 mm innerhalb der Kante platzieren. Dadurch wird der Oberstoff während des Nähens über den Gummizug gezogen und dieser ist später nicht sichtbar.

Gummibänder zuschneiden (Polyestergummibänder)

ART DES AUSSCHNITTS	SCHNITTLÄNGE DES GUMMIBANDES
Beinausschnitt	Länge des Beinausschnitts minus 5 cm bei Erwachsenenmode und minus 2,5 cm bei Kindermode.
Obere Kante eines Bikinihöschens	Länge der oberen Kante minus 5 bis 7,5 cm, je nach gewünschter Passform. Der Gummizug sollte straff auf der Hüfte sitzen, aber nicht einschneiden.
Armausschnitt	Länge des Armausschnitts.
Halsausschnitt	Länge des Halsausschnitts. Bei V-, tiefen oder U-Ausschnitten sollte der Gummizug etwa 2,5 bis 7,5 cm kürzer zugeschnitten werden.

Gummibänder an Halsausschnitt oder Bund festnähen

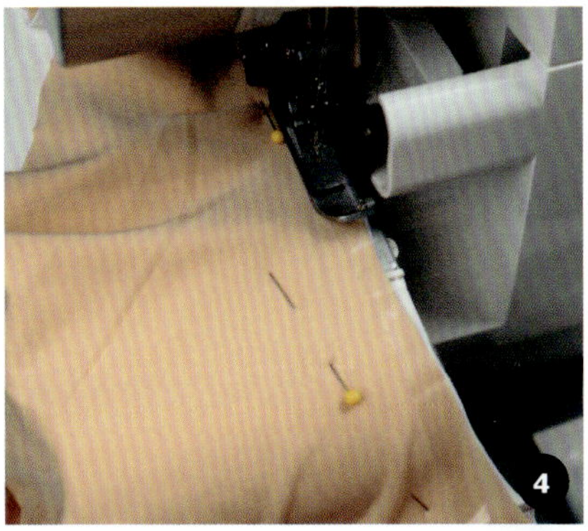

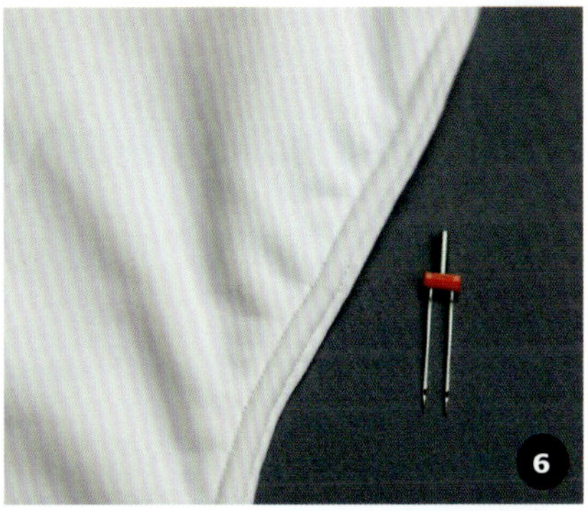

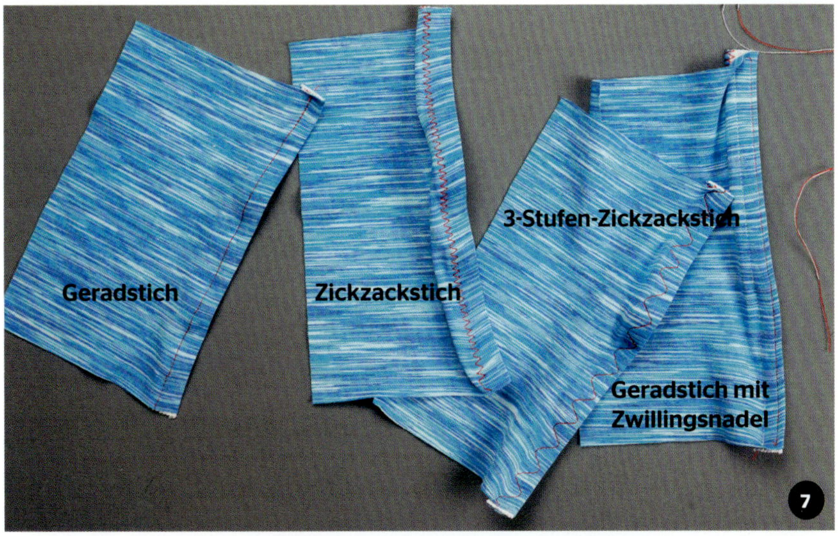

1 **Die kurzen Kanten des Polyestergummibandes** überlappend schließen (Seite 199). Da Polyestergummizüge immer etwas kürzer zugeschnitten werden, den Gummizug und die jeweilige Öffnung vierteln und mit Stecknadeln markieren. Latex- oder transparente Bänder werden in der Länge der Öffnung zugeschnitten und müssen daher nicht extra markiert werden.

2 **Den Gummizug links auf die jeweilige Öffnung stecken,** dabei liegen die Markierungen genau übereinander. Die überlappende Kante befindet sich an der hinteren Mitte des Halsausschnitts bzw. des Bunds.

3 **Die äußere Kante des Gummizugs** mit einem schmalen Zickzack- oder Overlockstich steppen, dabei den Gummizug immer wieder auseinanderziehen. Ist der Gummizug kürzer als die jeweilige Öffnung, wellt sich die Kante jetzt eventuell, das ist allerdings nicht mehr sichtbar, sobald das Kleidungsstück getragen wird. Latex- oder transparente Bänder liegen flach.

4 **Bei einer Overlockmaschine** das Messer entfernen, um nicht in den Gummi zu schneiden.

5 **Die Kante mit dem Gummizug nach innen** falten, sodass der Gummizug im Stoffbruch liegt und nicht mehr zu sehen ist.

6 **6 mm breit entlang der gefalteten Kante** mit einer Zwillingsnadel steppen. Sie können dafür lange Geradstiche verwenden, achten Sie aber dabei darauf, den Stoff während des Nähens auseinanderzuziehen, damit der Faden nicht zu straff sitzt. Die Stiche sehen kürzer aus, wenn der Gummizug nicht gedehnt wird.

7 **Oder arbeiten Sie mit einem Stretchstich:** Zickzack-, 3-Stufen-Zickzack- und Überwendlichstiche sind geeignet.

Beinausschnitte. Die Enden des Gummizugs zusammennähen (Seite 199). Den Gummizug auf dem Ausschnitt feststecken, die überlappende Kante liegt dabei auf der Seitennaht. Achten Sie darauf, dass der Gummizug vorn flach liegt, hinten kann er ruhig etwas gedehnt werden. Den Gummizug wie in Schritt 3-5 festnähen.

Wohnaccessoires

Da sich die meisten in diesem Buch enthaltenen Anleitungen für Nähtechniken speziell auf das Nähen von Kleidung beziehen, gibt es dieses Kapitel mit Nähprojekten rund ums Wohnen – so können Sie die erlernten Nähtechniken sofort anwenden, ohne extra Schnittmuster zu benötigen, wie das bei Kleidungsstücken der Fall wäre. Außerdem kann man sich bei einfachen Wohn-Projekten auf genaues und sorgfältiges Arbeiten und auf das Abmessen, das Abstimmen von Stoffmustern und die Materialauswahl konzentrieren – und das ist grundlegend für alle weiteren Nähprojekte!

Auch mit Anfängerkenntnissen grundlegender Nähtechniken lassen sich selbstgenähte Accessoires fertigen, die in jedem Raum besondere Akzente setzen, die ganz Ihnen und Ihrem Geschmack entsprechen. „Kleiden" Sie die Räume in Ihrem Zuhause ganz neu ein: mit Vorhängen, Tischware, Dekokissen und Schonbezügen für Ihre Lieblingsmöbel. Oder verwenden Sie Stofffundstücke vom Flohmarkt und verwandeln Sie diese in tolle Kissenhüllen. Landhaus-Rustikal-Mitte-des-Jahrunderts-Hollywood-Bohèmien-Style trifft auf schicken Nantucket-Zen-Mönch? Warum nicht – Sie sind schließlich der Designer!

Selbstgenähte Wohnaccessoires eignen sich außerdem toll als Geschenke. Ein einfacher Kissenbezug für die beste Freundin, wunderschöne selbstgenähte Bettwäsche für ein frischvermähltes Ehepaar oder eine schöne Tischdecke für Ihre Mutter – das sind Nähprojekte, die einfach zu nähen sind und da sie selbstgemacht sind, zaubern sie dem oder der Beschenkten sicher immer wieder ein Lächeln auf die Lippen.

Dekostoffe

Dekostoffe unterscheiden sich in einigen Punkten ganz grundlegend von Modestoffen. Manche Dekostoffe sind zum Beispiel schmutzabweisend und bügelfrei, da sie oft lange Zeit nicht gewaschen werden. Wenn eine Reinigung notwendig sein sollte, sollten Dekostoffe unbedingt trocken gereinigt werden, um Einlaufen zu verhindern.

Webart, Fasergehalt und Stoffgewicht des verwendeten (Deko-)Stoffes haben Einfluss auf das Aussehen und die Widerstandsfähigkeit von Wohntextilien. Bei Vorhängen haben diese Eigenschaften außerdem Einfluss darauf, wie licht-, geräusch- und wärmeisolierend die Textilien wirken.

Leichte offen gewebte Stoffe sind etwa Spitzenstoffe, Lochstickereistoffe oder Transparentstoffe. Diese Stoffe sind meist in einer Breite von 300 cm als Meterware erhältlich, so können etwa Vorhänge vertikal zugeschnitten werden – und sogar bodenlange Vorhänge können ohne Nähte gearbeitet werden.

Transparentstoffe können interessante Effekte wie zum Beispiel Muster haben. Die meisten transparenten Stoffe sind aus Polyester und damit besonders widerstandsfähig und stabil. Natürliche Fasern wie Baumwollgewebe oder Leinen sind ebenfalls beliebte Materialien, die für Transparentstoffe zum Einsatz kommen.

Mittelschwere Stoffe können aus unterschiedlichsten Fasern und mit verschiedensten Webarten gefertigt werden. Ihre Festigkeit ergibt sich daraus, wie nahe die gewebten Fäden beieinanderliegen. Bei Satinstoffen führt der Schuss- unter einem Kettfaden hindurch und danach über mehr als zwei Kettfäden hinweg, wodurch der Stoff so charakteristisch glänzt. Jacquardgewebe wie Damast und Brokat zeichnen sich durch eingewebte Muster aus. Effektstoffe sind meist einfarbig und werden durch bestimmte Webmuster mit Effekten versehen. Diese Stoffe sind besonders vielseitig. Deko-Polstoffe wie Wildleder, Kord, Samt und Chenille haben interessante Strukturen und sind meist schwerer als Mode-Polstoffe.

Dekostoffe für Innenräume bestehen meist aus gewebten Naturfasern wie Baumwolle, Leinen, Seide oder Wolle. Naturfasern sind luftdurchlässig und einfach zu nähen, synthetische Fasern und Mischgewege sind widerstandsfähiger. Für Außenräume gibt es wasserabweisende Acryl- oder Polyesterstoffe, die genauso aussehen wie normale Dekostoffe – den Unterschied macht hier nur die Beschichtung. Sie sind außerdem meist farbecht sowie schmutz- und schimmelabweisend.

Bei Dekostoffen gibt es außerdem einige Bezeichnungen und Merkmale, die bei normalen Modestoffen normalerweise nicht angeführt werden:

Railroaded/quer von der Rolle/in Schussrichtung: Als „railroaded“ bezeichnet man Stoffe, bei denen die Stoffzeichnung bzw. das Muster über die Breitseite des Stoffes (von Webkante zu Webkante) verläuft. Bei normalem Stoff ist die Stoffzeichnung über die Längsseite angeordnet und damit beim Abrollen korrekt zu sehen. Nehmen wir als Beispiel Streifen: Verlaufen diese über die Breite des Stoffes, dann ist der Stoff „railroaded“, verlaufen sie mit der Rolle bzw. in Kettfadenrichtung, ist der Stoff nicht „railroaded“. Railroaded-Stoffe eignen sich für Polsterarbeiten, für Vorhänge sind sie allerdings meist nicht geeignet, da man hier horizontale Nähte möglichst vermeiden sollte.

Bügeleinlage: Um die Widerstandsfähigkeit eines Stoffes zu erhöhen, Ausfransen zu vermeiden und die Gleitfähigkeit beim Nähen zu verbessern, können Dekostoffe mit einer aufbügelbaren Einlage verstärkt werden. Meist handelt es sich um eine Polyestertrikoteinlage, die auf die linke Seite des Stoffes aufgebügelt wird. Oft werden Stoffe wir Seide, Walkstoffe, Chenille und Polsterstoffe mit einer Einlage verstärkt. Dadurch, dass der Stoff durch die Einlage voluminöser und eventuell auch steifer werden kann, kann es sein, dass bei Vorhangstoffen auf eine Einlage verzichtet wird.

Isolierende Einlagen gibt es von unterschiedlichen Herstellern, meist handelt es sich um ein Baumwoll-Polyester-Mischgewebe mit einer Oberfläche, die entfernt an Velours erinnert. Diese Einlagen wirken besonders licht-, geräusch- und wärmeisolierend. Sie sind insbesondere für Wohntextilien für ältere Häuser mit zugigen Fenstern empfehlenswert – hier können sie sogar dafür sorgen, dass Heizkosten reduziert werden! Isolierende Stoffe sind schwerer als andere Einlagen bzw. Futterstoffe, achten Sie also darauf, dass die Vorhangstange das zusätzliche Gewicht tragen kann und dass sie besonders sicher in der Wand verankert ist.

Vinyleinlagen sind eine gute Wahl für Räume, für die besonders licht-, geräusch- und wärmeisolierende Textilien benötigt werden. Und da Vinyl problemlos regelmäßig mit normalen Haushaltsreinigern gereinigt werden kann, eignen sich diese Stoffe für Räume, die häufig desinfiziert werden müssen – etwa Kinder- oder Schlafzimmer von Allergikern.

Abgesehen von Vorhangstoffen werden Polster- und Dekostoffe nach ihrer Widerstands- bzw. Scheuerbeständigkeit unterschieden.

Widerstandsfähigkeit wird auf verschiedene Arten gemessen. Durch Scheuertouren bzw. Doppelreibungen wird die Widerstandsfähigkeit eines Stoffes gegen Abrieb festgestellt – dabei wird mithilfe eines Standardstoffes, der gegen den zu testenden Stoff gerieben wird, regelmäßiges Hinsetzen und Wiederaufstehen simuliert. 3.000 Doppelreibungen entsprechen in etwa dem, was ein Sitzmöbel innerhalb eines Jahres an Reibung erfährt. Stoffe, die 15.000 oder mehr Scheuertouren aushalten, eignen sich für intensiven Gebrauch, Stoffe mit mittlerer Widerstandsfähigkeit halten 9.000–15.000 Doppelreibungen aus und Stoffe mit 3.000–9.000 Doppelreibungen sind eher empfindlich.

Der Martindale-Test ist ein Standardtest für Stoffwiderstandsfähigkeit, der von vielen international tätigen Textilverbänden anerkannt wird – mit ihm lassen sich Stoffbeständigkeit und Knötchenbildung messen. Bei Stoffen, die in Europa oder Asien hergestellt werden, wird meist die Anzahl der Martindale-Scheuertouren angegeben. Der Martindale-Test wird als besonders realitätsnah angesehen, denn der Standardstoff wird dabei in einem unregelmäßigen Muster gegen den Stoff gerieben. Gemessen wird die Anzahl der Touren, denen ein Stoff bis zu einer sichtbaren Veränderung oder Beschädigung widersteht. Stoffe, die 20.000 Touren aushalten, sind für den regelmäßig Gebrauch geeignet.

Ein anderes Verfahren ist das sogenannte Wyzenbeek-Verfahren. Es kommt hauptsächlich in Nordamerika zur Anwendung und wurde ursprünglich für die Reifenindustrie entwickelt. Obwohl auch der Wyzenbeek-Test als Testverfahren anerkannt ist, ist er nicht wirklich geeignet, um normalen Möbelgebrauch zu simulieren, da der zu testende Stoff hier zuerst in Richtung der Schuss- und dann in Richtung der Kettfäden abgerieben wird. Gemessen wird die Anzahl der Touren, bis Fäden reißen oder der Stoff „sichtbar abgenutzt" erscheint. Stoffe, die 15.000 Wyzenbeek-Doppelreibungen aushalten, sind geeignet für den privaten Gebrauch.

Ähnlich wie es unterschiedliche Möglichkeiten gibt, Stoffe für Kleidungsstücke zu verstärken oder zu füttern, gibt es bei Vorhangstoffen unterschiedliche Futterstoffe, die für das gewünschte Ergebnis sorgen.

Vorhangfutterstoffe: Es gibt unterschiedliche Futterstoffe, die hauptsächlich für Vorhänge verwendet werden, und sie alle haben unterschiedliche Wirkungen, was Licht, Abdunklung und Lärmschutz angeht. Vorhangfutterstoffe schützen den Vorhangstoff außerdem vor ultraviolettem Licht und die meisten sind knitterfrei, sorgen damit also dafür, dass die Vorhänge nicht so schnell knittern. Einige Futterstoffe sind sogar wasserabweisend – falls man einmal vergisst, das Fenster zu schließen! Vorhangfutterstoffe sind meist als Meterware erhältlich, sie sind meist weiß oder beige, es gibt sie aber auch in Schwarz.

Satinfutterstoffe bestehen meist aus Baumwolle oder einer Baumwoll-Polyester-Mischung. Sie haben eine dichte Webstruktur und sind besonders glatt und glänzend. Bei gemusterten Vorhängen kann es sein, dass, sobald Licht auf die Vorhänge fällt, die Gewebestruktur des Stoffes sichtbar wird – wird der Stoff mit Satinfutterstoff unterlegt, ist dies aufgrund dessen dichter Webung nicht der Fall. Mit Satinfutterstoff hinterlegte Vorhänge verdunkeln nicht komplett, sorgen aber dennoch für Wärmeisolation und der Vorhangstoff ist vor Ausbleichen geschützt.

Musselin ist meist ein Baumwollstoff, in letzter Zeit kommt auch immer öfter eine Mischung aus Baumwolle und Bambusfasern zum Einsatz. Musselin verhält sich ähnlich wie Satinfutterstoff.

Verdunkelungsstoffe sind sehr dichte, meist weiße, beige oder schwarze Polymerstoffe mit einer schwarzen Mittelschicht, die den Stoff lichtundurchlässig macht und sowohl isolierend als auch schalldämpfend wirkt. Diese Futterstoffe eignen sich besonders für Vorhänge für Schlaf- oder Arbeitszimmer (zum Beispiel zum Fernsehen oder zum Arbeiten am Computer). Für Räume wie Wohnzimmer oder Küche sind diese Futterstoffe nicht wirklich geeignet, sie lassen diese Räume zu dunkel und höhlenartig wirken.

Stoffe vorbereiten

Stoffe, die nur trocken gereinigt werden sollten, vor dem Nähen dämpfen, um sie vorzuschrumpfen. Bewegen Sie dabei das Bügeleisen vorsichtig in Richtung des Fadenlaufs mit etwas Abstand zum Stoff hin und her. Den Stoff vor der Weiterverwendung komplett trocknen lassen. Alle anderen waschbaren Stoffe vor dem Nähen je nach Stoff und Herstellerangaben waschen und trocknen.

Dekostoffe zuschneiden

Nach dem Vorschrumpfen ist es notwendig, die offenen Kanten des Stoffes zu begradigen. Die anderen Schnittlinien werden dann an den geraden Kante ausgerichtet. Vor dem Zuschneiden von großen Schnittteilen für Projekte wie Tischdecken, Vorhänge oder Bettwäsche die einzelnen Schnittlinien mit Stecknadeln entlang der Webkante markieren. Kleinere Schnittteile, etwa für Kissenhüllen oder Stoffservietten, werden mit Schneiderkreide angezeichnet. Die Markierungen vor dem Nähen nochmals auf ihre Richtigkeit überprüfen und dabei besonders darauf achten, dass der Stoff nicht beschädigt ist. Um sicherzustellen, dass Tischdecken, Vorhänge und andere große Werkstücke gerade hängen bzw. liegen, sollte der Stoff im Fadenlauf zugeschnitten werden. Das bedeutet, dass alle Schnitte entlang der Querfäden des Stoffes verlaufen. Gemusterte Dekostoffe werden je nach Muster und nicht nach Fadenlauf zugeschnitten, am besten ist es daher, wenn das Muster im Fadenlauf läuft.

TIPP

Dekostoffe neigen noch mehr zum Ausfransen als Modestoffe. Auch wenn die Stoffkanten bei Dekoprojekten eigentlich nie außen liegen oder sichtbar sind, empfiehlt es sich, die Kanten sorgfältig zu versäubern - so ist es einfacher, den Stoff zu nähen. Gewebte Polyesterstoffe, wie Indoor/Outdoor-Stoffe, werden mit einem heißen Messer geschnitten, dadurch verschmelzen die Fasern und die offenen Kanten werden so schon beim Zuschneiden versiegelt.

Dekostoffe begradigen

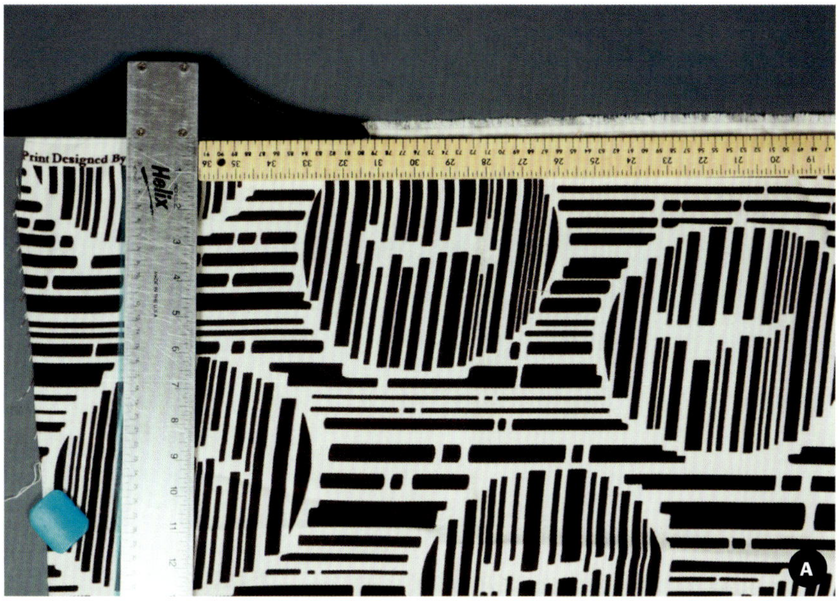

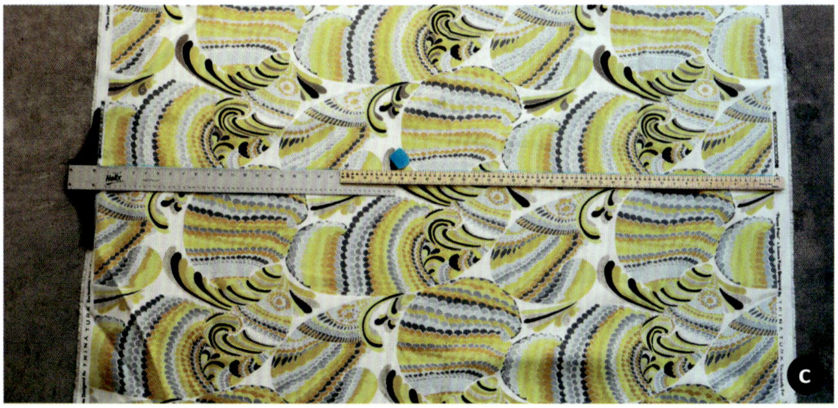

A Bei dicht gewebten Stoffen ohne Muster mit einem Winkelmesser oder einer Reißschiene die Schnittlinien quer zum Fadenlauf anzeichnen. Dabei liegt eine Kante des Winkelmessers bzw. der Reißschiene auf der Webkante und die Schnittlinien stehen senkrecht auf dieser.

B Bei locker gewebten Stoffen wie Tischdeckenstoff reicht es, einen Schussfaden aus dem Stoff ziehen und entlang der so entstandenen Lücke zu schneiden.

C Bei dicht gewebten Dekostoffen mit Muster wird an der Webkante an beiden Seiten eine bestimmte Stelle des Musterrapports markiert. Die beiden Markierungen anschließend mithilfe eines langen Lineals und Scheiderkreide verbinden. Wenn Sie mehrere Stoffteile aneinandernähen möchten, achten Sie darauf, die Markierungen immer an der gleichen Stelle des Musterrapports zu platzieren. Dadurch werden die Teile zwar zunächst länger zugeschnitten als notwendig, aber es ist einfacher, sie zuerst zusammenzunähen und dann auf die tatsächlich benötigte Länge zu kürzen.

Gemusterte Dekostoffe werden meist so gefertigt, dass das Muster mit den Kanten abschließt. Der Stoff wird der Breite nach von Webkante zu Webkante zugeschnitten, dabei achtet man auf den Musterverlauf und nicht auf den Fadenlauf, weshalb es besonders wichtig ist, dass das Muster im Fadenlauf läuft. Stoffe, deren Muster nicht genau im Fadenlauf läuft, lassen sich normalerweise durch diagonales Ausstreichen des Stoffes richtig ausrichten. Ist das Muster deutlich anders ausgerichtet als der Fadenlauf, verwenden Sie diese Stoffe lieber für kleinere Projekte wie Kissenhüllen oder Taschen – vor allem für Vorhänge sind diese Stoffe nicht geeignet.

Als Musterrapport bezeichnet man den Längsabstand zwischen zwei deutlich sichtbaren Punkten im Muster, beispielsweise der Spitze eines Blütenblattes bei einem Blumenmuster. Bei einigen gemusterten Stoffen werden Musterrapports auf der Webkante mit einem Plus (+) markiert. Jede Markierung zeigt dabei den Beginn eines Musterrapport. Dies ist besonders hilfreich, wenn das Muster sehr kleinteilig ist oder sich bestimmte Musterelemente sehr ähnlich sehen.

Näht man große Projekte wie Vorhänge oder Bettwäsche, braucht man grundsätzlich etwas mehr Stoff, da beim Stückeln und beim Aneinandernähen von Schnittteilen auf das Muster geachtet werden muss. Um die benötigte Stofflänge zu ermitteln, die Länge von Säumen, Gardinentunnel, Volants, Einhaltungen und Nahtzugaben zur gewünschten fertigen Abmessung des Werkstücks dazuzählen. Diese Maßangabe auf die nächste Zahl aufrunden, durch die die Länge eines Musterrapport teilbar ist, um die Schnittlänge zu bestimmen. Wenn also der Musterrapport 61 cm misst und 115 cm Stoff benötigt werden, ergibt das eine Schnittlänge von 122 cm. Damit die Schnittteile zueinander passen, jedes Schnittteil an genau der gleichen Stelle des Musterrapports zuschneiden.

Um die benötigte Stoffmenge zu ermitteln, die errechnete Schnittlänge mit der benötigten Anzahl Stoffbreiten malnehmen und einen zusätzlichen Musterrapport dazurechnen. Das ergibt die benötigte Stoffmenge in Zentimetern. Diese geteilt durch 100 ergibt die benötigte Menge an Laufmetern.

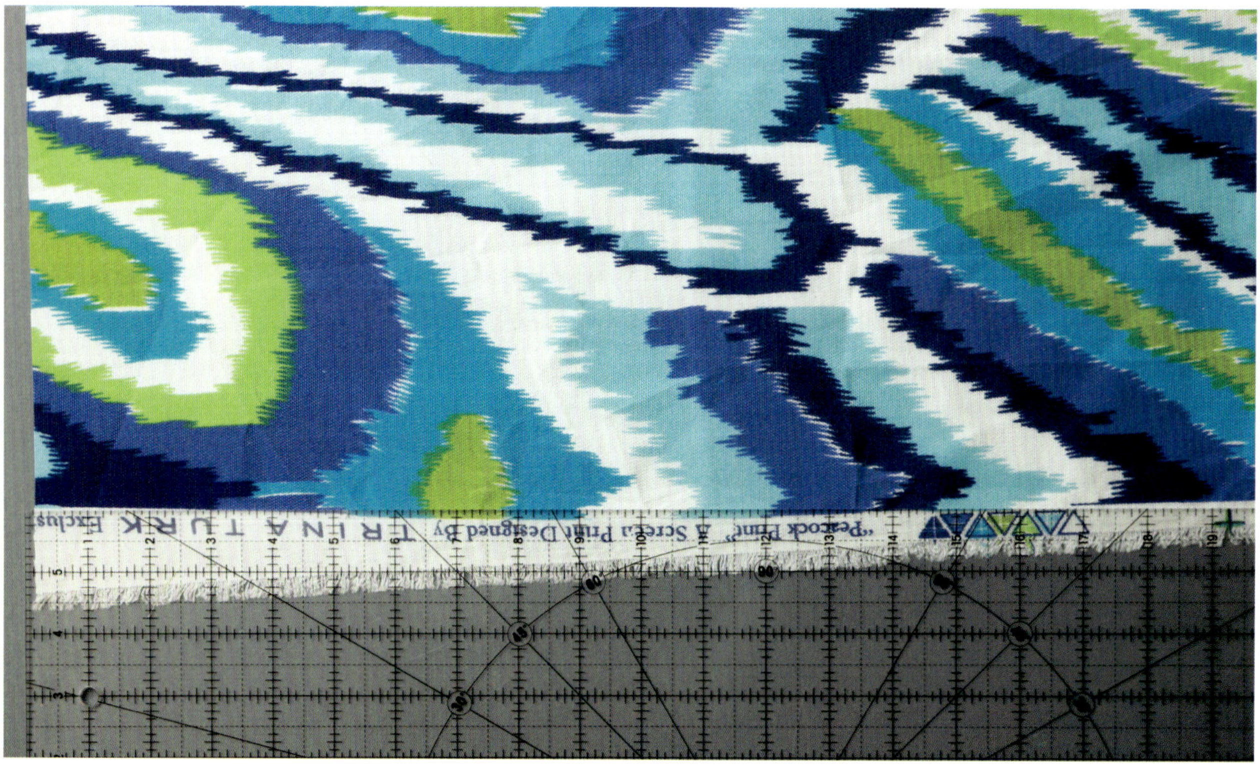

Gemusterte Stoffe zusammennähen

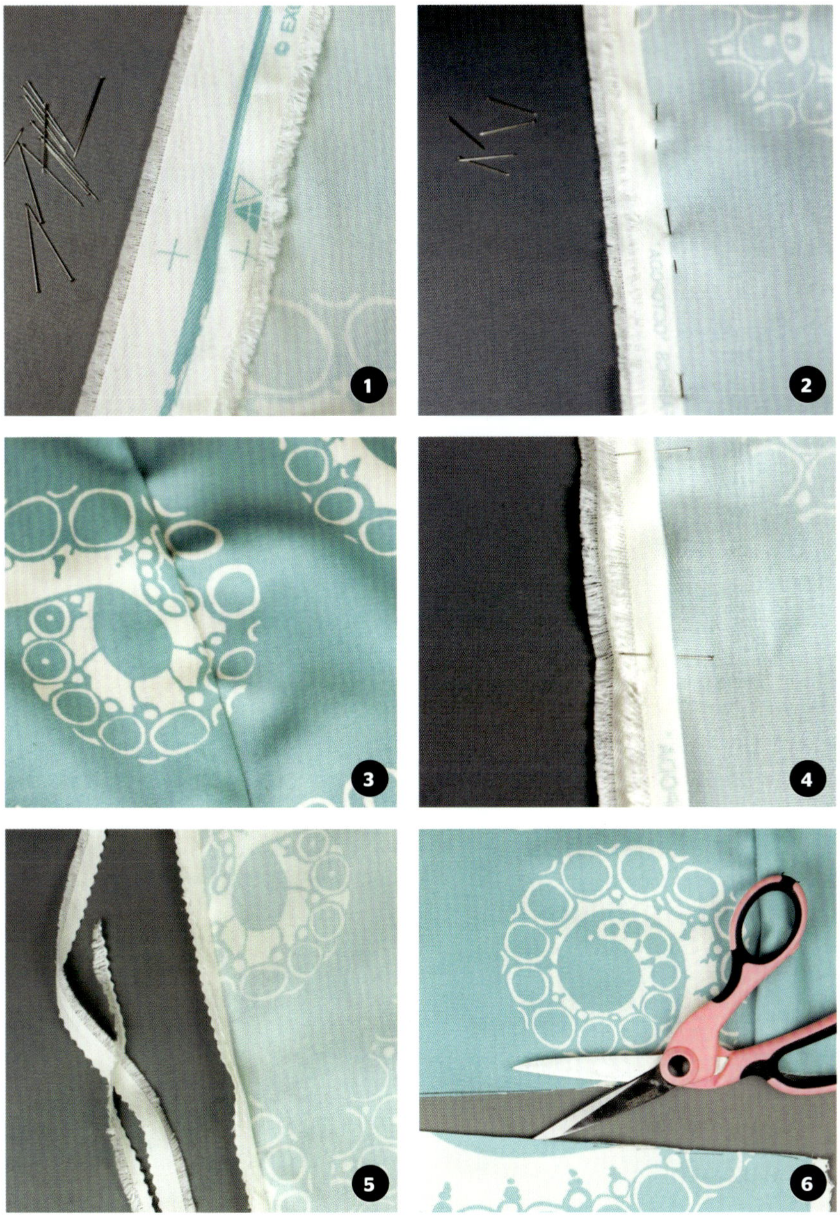

1 **Je zwei Stoffbreiten rechts auf rechts und Webkante auf Webkante** aufeinanderlegen. Die obenliegende Webkante zurückfalten, bis das Muster an beiden Seiten übereinstimmt. Platzieren Sie die Musterelemente genau aufeinander, selbst wenn das bedeutet, dass die Webkanten nicht komplett parallel liegen – Hauptsache, das Muster stimmt! Den Stoffbruch bügeln.

2 **Die umgebügelte Webkante auseinanderfalten** und die Stoffbreiten zusammenstecken, dabei die Stecknadeln im Stoffbruch platzieren.

3 **Den Stoff wenden** und von rechts überprüfen, ob das Muster korrekt platziert ist. Wenn nötig Anpassungen vornehmen.

4 **Jetzt die Stecknadeln umstecken,** sodass sie senkrecht auf den Stoffbruch treffen. Die Stofflagen entlang der Bruchkante steppen, dabei nach und nach die Stecknadeln entfernen.

5 **Abermals von rechts das Muster überprüfen.** Ist das Muster korrekt, die Webkanten abschneiden und die Nahtzugaben auf 1,3 cm zurückschneiden.

6 **Den Stoff auf die im Schnittmuster angegebene Länge zuschneiden.** (Bei gemusterten Stoffen gibt es immer Zugaben für das richtige Platzieren des Musterrapports, es sollte also kein Problem sein, die benötigte Länge zuzuschneiden.)

Bei Dekoprojekten werden alle Nähte 1,3 cm breit gesteppt, außer es wird ausdrücklich anders angegeben. Um Nahtbeginn und -ende zu sichern, die Naht an beiden Seiten mit einigen Rückstichen verriegeln. Grundsätzlich sollte man es vermeiden, die Webkante als Nahtzugabe zu verwenden, denn dadurch kann es sein, dass der Stoff Falten wirft, zudem kann es sein, dass die Webkante beim Waschen oder Dämpfen stärker einläuft als der Stoff (Ausnahmen sind lose gewebte Stoffe wie Spitzen- oder Vorhangstoffe). Bei manchen Stoffen kann es sein, dass lange Nähte Falten werfen oder die obere Stoffschicht durch den Nähfuß verschoben wird, wodurch die Stoffteile nicht mehr genau aufeinanderliegen. In so einem Fall kann es helfen, den Stoff vor und hinter dem Nähfuß während des Nähens vorsichtig glattzuziehen (nicht zu stark dehnen!) und die Nähmaschine den Stoff führen zu lassen. Es kann außerdem hilfreich sein, einen Obertransportfuß zu verwenden.

Die folgenden Nähte kommen bei Dekoprojekte besonders häufig zum Einsatz:

Nähte für Dekoprojekte

Geradstich, Nahtzugaben auseinandergebügelt. Diese Naht eignet sich für so gut wie alle Stoffarten und Anwendungsbereiche, bei denen die Naht innen liegt oder mit Futterstoff verdeckt wird. Wird der Stoff oft gewaschen, lohnt es sich, die offenen Nahtzugabekanten mit einem Zickzack- oder einem Überwendlichstich zu versäubern.

Geradstich, Nahtzugaben umgebügelt. Diese Naht verwendet man häufig für Vorhänge, dabei werden die Nahtzugaben zur äußeren Kante umgebügelt (weg von der Fenstermitte). Vor allem wenn das Werkstück nicht mit Futterstoff unterlegt wird oder der Stoff zum Ausfransen neigt, sollten die Nahtzugaben gemeinsam versäubert werden.

4- oder 5-Faden-Sicherheitsnaht. Bei dieser Overlocknaht werden die Nahtzugaben während des Nähens der Naht zugeschnitten und gemeinsam versäubert. Diese Naht eignet sich für Vorhänge und andere Accessoires, bei denen die Nähte sichtbar sind.

Schmaler Zickzackstich. Dieser Stich eignet sich für lange Nähte bei lose gewebten oder Spitzenstoffen. Durch den Zickzackstich ist die Naht leicht dehnbar, was dafür sorgt, dass der Stoff keine Falten wirft. Wenn der Stoff durch das Abschneiden der Webkanten zu sehr ausfransen würde, die Webkanten umbügeln und alle 2,5–15 cm mit einigen Stichen festnähen.

Französische Naht. Bei einer französischen Naht werden die offenen Kanten unsichtbar umgeklappt. Diese Naht eignet sich besonders für leichte, transparente und lose gewebte Stoffe und für Textilien, die oft gewaschen werden oder Reibung ausgesetzt sind. Bei Wohnaccessoires, bei denen die Nahtzugabe nur 1,3 cm beträgt, werden zwei 6 mm breite Nahtzugaben zusammen versäubert.

Schonbezüge

Auch als Nähanfänger können Sie Schonbezüge nähen, die Ihrem Zuhause im Handumdrehen einen ganz neuen Look verleihen können – und das ohne den Aufwand, ganze Möbelstücke neu zu beziehen. Schonbezüge sind ein bisschen wie „Kleidung" für Möbel – man sollte daher auf jeden Fall eine Alltags- und eine Version für besondere Anlässe haben! Schonbezüge schützen Möbel vor Abnutzung, Reibung und Licht – und auch wenn sie mal schmutzig werden, ist das kein Problem, denn man kann sie ohne Probleme in die Waschmaschine werfen und heiß waschen.

Schnittmusterteile auflegen und Stoff zuschneiden

Legen Sie, wenn möglich, zuerst alles Schnittmusterteile auf dem Stoff aus und schneiden Sie sie erst dann zu. So können Sie Schnittmusterteile verschieben, um den Stoffverbrauch möglichst gering zu halten.

Bei gemusterten Stoffen muss dabei zudem auf die Platzierung des Musters geachtet werden. Und bei Stoffen mit Musterrichtung oder Strich müssen alle Schnittteile in dieselbe Richtung aufgelegt werden.

Große Mustermotive können entweder mittig auf der Sitzfläche oder der Rückenlehne platziert werden – das sorgt für einen klassischen Look –, sie können aber auch zufällig platziert werden, das sieht modern und frisch aus. Bei Schonbezügen ist es fast unmöglich, dass alle Nähte im Hinblick auf das Muster passend sitzen. Achten Sie allerdings darauf, dass das Muster an sichtbaren Stellen passend aufeinandertrifft, z. B. an den Nähten zwischen Rückseite und Lehne und zwischen Sitzfläche und Stuhlrock.

Stuhlschonbezug

Diese zweiteiligen (nach Wunsch Wende-) Schonbezüge sind besonders vielseitig: Sie schützen Polster – vor allem vor schmutzigen Kinderhänden! –, sorgen für frischen Wind und es lassen sich unterschiedliche Varianten für verschiedene Anlässe fertigen. Verwenden Sie eleganten Spitzenstoff und Ösen für einen dekadenten oder Knöpfe für einen klassischen Look. Der Stuhlrock kann knapp über die Sitzfläche oder bis zum Boden reichen. Nach dieser Anleitung lassen sich Schonbezüge für Stühle mit runden Vorderkanten nähen, bei quadratischen Stühlen können an den Ecken Abnäher oder Falten gearbeitet werden.

DAS BRAUCHEN SIE

- Musselin für das Schnittmuster
- Dekostoff
- Knöpfe (z. B. mit Oberstoff überzogene Knöpfe)
- Ösen und dekorative Kordel (optional)
- Schrägband
- Nähgarn

Die benötigte Stoffmenge hängt von der Größe und den Abmessungen des jeweiligen Stuhls ab. Fertigen Sie also zuerst das Schnittmuster, so wissen Sie genau, wie viel Stoff Sie wirklich brauchen.

Falls Sie passende Schonbezüge für mehrere Stühle nähen möchten, sollten die Mustermotive jeweils an der gleichen Stelle sitzen. Wenn Sie große Muster wie hier unten auf dem Damaststoff verwenden möchten, nehmen Sie das Schnittmuster zum Stoffkauf mit – so können Sie es auflegen und abgleichen, wie das Muster später wirkt.

Option 1: Für einen klassischen Look wird der Schonbezug an der Rückenlehne mit einer Knopfleiste geschlossen.

Option 2: Bei dieser Variante wird der Schonbezug an der Rückenlehne mit Ösen versehen und mit einer Kordel geschlossen.

1 Musselin auf der Sitzfläche des Stuhls feststecken und mit einem Markierstift die Umrisse der Sitzfläche übertragen. Zusätzlich werden Aussparungen für die Armlehnen und die Rückenlehne benötigt. Vorn und hinten die Mitte der Rückenlehne und der Sitzfläche markieren.

2 Das Schnittmusterteil ausschneiden und auf die Sitzfläche legen. Machen Sie Markierungen an den Stellen, an denen noch mehr Stoff notwendig sein könnte.

3 Mithilfe dieser Angaben ein zweites Schnittmusterteil aus Musselin zuschneiden. Dieses Schnittteil wird später im Stoffbruch zugeschnitten, damit es symmetrisch ist. Mithilfe eines Handmaßes rundherum 1,3 cm außerhalb der Kanten des Schnittmusterteils die Schnittlinie anzeichnen. Falls die Kanten mit Paspelband versehen werden sollen und abhängig von der Dicke des verwendeten Stoffs, kann die Nahtzugabe auch breiter sein. Für die Rückenlehne und die Armlehnen die Schnittlinie 1,3 cm innerhalb der Aussparungen markieren.

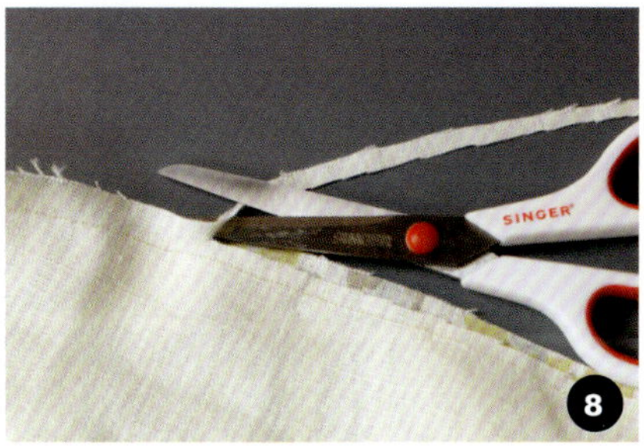

4 Mithilfe des Schnittmusters zwei Stoffteile für die Sitzfläche zuschneiden.

5 Legen Sie fest, wie lange der Stuhlrock sein soll. Anschließend für den Stuhlrock rechteckige Stoffteile in folgenden Größen quer zum Fadenlauf zuschneiden:

Vorderteil (zweimal zuschneiden, Außen- und Innenseite): Abstand zwischen der inneren linken und der inneren rechten Kante der Armlehnen plus 25,5 cm mal gewünschte Länge des Stuhlrocks plus 2,5 cm Nahtzugabe

Rückteil (zweimal zuschneiden, Außen- und Innenseite): Abstand zwischen der inneren linken und der inneren rechten Kante der Rückenlehne plus 25,5 cm mal gewünschte Länge des Stuhlrocks plus 2,5 cm Nahtzugabe

Seitenteile (viermal zuschneiden, je Außen- und Innenseite): Abstand zwischen der hinteren Kante einer Armlehne bis zur vorderen Kante der Rückenlehne plus 25,5 cm mal gewünschte Länge des Stuhlrocks plus 2,5 cm Nahtzugabe

6 Ein Vorderteil rechts auf rechts auf der vordere Kante eines Stoffteils für die Stuhlfäche feststecken und festnähen.

7 Rundungen einknipsen, die Nahtzugabe an den Ecken im 45°-Winkel einschneiden.

8 Nahtzugaben abgeschrägt zurückschneiden, damit der Bezug nicht zu voluminös liegt.

9 Ein Stuhlrockückteil rechts auf rechts auf der hinteren Kante des Stoffteils für die Stuhlfäche feststecken und festnähen.

10 Zwei Seitenteile ebenfalls an das Stoffteil für die Sitzfläche nähen.

11 Schritte 6–10 mit den restlichen Stoffteilen wiederholen.

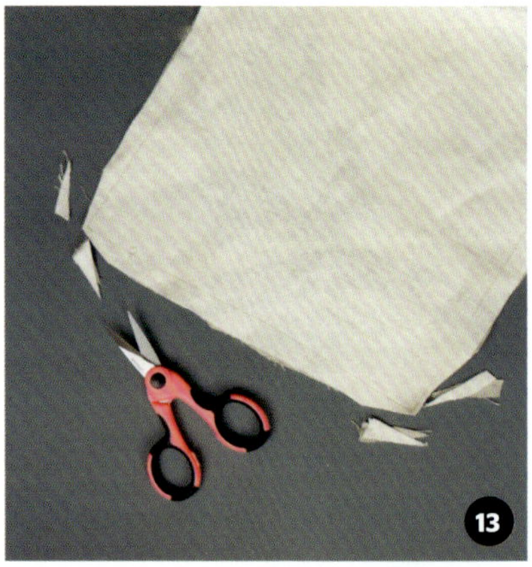

12 Anschließend die beiden Stoffteile rechts auf rechts legen, feststecken und zusammennähen, dabei an der unteren Kante eines Stuhlrockteils eine Wendeöffnung lassen.

13 Die Nahtzugaben an den Ecken schräg zurückschneiden.

14 Den Schonbezug auf rechts wenden und die Ecken mit einem Eckenformer ausarbeiten. Alle Nähte glatt bügeln.

15 Die Nahtzugaben an der Wendeöffnung nach innen falten, bügeln, feststecken und die Öffnung von rechts schließen.

16 An den überlappenden Stoffteilen des vorderen und hinteren Rockteils Knopflöcher anzeichnen und steppen.

17 Die Positionen der Knöpfe mithilfe der Knopflöcher auf den Seitenteilen markieren und die Knöpfe annähen.

TIPP

Je nach Stoffbreite des verwendeten Stoffes ist es eventuell notwendig, den Stoff zu stückeln, damit er groß genug für einen Stuhlbezug ist. Am besten werden die dabei entstehenden Nähte an den Stellen platziert, wo sie später durch überlappende Stoffteile oder Falten nicht mehr zu sehen sind. Bei anderen Stoffteilen sollte zusätzlicher Stoff gleichmäßig rechts und links angesetzt werden.

Nähanleitung Sitzflächenschonbezug mit Bändern (Stuhl ohne Armlehnen)

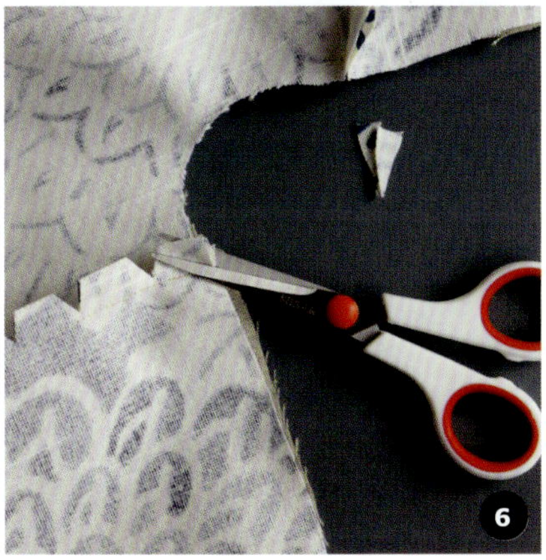

1 **Die Höhe der Sitzfläche (Polster inklusive Stuhlrahmen) abmessen.** Diese Länge plus 2,5 cm ergibt die Länge des Stuhlrockes. Für den Stuhlrock folgende Schnittteile zuschneiden:

Vorderteil (zweimal zuschneiden, Außen- und Innenseite): Abstand zwischen der linken Kante der Rückenlehne um die Sitzfläche bis zur rechten Kante der Rückenlehne plus 2,5 cm mal gewünschte Länge des Stuhlrocks plus 2,5 cm

Rückteil (zweimal zuschneiden, Außen- und Innenseite): Abstand zwischen der inneren linken und der inneren rechten Kante der Rückenlehne plus 2,5 cm mal gewünschte Länge des Stuhlrocks plus 2,5 cm

2 **Die Stoffteile für die Sitzfläche** wie auf Seite 229 zuschneiden.

3 **Ein Vorderteil** rechts auf rechts auf ein Stoffteil für die Sitzfläche legen und 1,3 cm breit feststeppen. Ein Rückteil rechts auf rechts auf das Stoffteil für die Sitzfläche legen und 1,3 cm breit feststeppen. Die restlichen Stoffteilen wie diese zusammennähen.

4 **Die Nahtzugaben in Richtung Sitzfläche umbügeln** und an Rundungen einknipsen.

5 **Anschließend die beiden Stoffteile** rechts auf rechts legen und feststecken. Die Stoffteile rundherum 1,3 cm breit steppen, dabei die u-förmigen Öffnungen für die Rückenlehne an der Sitzfläche sowie die entsprechenden Kanten der Stuhlrockteile nicht steppen.

6 **Nahtzugaben einschneiden,** damit der Stoff keine Falten wirft.

7 **Den Bezug durch eine der Öffnungen** auf rechts wenden.

8 **Alle Nähte flach bügeln.**

9 **Zwei 165 cm lange** doppelt gefalzte Schrägbandstreifen zuschneiden. Je nach Stärke des verwendeten Stoffes sollten die Streifen mindestens 4 cm breit sein. Einen Schrägbandstreifens aufklappen und die offenen Kanten einer Öffnung des Stuhlbezugs mittig hineinschieben. Das Schrägband knappkantig am Stoffbruch steppen. Das Schrägband anschließend über Stoffkante und die Naht falten und auf der anderen Seite der offenen Stoffkanten feststecken.

10 **An einem langen Ende des** Schrägbands beginnend, das Schrägband mit Geradstich steppen.

11 **Bis zur eingefassten Stoffkante steppen,** einen Zickzackstich oder einen 3-Stufen-Zickzackstich einstellen und weitersteppen, dabei den Stoff des Schonbezugs mitnähen. Dann wieder auf Geradstich wechseln und das andere lange Ende des Schrägbands steppen. Die zweite hintere Öffnung ebenfalls mit Schrägband versäubern. Die Schrägbandenden verknoten.

12 **Den Schonbezug auf den Stuhl geben** und mithilfe der Schrägbänder an den hinteren Stuhlbeinen sichern.

Nähanleitung Rückenlehnenschonbezug (Stuhl mit Armlehnen)

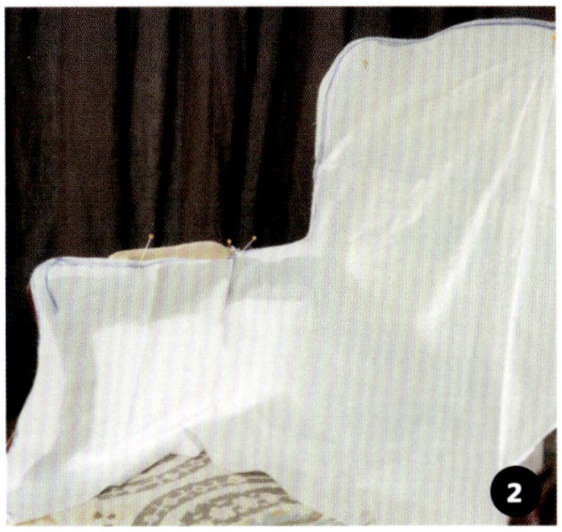

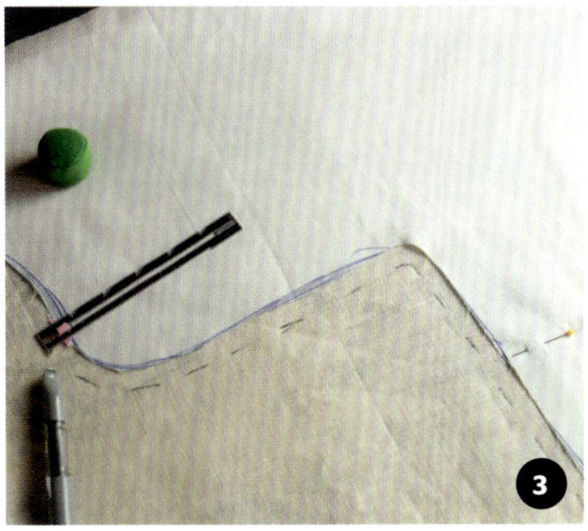

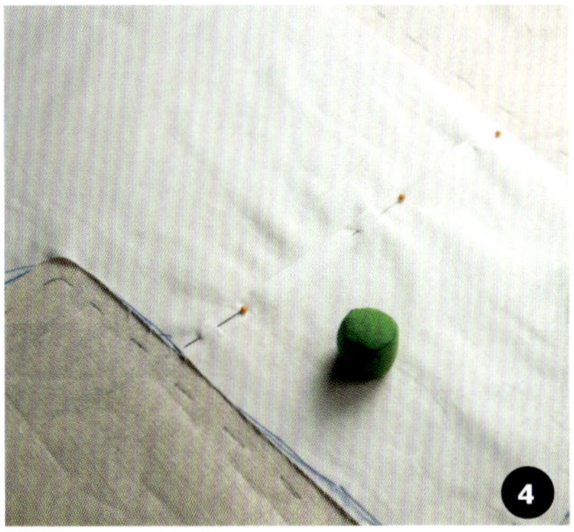

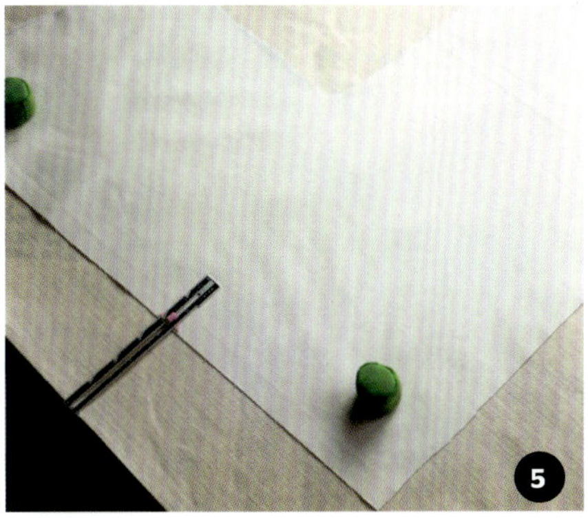

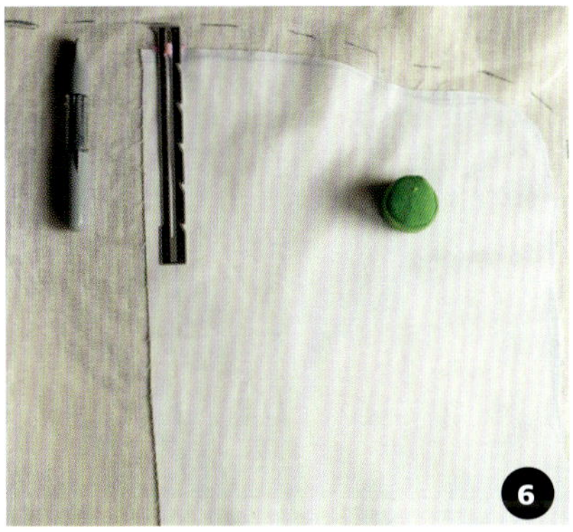

1 **Musselin an der Rückenlehne des Stuhls** feststecken und mit einem Markierstift die Umrisse übertragen. Zusätzlich werden Markierungen entlang der Armlehnen bis zur Sitzfläche benötigt. Oben und unten die Mitte der Rückenlehne markieren. Den Musselin nun von vorn auf den Stuhl legen, die Mittelmarkierungen genau an der Mitte der Rückenlehne platzieren und mit einem Markierstift die Innenlinie der Armlehnen nachziehen. Diese sollte kürzer sein als die bereits gezeichnete Außenlinie.

2 **Das Schnittmusterteil entlang der Außenlinie zuschneiden** und wieder auf dem Stuhl feststecken. Machen Sie Markierungen an den Stellen, an denen noch mehr Stoff notwendig sein könnte.

3 **Mithilfe dieser Angaben ein Schnittmusterteil aus Musselin** zuschneiden. Dieses Schnittteil wird später im Stoffbruch zugeschnitten, damit es symmetrisch ist. Den Stoff im Fadenlauf falten, das Schnittmusterteil entlang der inneren Markierung für die Armlehnen (für die Vorderseite) feststecken, um das Vorderteil zuzuschneiden. Mithilfe eines Handmaßes eine Schnittline 1,3 cm außerhalb der Schnittmusterkante anzeichnen und die Vorderseite im Stoffbruch zuschneiden.

4 **Die Stecknadeln an den Armlehnen entfernen** und das Schnittmusterteil auseinanderfalten, um die äußere Markierung für die Armlehnen (für das Rückteil) anzuzeichnen. Das Schnittmusterteil 12,5 cm vom Stoffbruch entfernt auflegen und vom Stoffbruch zu den Kanten des Schnittmusterteils parallele Linien ziehen. Mithilfe eines Handmaßes eine Schnittline 1,3 cm außerhalb dieser Linien und der Schnittmusterkante anzeichnen und die Rückseite im Stoffbruch zuschneiden.

8A

8B

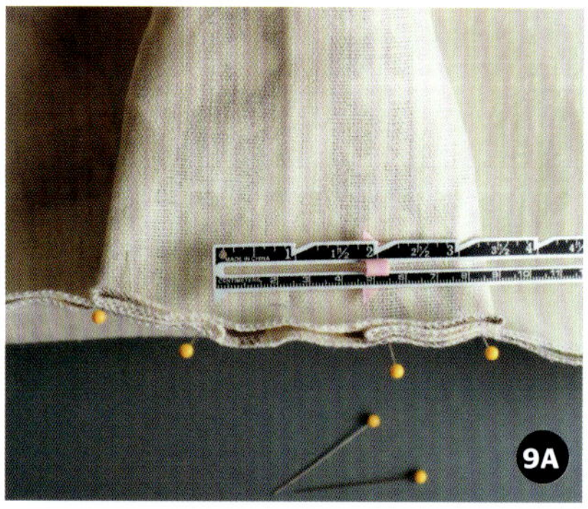
9A

9B

10

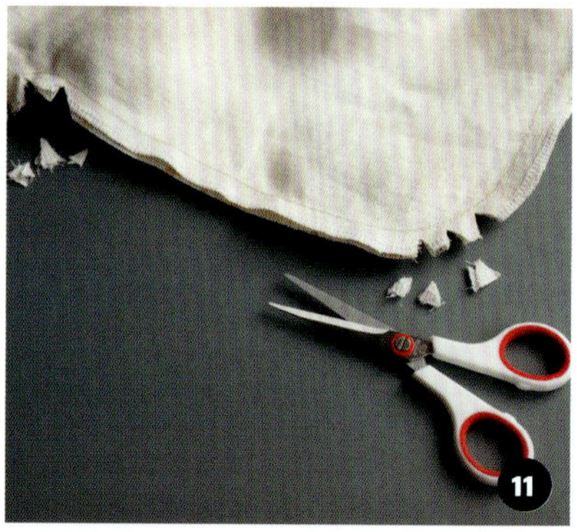
11

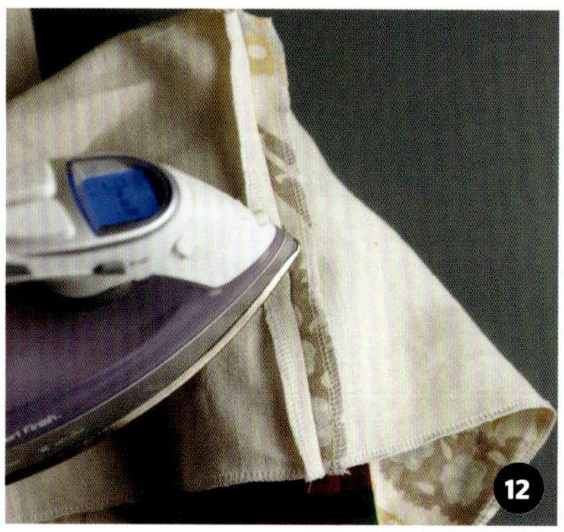
12

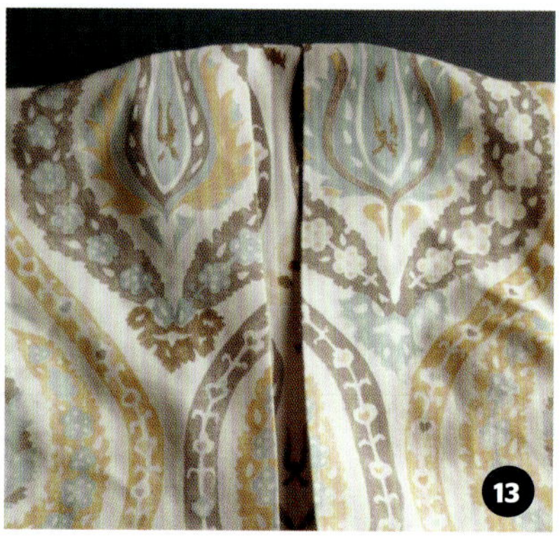
13

1 **An den Armlehnenrundung an der Rückseite** den Stoff einhalten, sodass Rück- und Vorderseite die gleich Länge haben. So liegt der Bezug später an den Armlehnen flach.

2 **Die Vorderseite** auf der Rückseite feststecken, dabei bei den Lehnen beginnen.

3 **OPTION 1:** Mithilfe des zusätzlichen Stoffes an der Rückseite mittig zwei Falten mit etwa 7,6 cm Abstand zueinander einschlagen und feststecken.
OPTION 2: Für eine Knopfleiste die Falten mittig überlappen lassen.

Vorder- und Rückseite rechts auf rechts legen und steppen, dabei die Falten feststeppen. Die Nahtzugaben an Rundungen einknipsen und an geraden Kanten zurückschneiden. Die Kanten versäubern, die Nahtzugaben auseinanderbügeln und den Bezug wenden.

4 **OPTION 1:** Den Bezug über die Rückenlehne des Stuhls ziehen und die Falten so feststecken, dass sie gerade nach unten fallen. Den Bezug vom Stuhl nehmen und die Kanten bügeln.
OPTION 2: Den Bezug über die Rückenlehne des Stuhls ziehen und die Falten so feststecken, dass sie überlappen. Den Bezug wieder vom Stuhl nehmen und die Kanten bügeln.

5 **OPTION 1:** Mit einem Markierstift die Platzierung der Ösen entlang der Kanten markieren. Die Ösen anbringen.
OPTION 2: Mit einem Markierstift die Platzierung der Knopflöcher entlang der Knopflochleiste markieren und nähen. Die Knöpfe an die entsprechenden Stellen auf der Knopfleiste nähen.

6 **Die untere Kante** mit einem 1,3 cm breiten Blindstichsaum versäumen.
Für einen Wendebezug ein passendes Innenteil anfertigen, rechts auf rechts in das Außenteil schieben und die beiden Stoffteile entlang der unteren Kante zusammensteppen, dabei eine Wendeöffnung lassen. Den Bezug wenden und bügeln. Die Nahtzugaben an der Wendeöffnung nach innen bügeln und die Öffnung schließen.

7 **(OPTION 1):** Schrägband, eine Kordel oder ein anderes stabiles Band über Kreuz durch die Ösen fädeln und unten zu einer Schleife binden.

Nähanleitung Rückenlehnenschonbezug (Stuhl ohne Armlehnen)

1 Musselin auf der Rückenlehne des gewünschten Stuhls feststecken.

2 Die Umrisse der Rückenlehne mit Markierstift übertragen. An der oberen und unteren Kante jeweils die Mitte markieren.

3 Das Musselinstoffteil ausschneiden und wieder auf der Rückenlehne feststecken. Machen Sie Markierungen an den Stellen, an denen noch mehr Stoff notwendig sein könnte.

4 Mithilfe dieser Angaben ein zweites Schnittmusterteil aus Musselin zuschneiden. Dieses Schnittteil wird im Stoffbruch zugeschnitten, damit es symmetrisch ist.

5 Für das Vorderteil des Bezugs das Schnittmusterteil im Fadenlauf auf den gefalteten Stoff legen.

6 Mithilfe eines Handmaßes eine Schnittline 1,3 cm außerhalb der Schnittmusterkante anzeichnen und das Vorderteil im Stoffbruch zuschneiden.

7 Für das Rückteil des Bezugs das Schnittmusterteil 12,5 cm entfernt vom Stoffbruch auf den gefalteten Stoff legen. Diese zusätzlichen 12,5 cm brauchen Sie später für die Falte hinten. Vom Stoffbruch zu den Schnittmusterkanten senkrechte parallele Linien ziehen. Mithilfe eines Handmaßes eine Schnittline 1,3 cm außerhalb dieser Linien und der Schnittmusterkante anzeichnen und das Stoffteil im Stoffbruch zuschneiden.

8 Je nach verwendetem Stoff kann es notwendig sein, den Stoff an Rundungen einzuhalten.

9 Für einen Bezug mit Ösen und Kordel die beiden Stoffteile rechts auf rechts aufeinanderlegen und von den Seiten beginnend feststecken. Am Rückteil mit dem zusätzlichen Stoff mittig zwei Falten mit etwa 7,6 cm Abstand zueinander einschlagen und feststecken.

10 Für einen Bezug mit Knöpfen, ebenfalls mittig zwei Falten einschlagen, diese aber etwa 3,8 cm überlappen lassen – das wird später die Knopfleiste. Die Stoffteile zusammennähen, dabei auch die Falten feststeppen.

11 Die Nahtzugaben an den Rundungen bis zur Nahtlinie einknipsen und an den Falten abgeschrägt zurückschneiden. Die zurückgeschnittenen Kanten versäubern.

12 Die Nahtzugaben auseinanderbügeln. Den Bezug auf rechts wenden. Die untere Kante mit einem 1,3 cm breiten Blindstichsaum versäumen.

13 Den Bezug über die Rückenlehne des Stuhls ziehen und die Falten so feststecken, dass sie gerade nach unten fallen. Den Bezug wieder vom Stuhl nehmen und die Kanten bügeln. Die Falten an den Stellen, an denen die Ösen bzw. Knöpfe und Knopflöcher sitzen sollen, wenn notwendig mit einer Einlage verstärken.

Die Platzierung der Ösen bzw. der Knopflöcher entlang der gefalteten Kanten markieren.

Ösen anbringen bzw. Knopflöcher nähen und Knöpfe annähen. Den Bezug wieder auf die Lehne schieben. Bei der Version mit Ösen Schrägband, eine Kordel oder ein anderes stabiles Band über Kreuz durch die Ösen fädeln und unten zu einer Schleife binden.

Kissen und Polster sind zwar nicht genau das Gleiche, aber im Hinblick auf die Anfertigung und die verwendeten Nähtechniken gibt es kaum Unterschiede. Kissen und Polster unterscheiden sich hauptsächlich durch Größe, Füllmaterial und Verschlüsse. Kissen sind meist kleiner und das verwendete Füllmaterial ist weicher (z. B. aus Polyester), Polster hingegen sind meist größer, haben einen Schaumstoffkern und behalten dadurch ihre Form.

Sowohl Kissen als auch Polster gibt es in unterschiedlichsten Ausführungen: Es gibt einfache Kissen, Kassettenkissen, falsche Kassettenkissen, Kissen mit Volants und Kissenrollen. All diese Kissen können mit unterschiedlichen Verschlüssen gefertigt werden: mit verdecktem Reißverschluss (Seite 258), unsichtbarem Reißverschluss (Seite 260), Klettverschluss (Seite 262) oder Knöpfen. Und man kann Kissen sowie Polster durch Paspeln oder andere dekorative Elemente im Hinblick auf Form und Stil unterschiedlich gestalten. Bevor Sie größere Projekte, etwa neue Bezüge für die Sofakissen, in Angriff nehmen, empfiehlt es sich, kleinere Projekte zu nähen, um die Techniken zu beherrschen.

Da sie größer sind, werden Polster meist mit Schonbezügen überzogen. Die Bezüge werden über Inlets oder direkt über fertige Polster gegeben. So lassen sich unterschiedlichste Räume und Möbel durch ein paar Polsterbezüge im Handumdrehen aufpeppen – und Sofa und Stühle sehen in Sekundenschnelle wieder wie neu aus. Außerdem werden Polster aus teuren Stoffen so vor Gebrauchsspuren geschützt.

Grundsätzlich gibt es drei unterschiedliche Polsterarten: einfache Polster, abgerundete Polster und Kassettenpolster. Alle diese Polsterarten werden so gefertigt, dass sie bündig oder t-förmig, und damit die Armlehnen einschließend, mit der vorderen Stuhl-, Sessel- oder Sofakante abschließen.

Kassetten- und einfache Polster können zudem mit Paspeln (Seite 264) versehen werden. Einfache Sofa- und Stuhlpolster sind an Stellen, die sichtbar sind, oft mittig mit einer Paspel versehen. Verdeckte Seiten werden hingegen auch in diesen Fällen fast immer im Stil eines Kassettenpolsters gefertigt. Abgerundete Polster werden aus einem Stück Stoff genäht, das die vordere abgerundete Kante umschließt. Die Seiten werden quadratisch im Stil eines Kassettenpolsters gefertigt und nicht mit Paspeln versehen.

Um Polster problemlos be- und abziehen zu können, werden die meisten Bezüge mit einem Reißverschluss gearbeitet, der über die Rückseite und etwa 10 cm über beide Seitenteile des Bezugs reicht. Bei Polstern, bei denen drei Seitenkanten sichtbar sind (etwa für einen Stuhl ohne Armlehnen), verläuft der Reißverschluss nur auf der Rückseite. Geeignet sind vor allem entsprechend längere Polster- oder Endlosreißverschlüsse. Bei Kassetten- und abgerundeten Polstern wird der Schiebergriff des Reißverschlusses am Ende der Reißverschlussöffnung in einer kleinen Tasche versteckt – das sieht besonders professionell aus. Für Polsterbezüge, die für Außenbereiche gedacht sind, eignen sich Klett- oder Plastikreißverschlüsse.

Die Form eines Kissens ergibt sich auch durch das jeweilige Füllmaterial. Je nach Marke und Art unterscheiden sich Füllmaterialien: Einige verklumpen weniger, andere sind besonders federnd, wieder andere müssen aufgeschüttelt werden, es gibt hypoallergene und antimikrobielle Materialien, manche kann man in der Waschmaschine waschen, andere müssen speziell gereinigt werden. Lose Füllmaterialen bestehen aus Polyester, Gänsedaunen, Daunen-Federn-Mischungen, Polystyrenschaumstoff oder synthetischen Schaumstoffen wie Memory Foam. Mittlerweile gibt es auch eine große Auswahl an umweltfreundlichen Varianten wie Kokosfasern, Kapokfasern (die von lebenden Bäumen geerntet werden und Gänsedaunen ähneln), Naturgummi und Buchweizen.

Kissenhüllen können mit gekauften Innenkissen oder Inlets gefüllt werden, Innenkissen können aber auch ganz einfach selbst genäht werden. Gekaufte Innenkissen sind eine gute Wahl für Kissen, die gewaschen werden sollen, da sie sich einfach beziehen lassen, und es gibt sie in unterschiedlichsten Größen und Formen. Falls Sie andere Größen oder Formen bevorzugen, können Sie aus Musselin einfache Kissen in der gewünschten Form nähen und mit einem Füllmaterial Ihrer Wahl füllen. Soll das fertige Kissen eher stabil und fest sein, sollte der Kissenbezug etwa 2,5 cm kleiner sein als das fertige Innenkissen. Wenn das Kissen weicher und luftiger sein soll, sollte der Bezug genauso groß sein wie das Innenkissen.

Ist ein gekauftes Innenkissen zu hoch und das Füllmaterial verteilt sich nicht so gut bis zu den Ecken bzw. Kanten, einfach eine Naht auftrennen und zusätzliches Füllmaterial ins Kissen geben. Nach Wunsch können Sie auch Füllmaterial herausnehmen, wenn Sie ein weicheres Kissen bevorzugen. Bei Kissen ohne Innenkissen wird das Füllmaterial direkt in die Kissenhülle gegeben.

Polsterinlets bestehen oft aus sehr dichtem Polyurethanschaum, der in eine dicke Polyfibereinlage namens Volumenvlies eingeschlagen wird. Polyesterinlets gibt es aus verschiedenen Materialien – etwa Kokosfasern, Daunen, Wollfilz und Latex. Je nach Material variieren die Stabilität und das Rücksprungvermögen der Inlets.

Einfache Kissen und Polster

Egal ob Lieblingsstoffe oder Flohmarktfunde – lassen Sie Stoffe wieder aufleben und verschönern Sie abgenutzte Kissen. Beschädigte Stoffbereiche werden einfach weggeschnitten, und schon können Sie Ihren geliebten Vintagestoffen neues Leben einhauchen. Zusätzlich können Sie Kissen nach Lust und Laune verschönern – etwa wie oben links mit Fransen!

Links ein einfaches Kissen mit Stoffteilen in achteckiger Grundform, rechts ein Kissen mit Stoffteilen in quadratischer Grundform, bei dem die Ecken extrem spitz zulaufen.

Bei einfachen Kissen und Polstern sind Vorder- und Rückseite gleich groß und die Stoffteile werden mithilfe einer einzigen Naht entlang des späteren Kissenrands geschlossen. Nach Wunsch können am Rand dekorative Abschlüsse wie Paspeln, Volants, Fransen oder Rüschen angebracht werden. Einfache Kissen und Polster können in beliebigen Formen gearbeitet werden – allerdings eignen sich nicht alle Formen unbedingt gleich gut: So neigen etwa runde einfache Kissen dazu, am Rand Falten zu werfen.

Für quadratische und rechteckige einfache Kissen und Polster werden die Stoffteile an den Ecken schräg zugeschnitten, sodass eine leicht achteckige Form entsteht – würde man quadratische oder rechteckige Stoffteile verwenden, würden die Ecken später spitz zulaufen (was noch deutlicher wird, wenn das Kissen gefüllt wird).

Nähanleitung Einfaches Kissen oder Polster

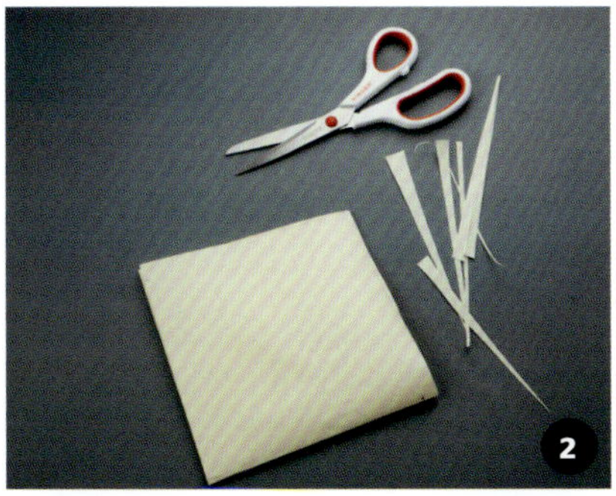

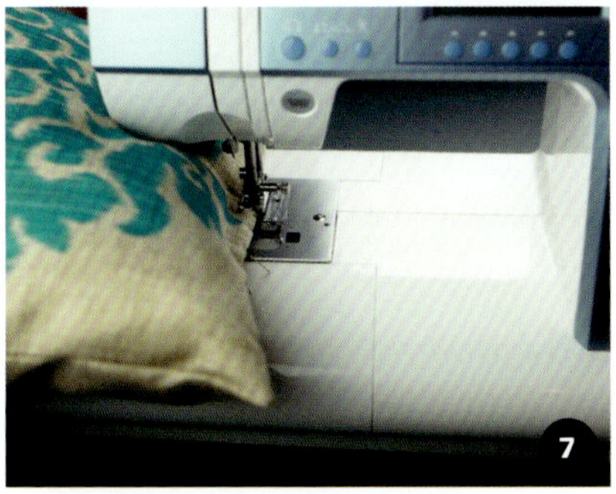

1 Die gewünschte fertige Abmessung des Kissens bzw. Polsters bestimmen, an den Kanten je 2,5 cm Nahtzugabe dazurechnen und das Vorderteil zuschneiden. Falls Sie mit einem Innenkissen arbeiten, das Vorderteil in der Größe des Innenkissens plus 2,5 cm Nahtzugabe an allen Kanten zuschneiden.

Für Kissen mit Reißverschluss die Rückseite etwa 2,5 cm länger zuschneiden, das ergibt eine Nahtzugabe von 1,3 cm an der Reißverschlussöffnung.

Wenn Sie einen Endlosreißverschluss verwenden, schneiden Sie einen Reißverschluss zu, der mindestens drei Viertel mal so lange wie das Kissen breit ist. Verwenden Sie alternativ einen Reißverschluss in mindestens dieser Länge. Siehe Seite 258 für das Einsetzen eines Reißverschlusses.

2 Die Vorderseite zweimal zusammenfalten und die Mitte der offenen Kanten markieren. An den Ecken jeweils eine Markierung in der Breite der Nahtzugabe machen. Die Nahtzugaben von den markierten Punkten an den Ecken bis zur markierten Mitte schräg zurückschneiden.

3 Mithilfe der Vorderseite ein passendes Stoffteil für die Kissenrückseite zuschneiden.

4 Die beiden Stoffteile rechts auf rechts aufeinanderstecken und etwa 1,3 cm breit steppen, dabei den Stoff an den Ecken drehen und entlang einer im Fadenlauf zugeschnittenen Kante eine Wendeöffnung lassen. Für eine Kissenhülle mit Innenkissen sollte die Öffnung mindestens zwei Drittel mal so lang sein wie die Kante. Soll loses Füllmaterial verwendet werden, kann die Öffnung auch etwas kleiner sein. Die Nahtzugabe an den Ecken zurückschneiden.

5 Die Nähte bügeln. Die obere Nahtzugabe zurückfalten und mit der Bügeleisenspitze entlang der Nahtlinie bügeln. An der Wendeöffnung die Nahtzugaben nach innen bügeln.

6 Die Kissenhülle auf rechts wenden. Die Ecken mit einem Eckenformer durch die Wendeöffnung ausarbeiten und das Kissen bügeln.

Das Innenkissen in die Kissenhülle geben – wenn nötig die Ecken zusätzlich mit losem Füllmaterial füllen – oder die Kissenhülle mit losem Füllmaterial füllen.

7 Die Wendeöffnung Kante auf Kante legen, feststecken und steppen.

8 Alternativ die Öffnung von Hand mit einem Matratzenstich schließen.

TIPP

Bei schwereren oder besonders voluminösen Stoffen ist das Zuschneiden in Stofflagen manchmal gar nicht so einfach – hier empfiehlt es sich, aus Packpapier ein Schnittmuster in der gewünschten Form anzufertigen.

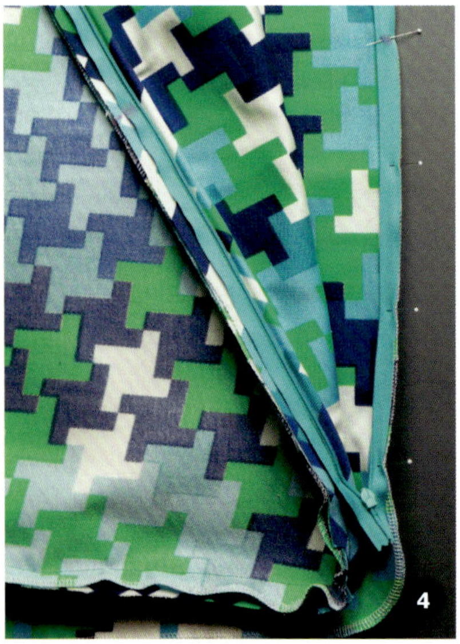

1 **Ein Kissen mit Paspeln sieht nicht nur besonders elegant aus,** so kann außerdem ein unsichtbarer Reißverschluss verdeckt werden. Für die Paspeln für jede Kante, die mit einer Paspel versehen werden soll, ein Paspelband zuscheiden, das etwas länger ist als die jeweilige Kante.

2 **Auf Reißverschluss und einer Kante der Vorder- und Rückseite des Kissens jeweils die Mitte** markieren. Die Reißverschlussbänder vorsichtig flach bügeln (Seite 257). Zuerst die Paspelbänder festnähen, dann eine Seite des Reißverschlusses rechts auf rechts entlang einer Kante mit Paspel feststecken, dabei liegen die Reißverschlusszähne direkt hinter der Paspel.

3 **Den Reißverschluss mit einem nahtverdeckten oder einem normalen Reißverschlussfuß** festnähen. Dabei beginnt und endet die Naht jeweils 1 cm vor dem Ende der Reißverschlussspirale. Den Reißverschluss schließen und die Mitte des anderen Reißverschlussbandes markieren.

4 **Den Reißverschluss so auf das zweite Stoffteil legen,** dass die Markierungen an der Mitte übereinanderliegen. Den Reißverschluss wieder öffnen und mithilfe der Markierungen feststecken. Die zweite Seite des Reißverschlusses nun ebenfalls steppen, dabei wieder an beiden Ende nicht bis ganz zum Reißverschlussanfang bzw. -ende steppen.

5 **Den Reißverschluss schließen.** Die Kissenteile rechts auf rechts und Kante auf Kante aufeinanderlegen und feststecken. Die Enden des Reißverschlusses dabei nach außen falten (siehe Bild). Die Stoffteile entlang der Kanten zusammensteppen, dabei bis unter die aufgeklappten Reißverschlussenden nähen (weißer Pfeil).

Ein Volant ist ein angenähter flacher Besatz, der über das gefüllte Kissen hinausragt. **Einfache Volants** bestehen aus zwei Stoffstreifen, die entlang der Kanten versäumt werden. Bei einem Kissen mit **Doppelvolants** bestehen die Volants aus zwei nicht versäumten Stoffstreifen mit offenen Kanten. Volants können außerdem an den Ecken offen oder geschlossen sein. Volants können als Teil der Kissenstoffteile zugeschnitten werden – oder Sie arbeiten mit angesetzten Volants in Kontrastfarben. Auch die Breite der Volants kann flexibel gestaltet werden: Für ein Sofakissen eignen sich Volants mit einer Breite von 4 bis 6,5 cm. Außer der Stoff ist besonders steif, tendieren lange Volants dazu, sich in eine Richtung zu klappen – was man beachten muss, wenn man das Kissen z. B. lehnend platzieren möchte.

Soll die Kissenhülle abnehmbar sein, wird ein Hotelverschluss, ein mittiger Reißverschluss auf der Rückseite des Kissens oder ein unsichtbarer Reißverschluss, der durch die Volants verdeckt wird, gearbeitet.

Nähanleitung Kissen mit einfachen Volants

Verlängern Sie die Abmessungen der Stoffteile für das Kissen der Länge und der Breite nach um je zweimal die gewünschte Breite der Volants plus 2,5 cm für eine Nahtzugabe von 1,3 cm an jeder Kante.

1

2

1 **Schritt 4–6 der Anleitung für ein einfaches Kissen** (Seite 239) arbeiten, das Kissen aber noch nicht füllen. Die Breite der Volants von der Außenkante her rundherum markieren. Die Stoffteile entlang der markierten Linien zusammenstecken, damit Sie nicht verrutschen. Die markierte Linie steppen, dabei wie bei der äußeren Naht eine Wendeöffnung lassen. Das Kissen füllen.

2 **Die innere Wendeöffnung mit einem Reißverschlussfuß** schließen. Die äußere Wendeöffnung schließen oder die Volants rundherum absteppen.

Nähanleitung Kissen mit angesetzten Volants

1

2

1 **Schritt 1–3 der Anleitung für ein einfaches Kissen** (Seite 239) arbeiten. Für die Volants vier Stoffstreifen in der Länge der Kissenkanten und 2,5 cm breiter als die doppelte Breite der gewünschten Volants zuschneiden. Die Streifen der Länge nach falten und entlang der kurzen offenen Kanten 1,3 cm breit steppen. Die Volants auf rechts wenden und bügeln.

2 **Die Volants rechts auf rechts und offene Kante auf offene Kante** auf der Kissenvorderseite feststecken und 1,3 cm breit feststeppen. Schritt 4–8 der Anleitung für ein einfaches Kissen (Seite 239) arbeiten. Achten Sie dabei darauf, dass die innenliegenden Volants nicht in Nähten erfasst werden.

Bei Kassettenkissen und -polstern sind Vorder- und Rückseite gleich groß und die Teile werden rundherum mit einem sogenannten Kassettenstreifen zusammengenäht. So lassen sich Kissen in unterschiedlichsten Formen arbeiten: Kreise, Herzen, Sterne usw. Das fertige Kissen hat so die gewünschte Form und wirft an den Kanten keine Falten. Kassettenkissen können mit normalen Innenkissen gefüllt werden, dann sollten die Kanten und Ecken allerdings mit zusätzlichem Füllmaterial ausgearbeitet werden. Alternativ kann der Kissenbezug rundherum etwa 5 cm kleiner gearbeitet werden als das verwendete Innenkissen. Für andere Kissenformen wie Herzen oder Sterne fertigen Sie das Innenkissen am besten selbst oder Sie füllen das Kissen mit losem Füllmaterial.

Möchte man ein einfaches Innenkissen für ein Kassettenkissen verwenden, das Füllmaterial an den Ecken zur Kissenmitte schieben und Schritte 3–6 der Anleitung für ein falsches Kassettenkissen auf Seite 250 arbeiten – und so ein würfelförmiges Innenkissen fertigen.

Nähanleitung Rundes Kassettenkissen

1 Mithilfe eines Stifts und einer Schnur auf Papier ein Schnittmuster für Vorder- und Rückseite des Kissens fertigen. Rundherum 1,3 cm Nahtzugabe anzeichnen, das Schnittmuster ausschneiden und mit dessen Hilfe Kissenvorder- und -rückseite zuschneiden.

Der Durchmesser des Kreises mal 3,14 auf den nächsten Millimeter aufgerundet plus 2,5 cm Nahtzugabe ergibt die benötigte Länge des Kassettenstreifens. Die Breite des Kassettenstreifens ergibt sich aus der gewünschten Höhe des Kissens plus 2,5 cm Nahtzugabe.

2 Den Kassettenstreifen an den kurzen Kanten zusammensteppen. Den Streifen an beiden Kanten rundherum knapp 1,3 cm breit steppen und die Nahtzugaben alle 1,3 cm bis knapp zur Naht einknipsen.

3 Kissenvorder- und -rückseite sowie den Kassettenstreifen vierteln und mit Stecknadeln markieren. Den Kassettenstreifen rechts auf rechts und Kante auf Kante auf der Vorderseite feststecken, die Stecknadeln liegen dabei direkt übereinander. Den Streifen 1,3 cm breit feststeppen.

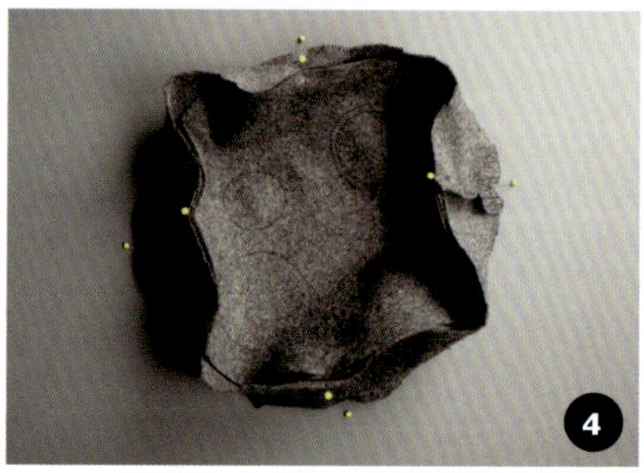

4 Die andere Kante des Kassettenstreifens auf die Rückseite steppen, dabei eine Wendeöffnung lassen.

Nähanleitung Kassettenkissenecken

1 Ein Schnittmuster für Kissenvorder- und -rückseite mit rundherum 1,3 cm Nahtzugabe fertigen. Vorder- und rückseite zuschneiden. Entlang der äußeren Kante eines Stoffteils messen: Die gemessene Länge plus 2,5 cm Nahtzugabe ergibt die Länge des Kassettenstreifens. Die Breite des Streifens ergibt sich aus der gewünschten Höhe des Kissens plus 2,5 cm Nahtzugabe. Den Kassettenstreifen zuschneiden und die kurzen Kanten zusammensteppen.

2 Die Kantenlängen des Kissens an den langen Kanten des Kassettenstreifens mit je einem etwa 1 cm langen Einschnitt in der Nahtzugabe markieren. Achten Sie dabei darauf, dass die kurze zusammengenähte Kante nicht direkt an einer Ecke liegt.

3 An Innenecken die Nahtlinien auf Kissenvorder- und -rückseite anzeichnen. Mit kurzem Geradstich eine etwa 2,5 cm lange Verstärkungsnaht an diesen Ecknähten steppen, dabei den Stoff an der Ecke drehen. Die Nahtzugabe an den Ecken bis zur Nahtlinie einknipsen.

4 Den Kassenttenstreifen rechts auf rechts und offene Kante auf offene Kante auf der Kissenvorderseite feststecken, dabei darauf achten, die Einschnitte am Kassettenstreifen direkt an den Kissenecken zu platzieren.

5 Den Kassettenstreifen entlang der offenen Kanten 1,3 cm breit feststeppen. An Außenecken den Stoff drehen, dabei bleibt die Nähnadel im Stoff. Durch die Einschnitte im Kassettenstreifen lassen sich die Ecken nach dem Wenden problemlos ausarbeiten. Bei Innenecken die Naht etwa 5 cm vor der Ecke verriegeln und 5 cm nach der Ecke eine neue Naht beginnen. Die Stoffteile wenden, sodass der Kassettenstreifen unten liegt, und die Innenecken knapp innerhalb der Verstärkungsnaht steppen.

6 Die andere Kante des Kassettenstreifens rechts auf rechts und Kante auf Kante auf der Kissenrückseite feststecken und wie in Schritt 5 feststeppen, dabei eine Wendeöffnung lassen.

Nähanleitung Quadratisches oder rechteckiges Kassettenkissen

1 **Die gewünschte Länge, Breite und Höhe** des Kissens festlegen. Zu Länge und Breite je 2,5 cm dazurechnen, das ergibt eine Nahtzugabe von 1,3 cm, und Vorder- und Rückseite des Kissens im Fadenlauf zuschneiden.

2 **Siehe Schritt 1–5 der Anleitung auf Seite 243,** um den Kassettenstreifen zu fertigen und anzunähen.

3 **Die Nähte flachbügeln.** An allen Kanten die obere Nahtzugabe umklappen und mit der Spitze des Bügeleisens an der Nahtlinie umbügeln. Die Nahtzugaben an der Wendeöffnung nach innen bügeln.

4 **Die Kissenhülle** auf rechts wenden. Die Ecken mit einem Eckenformer durch die Wendeöffnung ausarbeiten und vorsichtig bügeln.

5 **Das Innenkissen in die Kissenhülle geben** und nach Bedarf die Ecken mit zusätzlichem Füllmaterial füllen oder das Kissen mit losem Füllmaterial füllen. Die Öffnung mit einem Saumstich schließen.

Matratzenkissen und -sitzpolster

Bei Matratzenkissen bzw. -sitzpolstern werden entlang der Kanten des Kissens kleine Stofflippen gearbeitet. Für ein Matratzenkissen zunächst ein Kassettenkissen nach der Anleitung oben arbeiten.

Nähanleitung Matratzenkissen

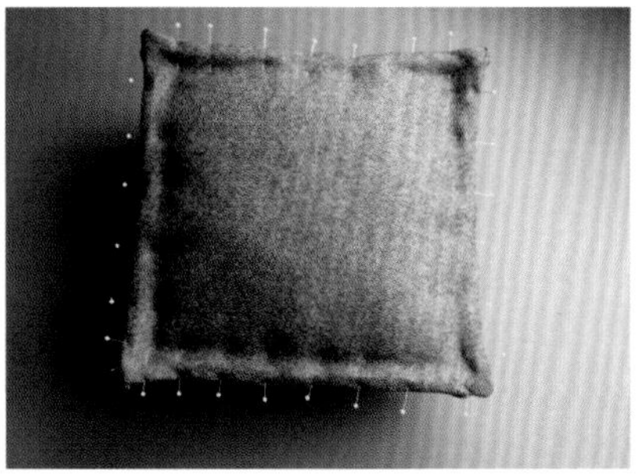

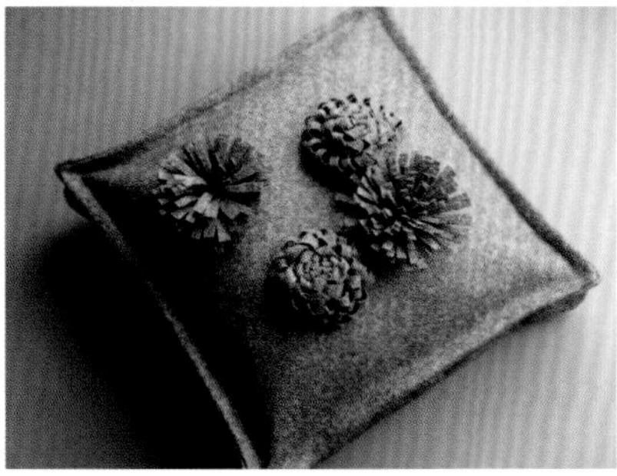

1 **Bei einem mit losem Füllmaterial gefüllten Kissen die Kanten** rundherum mit Stecknadeln abstecken, dabei das Füllmaterial an der späteren Nahtlinie nach innen bzw. außen schieben, sodass der Stoff von Vorder- und Rückseite aufeinanderliegt. Bei einer Kissenhülle für ein Innenkissen rundherum die Kanten abstecken.

2 **Alle Kissenkanten rundherum** 1,3 cm breit mit Geradstich absteppen.

Nähanleitung Matratzensitzpolster

Die gewünschte Länge, Breite und Höhe des Polsters festlegen. Zu Länge und Breite jeweils 5 cm dazurechnen, das ergibt eine Nahtzugabe von 1 cm, eine Zugabe für die Stofflippen von 1,3 cm und 3 mm Zugabe zum Wenden. Vorder- und Rückseite des Kissens im Fadenlauf zuschneiden.

Gewünschte Breite des Kissens + 5 cm

Gewünschte Länge des Kissens + 5 cm

Der Kassettenstreifen wird im oder quer zum Fadenlauf zugeschnitten. Die Länge des Kassettenstreifens ergibt sich aus dem Umfang des fertigen Kissens plus 18 cm Zugabe (Nahtzugaben und eine 1,3 cm breite Stofflippe an den Ecken). Falls der Kassettenstreifen aus mehreren Stoffteilen zusammengesetzt wird, pro zusätzlicher Naht 2,5 cm rechnen, die Stoffteile können damit 1,3 cm breit gesteppt werden. Die Breite ergibt sich aus der gewünschten Höhe des fertigen Kissens plus 5 cm Zugabe (1 cm Nahtzugabe, 1,3 cm breite Stofflippe, 3 mm zum Wenden).

Länge des Kassettenstreifens = Kissenumfang + 18 cm

Breite des Kassettenstreifens = gewünschte Höhe des Kissens + 5 cm

DAS BRAUCHEN SIE

- 8 oder 10 cm hohes Schaumstoffformkissen
- 2,5 cm dickes Volumenvlies
- Dekostoff
- Gurtband für den Griff (optional)
- Nähgarn

1 **Den Kassettenstreifen wenn nötig** mit einer Nahtzugabe von je 1,3 cm zusammensetzen. Die Mitte der langen Kanten des Kassettenstreifens markieren.

2 **Eine lange Kissenkante ebenfalls mittig markieren.** Die Naht, durch die der Kassettenstreifen zusammengenäht wird, liegt damit an der hinteren langen Seite des Kissens.

3 **Den Kassettenstreifen rechts auf rechts** und offene Kante auf offene Kante auf der Kissenvorderseite feststecken, dabei darauf achten, die Markierungen direkt übereinander zu platzieren.

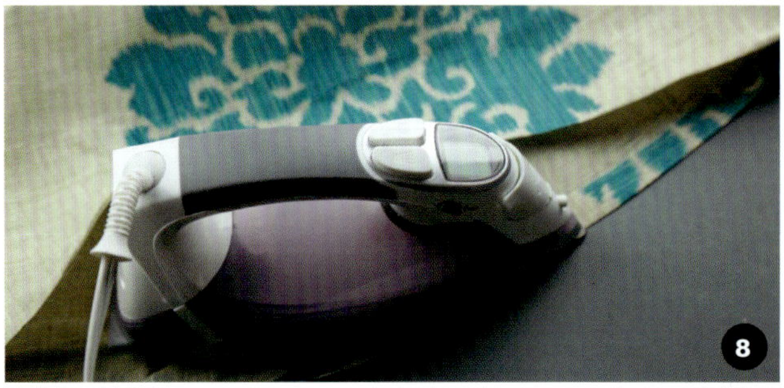

4 **Von der Markierung ausgehend den Kassettenstreifen** 1,6 cm breit auf der Kissenvorderseite feststeppen, dabei endet die Naht 1,6 cm vor der nächsten offenen Kante. Die Nahtzugabe an der Ecke auf 3 mm einknipsen, den Kassettenstreifen entlang der Kante feststecken und weitersteppen. Die nächste Ecke ebenso arbeiten, und den Kassettenstreifen bis kurz vor den offenen kurzen Kanten feststeppen. Die andere Seite des Kassettenstreifens ebenso feststecken.

5 **Die kurzen Kanten des Kassettenstreifens** rechts auf rechts zusammenstecken und dann steppen. Die Nahtzugaben an der kurzen Kante zurückschneiden und bügeln, dann den Kassettenstreifen vollständig auf der Kissenvorderseite feststeppen. Alle Nahtzugaben auseinanderbügeln.

6 **(Optional) Ein Stück gefaltetes Gurtband** mit der offenen Kanten mittig auf einer langen Kante des Kassettenstreifens feststecken. Die Enden der Trageschleife im Quadrat feststeppen, durch das Quadrat schließlich noch zwei diagonale Nähte steppen. Alternativ können Sie eine Trageschleife aus Kissenstoff fertigen.

7 **Die andere Kante des Kassettenstreifens** wie in Schritt 4 auf der Kissenrückseite feststecken, dabei an der Kissenrückseite eine Wendeöffnung lassen. Die Nahtzugaben zurückschneiden und die Kissenhülle wenden.

8 **Alle Nähte bügeln.** Die Nahtzugabe an der Wendeöffnung nach innen bügeln.

9 **Entlang aller Kanten außer der Kante mit der Wendeöffnung** 1,3 cm breit steppen, dabei beginnt und endet die Naht jeweils 1,3 cm nach bzw. vor den Ecken.

10 **Die kurzen Kanten des Kassettenstreifens** ebenso 1,3 cm breit steppen.

11 **Den Schaumstoff in die Kissenhülle geben** und nach Bedarf die Ecken und Kanten mit zusätzlichem Füllmaterial füllen, oder das Formkissen wie auf Seite 251 in Volumenvlies einschlagen, das Volumenvlies feststeppen und das Kissen in die Kissenhülle geben. Die Wendeöffnung 1,3 cm breit steppen.

DAS BRAUCHEN SIE

- Musselin für das Schnittmuster
- Dekostoff
- Reißverschluss, etwa 20,5 cm länger als die Rückseite des Kissens
- Stoff und Kordel für Paspeln oder Fransenband
- Nähgarn

Ein Kassettenpolster unterscheidet sich von einem Kassettenkissen eigentlich nur dadurch, dass es meist mit einem Reißverschluss im Kassettenstreifen gearbeitet wird und die Reißverschlussöffnung entsprechend länger ist, damit das zu überziehende Polster problemlos in die Hülle gegeben werden kann.

Vorder- und Rückseite des Polsters jeweils 2,5 cm länger und breiter zuschneiden als die gewünschten fertigen Abmessungen des Polsters, das ergibt eine Nahtzugabe von rundherum 1,3 cm. Wird das Polster in Volumenvlies eingeschlagen, rechnen Sie 2,5 cm Länge und Breite weniger für einen straffen Sitz.

Die Breite des Kassettenstreifens ergibt sich aus der gewünschten Polsterhöhe plus 2,5 cm Nahtzugabe. Die Länge des Kassettenstreifens ergibt sich aus dem Umfang des fertigen Kissens. Den Kassettenstreifen in dieser Länge zuschneiden, überschüssige Länge wird während der Anfertigung zurückgeschnitten. Falls der Kassettenstreifen aus mehreren Stoffteilen zusammengesetzt wird, pro zusätzliche Naht 2,5 cm rechnen, die Stoffteile können damit 1,3 cm breit gesteppt werden.

Einen Endlosreißverschluss 20,5 cm länger zuschneiden, als die Rückseite breit ist, oder einen Polsterreißverschluss in dieser Länge kaufen. Siehe Seite 189 für Informationen zum Kürzen von Endlosreißverschlüssen. Für die Reißverschlussleiste zwei Stoffstreifen in der gleichen Länge wie das Reißverschlussband und der halben Breite des Kassettenstreifens plus 2 cm Zugabe zuschneiden.

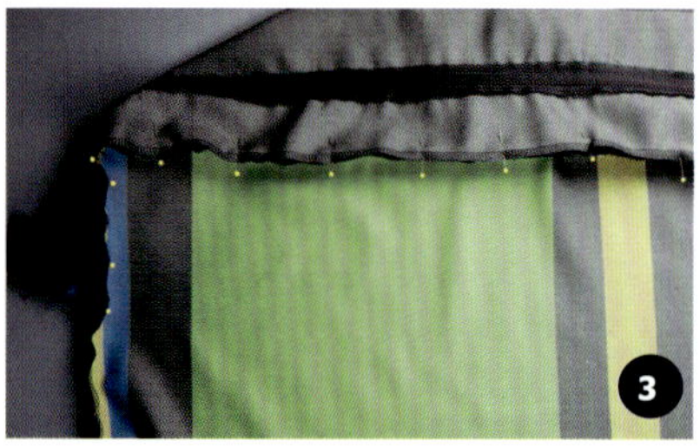

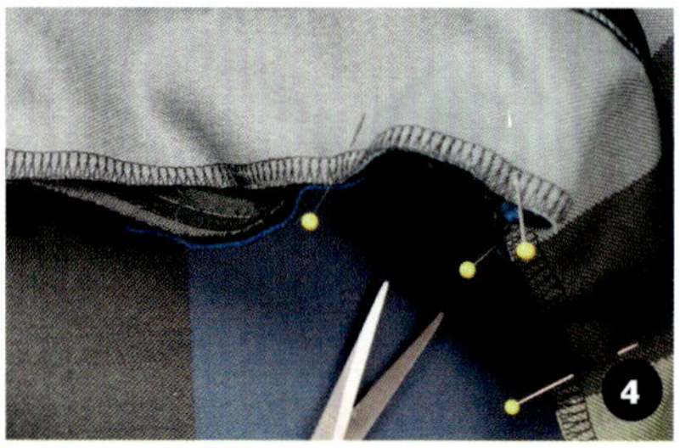

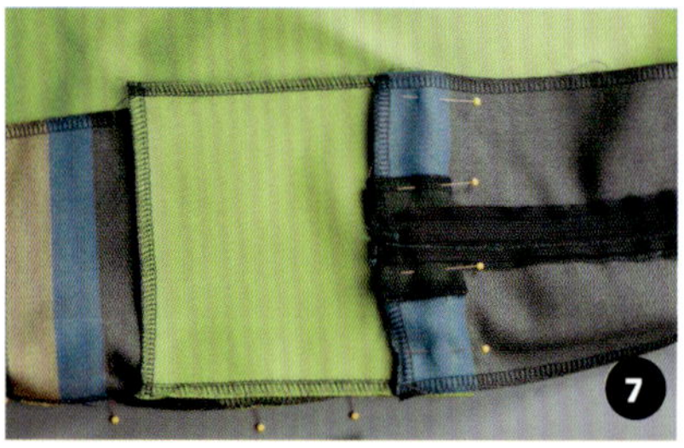

1 **Eine Paspel nach der Anleitung** auf Seite 240 fertigen. Die Paspel rundherum auf die Kanten der Vorder- und Rückseite des Polsters nähen.

2 **Nach der Anleitung auf Seite 257** eine Reißverschlussleiste arbeiten.

3 **Die Reißverschlussleiste** entlang der späteren oberen hinteren Kante rechts auf rechts auf der Polstervorderseite feststecken. Die Reißverschlussleiste feststeppen, die Naht beginnt und endet dabei 3,8 cm vor bzw. nach den Ecken an den Seitenkanten.

4 **Die Nahtzugaben der Reißverschlussleiste** an den Ecken einknipsen.

5 **Den Kassettenstreifen mittig rechts auf rechts und Kante auf Kante** auf die spätere vordere Kante der Polstervorderseite legen, bei gemustertem Stoff darauf achten, dass das Muster passend platziert wird. Den Kassettenstreifen glattstreichen und die vorderen Ecken jeweils mit einem 1 cm langen Einschnitt in die Nahtzugabe markieren. Den Kassettenstreifen entlang der Seitenkanten bis 15 cm vor den hinteren Ecken ebenfalls feststecken.

6 **Den Kassettenstreifen auf die Vorderseite steppen,** dabei 15 cm nach einer hinteren Ecke beginnen und den Streifen rundherum 1,3 cm breit annähen. Für eine Paspelkante einen Paspelnähfuß oder einen Reißverschlussfuß verwenden. Beim Nähen darauf achten, dass die Einschnitte genau an den Ecken platziert sind. So den Streifen rundherum feststeppen, dabei den Stoff an den Ecken drehen und die Naht 15 cm vor der anderen hinteren Ecke verriegeln. Die Nahtzugabe des Kassettenstreifens an den Ecken einknipsen.

7 **Die Enden des Kassettenstreifens bis zur Reißverschlussleiste feststecken,** dabei an der Stelle, an der Reißverschlussleiste und Kassettenstreifen aufeinanderstoßen, diese rechts auf rechts feststecken.

8 **An der Stelle, an der später bei geschlossenem Reißverschluss der Reißverschlussschieber** sitzt, den Kassettenstreifen überlappen lassen, so entsteht eine kleine Tasche, in der der Schieber bei geschlossenem Reißverschluss verschwindet.

9 **Die andere Kante des Kassettenstreifens auf die Länge der** Reißverschlussleiste zurückschneiden. Reißverschlussleiste und Kassettenstreifen anschließend an beiden Kanten 1,3 cm breit zusammensteppen, dabei vorsichtig über die Reißverschlusszähne nähen. Die Nahtzugaben zum Kassettenstreifen bügeln.

10 **Den Kassettenstreifen an den noch offenen Stellen** der Seitenkanten auf der Polstervorderseite feststeppen.

11 **Den Reißverschluss halb öffnen,** Kassettenstreifen und Reißverschlussleiste rundherum rechts auf rechts und offene Kante auf offene Kante auf der Rückseite feststecken und anschließend feststeppen. Den Polsterbezug durch die Reißverschlussöffnung auf rechts wenden.

Nähanleitung Sitzpolster in T-Form

Sitzpolster in T-Form sind perfekt für Ohrensessel, Bergères und andere Stühle, bei denen die Sitzfläche vor den Armlehnen weitergeht. Polster für Sofas und andere Möbel mit zwei oder mehreren einzelnen Sitzpolstern können an einer Seite normal und an der anderen t-förmig gearbeitet werden. Sie ähneln im Prinzip Kassettenpolstern mit einem Reißverschluss im Kassettenstreifen.

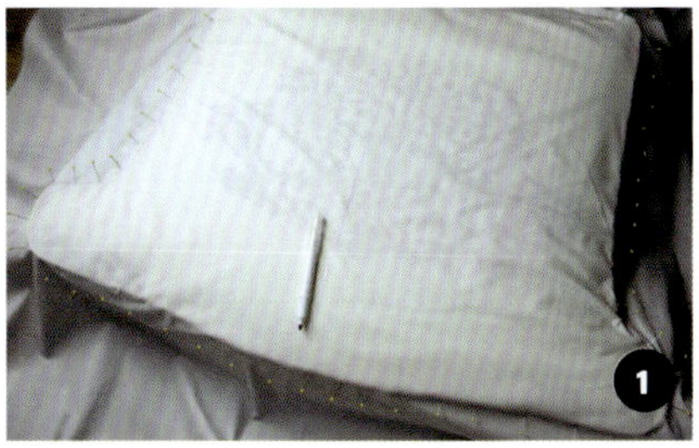

1 **Ein Stück Musselin zuschneiden,** das etwa 10 cm breiter ist als das zu beziehende Polster und auf dem Polster feststecken. Entlang der Stecknadeln die Nahtlinie anzeichnen. Den Musselin wieder vom Polster nehmen und die Nahtlinien mit einem Lineal nachziehen. Das Schnittmuster zusammenfalten, um sicherzustellen, dass die Sitzfläche symmetrisch angezeichnet ist. Wenn nötig die Nahtlinien noch entsprechend anpassen. Rundherum 1,3 cm Nahtzugabe anzeichnen.

2 **Mithilfe des Schnittmusters je ein Stoffteil für** Vorder- und die Rückseite, den Kassettenstreifen und zwei Reißverschlussleisten zuschneiden.

3 **An je einer langen Kante der Stoffteile für die Reißverschlussleiste** eine 1,3 cm breite Nahtzugabe umbügeln. Die gefalteten Kanten mit der rechten Seite nach oben links und rechts auf dem Reißverschlussband feststecken und dann mit 1 cm Abstand zu den Reißverschlusszähnen auf die Reißverschlussbänder steppen.

4 **Eine kurze Kante des Kassettenstreifens 5 cm breit** umfalten und überlappend auf einer kurzen Kante der Reißverschlussleiste feststecken, sodass der Schiebergriff bei geschlossenem Reißverschluss unter der gefalteten Kante verschwindet. Entlang dieser Kante 3,8 cm breit durch alle Stofflagen steppen.

5 **(Optional) Nach der Anleitung auf Seite 240** eine Paspel fertigen und auf der rechten Seite der Stoffteile für Polstervorder- bzw. -rückseite festnähen.

6 **Den Kassettenstreifen rechts auf rechts** auf das Polstervorderteil stecken, der Reißverschluss liegt an der späteren hinteren Kante. 5 cm nach der offenen Kante des Kassettenstreifens beginnen zu steppen, 10 cm vor dem Nahtbeginn die Naht verriegeln. Während des Nähens die Nahtzugabe an den Ecken einschneiden.

7 **Die noch offene kurze Kante** des Kassettenstreifens rechts auf rechts schließen. Die Nahtzugaben zurückschneiden und dann auseinanderbügeln. Den Kassettenstreifen vollständig auf dem Vorderteil feststeppen.

8 **Die Polsterecken an der anderen langen Kante** des Kassettenstreifens ebenfalls durch Einschnitte markieren. Den Reißverschluss öffnen.

9 **Die andere Kante des Kassettenstreifens** rechts auf rechts auf die Polsterrückseite steppen, die Markierungen dabei genau an den Ecken platzieren. Den Polsterbezug wenden.

10 **Das zu beziehende Polster** leicht zusammendrücken, um es in den Bezug zu geben. Den Reißverschluss schließen, den Bezug glattstreichen und, falls vorhanden, die Paspeln so platzieren, dass sie direkt auf den Kanten liegen.

Alternative Reißverschlussplatzierung: Wenn drei Seiten des Polsters zu sehen sind, etwa, wenn der Stuhl keine Armlehnen hat, den Reißverschluss auf der Rückseite des Polsters statt mit einer Reißverschlussleiste am Kassettenstreifen platzieren.

Falsche Kassettenkissen und -polster

Dieses Kissen ist eine Variante des Kassettenkissens mit leicht abgerundeten Kanten. Aber anders als einfache Kissen, die an den Kanten spitz zusammenlaufen, ist dieses Kissen etwas höher und damit von der Form her einem Kassettenkissen ähnlicher. Dafür wird an jeder Ecke der Kissenhülle eine vertikale Naht gesteppt, wodurch das Kissen etwas kürzer und schmäler, dafür aber höher wird. Die Länge dieser Nähte bestimmt die schlussendliche Höhe des Kissens. Je größer das Kissen ist, desto länger können diese Nähte sein. Für ein großes Sitzkissen können die Nähte bis zu 15 cm lang sein, bei kleineren Sofakissen empfehlen sich Abnäher von 6,5 bis 7,5 cm Länge. Die Umfangsnaht verläuft dabei mittig um das Kissen, wenn gewünscht kann diese Naht auch als Paspelnaht gearbeitet werden. Diese Art von Kissen ist im Vergleich zum Kassettenkissen schneller und einfacher zu nähen – und dennoch lassen sich so auch hohe Sofakissen im Nu mit tollen selbstgenähten Bezügen beziehen.

Nähanleitung Falsches Kassettenkissen

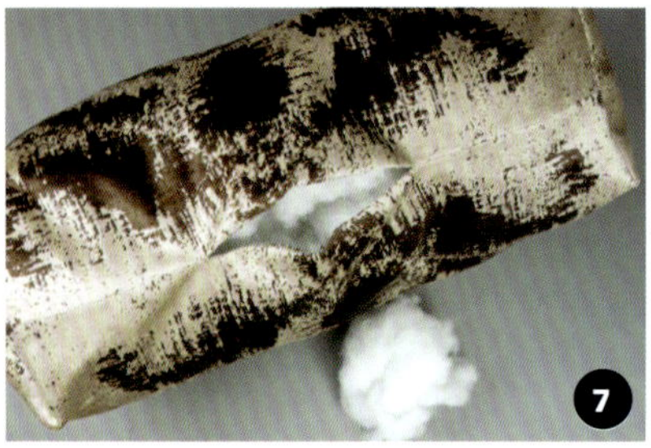

1. **Zwei gleich große Stoffquadrate oder -rechtecke** zuschneiden. In der Tabelle gegenüber finden Sie Zuschnittgrößen für gängige Innenkissengrößen. Für Polster mit Formkissen die jeweilige Höhe des Formkissens plus 2,5 cm Nahtzugabe zu Länge und Breite der Stoffteile dazurechnen.
2. **Vorder- und Rückseite rechts auf rechts 1,3 cm breit** zusammensteppen, dabei eine Wendeöffnung in der späteren hinteren Kante lassen oder einen Reißverschluss in diese einnähen (Seite 257). Die Nahtzugaben auseinanderbügeln und die Nahtzugaben an der Wendeöffnung nach innen bügeln.
3. **Den Stoff an den Ecken auffalten,** so wieder zusammenlegen, dass die Naht mittig liegt, und feststecken.
4. **Entlang der Nahtlinie die halbe gewünschte Kissenhöhe** abmessen und an dieser Stelle von Falte zu Falte eine Linie senkrecht zur Nahtlinie anzeichnen. Die Länge dieser Linie entspricht der späteren Kissenhöhe.
5. **Die Ecke entlang der markierten Linie** steppen und das überschüssige Stoffdreieck zurückschneiden.
6. **Alternativ kann das Dreieck umgeklappt** und mit einigen Stichen festgenäht werden.
7. **Die Kissenhülle durch die Reißverschluss- oder Wendeöffnung wenden.** Das Kissen mit Füllmaterial füllen oder das Polsterinlet einlegen. Die Wendeöffnung von Hand mit einem Saumstich schließen.

Zuschnittgrößen

FERTIGE ABMESSUNG KISSEN	HÖHE	ZUSCHNITTGRÖSSE	GRÖSSE INNENKISSEN
25,5 × 25,5 cm	5 cm	33 × 33 cm	30,5 × 30,5 cm
29 × 29 cm	6,5 cm	38 × 38 cm	35,5 × 35,5 cm
33 × 33 cm	7,5 cm	43 × 43 cm	40,5 × 40,5 cm
37 × 37 cm	9 cm	48.5 × 48.5 cm	46 × 46 cm
40,5 × 40,5 cm	10 cm	53.5 × 53.5 cm	51 × 51 cm
48,5 × 48,5 cm	13 cm	63.5 × 63.5 cm	61 × 61 cm
61 × 61 cm	15 cm	78.5 × 78.5 cm	76 × 76 cm

In der Tabelle oben finden Sie Zuschnittgrößen für Kissenhüllen für gängige Innenkissengrößen. Bei den Zuschnittgrößen ist eine Nahtzugabe von 1,3 cm eingerechnet.

Anleitung Formkissen

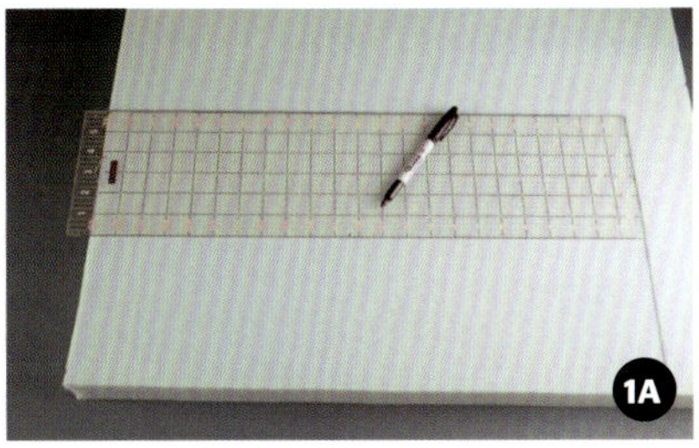

Einen Schaumstoffblock in der gewünschten Form zuschneiden.

Den Schaumstoffblock in eine Lage Volumenvlies einschlagen, das Volumenvlies zuschneiden und mit Haftspray auf dem Schaumstoffblock befestigen.

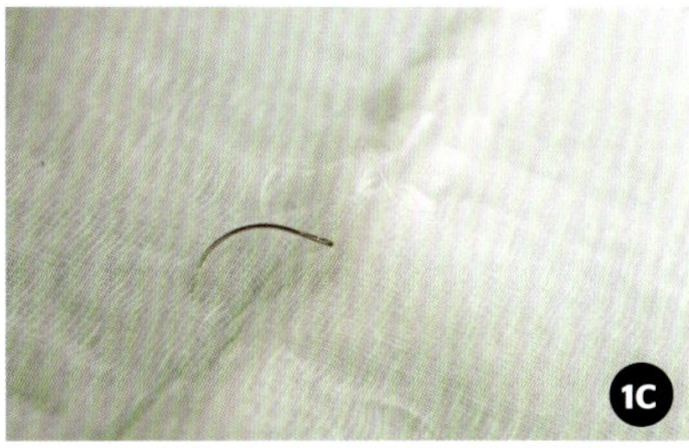

Anstatt Haftspray zu verwenden, können Sie das Volumenvlies mit einigen Stichen festnähen oder den Schaumstoffblock in ein dünnes Tuch einschlagen und die Kanten steppen.

TIPPS

- Um ein einfaches Innenkissen als Füllung für falsche Kassettenkissen zu verwenden, das Füllmaterial aus den Ecken schieben und die Ecken wie in Schritt 3-6 der Anleitung oben abnähen.
- Um sicherzustellen, dass die Kissenhülle bei einem Schaumstoffformkissen die richtige Größe hat, zuerst das Formkissen fertigen (oben) und die Maßangaben an dieses Kissen anpassen.

Kissenrollen sind zylindrische Kissen. Aufgrund ihrer interessanten Form sind sie eine tolle Kissenvariante – und besonders vielseitig: ab damit auf Bett, Sofa, Sessel oder Fensterbank! In ihrer einfachsten Form ist eine Kissenrolle ein rechteckiges Stück Stoff, dass an den langen Kanten zusammengenäht und an den kurzen Kanten mit einem Kordelzug versehen wird, mit dem es verschlossen werden kann. Alternativ kann überschüssiger Stoff auch zusammengefasst und mit einer Kordel zusammengehalten werden – wie ein riesiges Bonbon. Bei der Profivariante werden die Enden mit Stoffkreisen gearbeitet. Das Stoffrechteck für die Kissenrolle kann aus einem oder unterschiedlichen zusammengesetzten Stoffenrechtecken gearbeitet werden und die Nähe können mit Paspeln oder anderen dekorativen Abschlüssen verziert werden. Innenkissen für Kissenrollen gibt es in unterschiedlichsten Größen – oder Sie fertigen selbst ein Innenkissen nach der Anleitung unten (Schritt 1).

Nähanleitung Kissenrolle mit Kordelzug

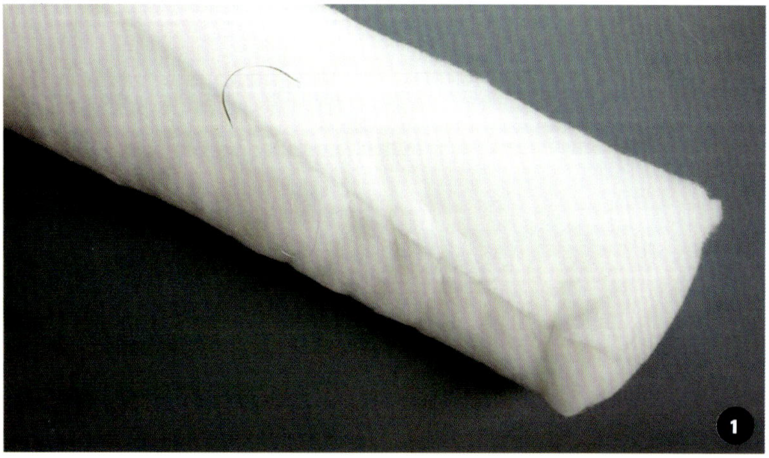

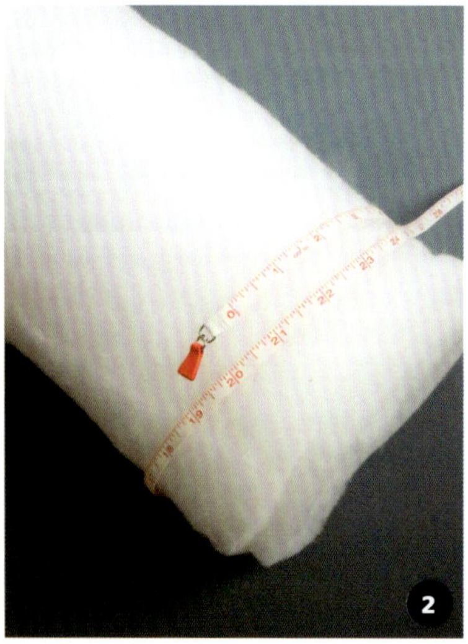

TIPP

Sollte das Innenkissen an den runden Enden noch zu sehen sein, einfach Stoffkreise aus passendem Stoff zuschneiden, an den Öffnungen platzieren und dann den Bezug mit der Kordel schließen. Der Zug der Kordel sorgt dafür, dass die Stoffkreise nicht verrutschen.

1 **Aus Volumenvlies ein etwa 1 m langes** Rechteck zuschneiden. Die Breite richtet sich nach der gewünschten Länge der Kissenrolle. Das Volumenvlies zusammenrollen, bis die Rolle den gewünschten Durchmesser hat (je loser es gerollt wird, desto weicher ist die fertige Kissenrolle). Überschüssiges Vlies zurückschneiden. Die Schnittkante mit einem Überwendlichstich auf der Rolle festnähen.

2 **Aus Stoff ein Rechteck zuschneiden,** die Breite ergibt sich aus dem Umfang der Kissenrolle plus 2,5 cm Nahtzugabe und die Länge richtet sich nach der Länge der Rolle plus 3,8 cm für die Tunnel.

3 **Die kurzen Kanten einmal 6 mm** und dann 1,3 cm breit umbügeln – das ergibt den Tunnel. Die Kanten wieder auffalten. Den Stoff der Länge nach rechts auf rechts falten und die Längskante 1,3 cm breit steppen, dabei die Naht vorn und hinten etwa 2 cm vor den kurzen Kanten verriegeln. Die Nahtzugaben auseinanderbügeln.

4 **Die kurzen Kanten für den Tunnel** wieder zusammenfalten und entlang der inneren gefalteten Kante absteppen. Nahtanfang und -ende verriegeln. Die Kissenhülle wenden.

5 **Ein dünnes Band oder eine Kordel** in den Tunnel fädeln. Die Vliesrolle in den Kissenbezug geben, die Öffnung mit der Kordel zusammenziehen und verknoten. Wenn gewünscht die Kordelenden in der mittigen Öffnung verschwinden lassen.

Nähanleitung Bonbonkissen

1 Nach der Anleitung gegenüber ein Innenkissen fertigen oder ein gekauftes Innenkissen verwenden. Ein Stoffrechteck zuschneiden: Die Breite ergibt sich aus dem Umfang des Innenkissens plus 2,5 cm, die Länge entspricht der Länge plus dreimal dem Durchmesser der Rolle.

2 Die kurzen Kanten 6 mm breit umbügeln und wieder auseinanderfalten. Den Stoff der Länge nach rechts auf rechts falten. Die Längskante 1,3 cm breit steppen, dabei die Naht vorn und hinten etwa 2 cm vor den kurzen Kanten verriegeln. Die Nahtzugaben auseinanderbügeln.

3 Die kurzen Kanten wieder 6 mm breit umfalten. Die kurzen Kanten in der Länge eines halben Kissendurchmessers zurückschlagen. Entlang der inneren gefalteten Kanten rundherum absteppen, dabei die Nähte an der Öffnung verstärken. Die kurzen Kanten nochmals 1,3 cm breit steppen – das ergibt den Tunnel.

4 Ein dünnes Band oder eine Kordel in den Tunnel fädeln. Die Kissenhülle wenden. Die Vliesrolle in den Bezug geben, die Öffnung mit der Kordel zusammenziehen, die Enden in der Öffnung verschwinden lassen. Um beide Enden dekorative Kordeln binden.

Nähanleitung Geschlossene Kissenrolle

1 Nach der Anleitung gegenüber ein Innenkissen fertigen oder ein gekauftes Innenkissen verwenden. Ein Stoffrechteck zuschneiden: Die Breite ergibt sich aus dem Umfang der Kissenrolle plus 2,5 cm Nahtzugabe, die Länge entspricht der Länge der Rolle plus 2,5 cm Nahtzugabe. Zwei Stoffkreise für die runden Enden im Durchmesser der Rolle plus 2,5 cm Nahtzugabe zuschneiden.

2 Die Kanten der Stoffkreise rundherum mit Paspelband versehen.

3 Das Stoffrechteck der Länge nach rechts auf rechts falten. Die Längskante 1,3 cm breit steppen, dabei in der Mitte eine Wendeöffnung lassen, die so groß sein sollte, dass man durch sie das Innenkissen in den Bezug schieben kann. Die Nahtzugaben auseinanderbügeln. Alternativ kann auch ein Reißverschluss eingesetzt werden (siehe Seite 258).

4 Die kurzen Kanten knapp 1,3 cm breit steppen. Die Nahtzugabe rundherum im Abstand von je 1 cm einknipsen, dabei darauf achten, nicht in die Naht zu schneiden.

5 Einen Stoffkreis auf der ersten runden Öffnung rechts auf rechts und Kante auf Kante feststecken. Die eingeknipsten Kanten werden dadurch etwas nach außen gedrückt. Die Kanten 1,3 cm breit steppen, dabei darauf achten, dass die offenen Kanten genau aufeinanderliegen. Die Naht verläuft dabei knapp innerhalb der bereits genähten Naht an der kurzen Kante des Zylinders. Nach diesem Prinzip den zweiten Stoffkreis ebenfalls annähen. Den Bezug wenden, das Innenkissen in den Bezug geben und die Wendeöffnung oder den Reißverschluss schließen.

Abgerundetes Sitzpolster

Bei abgerundeten Sitzpolstern sind drei Seiten quadratisch wie bei einem Kassettenkissen, die vierte ist allerdings abgerundet – Vorder- und Rückseite werden dafür aus einem Stück Stoff gearbeitet, das vorn umgeschlagen wird. Diese Polsterform ist perfekt als Sitzpolster für Sessel und Stühle mit Armlehnen oder als Rückenkissen fürs Sofa, wobei die abgerundete Kante nach oben zeigt. Besonders toll sieht dieses Polster aus, wenn es aus bunt gemustertem Stoff genäht wird, der am besten wirkt, wenn er am Stück genäht wird, sodass das Muster nicht zerschnitten oder gestückelt werden muss.

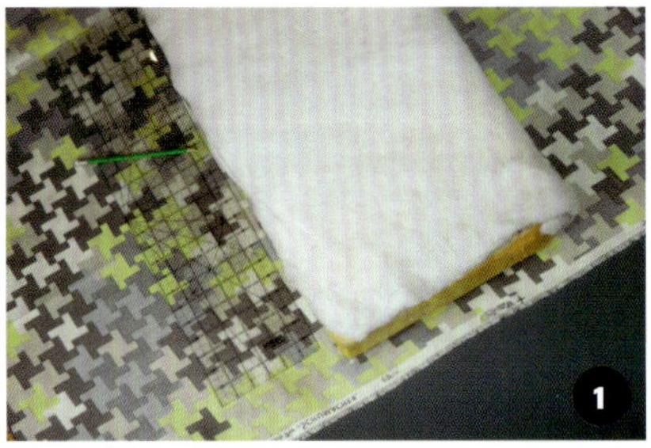

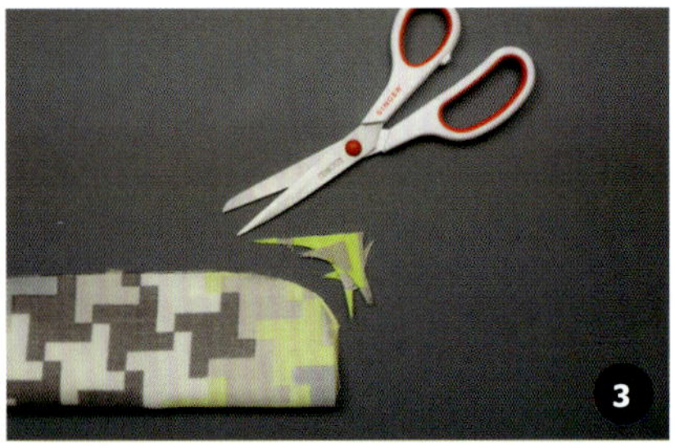

1 **Das zu überziehende Polster in Musselin** einschlagen und ein Schnittmusterteil für das lange umgeschlagene Stoffteil anzeichnen. Alternativ können Sie auch einfach den gewünschten Stoff um das Polster schlagen und die Schnittkanten anzeichnen. Außerdem rundherum eine Nahtzugabe von 1,3 cm anzeichnen. Wurde das Polster mit 2,5 cm dickem Volumenvlies verstärkt, ist keine Nahtzugabe notwendig: Das Volumenvlies wird so etwas zusammengedrückt und der Bezug sitzt schön straff.

2 **Das Stoffteil zuschneiden.** Die Stoffhälfte, die später oben liegen soll, markieren – bei einem Stoff mit geradem Musterverlauf oder bei Velourstoff darauf achten, dass das Muster bzw. die Strichrichtung des Stoffes oben passend platziert wird. Die Ecken abrunden.

3 **Je einen Kassettenstreifen für die Seiten zuschneiden.** Die Länge entspricht dabei etwa der Seitenlänge des Kissens plus 2,5 cm Nahtzugabe. Bei einem in Volumenvlies eingeschlagenen Polster entfällt auch hier die Nahtzugabe. Überschüssiger Stoff wird während des Nähens zurückgeschnitten. An je einer kurzen Kante die Ecken abrunden.

4 **Das große Stoffteil** rechts auf rechts zusammenfalten und die seitlichen Kassettenstreifen mit den abgerundeten Ecken zur späteren vorderen Polsterkante rechts auf rechts feststecken.

5 **Die Kassettenstreifen von der Mitte ausgehend** feststeppen. Die Naht je 5 cm vor den kurzen geraden Kanten der Kassettenstreifen verriegeln.

6A

6 Einen Endlosreißverschluss auf die Länge der hinteren offenen Kante plus 20,5 cm kürzen oder einen Polsterreißverschluss in dieser Länge kaufen. Für die Reißverschlussleiste einen Stoffstreifen in der Länge des Reißverschlussbandes zuschneiden. Die Breite ergibt sich aus der Breite der seitlichen Kassettenstreifen plus 5 cm Nahtzugabe.

Die Reißverschlussleiste fertigen (Seite 258). Die Reißverschlussleiste rechts auf rechts auf einer offenen hinteren Kante des großen Stoffteils feststecken und steppen. Die Naht etwa 5 cm vor den kurzen Kante der seitlichen Kassettenstreifen verriegeln.

6B

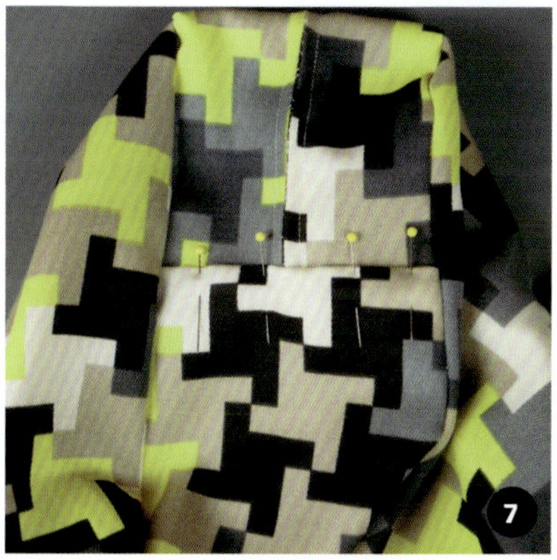
7

7 Eine kurze Kante des seitlichen Kassettenstreifens nach innen falten, sodass sie auf der rechten Stoffseite etwa 2,5 bis 3,3 cm breit über die kurze Kante der Reißverschlussleiste, an der der Schiebergriff bei geschlossenem Reißverschluss sitzt, reicht, und feststecken. Bei Bedarf überschüssige Stofflängen an der kurzen Kante des Kassettenstreifens zurückschneiden.

8

8 Die umgeschlagene Kante des Kassettenstreifens von rechts etwa 2 bis 2,5 cm breit auf die Reißverschlussleiste steppen, sodass eine kleine Tasche entsteht, in der der Schiebergriff bei geschlossenem Reißverschluss verschwindet. Die beiden anderen kurzen Kanten des Kassettenstreifens und der Reißverschlussleiste ebenfalls zusammensteppen.

9

9 Den Reißverschluss zur Hälfte öffnen, die andere offene lange Kante der Reißverschlussleiste rechts auf rechts auf der offenen Kante des großen Stoffteils feststecken und steppen. Den Polsterbezug durch die Reißverschlussöffnung wenden.

Kissen, die nicht nur zur Dekoration dienen, sondern auch wirklich verwendet werden, brauchen Verschlüsse, die es möglich machen, den Bezug einfach an- und abzuziehen, um die Füllung oder das Innenkissen problemlos entfernen und den Bezug waschen zu können. Mögliche Verschlussvarianten sind normale und unsichtbare Reißverschlüsse oder ein Hotelverschluss.

Die Kissenart bestimmt die Art und die Platzierung des Verschlusses. Unsichtbare Reißverschlüsse können an den Kanten von einfachen oder falschen Kassettenkissen gearbeitet werden. Bei einfachen Kissen mit Paspeln oder Rüschen ist es allerdings nicht so einfach, einen Reißverschluss nahtverdeckt einzusetzen. In diesen Fällen ist es am besten, einen normalen Reißverschluss oder einen Hotelverschluss mittig auf der Rückseite des Kissens zu arbeiten. Bei Kassettenkissen kann der Reißverschluss entlang des Kassettenstreifens angebracht. Kissen mit Volants können mit Reißverschluss, Hotelverschluss, Klettverschluss oder verdeckten Knöpfen auf der Rückseite oder mit einer dekorativen Knopfleiste auf der Vorderseite gearbeitet werden.

Die Verschlüsse können auch als dekorative Akzente gearbeitet werden. Accessoires aus der Welt der Mode, etwa ausgefallene Knöpfe, Knebelknöpfe, Schnallen und Bänder, können simplen Wohnaccessoires das gewisse Extra verleihen.

Reißverschluss

Herkömmliche nichtteilbare Polyesterreißverschlüsse können auf der Rückseite eines Kissens in eine Naht eingesetzt werden. Dafür eignet sich eine Rückennaht oder eine mittig sitzende Naht. Hier ist der Reißverschluss so gut wie unsichtbar, da er durch die Nahtzugaben versteckt werden kann. Unsichtbare Reißverschlüsse werden normalerweise in die Naht zwischen Kissenvorder- und -rückseite gearbeitet – so sind sie wirklich kaum zu sehen –, aber auch an anderen Nähten sind sie so gut wie unsichtbar. Der Reißverschluss sollte so lange sein, dass das jeweilige Innenkissen problemlos in den Bezug gegeben werden kann, ohne dass der Reißverschluss zu stark gedehnt wird. Grundsätzlich sollte der Reißverschluss mindestens drei Viertel mal so lang sein, wie das Kissen breit ist. Reißverschlüsse können, wenn notwendig, mithilfe der Anleitung auf Seite 189 gekürzt werden. Für eine Nahtzugabe von je 1,3 cm links und rechts der Reißverschlusszähne die Rückseite des Kissens 2,5 cm länger zuschneiden als die Vorderseite. Soll der Reißverschluss mittig sitzen, die Rückseite rechts auf rechts und Kante auf Kante falten, soll er näher an einer Kante platziert werden, eine Kante 4,5 cm breit umfalten und umbügeln.

EINEN REISSVERSCHLUSS MITTIG AUF DER KISSENRÜCKSEITE EINSETZEN

1

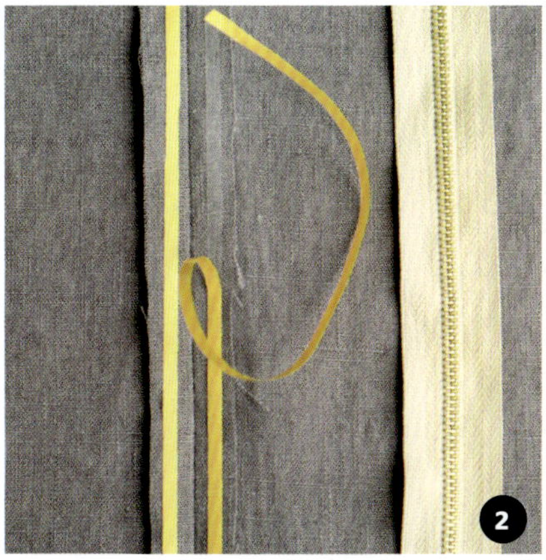
2

3

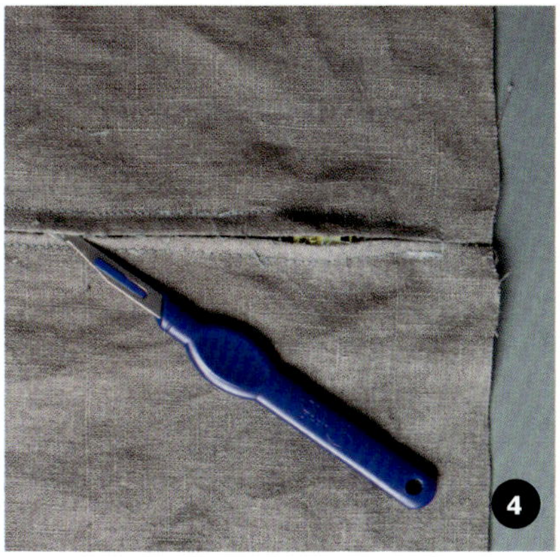
4

1 **Anfang und Ende der Reißverschlusszähne** am Stoffbruch markieren. Von der Kissenkante bis zur ersten Markierung 1,3 cm breit steppen, die Naht verriegeln, bis zur zweiten Markierung eine Heftnaht nähen und von der Markierung zur anderen Kissenkante wieder normal steppen, dabei ebenfalls Nahtanfang und -ende verriegeln. Die Kante entlang des Stoffbruchs aufschneiden, die Nahtzugaben auseinanderbügeln.

2 **Den geschlossenen Reißverschluss** mit der rechten Seite nach unten auf die Heftnaht legen, Reißverschlussanfang und -ende liegen dabei genau auf den Markierungen. Den Reißverschluss mit Textilkleber oder Klebeband fixieren oder auf den Nahtzugaben feststecken. Die offenen Kanten der Nahtzugaben mit einem Überwendlichstich versäubern, dabei an beiden Seiten das Reißverschlussband mitfestnähen.

3 **Die Kissenrückseite mit der rechten Seite nach oben auflegen.** Anfang und Ende der Reißverschlusszähne mit Stecknadeln markieren. Ein transparentes Klebeband über die Heftnaht kleben. Mit einem Reißverschlussfuß entlang des Klebebandes einmal rund um die Reißverschlusszähne steppen. Das Klebeband entfernen, die Fadenenden zur linken Seite ziehen und verknoten. Die Heftnaht entfernen.

4 **Das Kissen nach Anleitung fertigstellen.** Anstatt eine Wendeöffnung zu arbeiten, den Reißverschluss öffnen, bevor die Kissenteile zusammengenäht werden, und das Kissen durch die Reißverschlussöffnung wenden.

EINE REISSVERSCHLUSSLEISTE FÜR EIN KASSETTENKISSEN FERTIGEN

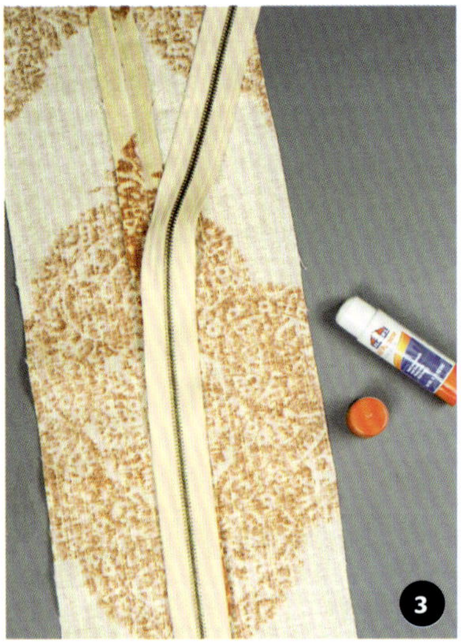

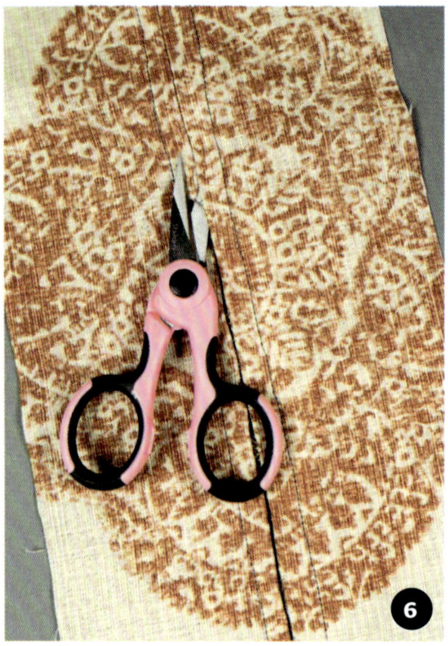

1 **Für ein quadratisches Kissen** einen Endlosreißverschluss zuschneiden, der etwa 5 cm kürzer ist als eine Kissenseite, für ein rundes Kissen einen Reißverschluss in der Länge eines Drittels des Kissenumfangs zuschneiden. Alternativ einen Reißverschluss in der entsprechenden Größe kaufen. Für die Reißverschlussleiste einen Stoffstreifen in der Länge des Reißverschlusses zuschneiden, die Breite entspricht der gewünschten Kissenhöhe plus 5 cm. Einen Kassettenstreifen zuschneiden – die Breite entspricht der gewünschten Kissenhöhe plus 2,5 cm, die Länge dem Kissenumfang plus 15 cm.

2 **Den Stoffstreifen für die Reißverschlussleiste** der Länge nach rechts auf rechts falten und die Stoffbruchkante 1,3 cm breit heften. Den Streifen entlang des Stoffbruchs auseinanderschneiden und die so entstandenen Nahtzugaben auseinanderbügeln.

3 **Den geschlossenen Reißverschluss** mit der rechten Seite nach unten auf die Heftnaht legen und mit Textilkleber oder Klebeband fixieren oder auf den Nahtzugaben feststecken.

4 **Die offenen Kanten der Nahtzugaben** mit einem Überwendlichstich versäubern, dabei das Reißverschlussband links und rechts mit festnähen.

5 **Den Stoffstreifen mit der rechten Seite nach oben** auflegen. Ein 1,3 cm breites transparentes Klebeband über die Heftnaht kleben. Mit einem Reißverschlussfuß links und rechts entlang des Klebebandes steppen. Das Klebeband entfernen.

6 **Die Heftnaht entfernen.**

7 **Eine kurze Kante des Kassettenstreifens rechts auf rechts** auf die kurze Kante der Reißverschlussleiste mit dem Reißverschlussanfang steppen. Den Kassettenstreifen an der Stelle, an der der Schiebergriff bei geschlossenem Reißverschluss sitzt, zurückfalten, sodass eine kleine Tasche entsteht, und von rechts feststeppen. Wenn nötig kann der Kassettenstreifen jetzt noch gekürzt werden. Die beiden anderen kurzen Kanten des Kassettenstreifens und der Reißverschlussleiste nach dem gleichen Prinzip schließen.

EINEN ENDLOSREISSVERSCHLUSS VERARBEITEN

Ein Endlosreißverschluss ist günstig und besonders praktisch, denn so hat man immer einen Reißverschluss in der richtigen Länge zur Hand.

1 **Aus Oberstoff ein Stoffquadrat für** das Reißverschlussende zuschneiden und wenn nötig versäubern. Einen Reißverschluss in der gewünschten Länge zuschneiden.

2 **Die Schnittkanten des Reißverschlusses** mithilfe von Streichhölzern oder eines Feuerzeugs versiegeln.

3 **Die Reißverschlusszähne in den Schieber** schieben.

4 **Das Reißverschlussende** auf dem Stoffquadrat feststecken.

5 **Die Reißverschlussbänder auf das Stoffquadrat** steppen und mit einem Zickzackstich mehrmals über die Reißverschlusszähne nähen – das sorgt dafür, dass der Schieber nicht über die Reißverschlussspirale hinausgeschoben werden kann.

Nähanleitung Unsichtbarer Reißverschluss mittig auf der Kissenrückseite

1 **Einen Reißverschluss auf die benötigte Länge kürzen** (Seite 189), er sollte von Anfang bis Ende der Reißverschlussspirale mindestens 2,5 cm kürzer sein als die fertige Breite der Kissenrückseite. Den Reißverschluss öffnen und die Reißverschlussbänder von links vorsichtig bügeln.

Die Breite eines der gebügelten Reißverschlussbänder abmessen. Die Kissenrückseite in der Breite der Vorderseite plus zweimal die gemessene Reißverschlussbandbreite als Nahtzugabe für die Reißverschlussöffnung zuschneiden. Die Rückseite entlang der gewünschten Reißverschlussöffnung auseinanderschneiden.

2 **Den geöffneten Reißverschluss rechts auf rechts** und Kante auf Kante auf einer der beiden Rückseiten feststecken oder mit Textilkleber fixieren. Nahtzugabe und Reißverschlussband an der Kante gemeinsam versäubern.

3 **Den nahtverdeckten Reißverschlussfuß einsetzen** und die Reißverschlusszähne unterhalb der Einsparung positionieren. Den Reißverschluss so positionieren, dass die Nadel knapp neben den Reißverschlusszähnen einsticht. Bei schwereren Stoffen sollte die Nadel etwas weiter entfernt positioniert werden. Den Reißverschluss vom Anfangsteil her feststeppen, bis der Reißverschlussfuß am anderen Ende den Schiebergriff berührt.

4 **Das andere Reißverschlussband wie in Schritt 2 und 3** am anderen Stoffteil für die Rückseite feststeppen.

5 **Den Reißverschluss schließen und** die übrigen Nähte steppen, verwenden Sie dafür einen normalen Reißverschlussfuß, um so nah wie möglich an die Reißverschlussnaht zu steppen (siehe Seite 196).

6 **Das Kissen nach Anleitung** fertigstellen. Anstatt eine Wendeöffnung zu lassen, den Reißverschluss öffnen und die fertige Kissenhülle durch die Reißverschlussöffnung wenden.

Überlappende Verschlüsse

Ein überlappenden Verschluss besteht ganz einfach aus zwei versäumten überlappenden Kanten – ähnlich wie bei einem Hemd. Es gibt eine Vielzahl an verschiedenen Möglichkeiten, um diese Öffnung zu schließen: etwa mit einem Klettverschluss, einem Druckknopfband oder Knöpfen. Wenn die Kanten etwas mehr überlappen, ist ein herkömmlicher Verschluss nicht notwendig – diese Art des Kissenverschlusses nennt man Hotelverschluss. Überlappende Verschlüsse, die rein funktional sind, werden mittig oder versetzt auf der Kissenrückseite platziert. Dekorative überlappende Verschlüsse mit stylishen Knöpfen oder Knebelknöpfen können hingegen auch auf der Vorderseite gearbeitet werden.

Nähanleitung Hotelverschluss

1. **Für die Kissenrückseite zwei Stoffteile** in der Länge des fertigen Kissens plus 2,5 cm und der halben Breite des fertigen Kissens plus 9 cm zuschneiden. An jeder der später überlappenden Kanten einen 2,5 cm breiten Doppelsaum falten und entlang der inneren Faltkanten steppen.
2. **Die versäumten Kanten mit der rechten Seite nach oben** überlappend aufeinanderlegen, sodass die inneren Faltkanten auf einer Linie liegen, und entlang der Saumkanten heften. Das Kissen nach Anleitung fertigstellen. Anstatt eine Wendeöffnung zu lassen, die Heftnaht entfernen und die fertige Kissenhülle durch die Öffnung wenden.

Nähanleitung Kissenverschluss mit Knopfleiste

Schritt 1 der Nähanleitung für einen Hotelverschluss arbeiten. Dekorative Knopfleisten können auch auf der Kissenvorderseite gearbeitet werden. Hier können Sie außerdem entscheiden, ob Sie die Säume nach links oder rechts falten, damit ob sie innen oder außen liegen, wenn das Kissen fertig ist. Hier zeigen die Säume zueinander, das heißt, der untere Saum wurde nach rechts und der obere nach links gefaltet.

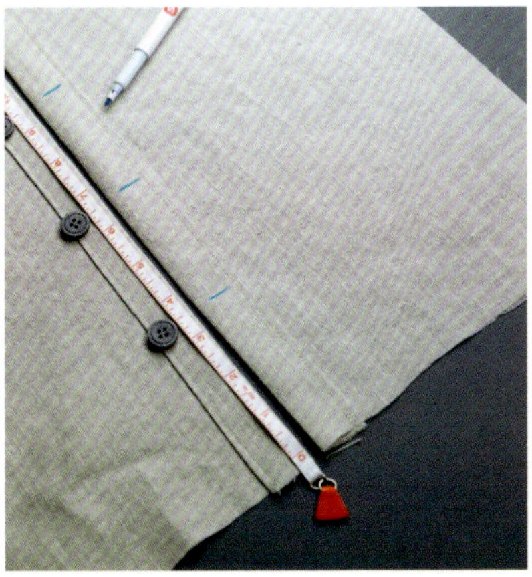

Die gewünschte Anzahl Knopflöcher mittig und parallel zur Kante auf der später obenliegenden Kante nähen. Knopf- und Knopflochleiste übereinanderlegen und die Platzierung der Knöpfe mithilfe der Knopflöcher markieren. Die Knöpfe annähen.

Die Knöpfe zuknöpfen und die Saumkanten zusammenheften. Das Kissen nach Anleitung fertigstellen. Anstatt eine Wendeöffnung zu lassen, die Knöpfe öffnen und die fertige Kissenhülle durch die Öffnung wenden.

NÄHANLEITUNG KISSENVERSCHLUSS MIT DRUCKKNOPFBAND

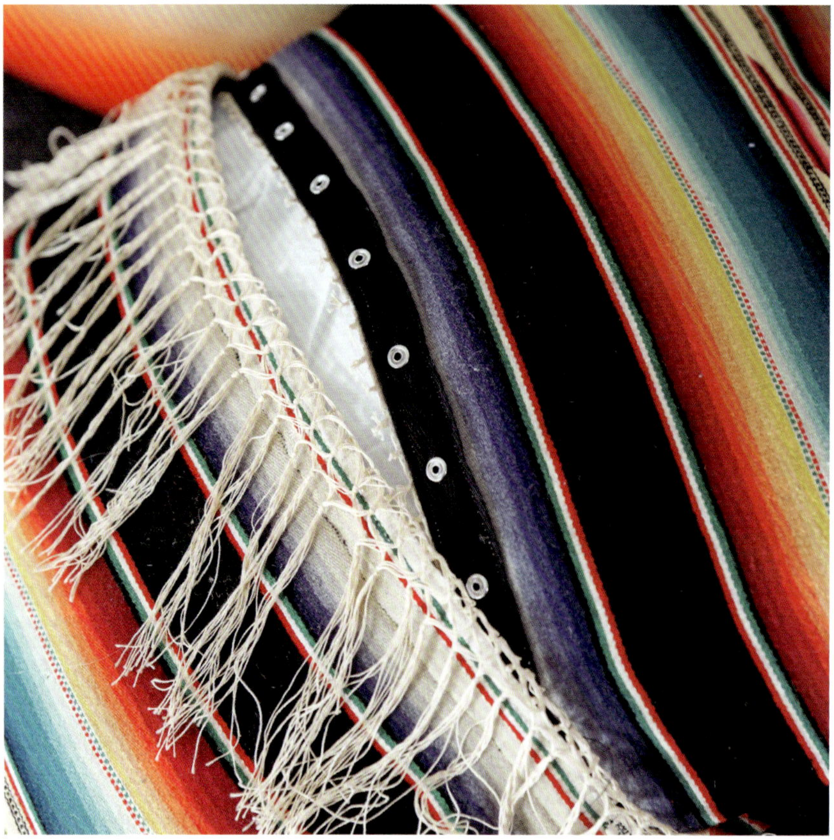

Die Kissenrückseite wie beim Hotelverschluss arbeiten und die Druckknopfbänder an beiden Kanten auf den umgeklappten Säumen feststeppen.

NÄHANLEITUNG KISSENVERSCHLUSS MIT KLETTVERSCHLUSS

1 **Die Kissenrückseite wie beim Hotelverschluss arbeiten (Schritt 1),** die Stoffteile für die Rückseite sollten allerdings nur 7,5 cm breiter sein als die halbe gewünschte Kissenbreite. An den später überlappenden Kanten einen 2,5 cm breiten doppelten Saum falten und bei einem Stoffteil entlang der inneren Faltkante steppen.

2 **Ein 2 cm breites Klettverschlussband zuschneiden,** die Länge des Klettverschlussbandes entspricht der Länge der versäumten Kanten minus 7,5 cm. Das Flauschband von rechts auf den gesteppten Saum legen und rundherum feststeppen.

3 **Den Saum an der anderen Kissenrückseite** wieder auseinanderfalten. Das Hakenband auf der rechten Stoffseite zwischen den beiden Faltkanten feststecken und rundherum steppen. Den Saum wieder umklappen und entlang der inneren Faltkante steppen.

4 **Den Klettverschluss schließen** und die Saumkanten zusammenheften. Das Kissen nach Anleitung fertigstellen. Anstatt eine Wendeöffnung zu lassen, den Klettverschluss öffnen und die fertige Kissenhülle durch die Klettverschlussöffnung wenden.

Die seitlichen Kanten von Kissen sind der perfekte Platz für dekorative Akzente. Dekorative Elemente wie Paspeln oder Kordeln betonen die Form des Kissens – und sorgen außerdem für einen klassischen Look. Rüschen sorgen hingegen für einen wunderbar romantischen Look. Und Fransen in all ihren unterschiedlichsten Formen und Ausführungen sehen frisch und modern aus.

Paspeln und Keder

Paspeln und Keder bezeichnen eine Art von Nahtabschluss, bei dem eine Kordel oder eine dicke Schnur mit Stoff überzogen und dann entlang der späteren Naht festgesteppt wird. Den Begriff Keder verwendet man hauptsächlich bei Polstermöbeln, der Begriff Paspeln wird bei Nähprojekten und kleineren Wohnaccessoireprojekten verwendet. Kordeln, die man für Paspeln mit Stoff überzieht, gibt es in vielen verschiedenen Stärken (beginnend mit 1,5 mm, in 1 mm Schritten). Für die meisten Wohnaccessoireprojekte, etwa für Stuhlbezüge oder Tischsets, eignet sich eine Kordel mittlerer Stärke mit etwa 3 bis 5 mm Durchmesser. Kordeln werden aus unterschiedlichsten natürlichen oder künstlichen Fasern gefertigt. Wählen Sie eine Kordelstärke, die zur Größe und Form des Kissens sowie zum verwendeten Stoff passt. Wählen Sie außerdem ein Material, das am besten für den späteren Einsatzbereich des Kissens oder Polsters geeignet ist – etwa eine Schaumstoffkordel für Kissen für den Außenbereich. Dünnere Kordeln sind für kleine Kissen aus leichten Stoffen geeignet. Stärkere Kordeln sind auffälliger und fallen sofort ins Auge. Damit sich Paspeln bzw. Keder der Form des Kissens schön anpassen, werden die Stoffstreifen, die verwendet werden, um das Paspel- oder Kederband zu fertigen, im Schrägschnitt zugeschnitten. Achten Sie dabei aber auch auf das Stoffmuster: Bei gestreiften Stoffen, die im Schrägschnitt zugeschnitten werden, sieht die Paspel ähnlich wie eine Zuckerstange aus – das kann man mögen oder nicht! Falls Ihnen dieser Look nicht gefällt, können Sie den Streifen auch so zuschneiden, dass das Muster an Papseln und Kissen übereinstimmt – dann sollte das Paspelband allerdings in Rundungen eingeknipst oder eingehalten werden.

Kordelpaspeln sind eine besonders schmückende Alternative zu normalen Paspeln – auch diese Art von Paspeln gibt es in unterschiedlichsten Stärken, Farben und Stilen. Dafür wird eine Kordel auf ein Band aufgebracht, das dann in die jeweilige Naht eingenäht wird. Von rechts sind Band und Naht dann nicht mehr sichtbar, die Kordel sitzt direkt auf der Naht. Für eine saubere Verarbeitung und problemloses Nähen wird die Kordelpaspel zuerst rechts auf rechts auf die Kissenrückseite gesteppt. Die Enden der Kordelpaspel werden verdreht, so verschwinden sie unauffällig am Ende der Naht.

Dekorative Abschlüsse wie Kordelpaspeln neigen dazu, auszufransen. In Stoffgeschäften wird daher ein Streifen Klebeband auf Kordel und Band geklebt, wodurch die Paspel einfacher geschnitten werden kann. Nehmen Sie sich ein Beispiel an den Profis: Einfach Klebeband aufbringen und das Paspelband auf die gewünschte Länge zuschneiden. Außerdem hilft es, auf die späteren Schnittlinien flüssigen Fransenstopp aufzutragen und diesen komplett trocknen zu lassen, bevor das Paspelband auf die richtige Länge zugeschnitten wird.

NÄHANLEITUNG PASPELBAND

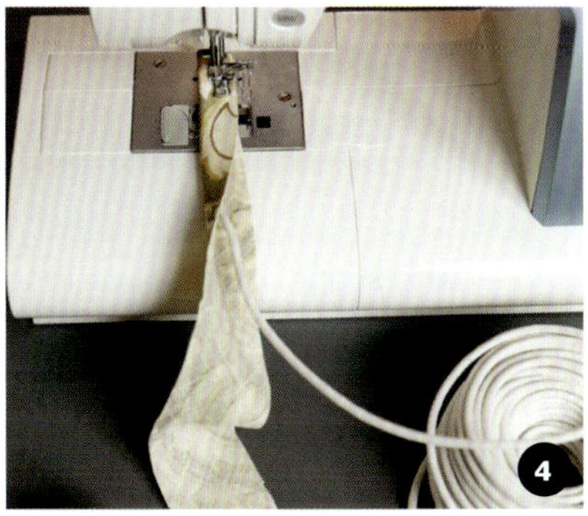

1 **Den Stoff um die Kordel** schlagen, um die benötigte Breite des Stoffstreifens zu bestimmen.

2 **Den Stoff diagonal falten,** die Schnittkante liegt direkt auf der Webkante. Stoffstreifen im Schrägschnitt parallel zum Stoffbruch zuschneiden, die Breite der Streifen entspricht dem Kordelumfang plus 2,5 cm. Bei schwereren Stoffen darf die Nahtzugabe ruhig breiter sein.

3 **Wenn nötig mehrere Stoffstreifen zusammensetzen,** bis der Stoffstreifen einige Zentimeter länger ist als die Kante, die mit einer Paspel versehen werden soll. Gemessen wird die Länge entlang der Nahtlinien und nicht entlang der Schnittkanten der Schnittteile.

4 **Den Stoffstreifen mit der linken Seite nach oben auflegen,** die Kordel mittig darauf legen und den Streifen um die Kordel falten. Mit einem Paspel- oder einem Reißverschlussfuß etwa 4 cm von einer kurzen Kante entfernt beginnen zu steppen. Die Naht wird dabei mit etwas Abstand zur Kordel positioniert, denn zwischen dieser Naht und der Kordel werden noch weitere Nähte gearbeitet. 4 cm vor der anderen kurzen Kante die Naht verriegeln.

5 **Das Paspelband von rechts Kante auf Kante** auf das Kissenteil nähen, dabei 5 cm von der kurzen Kante des Paspelbands beginnend innerhalb der Paspelnaht steppen. Das Paspelband an Ecken einknipsen und wenn nötig an Rundungen einhalten.

6 **5 cm vor dem Ende des Paspelbands die Naht verriegeln.** Dieses Ende des Paspelbands zurückschneiden, sodass es etwa 2,5 cm breit über das andere Ende reichen. Die Paspelnaht an einer Seite auftrennen und die Kordel zurückschneiden, sodass die Kordelenden nicht doppelt liegt.

7 **An der überlappenden Kante** den Stoff 1,3 cm breit nach innen umschlagen und diese Kante auf die andere offene kurze Kante des Paspelbandes steppen. Das Paspelband an der Stelle, an der die kurzen Kanten übereinanderliegen, ebenfalls auf dem Stoff feststeppen.

8 **Das Kissen nach Anleitung** fertigstellen. Kanten mit Paspeln mit einen Paspel- oder Reißverschlussfuß steppen.

EINE MIT STOFF ÜBERZOGENE KORDEL FERTIGEN

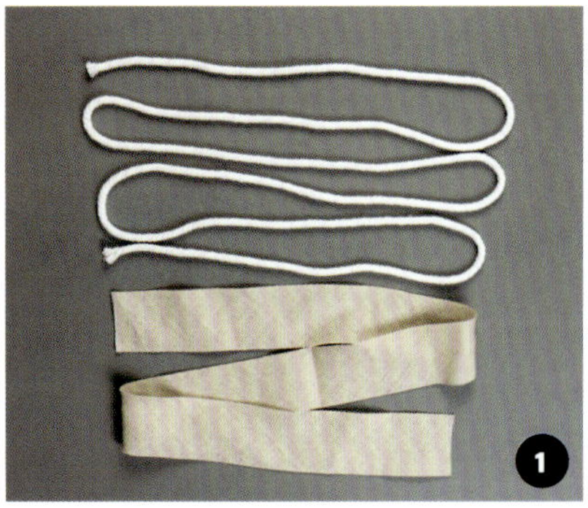

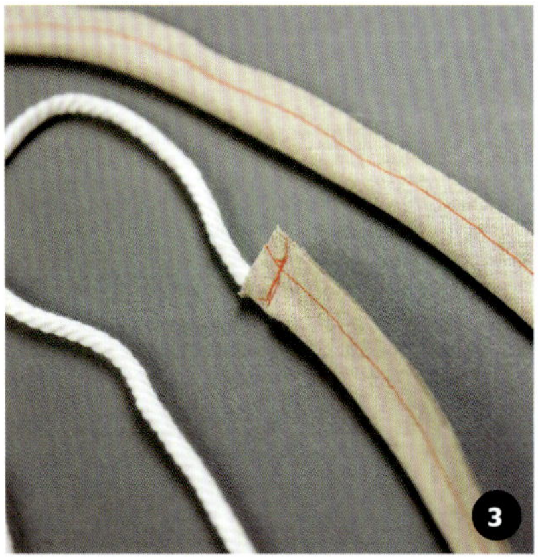

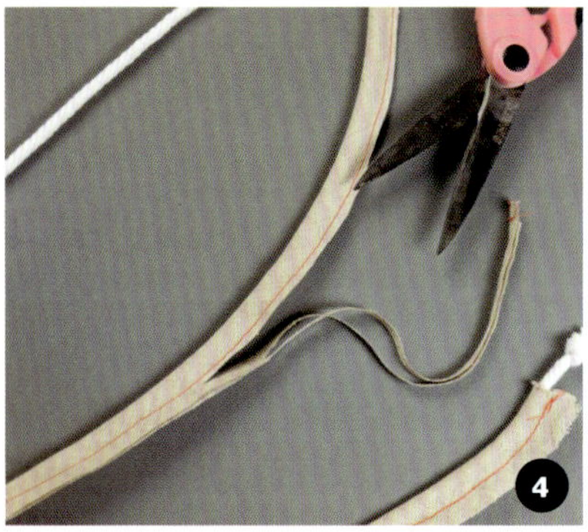

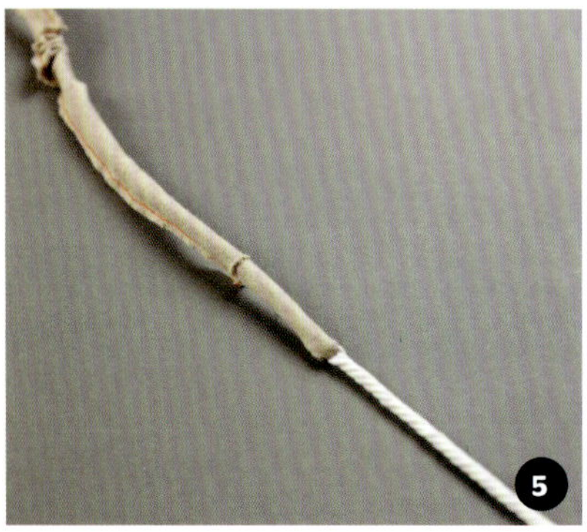

1 **Einen Stoffstreifen in der benötigten Länge** plus 2,5 cm Nahtzugabe im Schrägschnitt zuschneiden. Ein Stück flexible Kordel zuschneiden, das zweimal so lang ist wie die fertige mit Stoff überzogene Kordel.

2 **Den Reißverschlussfuß** links der Nadel einsetzen, die Kordel mittig auf den Stoff legen, den Stoff rechts auf rechts umschlagen und entlang der Kordel mit Geradstich steppen. Bei einer dickeren Kordel den Reißverschlussfuß rechts der Nadel einsetzen.

3 **An einer Seite des Stoffes die Kordel** bis zur Stoffkante durchziehen und mit einigen Stichen festnähen.

4 **Die Nahtzugabe so knapp wie möglich** zurückschneiden, ohne in die Naht zu schneiden.

5 **Vorsichtig am anderen Ende der Kordel** ziehen und dabei den Stoff festhalten, um ihn auf rechts zu wenden.

6 **Die Kordel an der anderen Kante** auf die richtige Länge zurückschneiden.

7 **Die Enden der Kordel** nach Wunsch verknoten.

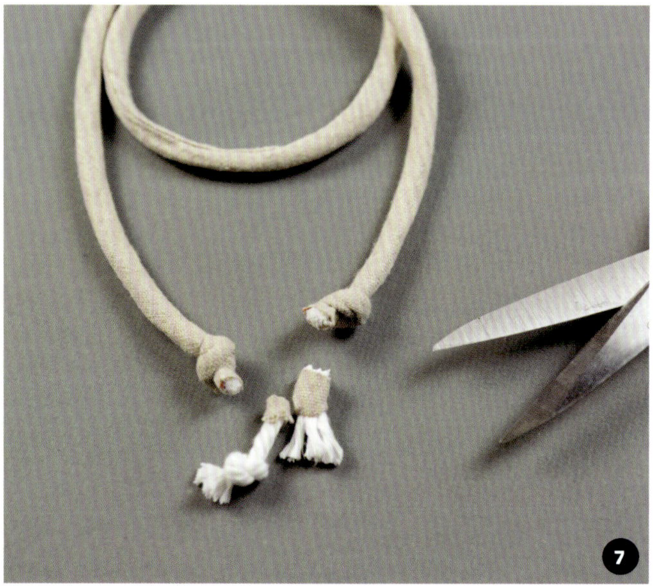

EINE KORDELPASPEL ANNÄHEN

1 **Das Kordelpaspelband rechts auf rechts auf die Kissenrückseite** legen und feststecken, die Enden der Kordel sollten dabei an einer geraden Kante und nicht an einer Ecke liegen. Die Ecken mit Stecknadeln markieren. Das Band 6 mm links und rechts der Ecken mit einigen Stichen festnähen. An jeder Ecke ein dreieckiges Stoffstück (etwa 1,3 cm breit) aus dem Paspelband schneiden – so lässt es sich an den Ecken einfacher festnähen.

2 **Das Kordelpaspelband von rechts auf die Kissenrückseite steppen –** verwenden Sie dafür am besten einen Reißverschlussfuß und achten Sie darauf, dass Stoff und Paspelband Kante auf Kante liegen. An den Ecken nur auf der Nahtzugabe steppen. Am Ende eine Öffnung von etwa 3,8 cm lassen und das Paspelband an beiden Seiten 7,5 cm lang abschneiden.

3 **An den offenen Kanten des Bandes** die Kordel vorsichtig vom Band lösen. Die Bandenden zurückschneiden, sodass sie etwa 2,5 cm breit überlappen.

4 **Die Kordelenden auseinanderdrehen** und das Ende jedes Kordelfadens mit Klebeband umwickeln. Die Kordelfäden so platzieren, dass die, die rechts liegen, nach oben und die, die links liegen, nach unten zeigen.

5 **Die rechts liegenden Kordelfäden** unter dem überlappenden Paspelband hindurchschieben, dabei die Kordelfäden miteinander verdrehen und schließlich zusammen mit den anderen Kordelenden mit Klebeband fixieren.

6 **Den Reißverschlussfuß links der Nadel einsetzen.** Die Kissenrückseite rechts der Nadel positionieren, so können Sie direkt in Richtung der verdrehten Kordel steppen. Über alle Kordelenden steppen, dabei darauf achten, durch alle Stofflagen zu nähen. Wenn diese Einstellungen bei Ihrer Nähmaschine nicht möglich ist, den Drückerfuß anheben und von Hand über die Kordelenden steppen. Dabei den Nähfußhebel senken, damit die Fadenspannung aufrecht bleibt.

7 **Das Kissen nach Anleitung fertigstellen.** Kanten mit Kordelpaspeln am besten mit einen Paspel- oder Reißverschlussfuß steppen. Alle weiteren Nähte werden dabei innerhalb der bereits gesteppten Paspelnaht gearbeitet.

Rüschen

Rüschen werden am besten aus dem gleichen Stoff gefertigt, aus dem auch das Kissen genäht wird. Runden Sie die Ecken von quadratischen Kissen vor dem Annähen von Rüschen ab – das sorgt dafür, dass das fertige Kissen seine quadratische Form behält und die Rüschen auch an den Ecken flach liegen.

NÄHANLEITUNG RÜSCHEN

1

2

3

4

1 Für die Rüschen Stoffstreifen längs oder quer zum Fadenlauf zuschneiden. Die Breite ergibt sich aus zweimal der gewünschten Breite der Rüschen plus 2,5 cm. Mehrere Stoffstreifen mit diagonalen Nähten zusammennähen, bis Sie einen Stoffstreifen haben, der etwa zwei- bis dreimal so lang ist wie der Kissenumfang.

2 Die kurzen Kanten des Rüschenstreifens diagonal zusammennähen, sodass ein Stoffkreis entsteht. Den Streifen der Länge nach rechts auf rechts falten. Den Stoffbruch wenn gewünscht bügeln, das sorgt dafür, dass die Rüschen besser stehen.

Die offenen Kanten des Stoffstreifens mit einem Zickzackstich 1,3 cm breit zusammen versäubern, dabei über einen Baumwollfaden oder Zahnseide steppen, dadurch kann der Streifen später ganz einfach gerüscht werden.

3 Den Rüschenstreifen vierteln und an jeder Faltstelle einen etwa 1 cm langen Einschnitt in die Nahtzugabe machen. Den Rüschenstreifen rechts auf rechts und Kante auf Kante auf die Kissenvorderseite legen, dabei bei einem quadratischen Kissen die Einschnitte direkt an den Ecken platzieren, bei einem rechteckigen Kissen die Einschnitte mittig auf den Seitenkanten platzieren und bei einem runden Kissen den Streifen einfach rundherum feststecken, sodass die Einschnitte mit gleichem Abstand zum Liegen kommen.

Jetzt an dem Baumwollfaden bzw. der Zahnseide ziehen, bis der Rüschenstreifen rundherum genau die Länge des Kissenumfangs hat. Die Rüschen gleichmäßig verteilen, dabei darf an den Ecken gern etwas mehr Stoff sein, sodass die Rüschen auch hier schön zur Geltung kommen. Den Rüschenstreifen feststecken und den Baumwollfaden bzw. die Zahnseide an beiden Enden einige Male um Stecknadeln wicklen, um ihn zu sichern.

4 Den Rüschenstreifen auf der Kissenvorderseite im Nahtschatten der Kräuselnaht feststeppen.

5 Das Kissen nach Anleitung fertigstellen. Dabei bei Kanten mit Rüschen knapp innerhalb der Kräuselnaht steppen.

Fransen

Fransen wurden früher aus Seide gefertigt, heute bestehen sie meist aus synthetischen Materialien. Sie machen selbst aus einfachen Kissen luxuriöse Accessoires: Sie sind sozusagen das Tüpfelchen auf dem i – ein feiner, strukturgebender und leicht dekadenter Akzent, der einfach jedes Kissen im Handumdrehen aufwertet. Es gibt verschiedene Arten von Fransen – von einfachen Pinselfransen bis zu opulenten Quastenfransen, Fransen mit Federn oder Perlen oder aus Schlaufen oder Kordel. Wenn Sie der Meinung sind, ihr Zuhause könnte einen Hauch Luxus vertragen, dann sind Fransen genau das Richtige für Sie!

EIN FRANSENBAND ANNÄHEN

Normales Fransenband: Die Nahtzugaben an den Kissenecken schräg zurückschneiden. Das Fransenband von rechts auf die Kissenvorderseite steppen, dabei liegt das Band auf der Kissennahtzugabe und die Fransen zeigen nach innen. Das Fransenband auf die benötigte Länge kürzen, dabei zwischen den Fransen schneiden und die Schnittkanten mit der Hand versäubern, um Ausfransen zu verhindern. Die kurzen Kanten des Fransenbandes Stoß auf Stoß feststecken und steppen. Das Kissen nach Anleitung fertigstellen.

Fransen mit dekorativem Band: Vor dem Füllen des Kissens das Fransenband von rechts auf der Kissenvorderseite legen, dabei liegt die äußere Kante des Fransenbandes direkt auf der Kissenkante. An den Ecken jeweils mittig eine Franse platzieren. Wenn das Fransenband dicker oder voluminös ist, fixieren Sie es mit zweiseitigem Stoffklebeband. Fransen mit schmalen flachen Abschlüssen mit Textilkleber oder aufbügelbaren Klebestreifen fixieren.

DAS BRAUCHEN SIE

- Dekostoff (siehe Tabelle gegenüber)
- Nähfaden
- Maskierband

Paradekissen mit Volants

Mit dieser Kissenhülle mit Volants werden aus gewöhnlichen Kissen echte Designerstücke. Die Größe der Kissenhülle lässt sich problemlos an alle Standardkissengrößen anpassen. Durch den überlappenden Hotelverschluss können Kissen unkompliziert bezogen werden. Verwenden Sie einen Dekostoff, der zu Ihrer Tagesdecke passt, oder nähen Sie luxuriöse Paradekissenhüllen aus zeitlosem Leinen.

Zuschnittanleitung

Ein Stoffteil für die Vorderseite und zwei Stoffteile für die Rückseite mit den in der Tabelle gegenüber angeführten Abmessungen zuschneiden.

Nähanleitung Paradekissen mit Volants

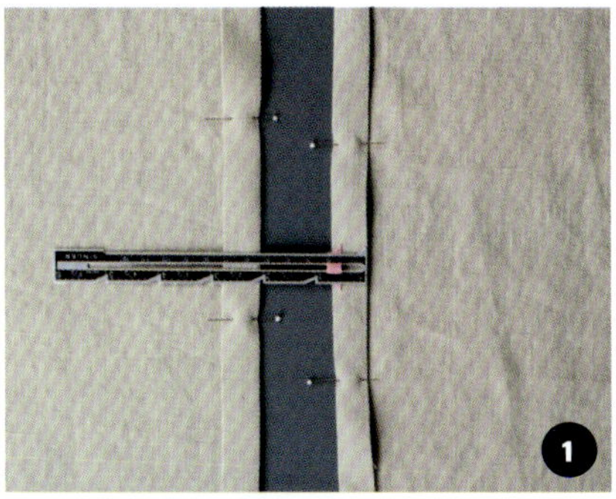

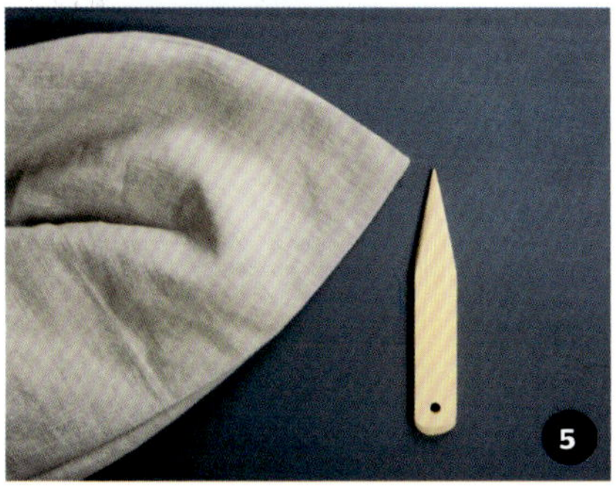

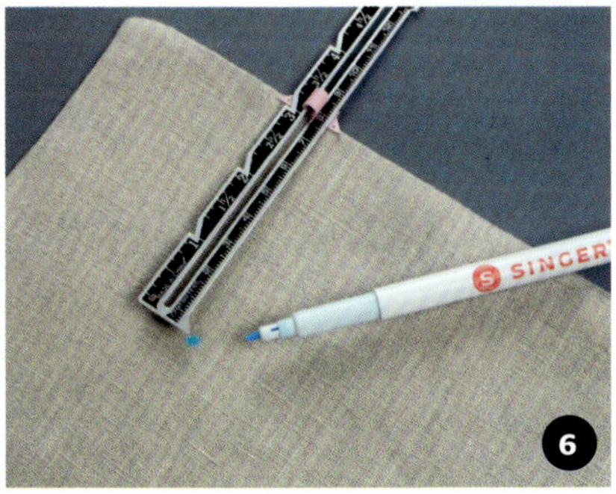

KISSENGRÖSSE	ZUSCHNITTGRÖSSE VORDERSEITE	ZUSCHNITTGRÖSSE RÜCKSEITEN
51 × 66 cm	68,5 × 84 cm	68,5 × 48,5 cm
51 × 76 cm	68,5 × 94 cm	68,5 × 53,5 cm
51 × 91,5 cm	68,5 × 109 cm	68,5 × 61 cm

1 **An je einer langen Kante der Kissenrückseiten** einen 1,3 cm breiten Doppelsaum umfalten und versäumen (das sind die Kanten, die später den Hotelverschluss bilden).

2 **Die Rückseiten rechts auf rechts** und Kante auf Kante auf die Kissenvorderseite legen, dabei die Rückseiten mittig 7,5 cm breit überlappen lassen.

Die Stoffteile entlang der Außenkanten zusammenstecken.

3 **Die Stoffteile rundherum 1,3 cm breit steppen,** dabei den Stoff an den Ecken drehen. Die Nahtzugaben an den Ecken schräg zurückschneiden, damit sie sich problemlos wenden lassen.

4 **Eine stabile Papprolle oder eine Saumrolle** durch die Öffnung in das Kissen geben, unter den gesteppten Nähten platzieren und die Nahtzugaben auseinanderbügeln.

5 **Die Kissenhülle** durch die Öffnung auf rechts wenden und die Ecken mit einem Eckenformer ausarbeiten.

6 **Die Kissenhülle bügeln** und nach Wunsch rundherum absteppen. Mit nach oben zeigender Vorderseite rundherum einen 7,5 cm breiten Streifen mit Stecknadeln markieren. An den Ecken kleine Punkte 7,5 cm innerhalb der Ecken anzeichnen – das sind die Stellen, an denen Sie den Stoff beim Nähen drehen müssen.

7 **Ein Stück Maskierband** 7,5 cm rechts der Nähnadel parallel zum Füßchen auf der Nähmaschine befestigen. Mithilfe dieser Markierung das Kissen rundherum 7,5 cm breit absteppen.

Süße-Träume-Kissen

Diese schlichten Kissenhüllen werden mit Schleifen versehen: vom einfachen Wohnaccessoire zu einem echten Designerstück! Geschlafen wird auf der glatten Seite, am Morgen das Kissen einfach umdrehen – wer braucht da noch zusätzliche Paradekissen? Durch den neutralen Leinenstoff sind diese Kissenhüllen modern und rustikal zugleich. Wenn Sie hingegen mit bunten Walkstoffen arbeiten, verleihen Sie Ihrem Schlafzimmer im Handumdrehen einen neuen Look. Die Maßangaben unten gelten für ein 66 × 55 cm großes Dekokissen. Für andere Kissengrößen die Maßangaben einfach entsprechend anpassen.

DAS BRAUCHEN SIE

Für ein 66 × 55 cm großes Kissen:

- zwei rechteckige Stoffteile à 68,5 × 53 cm (Vorder- und Rückseite)
- ein Stoffteil à 18 × 53 cm (Rückseite)
- sechs Stoffstreifen à 5 × 66 cm für die Schleifen (nach Wunsch auch kürzer)

Nähanleitung Süße-Träume-Kissen

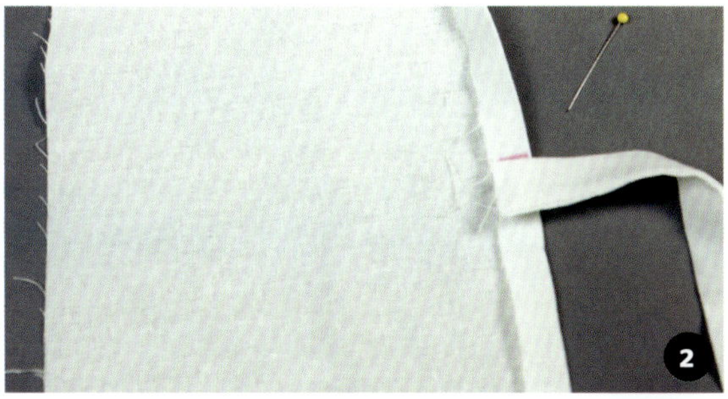
2

3

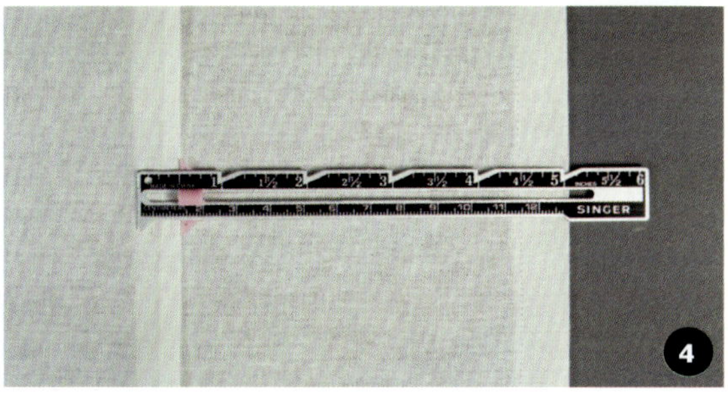

4

5

7

1 **Die Stoffstreifen der Breite nach rechts auf rechts falten** und die lange Kanten steppen. Die Nahtzugabe an den Ecken einknipsen, die Schleifenteile auf rechts wenden und bügeln.

2 **Eine lange Kante des kleineren Stoffteils für die Rückseite** 1,3 cm breit nach links umbügeln. Die Mitte sowie zwei Punkte links und rechts der Mitte im Abstand von 20,5 cm zur Mitte an der Faltkante markieren. Drei Schleifenteile mit den kurzen offenen Kanten in die umgebügelte Kante schieben, die Kante nochmals 1,3 cm breit umschlagen und feststecken.

3 **Die Schleifenteile einmal umklappen, sodass sie über den Saum** ragen und feststecken. Beide Saumkanten steppen, dabei die Schleifenteile festnähen.

4 **Am großen Stoffteil für die Kissenrückseite** einen 1,3 cm breiten Doppelsaum umfalten (das ist die Kissenseite, die später unter dem kleinen Stoffteil für die Rückseite liegt). Im Abstand von 13 cm zu diesem Saum von rechts eine 1,3 cm tiefe Falte falten. Die Falte zeigt dabei nach unten, die Öffnung zum Saum.

5 **Die Mitte der Falte sowie zwei Punkte** links und rechts der Mitte im Abstand von 20,5 cm zur Mitte an der oberen Faltkante markieren. Die übrigen drei Schleifenteile mit den offenen Kanten in die Falte schieben und feststecken.

6 **Entlang der oberen Kante der Falte** steppen, dabei die Schleifenteile festnähen. Das Stoffteil umdrehen und von links die andere Kante der Falte absteppen.

7 **Die Kissenvorderseite mit der rechten Seite nach oben auflegen.** Zuerst das kleiner Stoffteil rechts auf rechts auf dem Vorderteil feststecken. Dann die Kissenrückseite rechts auf rechts auf Vorderseite und kleinerem Rückteil feststecken.

8 **Das Kissen rundherum 1,3 cm breit steppen.** Die Nahtzugaben an den Ecken einknipsen und versäubern. Die Kissenhülle auf rechts wenden, die Nähte bügeln und ein Innenkissen in das Kissen geben.

TIPP

Nach der Methode auf Seite 266 lassen sich schmale Stoffstreifen ganz einfach wenden: Einen langen Baumwollfaden an einer Ecke der kurzen gefalteten Kante fixieren und im Inneren des gefalteten Stoffstreifens platzieren. Den Stoffstreifen entlang der langen Kanten steppen. Schließlich am Faden ziehen – und den Stoffstreifen durch die offene kurze Kante wenden.

Bettdeckenbezug

Dieser Bettdeckenbezug eignet sich für Bettdecken sowie Tagesdecken – und das Beste: Er lässt sich zum Waschen ganz einfach abnehmen. Auch die Anfertigung ist einfach, schwierig ist eigentlich nur, dass mit relativ großen Stoffteilen gearbeitet wird (für Vorder- sowie Rückteil werden Stoffteile links und rechts an eine Stoffbreite angesetzt). Stellen Sie Ihre Nähmaschine daher wenn nötig auf einen größeren Tisch. Als Stoff eignen sich leichte, fest gewebte, waschbare Stoffe, die sich angenehm anfühlen und allergieverträglich sind. Naturfasern beispielsweise sind atmungsaktiv und sorgen dafür, dass überschüssige Wärme und Feuchtigkeit verfliegen kann – die Grundvoraussetzung für erholsamen Schlaf!

Nähanleitung Bettdeckenbezug

1 **Länge und Breite der zu überziehenden Decke** abmessen. Mithilfe des Kastens unten die Schnittlänge und -breite der Stoffteile und die benötigte Stoffmenge errechnen. Falls Sie mit einem gemusterten Stoff arbeiten, bei dem das Muster an den Kanten angepasst werden muss, dementsprechend mehr Stoff einrechnen.

2 **Die Schnittlinien entlang der Webkante** markieren. Die Schnittteile zuschneiden. Wenn Sie Stoffteile nicht im Hinblick auf das Muster anpassen müssen, die Webkanten zurückschneiden. Eine Vorder- und eine Rückseite der Länge nach auseinanderschneiden. Eine Vorderseitenhälfte rechts auf rechts und lange Kante auf lange Kante auf die nicht auseinandergeschnittene Vorderseite legen, dabei das Muster wenn notwendig anpassen (siehe Seite 243), und 1,3 cm breit steppen. Die andere Vorderseitenhälfte entlang der anderen langen Kante feststeppen. Bei gemustertem Stoff die Nahtzugaben versäubern und auseinanderbügeln. Für besonders stabile Nähte die Nahtzugaben zusammen versäubern, nach innen bügeln und die Kante nochmals absteppen.

3 **Das Vorderteil auf die exakte Schnittbreite** zuschneiden, dabei sowohl links als auch rechts Stoff zurückschneiden.

4 **Schritt 2 und 3** für die Rückseite wiederholen. An der unteren Kante der Rückseite eine Schnittlinie mit 30,5 cm Abstand zur Kante anzeichnen und das Stoffteil entlang der Schnittlinie auseinanderschneiden.

5 **An der oberen Kante des kleineren Rückseitenteils** einen 3,8 cm breiten Doppelsaum umschlagen und steppen.

Ebenso an der unteren Kante des größeren Rückteils einen 3,8 cm breiten Saum umschlagen und steppen.

Fertige Länge des Bettbezugs		**218 cm**
plus 2,5 cm Nahtzugabe	+	2,5 cm
Schnittlänge Vorderseite*	=	**220,5 cm**
Fertige Länge des Bettbezugs		218 cm
plus 22 cm Nahtzugabe	+	22 cm
Schnittlänge Rückseite*	=	**240 cm**
Fertige Länge des Bettbezugs		218 cm
plus 2,5 cm Nahtzugabe	+	2,5 cm
Schnittbreite	=	**220,5**
Schnittbreite		220,5 cm
durch Stoffbreite teilen		137 cm
Auf die nächste ganze Zahl aufrunden		1,6

Benötigte Anzahl Stoffbreiten		**2**
Stoffbreite		2
mal Schnittlänge der Vorderseite		220,5 cm
Stoffmenge Vorderseite	=	**441 cm**
Stoffbreite		2
mal Schnittlänge der Rückseite		240 cm
Stoffmenge Rückseite	=	**480 cm**
Stoffmenge Vorderseite		441 cm
plus Stoffmenge Rückseite	+	480 cm
ergibt die benötigte Stofflänge	=	921 cm
In Meter umrechnen und aufrunden	=	9,25 m

* Bei gemustertem Stoff muss die Schnittlänge auf die nächste Zahl aufgerundet werden, die durch die Länge des Musterrapports teilbar ist. Nehmen wir an, der Musterrapport ist 18 cm lang, so ergeben sich daraus Schnittlängen für Vorder- und Rückseite von 231 und 249 cm anstatt 220,5 und 240 cm. Basierend darauf die benötigte Stoffmenge errechnen.

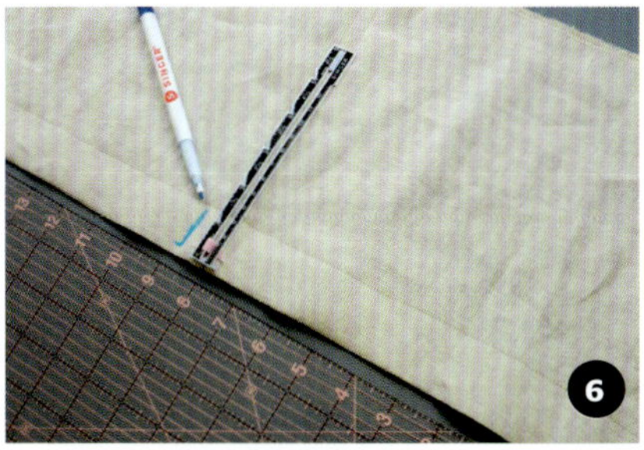

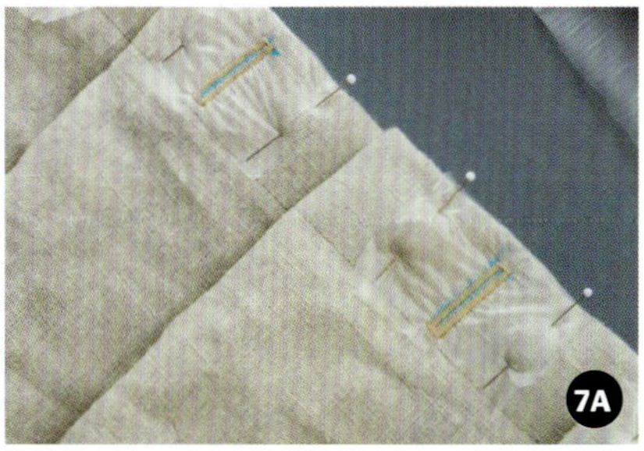

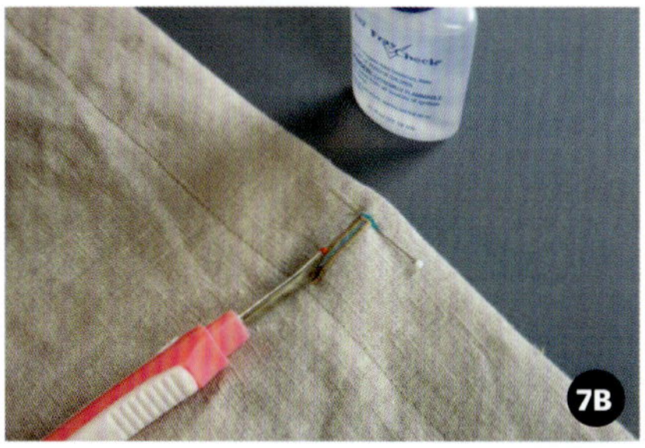

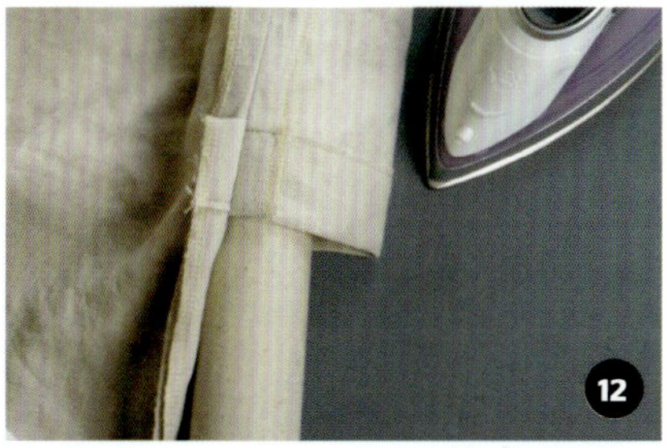

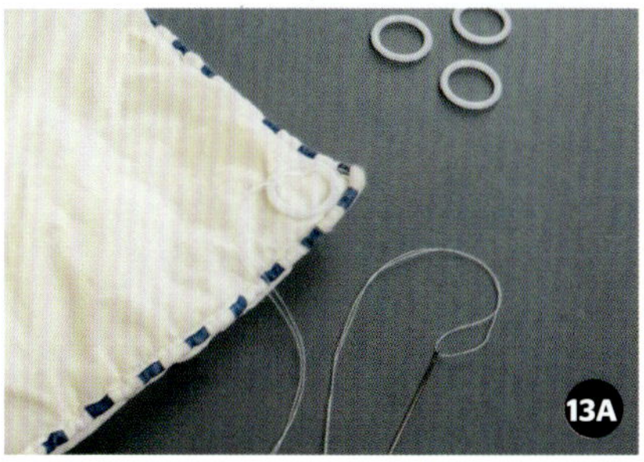

6 Entlang des Saums des kleineren Rückseitenteils mittig Länge und Position von Knopflöchern markieren, dabei sollten die äußersten Knopflöcher etwa 15 cm von den Seitenkanten entfernt sein, die übrigen folgen im Abstand von 25,5–30,5 cm.

7 Die Knopflöcher nähen und die Kanten mit flüssigem Fransenstopp verstärken. Die Knopflöcher aufschneiden.

8 Die Knopflochleiste und die versäumte Kante des anderen Rückteils 3,8 cm breit überlappen lassen und feststecken. Die Platzierung der Knöpfe auf dem Saum des größeren Stoffteils markieren und Knöpfe annähen.

9 Die Knöpfe zuknöpfen. Die Rückseite rechts auf rechts und Kante auf Kante auf die Vorderseite legen und feststecken. Ein 51 cm langes Stück Twillband der Breite nach falten. Das gefaltete Band auf der Vorderseite mit etwa 1,3 cm Abstand zur Ecke feststecken. Nach diesem Prinzip an allen Ecken Schlaufen feststecken.

10 Die Stoffteile rundherum 1,3 cm breit steppen, dabei den Stoff an den Ecken drehen und die Twillbänder mitfestnähen. Die Nahtzugaben an den Ecken diagonal zurückschneiden. Achten Sie dabei darauf, nicht in die Twillbänder zu schneiden. Die Öffnung aufknöpfen. Eine stabile Papprolle oder eine Bügelrolle durch die Öffnung in das Kissen geben, unter den gesteppten Nähten platzieren und die Nähzugaben auseinanderbügeln. So nach und nach alle Nahtzugaben auseinanderbügeln.

11 An die Ecken der Bettdecke je einen kleine Plastikring nähen. Die Bettdecke auf den Bezug legen, den Bezug mithilfe der Twillbänder an den Plastikringen festknoten und auf rechts wenden.

DAS BRAUCHEN SIE

- Stoff für Vorder- und Rückseite des Bezugs
- Nähgarn
- Knöpfe, 1,3–1,5 cm Durchmesser
- Twillband
- 4 kleine Plastikringe

Ein Bettrock lässt Bettrahmen und -beine elegant verschwinden. Geraffte Betträcke sehen modern und romantisch aus, Bettröcke mit Falten sorgen für einen klassischen Look. Bei jeder Variante wird der Rahmen des Bettes komplett verdeckt und der Bettrock kann mit Schlitzen an den Ecken – für Bettpfosten und Fußteile – oder mit geschlossenen Ecken – bei Betten ohne Bettpfosten und Fußteile – gearbeitet werden.

Geraffte Bettröcke können aus einer oder zwei Stofflagen bestehen. Für Bettröcke mit zwei Stofflagen die Stoffteile separat vorbereiten und dann gemeinsam raffen. Das Stoffgewicht bestimmt dabei, wie voluminös der Bettrock wird. Die zugeschnittenen Stoffteile sollten bei leichten Stoffen etwa dreimal so lange sein wie die Länge der Seitenteile und des Fußteils. Bei mittelschweren Stoffen reicht die zweifache Länge von Seitenteilen und Fußteil.

Bettröcke mit Falten werden an den Ecken und der Mitte der Seitenteile mit Kellerfalten gearbeitet. Alternativ können auch weitere Kellerfalten als dekorative Akzente gearbeitet werden. Bei der folgenden Anleitung sind 15 cm breite Kellerfalten vorgesehen. An den unteren und seitlichen Kanten der Bettrockteile werden 2,5 cm breite Doppelsäume gearbeitet.

Gekaufte Bettröcke sind meist an einem einfarbigen Laken festgenäht, das später zwischen Matratze und Lattenrost oder Boxspring liegt. Die Anleitung für den Bettrock mit Falten beinhaltet Anweisungen für diesen Stoffstreifen, der entweder aus Musselin oder einem Laken gearbeitet werden kann. Sie können den Bettrock auch an einem Spannbetttuch festnähen, so verrutscht er nicht. Anweisungen zum Annähen an ein Spannbettuch finden Sie bei der Anleitung für einen gerafften Bettrock. Natürlich kann auch die jeweils andere Variante mit Spannbetttuch bzw. einem Stoffstreifen gearbeitet werden.

Zuschnittanleitung

Für einen gerafften Bettrock zwei Stoffrechtecke in der Länge der Bettseiten mal zwei oder drei (je nach gewünschtem Volumen) plus 10 cm Nahtzugabe für 2,5 cm breite Doppelsäume zuschneiden. Ein Stoffrechteck in der Breite des Bettes mal zwei oder drei (je nach gewünschtem Volumen) plus 10 cm Nahtzugabe für 2,5 cm breite Doppelsäume zuschneiden. Die Breite der Stoffteile richtet sich dabei nach dem Abstand des Bettrahmens zum Boden plus 10 cm Nahtzugabe.

Für einen Bettrock mit Falten ein Laken oder ein Stück Musselin zuschneiden, das 2,5 cm breiter und 2,5 cm länger ist als die Matratze. Die Stoffteile für den Bettrock werden längs zum Fadenlauf zugeschnitten. Zwei Stoffteile in der Länge der Bettseiten plus 46 cm zuschneiden. Ein Stoffteil in der Breite des Bettes plus 46 cm zuschneiden. Die Breite der Stoffteile richtet sich dabei nach dem Abstand des Bettrahmens zum Boden minus 6 mm plus 6,5 cm Zugabe für Saum und Nähte.

DAS BRAUCHEN SIE

- Dekostoff
- Spannbetttuch, Musselin oder Laken
- Nähgarn
- Kordel (optional)
- Kräuselband (optional)

1 An den unteren Kanten der drei Bettrockteile einen 2,5 cm breiten Doppelsaum umfalten und steppen. Ebenso an den kurzen Kanten einen 2,5 cm breiten Doppelsaum umfalten und steppen. Nach Wunsch können die Ecken als Briefecken gearbeitet werden.

2 Die Stoffteile werden nun an der oberen Kante gerafft. Dafür die Kanten entweder 2,5 cm breit mit einem Kräuselfuß steppen, im Abstand von 2,5 cm ein Kräuselband feststeppen, zwei Heftnähte im Abstand von 2,5 cm zur Kante nähen oder 2,5 cm breit zur Kante mit Zickzackstich über einen Baumwollfaden nähen.

3 Das Spannbetttuch auf die Matratze geben. Entlang der oberen Kante Markierung anzeichnen: Sind die Bettrockteile doppelt so lang wie die Seiten- und das Fußteil, werden Markierungen alle 60 cm platziert, sind sie dreimal so lang, alle 90 cm. Die Stoffteile für den Bettrock entsprechend markieren.

4 Die Bettrockteile rechts auf rechts auf das Spannbetttuch legen, die Kanten dabei genau auf der angezeichneten Linie platzieren, die kurzen Kanten an den Ecken überlappen lassen und die Markierungen auf Bettrock und Spannbetttuch genau übereinander platzieren. Die Bettrockteile auf die richtige Länge kräuseln bzw. raffen und feststecken

5 Das Spannbetttuch von der Matratze nehmen und den Bettrock rundherum 2,5 cm breit feststeppen.

6 Den Bettrock nach unten umbügeln und rundherum etwa 1,3 cm breit durch alle Stofflagen absteppen.

Nähanleitung Bettrock mit Falten

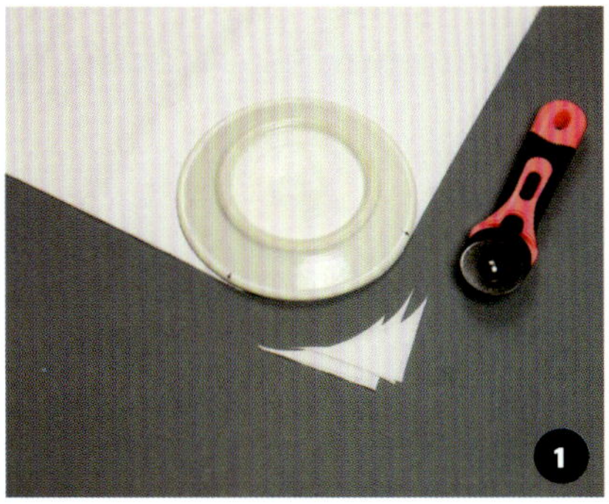

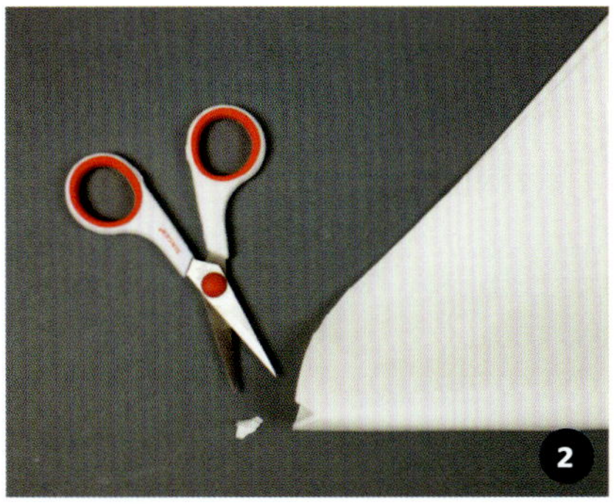

1 Musselin oder Laken zweimal falten, sodass alle Ecken aufeinanderliegen. Mithilfe eines Tellers die Ecken abrunden.

2 Die abgerundeten Ecken in der Hälfte falten und jeweils die Mitte mittels etwa 6 mm langen Einschnitten markieren. Ebenso die Mitte der Kanten mit Einschnitten markieren.

3 Die Bettrockteile rechts auf rechts und kurze Kante auf kurze Kante legen, dabei wird das kürzere Fußteil in der Mitte platziert, und steppen.

Entlang der unteren Kante und der offenen kurzen Kanten einen 2,5 cm breiten Doppelsaum steppen.

4 Den Bettrock rechts auf rechts auf das Laken oder den Musselin legen. Die zusammengenähten kurzen Kanten an den Einschnitten an den Ecken des Musselins bzw. Lakens feststecken. An den Einschnitten an den Seitenkanten und den Ecken am Bettrock 15 cm breite Kellerfalten falten, die senkrechten Nähte verschwinden dabei in den Falten, und feststecken.

5 Den Bettrock vom Laken oder Musselin nehmen und die Falten heften. Den Bettrock anschließend wieder rechts auf rechts auf dem Laken oder Musselin feststecken, die Nahtzugabe an der Mitte der Kellerfalten an den Ecken einknipsen und den Bettrock rundherum 1,3 cm breit feststeppen.

6 Die Nahtzugaben zum Laken oder Musselin bügeln. An der (hinteren) offenen Kante des Lakens oder Musselins einen 6 mm breiten Doppelsaum umbügeln und steppen. Die Bettrocknahtzugabe auf dem Laken oder Musselin feststeppen. Die Kellerfalten bügeln.

Für Bettrahmen mit Bettpfosten auch hier drei separate Bettrockstoffteile an den Seiten und am Fußteil des Lakens oder Musselins feststeppen. Besonders professionell sieht dies aus, wenn man die Seitenstoffteile 5 cm breiter und das Stoffteil für das Fußende 10 cm breiter zuschneidet und die offenen Kanten mit einem 2,5 cm breiten Doppelsaum versäumt.

Duschvorhang

Ein Duschvorhang ist ganz einfach zu nähen – und das Beste: Sie können den Stoff passend zu den Armaturen, Fliesen oder Handtüchern auswählen. Dieser Duschvorhang ist oben mit Ösen versehen, so passt er mit den entsprechenden Ringen versehen auf alle Duschstangen. Die Stoffteile werden am besten mit einer französischen Naht zusammengenäht, so sind die Nähte von beiden Seiten des Vorhangs so gut wie unsichtbar. Waschbare Stoffe sollten vor dem Zuschneiden unbedingt vorgewaschen werden. Oder Sie verwenden gleich einen schimmelresistenten Outdoorstoff aus Polyester.

Zuschnittanleitung

Zwei Stoffrechtecke mit je mindestens 200 cm Breite und 208,5 cm Länge zuschneiden. Wenn notwendig, kann der Duschvorhang in Schritt 2 auf die richtige Breite zugeschnitten werden.

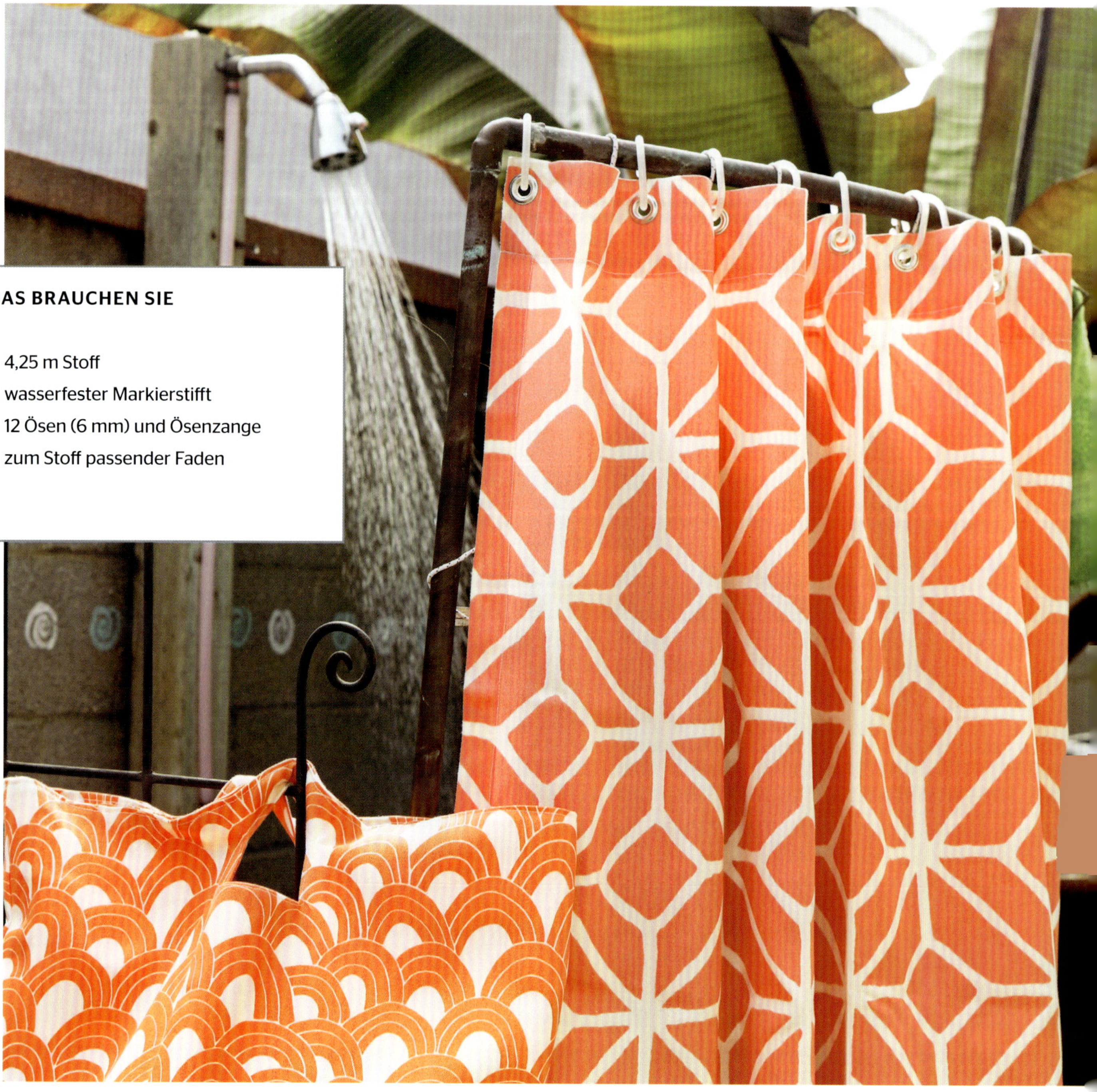

DAS BRAUCHEN SIE

- 4,25 m Stoff
- wasserfester Markierstifft
- 12 Ösen (6 mm) und Ösenzange
- zum Stoff passender Faden

Nähanleitung Duschvorhang

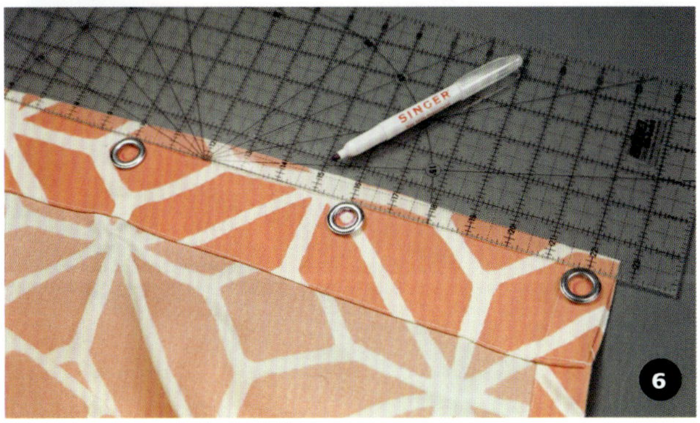

1 **Die Webkanten gleichmäßig abschneiden.** Die beiden Stoffteile entlang der langen Kanten mit einer französischen Naht zusammennähen (Seite 119). Die Gesamtbreite der Nahtzugabe beträgt dabei 1,3 cm, 6 mm für jede umgefaltete Länge.

2 **Den Duschvorhang in der gewünschten Breite zuschneiden.** Für einen etwa 183 breiten Standardduschvorhang wird der Stoff auf 193 cm Breite zugeschnitten, das beinhaltet eine Saumzugabe von 5 cm pro Seitenkante.

3 **An der oberen Kante** einen 7,6 cm breiten Doppelsaum und an den Seitenkanten je einen 5 cm breiten Doppelsaum umbügeln. Den Stoff an den oberen Ecken wieder auffalten.

4 **Überschüssigen Stoff aus den innenliegenden Stoffschichten** bis knapp zur Faltkante zurückschneiden. Die Säume wieder umbügeln, feststecken und steppen.

5 **An der unteren Kante ebenfalls einen 7,6 cm breiten Doppelsaum** umbügeln. Den Saum wieder auffalten und wie oben überschüssigen Stoff an den Ecken zurückschneiden. Den unteren Saum steppen.

6 **Entlang des oberen Saums mithilfe eines Markierstifts** Markierungen für die Ösen anzeichnen. Die Ösen sollten etwa 2 cm unterhalb der oberen Kante befestigt werden, die Ösen an der linken und rechten Kante werden direkt auf den Seitensäumen platziert. Die Ösen nach Gebrauchsanweisung anbringen – befestigen Sie zunächst eine Testöse auf einem mehrfach gefalteten Stoffrest, bevor Sie die Ösen am Duschvorhang befestigen.

Praktischer Stoffkorb

Dieser Stoffkorb ist schlicht und doch vielseitig einsetzbar: als Wäsche- oder Aufbewahrungskorb, aber auch als Einkaufs- oder Strandtasche. Durch die einfach zu nähende ovale Form ist er alles andere als sperrig und lässt sich auch in Ecken gut verstauen, etwa in einem kleinen Badezimmer. Wählen Sie am besten einen stabilen Stoff wie Denim oder Segeltuch. Outdoorstoff aus Polyester ist perfekt für einen Wäschekorb oder eine Schwimmbadtasche, da er nässeunempfindlich und schimmelresistent ist.

TIPP

Da der Boden perfekt auf die fertige Länge der Seitenteile abgestimmt wird, ist es am besten, zuerst den oberen Teil zu nähen und erst dann das Stoffteil für den Boden zuzuschneiden – so wissen Sie genau, wie groß es zugeschnitten werden muss.

DAS BRAUCHEN SIE

- 1,8 m fester Stoff
- wasserfester Markierstift
- aufbügelbare Ledereinlage
- Paspelband
- zum Stoff passender Faden

Nähanleitung Stoffkorb

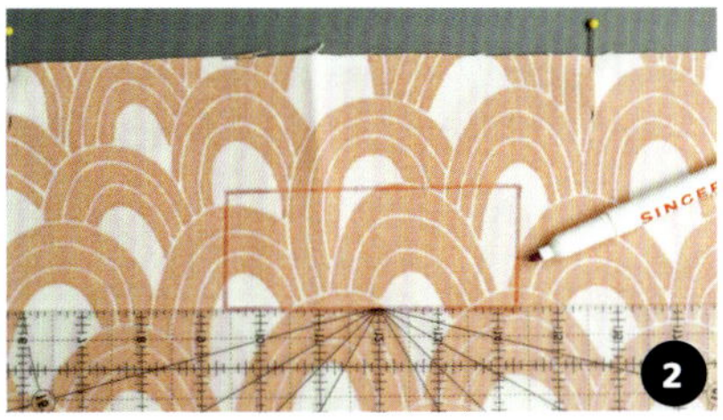
2

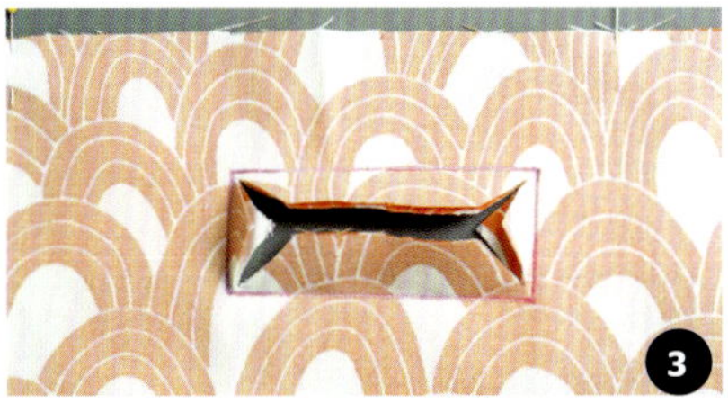
3

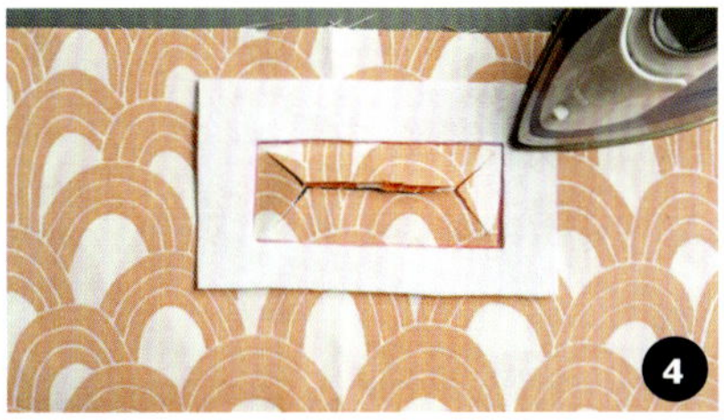
4

5

6

7

8

1 **Insgesamt vier Stoffrechtecke à 30 × 36 cm** zuschneiden, je zwei aus Außen- und zwei aus Innenstoff.

2 **Je ein Außen- und ein Innenstoffteil** rechts auf rechts legen und rundherum feststecken. Auf beiden zusammengesteckten Stoffteilen im Abstand von 5 cm von der oberen Kante mittig ein 12,5 × 5 cm großes Rechteck anzeichnen.

3 **Das Rechteck rundherum mit Geradstich steppen.** Mittig im Rechteck einen Schnitt machen, dieser sollte etwa 2 cm von den Seitenkanten entfernt beginnen und enden. Von diesem Schnitt ausgehend diagonale Einschnitte zu den Ecken machen.

4 **Zwei Rechtecke Einlage à je 18 × 10 cm zuschneiden.** Auf jedem Stück Einlage mittig ein 12,5 × 5 cm großes Rechteck anzeichnen und ausschneiden. Die Einlage von links auf den gesteppten Rechtecken platzieren und aufbügeln.

5 **Die Stoffteile für den Korb** durch die Schlitze auf rechts wenden.

6 **Den Griff bügeln** und rundherum 6 mm breit absteppen.

7 **Die Innenstoffteile rechts auf rechts legen und die Seitenkanten steppen,** wenden, die Außenstoffteile rechts auf rechts legen und die Seitenkanten zusammennähen.

8 **Dadurch, dass die Griffe bereits gesteppt wurden,** kann der Stoffkorb nicht komplett gewendet werden – die obere Kante wird daher in zwei Schritten genäht: Zuerst mit Daumen und Zeigefinger von der später oberen Kante her an einer Seitenkante die Seitennähte von Außen- und Innenstoff greifen und nach oben ziehen, sodass diese Hälfte des Wäschekorbs mit der linken Seite nach außen liegt. Innen- und Außenstoff entlang der oberen Kante rechts auf rechts legen und so weit es geht – etwa bis zur Kante der Griffe – zusammennähen. Die soeben gesteppte Seite auf wieder zurück auf rechts wenden. Anschließend die andere Seite der oberen Kante ebenso zusammennähen.

TIPP

Für einen besonders stabilen Korb aufbügelbare Einlage zuschneiden und die Stoffteile für den Korb damit verstärken. Die Einlage ist dabei 2,5 cm kürzer und schmäler als die Seitenteile, das ergibt die Breite der benötigten Nahtzugabe.

9 Die oberen Nähte bügeln, dabei die Nahtzugaben an der Öffnung über den Griffen nach innen bügeln. Die obere Kante des Wäschekorbs rundherum 6 mm breit absteppen.

10 Für den Boden die untere Kante mit einem Maßband abmessen. Das Maßband in der abgemessenen Länge zu einem Kreis legen, auf der linken Seite des Außenstoffs feststecken und zwei kleine runde Teller für die Rundungen links und rechts in den Maßbandkreis legen. Entlang des Maßbands und der zwei Teller mit Markierstift ein Oval für den Boden anzeichnen.

11 Das Stoffoval ausschneiden und mithilfe dieses Stoffteils ein entsprechendes Oval aus Bügelvlies zuschneiden. Mithilfe des Ovals außerdem ein Oval auf dem Innenstoff anzeichnen, dann rundherum eine Nahtzugabe von 1,3 cm anzeichnen und entlang dieser Linie das Innenstoffoval zuschneiden.

12 Ein Paspelband (Seite 264) auf dem Oval aus Außenstoff festnähen, dabei die Enden überlappen lassen.

13 Das Bügelvlies auf die linke Seite des Außenstoffovals bügeln.

14 Außen- und Innenstoff der Korbseitenteile auseinanderziehen, sodass die linke Seite des Außenstoffs nach außen zeigt. Das verstärkte Oval aus Außenstoff rechts auf rechts auf den Außenstoff legen und rundherum steppen, dabei das Paspelband mit feststeppen.

15 Innenstoffseitenteile und -boden rechts auf rechts legen und steppen, dabei eine Wendeöffnung lassen. Den Korb auf rechts wenden und die Wendeöffnung schließen.

Tischware

Essen verbindet – und ein schön gedeckter Tisch mit einer selbstgenähten Tischdecke und Stoffservietten ist eine tolle Gelegenheit, Familie und Freunden zu zeigen, wie viel sie einem bedeuten. Fast wären klassische Stoffservietten zu Gunsten der langweiligen Papierdinger von den Esstischen dieser Welt verschwunden – heute feiern sie aber auf vielen Esstischen ein Comeback, da sie umweltfreundlich, nachhaltig, wiederverwendbar (und damit billiger) und auch einfach schöner sind. Das Gleiche gilt für selbstgenähte Tischdecken – und diese lassen sich genau an die Abmessungen des jeweiligen Tischs anpassen, schützen Möbeloberflächen und lassen den ganzen Raum warm und freundlich erscheinen. Als Stoffe für Tischware eignen sich Baumwoll-, Leinen- und Bambusstoffe sowie natürliche Mischgewebe, die ohne Probleme häufig gewaschen werden können und besonders widerstandsfähig sind.

Stoffauswahl

In Stoffgeschäften und im Internet gibt es meist eine große Auswahl an geeigneten Stoffen für Tischware in passenden Farben. Diese sind meist etwa 180 cm breit, daher ist es oft sogar möglich, einfach die benötigte Stofflänge zu kaufen und den Stoff nur rundherum zu säumen – und fertig ist die Tischdecke. Auch Dekostoffe eignen sich für Tischware, allerdings sind diese oft nicht breit genug – es ist also notwendig, mehrere Stoffbreiten zusammenzunähen, um die benötigte Schnittbreite zu erhalten. Dabei verwendet man am besten eine Stoffbreite für die Mitte und setzt links und rechts Stoffstreifen an.

Tisch ausmessen

Die Länge einer Tischdecke von der Tischkante bis zum Saum nennt man Überhang. Grundsätzlich beträgt der Überhang etwa 25,5 bis 30,5 cm, wodurch der Überhang meist bis zur Sitzfläche eines Stuhls reicht. Die Länge des Überhangs muss beim Zuschneiden bereits mitbedacht werden.

Man unterscheidet kurzen Überhang (25,5 bis 30,5 cm), mittellangen Überhang (40,5 bis 61 cm) und Bodenlänge 71 bis 73,5 cm. Tischdecken mit kurzem Überhang enden etwa auf der Höhe der Sitzfläche von normalen Stühlen und sind für den alltäglichen Gebrauch geeignet. Tischdecken mit mittellangem Überhang sind für elegante Anlässe geeignet. Bodenlange Tischdecken sind für einen Esstisch eher ungeeignet, sie werden beispielsweise für Buffettische verwendet.

Runder Tisch. Den Durchmesser des Tisches messen und die gewünschte Überhanglänge festlegen. Der Durchmesser der Tischdecke ergibt sich aus dem Durchmesser des Tisches plus zweimal der gewünschten Überhanglänge. Runde Tische werden meist mit einem Schmalsaum gearbeitet, daher kommen noch 2,5 cm Saumzugabe hinzu.

Quadratischer oder rechteckiger Tisch. Länge und Breite des Tisches abmessen und die gewünschte Überhanglänge festlegen. Die Größe der Tischdecke ergibt sich aus der Länge des Tisches plus zweimal der gewünschten Überhanglänge plus 2,5 cm für einen Schmalsaum bzw. 10 cm für einen normalen Saum mal der Breite des Tisches plus zweimal der gewünschten Überhanglänge plus 2,5 cm für einen Schmalsaum bzw. 10 cm für einen normalen Saum.

Ovaler Tisch. Länge und Breite des Tisches abmessen und die gewünschte Überhanglänge festlegen. Die Größe der Tischdecke ergibt sich aus der Länge des Tisches plus zweimal der gewünschten Überhanglänge plus 2,5 cm für einen Schmalsaum mal der Breite des Tisches plus zweimal der gewünschten Überhanglänge plus 2,5 cm für einen Schmalsaum.

Zunächst wird ein Stoffrechteck in dieser Größe zugeschnitten. Da ovale Tische nicht immer exakt die gleiche Form haben, ist es anschließend am einfachsten, die gewünschte Größe anzuzeichnen, während das zugeschnittene Stoffrechteck auf dem Tisch liegt. Das Stoffrechteck dafür mittig auf den Tisch legen und beschweren, damit es nicht verrutscht. Mithilfe eines Rockabrunders oder eines Meterstabs rundherum den Überhang plus die Saumzugabe markieren.

Runde Tischdecken werden meist mit einem 6 mm breiten Doppelsaum versäumt. Alternativ kann der Saum auch mit einem Paspelband gearbeitet werden. Um die benötigte Stoffmenge für eine runde Tischdecke zu errechnen, den Durchmesser der Tischdecke durch die Stoffbreite minus 2,5 cm teilen. Bei einer ungerade Zahl auf die nächste ganze Zahl aufrunden. Das ergibt die benötigte Anzahl an Stoffbreiten. Die benötigte Anzahl an Stoffbreiten mal den gewünschten Tischdeckendurchmesser geteilt durch 100 ergibt die benötigte Stoffmenge in Metern.

Zuschnittanleitung

Die Zuschnittlänge ergibt sich aus dem Durchmesser des Tisches plus zweimal der gewünschten Überhanglänge plus 2,5 cm Nahtzugabe für einen Schmalsaum. Wenn Sie mit einem Paspelband arbeiten möchten, brauchen Sie keine Zugabe. Falls der Stoff, den Sie verwenden möchten, nicht breit genug ist, gibt es zwei Möglichkeiten, ihn zu stückeln:

Option 1. Ist der Durchmesser der Tischdecke kleiner als eineinhalbmal die Stoffbreite, die Stoffbreite vom Durchmesser der Tischdecke abziehen und einen Stoffstreifen in dieser Breite plus 5 cm Nahtzugabe längs zum Fadenlauf zuschneiden und ansetzen.

Option 2. Ist der Durchmesser größer, wird die benötigte Stofflänge zweimal zugeschnitten, ein Stoffteil wird der Länge nach halbiert und die so entstehenden Stoffteile werden links und rechts an die langen Seitenkanten des zweiten angesetzt. Nun kann das Stoffteil auf die richtige Breite zugeschnitten werden.

TIPP

Damit der Stoff bei einem runden Saum keine Falten wirft, auf der Nahtzugabe für den Saum eine Heftnaht nähen und dabei die Fadenspannung etwas höher einstellen, sodass sich die Stoffkante leicht nach innen zusammenzieht. Alternativ kann die Stoffkante auch mit einem 4-Faden-Overlockstich versäubert werden – auch hier wird die Fadenspannung erhöht, damit sich die Kante nach innen zusammenzieht.

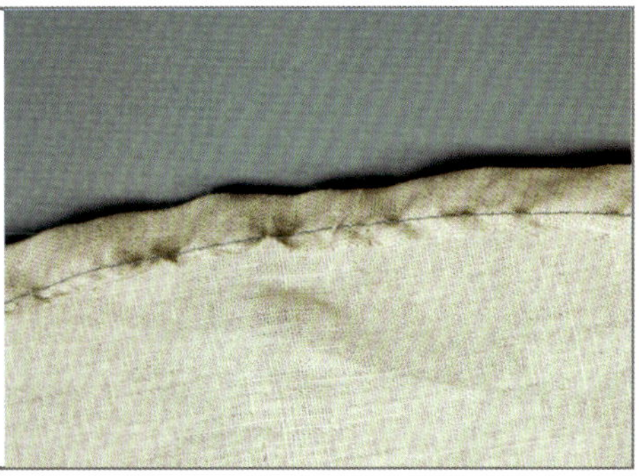

Eine runde Tischdecke zuschneiden

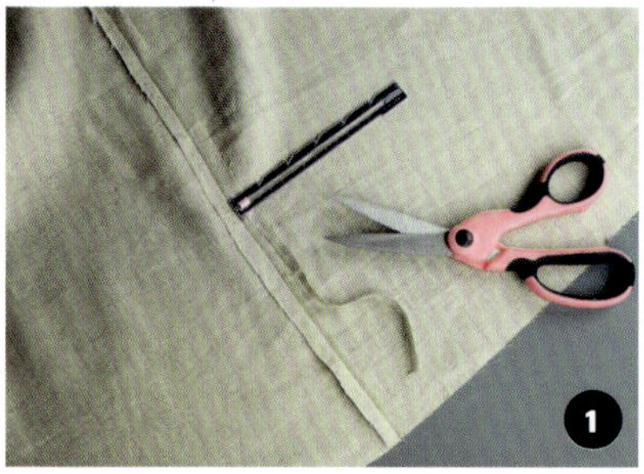

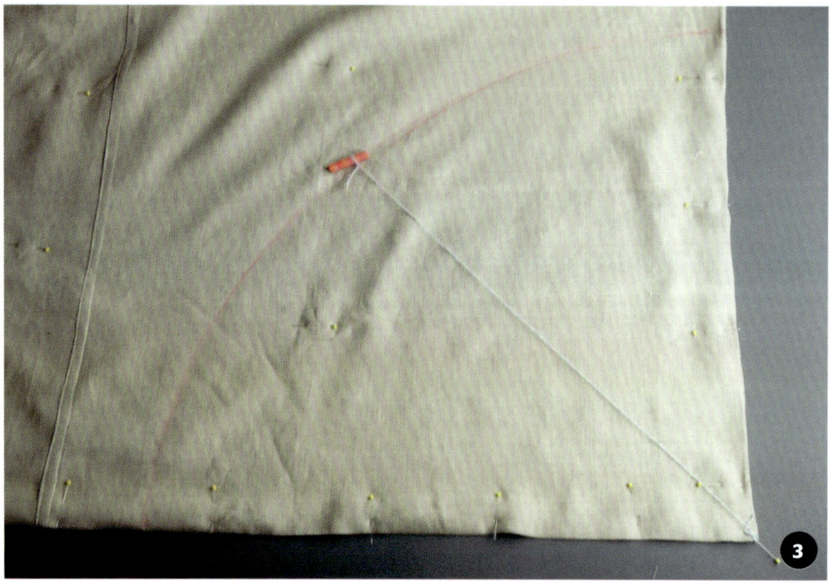

1 **Falls nötig,** den oder die anzusetzenden Stoffstreifen rechts auf rechts etwa 1,3 cm breit auf einer Stoffbreite feststeppen.

2 **Für eine Wendetischdecke** wird dabei mit einer Kappnaht gearbeitet (Seite 120).

3 **Den Stoff einmal der Länge und dann der Breite nach falten.** Die Stofflagen feststecken, damit sie nicht verrutschen. Eine Schnur an einem Markierstift befestigen und diese so auf der doppelt gefalteten Stoffecke (spätere Mitte der Tischdecke) feststecken, dass der halbe Durchmesser der Tischdecke plus Saumzugabe markiert werden kann. Mithilfe der Schnur einen Halbkreis auf dem Stoff anzeichnen. Die Tischdecke entlang der markierten Linie zuschneiden.

Nähanleitung Schmalsaum

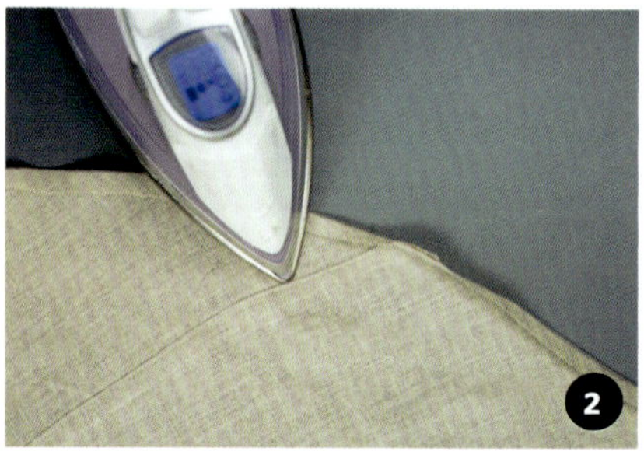

1 **Die Tischdecke rundherum** 6 mm breit steppen.

2 **Die Nahtzugabe an der Nahtlinie** nach links umbügeln. Die Nahtzugabe nochmals umfalten und bügeln.

3 **Den Saum** entlang der inneren Faltkante knappkantig absteppen.

Nähanleitung Paspelsaum

1 **Der Durchmesser der Tischdecke mal 3,12** ergibt die Länge des benötigten Paspelstreifens. Dafür wenn nötig mehrere Stoffstreifen im Schrägschnitt zuschneiden und entlang der kurzen Kanten rechts auf rechts zusammennähen, bis die benötigte Länge erreicht ist.

2 **Eine Kordel mittig auf die linke Seite des Stoffstreifens legen.** Den Stoffstreifen zusammenfalten und knapp entlang der Kordel steppen. Das Paspelband rechts auf rechts und Kante auf Kante auf der Tischdecke feststecken und steppen. Die Nahtzugaben mit einer Zickzacknaht zusammen versäubern, umbügeln und den Saum rundherum 6 mm breit absteppen.

Quadratische und rechteckige Tischdecken

Für Tischdecken, die breiter sind als die jeweilige Stoffbreite, werden mehrere Stoffbreiten zusammengenäht – dabei wird eine Stoffbreite in der Mitte platziert und links und rechts werden Stoffstreifen angesetzt. Dafür eignen sich französische, Geradstich- oder Overlocknäht, für Wendetischdecken arbeitet man am besten mit Kappnähten.

Möchte man Stoff sparen, können auch quadratische und rechteckige Tischdecken mit einem 6 mm breiten Schmalsaum gearbeitet werden. Alternativ können sie mit einem 2,5 cm breiten Doppelsaum versäumt werden, dadurch wird der Überhang schwerer und die Decke fällt schöner. Am besten werden die Ecken als Briefecken gearbeitet, so bleiben keine offenen Kanten. Um die benötigte Stoffmenge zu errechnen, die Breite der Tischdecke durch die Stoffbreite minus 2,5 cm teilen. Bei einer ungerade Zahl auf die nächste ganze Zahl aufrunden. Das ergibt die benötigte Anzahl an Stoffbreiten. Die benötigte Anzahl an Stoffbreiten mal die Tischdeckenlänge geteilt durch 100 ergibt die benötigte Stofflänge in Metern.

Zuschnittanleitung

Die Schnittlänge ergibt sich aus der Länge des Tisches plus zweimal der gewünschten Überhanglänge plus 10 cm Zugabe für den Saum.

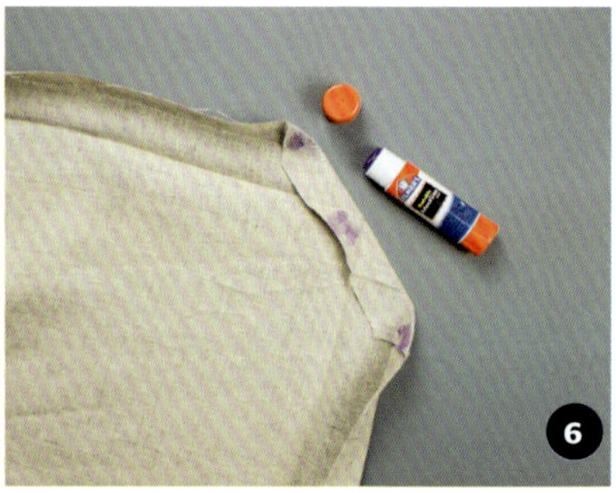

1 An allen vier Kanten einen 5 cm breiten Saum umbügeln und wieder auffalten.

2 An allen vier Kanten einen 10 cm breiten Saum umbügeln.

3 Die Kanten wieder auffalten, die Ecken bis zum Eckpunkt der inneren eingebügelten Linien umfalten und die Faltkante bügeln.

4 Die Ecken bis zu den Punkten, an denen sich je eine innere und eine äußere Faltlinie kreuzen diagonal zurückschneiden.

5 Die Säume wieder falten, dabei werden die offenen Kanten an den Ecken nach innen umgeschlagen, und feststecken.

6 An den Ecken die Stoffkanten mit Textilkleber fixieren, sodass sie nicht verrutschen.

7 Die Decke rundherum entlang des inneren Stoffbruchs steppen, dabei den Stoff an den Ecken drehen. Die fertige Tischdecke bügeln.

DAS BRAUCHEN SIE

- Papier für das Schnittmuster
- 70 cm Stoff für die Vorderseite
- 70 cm Stoff für die Rückseite
- 6,4 m Paspelband
- Nähgarn

Tischsets

Bringen Sie Abwechslung auf Ihren Tisch – mit diesen achteckigen Wendetischsets! Werden die Außenkanten zusätzlich mit einer Paspel versehen, gewinnen die Tischsets an Stabilität und sehen super professionell aus! Für ein problemloses Annähen sollten die Paspeln nicht breiter als 4,5 mm sein.

Nähanleitung Tischset

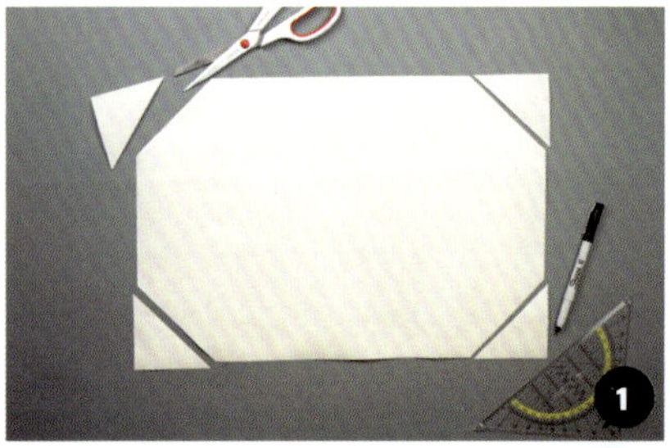

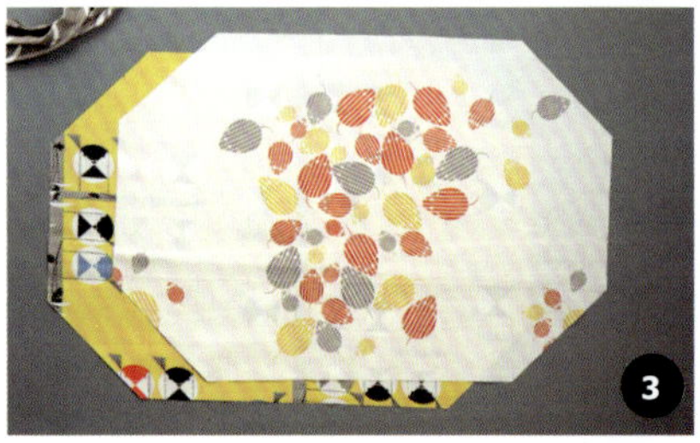

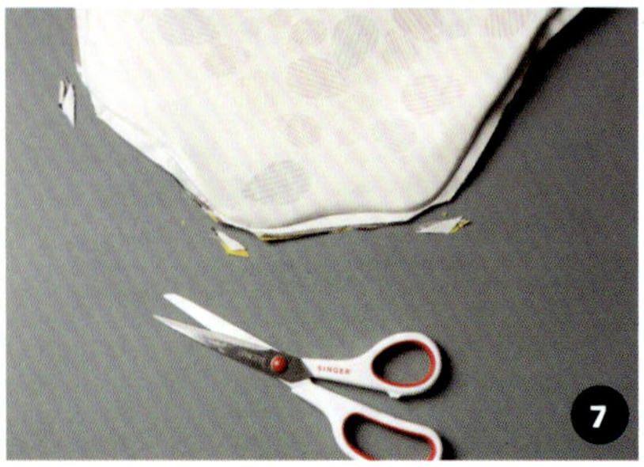

1 **Auf Papier ein 33 × 48,5 cm großes Rechteck anzeichnen.** An jeder Kante 9 cm innerhalb der Ecken einen Punkt anzeichnen. Die Punkte diagonal verbinden und die Ecken entlang dieser Linien zurückschneiden.

2 **Den verwendeten Stoff vorwaschen und trocknen** (Seite 104). Das Paspelband in große Schlaufen legen, mittig mit einem lockeren Knoten zusammenfassen, komplett in heißes Wasser tauchen, ausdrücken, in einen Wäschebeutel geben und dann im Trockner trocknen. Die flache Kante des Paspelbandes vorsichtig bügeln.

3 **Mithilfe des Schnittmusters Stoffteile für die Vorder- und Rückseite** des Tischsets zuschneiden. Dabei sollten die Kanten parallel bzw. senkrecht zum Fadenlauf liegen.

4 **Das Paspelband Kante auf Kante auf der rechten Seite** der Vorderseite feststecken.

5 **Die Nahtzugabe an den Ecken** bis knapp zur Paspelnaht einknipsen und das Paspelband wie auf Seite 265 feststeppen.

6 **Vorder- und Rückseite des Tischsets** rechts auf rechts und Kante auf Kante legen, dabei ragt die Paspel genau über die Kanten. Die Stoffteile rundherum im Nahtschatten der Paspelnaht zusammensteppen, dabei eine Wendeöffnung lassen.

7 **Die Nahtzugaben an den Ecken diagonal zurückschneiden.** Die Nahtzugaben auseinanderbügeln und an der Wendeöffnung umbügeln.

8 **Das Tischset auf rechts wenden.** Mit einem Eckenformer die Ecken ausarbeiten. Die Kanten mit den Fingern glattstreichen. Die Wendeöffnung schließen.

TIPP

Ist einer der verwendeten Stoffe heller, sodass das Muster des anderen Stoffes durchscheint, den helleren Stoff von links mit einer Einlage verstärken – so ist das Muster des dunkleren Stoffes nicht mehr zu sehen.

Stoffservietten

Stoffservietten sorgen immer für eine besondere und festliche Stimmung – und sie sind schnell und einfach genäht, sodass es kein Problem ist, für jeden Anlass die passenden Stoffservietten zu fertigen. Zudem ist es um ein Vielfaches billiger, Stoffservietten selbst zu nähen, als sie zu kaufen, und sie sind das perfekte Gastgeschenk! Handelsübliche Stoffservietten sind zwischen 35 und 46 cm groß, allerdings variiert die Größe der Serviette je nach Anlass (siehe Tabelle). Als Stoff eignen sich alle mittelschwere, einfach gewebte Stoffe. Wichtig ist es, den Stoff vor dem Zuschneiden zu begradigen.

Der Abschluss kann aus einer einfachen Serviette einen echten Hingucker machen: Arbeiten Sie mit dekorativen Stichen oder den hier vorgestellten dekorativen Abschlüssen. Übrigens: Diese werten auch Tischdecken oder Tischsets im Handumdrehen auf!

ANLASS	GRÖSSE DER STOFFSERVIETTE
Cocktails	15 × 15 cm
Horsd'œuvre	33 × 33 cm
Mittagessen	46 × 46 cm
Mittagessen	51 × 51 cm
Abendessen	56 × 56 cm
Abendessen	61 × 61 cm

Zuschnittanleitung

Den Stoff in der gewünschten Länge und Breite plus jeweils 2,5 cm Nahtzugabe für einen 1,25 cm breiten einfachen Saum zuschneiden. Aus einem Laufmeter Stoff lassen sich damit vier 43 cm große Stoffservietten zuschneiden. Rechnen Sie mehr oder weniger Zugabe ein, wenn Sie mit einem anderen Saum, etwa einem Schmal-, einem Doppel- oder einem Rollsaum, arbeiten möchten.

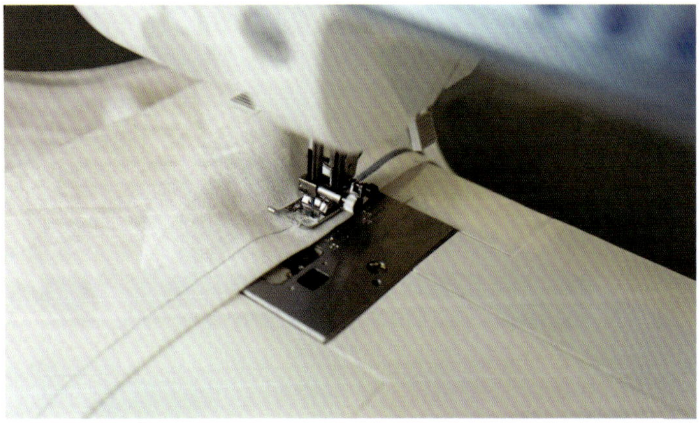

Satinstich. Eine breite Satinstichsaumnaht ist perfekt für luxuriöse Stoffservietten, die auf jede festliche Tafel passen. Die Kanten rundherum 1,3 cm breit nach links umbügeln. Von links knapp entlang der offenen Kante steppen, anschließend die gesteppte Naht von rechts mit einem breiten Zickzackstich mit kurzer Stichlänge übersteppen.

Zickzackstich. Mit einem Zickzackstich lassen sich Stoffservietten schnell versäubern und sie sind perfekt gegen Ausfransen geschützt. Lose Fäden an den Kanten zurückschneiden, die Kanten 3 mm breit nach links umbügeln – das sorgt dafür, dass sich der Stoff an den Kanten nicht einrollt – und dann mit breitem Zickzackstich mit kurzer Stichlänge steppen – am einfachsten geht das mit einem Überwendlichnähfuß!

Dekorativer Stich. Stoffservietten sind die perfekten Projekte, um endlich einen der unzähligen dekorativen Stiche, mit denen fast jede Nähmaschine ausgestattet ist, auszuprobieren. Die Kanten 6 mm breit nach links umbügeln und knapp entlang der offenen Kante mit Geradstich steppen. Dann von rechts über die bereits gesteppten Naht eine dekorative Naht steppen. Ein Languettenstich (Bild) sieht besonders elegant aus. Bei dekorativen Zickzackstichen kann es sein, dass sich der Stoff zusammenzieht, verstärken Sie den Stoff daher zuvor mit einer wasserlöslichen Einlage.

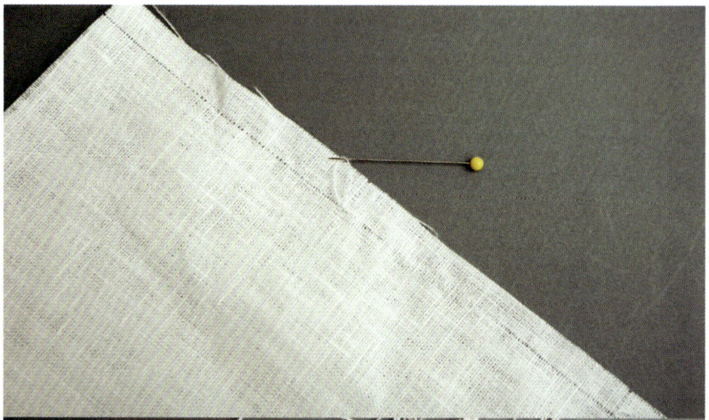

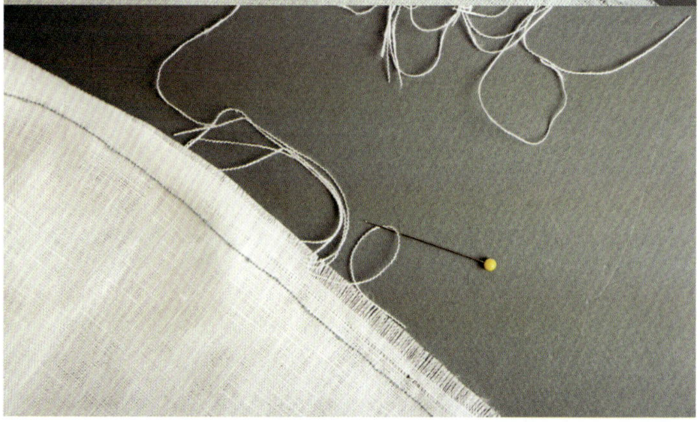

Fransen. Stoffservietten mit Fransen sind elegant und trotzdem modern – und auf jeden Fall immer ein Blickfang. Mithilfe einer Stecknadel einen Faden aus dem Stoff ziehen und die Stoffservietten entlang der Linie zuschneiden. Die Kanten rundherum 1,3 cm breit steppen – am besten mit einem Geradstich oder einem schmalen Zickzackstich. Anschließend Quer- bzw. Längsfäden bis zur Nahtlinie herausziehen.

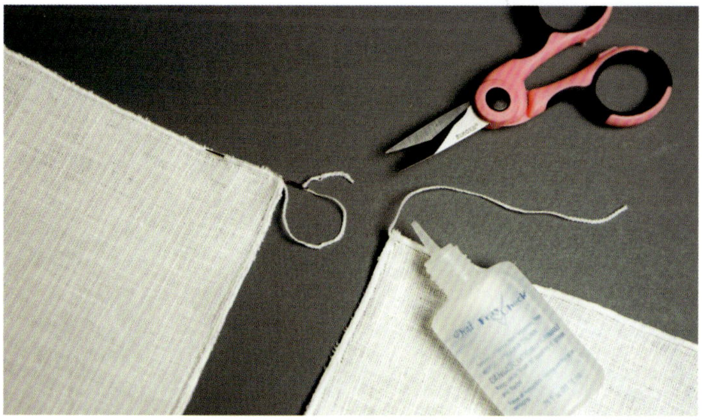

Overlocknaht. Die Kanten mithilfe der Overlockmaschine versäubern, dabei nacheinander je zwei gegenüberliegende Kanten versäubern. Die Fäden lang abschneiden, vernähen und dann zurückschneiden oder mit flüssigem Fransenstopp verstärken, trocknen lassen und dann abschneiden. Diese Version geht besonders schnell und Sie haben außerdem die Möglichkeit, die Kanten mit einem andersfarbigen Faden zu versäubern – ein toller Blickfang! Verwenden Sie Nylonfaden für besonders stabile Kanten.

Briefecke

Stoffservietten mit einem großzügigen 2,5 cm breiten Doppelsaum mit Briefecken sind besonders elegant und daher vor allem für festliche Anlässe geeignet. Stoffservietten mit einem 1,3 cm breitem Doppelsaum mit Briefecken sind hingegen perfekt für den alltäglichen Gebrauch – nähen Sie verschiedene Serviettensets mit all Ihren Lieblingsstoffen!

Die Ecken von Stoffservietten können nach der Methode auf Seite 289 gearbeitet werden – aber vor allem bei Stoffen, die zum Verziehen neigen, etwa bei Leinenstoffen, sind Briefecken die bessere Variante.

Dafür arbeiten wir mit Schablonen aus Karton:

Die Schablonen anfertigen

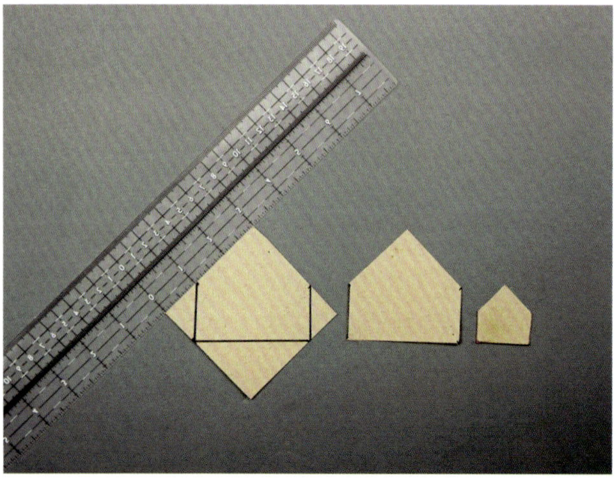

Für Stoffservietten mit einem 2,5 cm breiten Doppelsaum mit Briefecken aus stabilem Karton ein Quadrat mit 5 cm Seitenlänge ausschneiden. Das Quadrat so drehen, dass es auf einer Spitze steht. 2,5 cm innerhalb der seitlichen Ecken je eine vertikale Linie anzeichnen, diese unten verbinden und die Ecken entlang der Linien zurückschneiden.

Für Stoffservietten mit einem 1,3 cm breiten Doppelsaum mit Briefecken aus stabilem Karton ein Quadrat mit 4 cm Seitenlänge ausschneiden. Das Quadrat so drehen, dass es auf einer Spitze steht. 1,3 cm innerhalb der seitlichen Ecken je eine vertikale Linie anzeichnen, diese unten verbinden und die Ecken entlang der Linien zurückschneiden.

Nähanleitung Briefecke

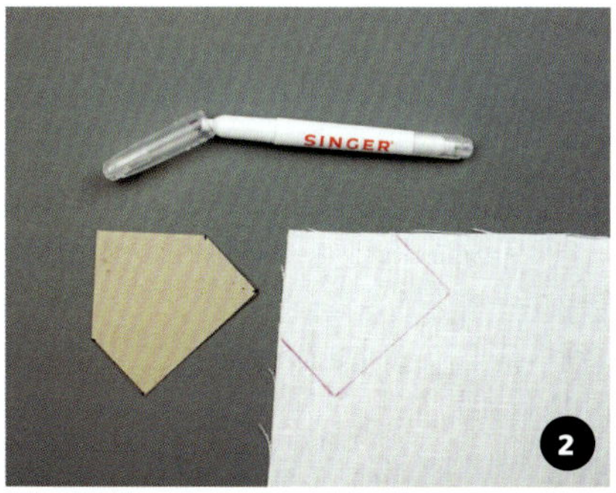

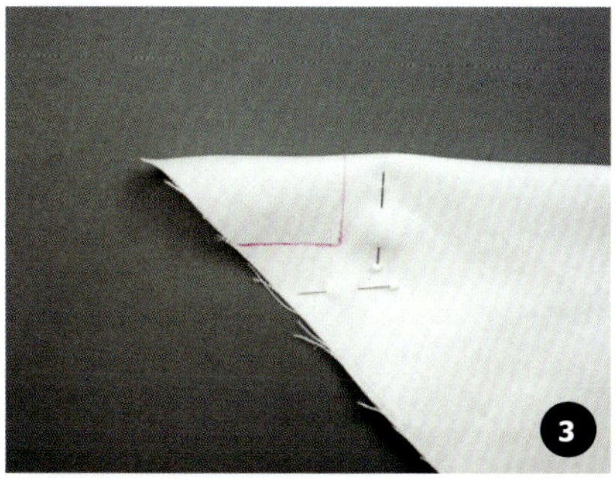

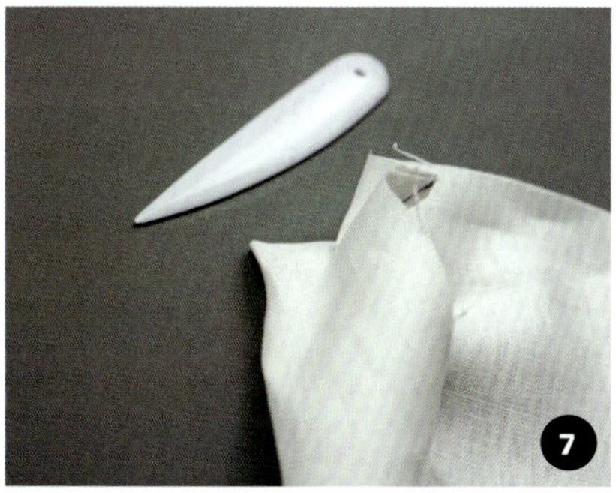

1 **An der gewünschten Ecke** eine Schablone platzieren.

2 **Die Schablone mit einem** Markierstift nachzeichnen.

3 **Die Ecke diagonal falten** und feststecken.

4 **Entlang der angezeichneten Linie** steppen, dabei die Naht an Beginn und Ende verriegeln. (Hier wurde ein Faden in Kontrastfarbe verwendet.)

5 **Die Nahtzugabe etwa 3 mm breit zurückschneiden,** an den äußeren Ecken schräg zurückschneiden und an der inneren Ecke bis zur Nahtlinie einknipsen.

6 **Die Ecke wenden** und die Ecke mit einem Eckenformer ausarbeiten. Auf der rechten Seite ist jetzt mittig eine L-förmige Naht zu sehen.

7 **Die offenen Kanten nach innen einschlagen,** sodass an den Ecken Naht auf Naht liegt.

8 **Den so entstehenden Doppelsaum** von den Ecken ausgehend rundherum umbügeln und dann entlang der inneren Faltkante knappkantig steppen.

Glossar

A

Abgestuft zurückschneiden: Durch abgestuftes Zurückschneiden liegen Nahtzugaben, die in eine Richtung gebügelt werden, weniger voluminös. Dazu wird die Nahtzugabe, die auf dem Stoff liegt, fast bis zur Nahtlinie zurückgeschnitten, die andere bleibt etwa doppelt so lang.

Abnäher: Ein Abnäher ist eine Falte in einem Kleidungsstück, die keilförmig, als Taillenabnäher auch rautenförmig, abgenäht wird.

Abschrägen: Schräg zurückschneiden oder nähen, um beispielsweise eine anstoßende Kante zu erreichen oder um Ecken vor dem Wenden zurückzuschneiden.

Absteppen/Absteppnaht: Absteppen bedeutet, von rechts an bereits genähten Kanten oder Nähten entlangzusteppen. Dadurch können Nahtzugabe und Nähte gesichert werden. Eine Absteppnaht kann auch dekorativ eingesetzt werden, um die Form eines Kleidungsstücks zu betonen.

Applikationen: Bänder, Zackenlitzen, Quasten, Aufbügler und andere dekorative Elemente, die auf ein Kleidungsstück aufgebracht (appliziert) werden.

Armloch: Das Armloch ist jene Öffnung am Oberteil, bestehend aus einer Vorder- und einer Rückseite, an der der Ärmel eines Kleidungsstücks angebracht wird.

Ausfransen: Ausfransen heißt, dass sich die gewebten Fäden des Stoffes an den Kanten lösen.

Ärmelfisch: Der Ärmelfisch ist ein Stoffteil, das die Lücke zwischen Ärmelausschnitt und Ärmelkopf füllt und damit die Schulter formt. Er unterstützt außerdem die Schulter bei Jacken oder Mänteln mit Schulterpolsterung. Ein Ärmelfisch verhindert, dass das Armloch oder die Nahtzugabe an der Schulter Falten wirft oder verrutscht. Ärmelfische kann man im Nähfachhandel kaufen, man kann sie aber auch aus einem kleinen Stück Stoff selbst zuschneiden.

B

Beleg/Besatz: Ein Beleg ist ein umgeklapptes Stück Oberstoff, das zum Versäubern von Kanten dient, z. B. am Halsausschnitt.

Blindsäumen: Blindsäumen bedeutet, einen Saum mit der Nähmaschine oder mit der Hand mit besonders kleinen, fast unsichtbaren Stichen zu nähen.

Bügeleinlage: Eine Bügeleinlage ist eine zusätzliche Stofflage aus aufbügelbarem Material, wie etwa Polyestertrikot, das auf die linke Seite eines Stoffes aufgebügelt wird, um diesen zu verstärken.

Bügelholz: Ein Bügelholz ist ein aus Hartholz gefertigtes Bügelutensil. Es kann z. B. auf bereits gebügelten Kanten oder Nähten platziert werden, dadurch wird die Wärme gespeichert und sorgt so dafür, dass die gebügelten Bereiche auch wirklich flach sind. Ein Bügelholz wird außerdem zum Pressen von feinen Stoffen, die nicht gebügelt werden sollten, verwendet. Der Stoff wird gedämpft, dann wird das Bügelholz aufgesetzt und der Stoff wird so flach gepresst.

Bügeln/Pressen: Durch Bügeln oder Pressen werden Nähte geglättet und Kleidungsstücke in eine bestimmte Form gebracht. Gebügelt wird mit einem Bügeleisen, man kann Stoffe aber auch pressen, indem man die Bereiche dämpft und dann mit einem Bügelholz presst oder das Bügeleisen nur aufsetzt, ohne es zu bewegen.

D

Dacron: Dacron ist der Markenname eines Polyesterfüllmaterials, das für Polster verwendet wird. Dacron wird auch Volumenvlies oder Polyesterwatte genannt.

E

Einfassband: Ein Einfassband ist ein Stoffteil, das zum Einfassen von offenen Kanten verwendet wird. Meist verwendet man ein Schrägband.

Einhalten: Beim Einhalten werden, ähnlich wie beim Dehnen, zwei unterschiedlich große Stoffteile zusammengesetzt. Hier wird die Überlänge des einen Stoffes so verteilt, dass sich dieser wölbt, aber nicht kräuselt oder Falten wirft.

Einknipsen/-kerben: Um sicherzustellen, dass runde Nähte flach liegen, wird die Nahtzugabe an Rundungen in gleichmäßigen Abständen bis zur Nahtlinie eingeschnitten.

Einlage: Eine Einlage ist ein nicht gewebter Stoff aus Polymer, Baumwolle oder Bambus, der auf die linke Seite von Stoffteilen aufgebracht werden kann, um diese stabiler zu machen. Eine Einlage wirkt zudem isolierend.

Einsatz: Ein Einsatz ist ein Stoffteil oder ein Stück Ziermaterial, das bei der Konstruktion eines Kleidungsstücks verwendet wird – entweder aus dekorativen Gründen oder um die richtige Passform zu gewährleisten.

Einschnitt: Als Einschnitte bezeichnet man Schlitze im Kleidungsstück, die vorgenommen werden, um eine bestimmte Form zu konstruieren.

Eiswolle: Eiswolle ist ein lose gewebtes, flauschiges Füllmaterial aus Wollmischgewebe.

Endteil/Stopper: So nennt man die kleinen Metallteile, die (bei nichtteilbaren Reißverschlüssen) dafür sorgen, dass der Schieber nicht über die Zähne hinausgeschoben wird.

F

Fadenlauf/Fadenlauflinie: Bei gewebten Stoffen entspricht der Fadenlauf den Kettfäden, also den längslaufenden Fäden (Längsfäden), über und unter denen der Schussfaden eingeschossen bzw. verwebt wird. Grundsätzlich verläuft der Fadenlauf parallel zur Webkante eines Stoffes. Es kann allerdings sein, dass die Kettfäden während des Webens schief liegen, in diesem Fall ist auch der Fadenlauf nicht parallel zur Webkante: Diese Stoffe bezeichnet man als Stoffe mit schrägem Fadenlauf. Die Fadenlauflinie ist jene Linie (manchmal auch ein Pfeil), die bei Schnittmustern die Richtung des Fadenlaufs angibt und damit zeigt, wie die Schnittmusterteile beim Auslegen auf dem Stoff platziert werden müssen. Im Fadenlauf zugeschnittene Stoffteile sind stabiler und belastungsfähiger, daher wird meist im Fadenlauf zugeschnitten und die Fadenlauflinie verläuft in einer vertikalen Linie entlang des Körpers. Bei Maschenware gibt es nicht wirklich einen Fadenlauf, da es sich nicht um einen gewebten Stoff handelt, aber die Fadenlauflinie verläuft meist parallel zu den Maschen und damit senkrecht zu den Reihen.

Fadenspannung: Die Fadenspannung bezeichnet jene Spannung, die auf den Oberfaden der Nähmaschine wirkt. Diese muss korrekt eingestellt werde, um gleichmäßige Stiche zu gewährleisten.

Falte: Eine Falte ist ein nicht genähter Stoffbruch.

Fingerbügeln: Fingerbügeln bedeutet, kleine Bereiche empfindlicher Stoffe oder Nähte mit den Fingern oder Fingernägeln glattzudrücken.

Futter: Das Futter wird im Inneren von Kleidungsstücken angebracht, um dem Kleidungsstück Form zu geben und die Trageeigenschaften zu verbessern. Der Futterstoff ist meist aus einem leichten, glatten Kunstfasermaterial wie Acetatseide oder Polyester, das einfaches An- und Ausziehen gewährleistet.

Futterfalte: Wird das Futter in eine kleine Falte gelegt, um die unterschiedlichen Gewebeeigenschaften von Futter und Oberstoff auszugleichen, nennt man diese Falte Futterfalte. Futterfalten finden sich oft am Saum oder an der rückwärtigen Mitte von Kleidungsstücken.

Futtersaum: Für einen Futtersaum wird entlang der unteren Kante des Futters ein Saum nach oben gefaltet, bevor das Futter auf der Saumnahtzugabe des Oberstoffes festgenäht wird. Diese Falte nennt man Futterfalte.

H

Handnähen: Der Vorstich, auch Heftstich, ist ein Handnähstich, mit dem Stoffstücke behelfsmäßig zusammengenäht werden können, sodass die Stoffe beim Nähen mit der Nähmaschine nicht verrutschen. Eine Naht aus Steppstichen sieht aus wie eine gestrichelte Linie, diese Naht kann man von Hand nähen, ohne dass sie danach mit der Nähmaschine gesteppt werden muss. Riegel sind Verstärkungsstiche (kleine Zickzackstiche bestehend aus Vorstichen), die zur Verstärkung von stark beanspruchten Stellen, etwa zum Annähen von Schlaufen oder an Taschenecken, verwendet werden. Ein Dreiecksstich ist ein Dreieck bestehend aus drei geraden Vorstichen, er kommt oft bei Taschenecken zum Einsatz. Ein Pfeilstich ist ein dekorativer Stich – ein Dreieck aus unterschiedlich langen Vorstichen. Ein Fadensteg besteht aus einigen lockeren Vorstichen, die mit einer Reihe von Einfassstichen zusammengefasst werden, er wird verwendet, um beispielsweise Futter am Oberstoff zu befestigen.

Heften: Heften bedeutet, Stoffteile mit langen, lockeren Stichen vorübergehend zusammenzunähen (vornähen). So können Kleidungsstücke etwa im Falle einer Anprobe provisorisch zusammengesetzt werden. Heftnähte werden aufgetrennt, sobald das Kleidungsstück fertig ist.

Hemdenstoff: Was unter dem Begriff Hemdenstoff zu verstehen ist, verrät schon der Name: Es ist ein Stoff, aus dem Herrenhemden gefertigt werden – meist ein widerstandsfähiges Baumwoll- oder Mischgewebe.

K

Kettfaden: Als Kettfäden bezeichnet man bei gewebten Stoffen jene Fäden, die längs gespannt sind und über und unter die der Schussfaden eingeschossen wird.

Killing/Totdämpfen: Synthetikstoffe sollten eigentlich nicht gebügelt werden, da sie Hitze nicht vertragen, allerdings kann man diese Stoffe auch kontrolliert „totdämpfen“ bzw. „killen“. Dadurch werden die Fasern verschmolzen und bleiben in einer bestimmten Form. Insofern ist das Totdämpfen dem Blocken und Spannen ähnlich, allerdings lässt sich ein totgedämpfter Synthetikstoff auch durch Waschen nicht wieder in seine ursprünglich Form bringen.

Knappkantig absteppen: Knapp an einer Kante entlangsteppen, meist entlang eines umgeschlagenen Saums.

Knips/Kerbe: (1.) Ein Knips ist ein kleiner Einschnitt. Bei Ecken helfen Knipse, diese sauber quadratisch zu nähen. Mehrere Knipse entlang eines abgerundeten Saums, etwa am Ärmelausschnitt, sorgen dafür, dass das jeweilige Stoffteil problemlos und ohne Falten zu werfen am Ausschnitt angebracht werden kann. (2.) Kerben sind außerdem auf dem Schnittmuster eingezeichnet: Es handelt sich dabei um kleine Einschnitte an der Stoffkante als Markierung, an welchen Stellen Schnitteile aufeinandertreffen sollen. Dafür wird die Nahtzugabe eingeknipst oder eingeschnitten. Kerben kennzeichnen außerdem Falten oder Nahtenden.

Kurzwaren: Kurzwaren sind jene Gegenstände und alle Materialien, die man abgesehen von Stoff, Schnittmuster und Nähmaschine braucht. Dazu gehören Zubehör, besondere Materialien, Verschlüsse, Faden, Klebeband, Textilkleber, Einlagen, Schere, Maßband, Schneiderkreide, Markierstift usw.

L

Leiste: Eine Leiste ist jener Teil einer meist überlappender Öffnung, die mit Knöpfen, einem Reißverschluss, Haken und Augen oder Klettverschluss geschlossen wird.

Linke Seite: Die linke Seite ist die Seite, die nach dem Nähen nicht mehr zu sehen ist. Auf der linken Seite werden alle Markierungen gemacht und meist wird von links genäht. Auf Schnittmustern wird die linke Seite meist mit „LS“ gekennzeichnet.

M

Markieren: Markieren bedeutet, die Markierungen, die auf dem Schnittmuster zu sehen sind, etwa Abnäher, Knopflöcher usw., auf die Stoffteile zu übertragen.

Meterware: Als Meterware bezeichnet man all jene Stoffe, die von der Rolle in Laufmetern verkauft werden.

Musselin: Musselin ist ein leinwandgewebter Baumwollstoff, der in unterschiedlichen Stoffgewichten erhältlich ist. Musselin wird verwendet, um Probemodelle zu nähen, bevor teurer Stoff zugeschnitten und genäht wird. Dabei wird aus diesem günstigeren Stoff ein Probemodell gesteckt oder geheftet und auf eine Schneiderpuppe oder den späteren Träger des Kleidungsstück angepasst, um eventuell vorzunehmende Änderungen festzustellen und um ein Schnittmuster zu erstellen.

N

Nahtlinie: Als Nahtlinie bezeichnet man jene Linie, an der zwei Stoffteile aufeinanderstoßen und zusammengenäht werden. Die Nahtlinie ist die auf dem Schnittmuster eingezeichnete Linie, auf der genäht werden soll.

Nahtschatten: Nähte, die genau auf einer bereits vorhandenen Naht genäht werden, liegen im Nahtschatten. Dabei sollte so genau wie möglich auf der bereits bestehenden Naht und möglichst nicht auf dem Stoff genäht werden.

Nahtzugabe: Als Nahtzugabe bezeichnet man den Abstand der Nahtlinie zur Stoffkante.

Negative (Beweglichkeits-/Bequemlichkeits-)Zugabe: Bei einer negativen Zugabe ist das fertige Kleidungsstück im Hinblick auf die Passform kleiner als die Körpermaße.

Das ist üblich bei Strickgeweben und bei Stoffen für Bade- und Tanzmode, die sehr dehnbar sind.

O

Oberes und unteres Bandende: So nennt man den oberen und unteren Teil des Reisverschlussstreifens, an dem keine Reißverschlusszähne angebracht sind.

Öffnung: Eine Öffnung ist jener Teil eines Kleidungsstücks, an der dieses geöffnet und geschlossen werden kann.

Öhr: Das Nadelöhr ist jene Öffnung an einer Nadel, durch die der Faden eingefädelt wird.

Öse: Eine Öse ist ein kleiner Metallring, durch den man etwas hindurchziehen kann. Ösen werden meist in den Stoff gestanzt.

P

Paspeln/Keder: (1) Eine Paspel ist ein dünner Wulst, der meistens aus einer mit Stoff überzogenen Schnur besteht. Keder werden bei der Polstermöbelherstellung verwendet, bei Nähprojekten spricht man meist von Paspeln.
(2) Als Paspeln bezeichnet man außerdem längsgefaltete Zierstreifen, mit denen Eingriffe von (Paspel-)Taschen oder Knopflöchern versehen werden können.

Paspeltasche: Eine Paspeltasche ist eine eingeschnittene Tasche, bei der eine oder beide Kanten mit Paspeln versehen werden. Falls nur ein Rand des Tascheneingriffs paspeliert ist, handelt es sich um eine einseitige Paspeltasche. Die Doppelpaspeltasche ist an beiden Kanten mit Paspeln besetzt.

Passe: Eine Passe ist ein am oberen Teil eines Kleidungsstücks angesetztes horizontales Stoffteil, das für den korrekten Sitz zuständig ist, meist an Schultern, aber auch an der Hüfte.

Punktstich: Der Punktstich ist ein Handstich, der oft beim Nähen von Vorhängen zum Einsatz kommt: Dabei wird mit der Nadel nicht gerade, sondern möglichst flach zum Stoff eingestochen, um möglichst wenig Stoff des Oberstoffs zu erfassen, wodurch die Punktstichnaht von rechts fast unsichtbar ist.

R

Railroaded/quer von der Rolle/in Schussrichtung: Als „railroaded" bezeichnet man Stoffe, bei denen die Stoffzeichnung über die Breitseite des Stoffes (von Webkante zu Webkante) angeordnet ist. Die Rolle muss also um 90 Grad gedreht werden, damit die Stoffzeichnung in korrekter Ausrichtung gezeigt werden kann. Bei normalem Stoff ist die Stoffzeichnung über die Längsseite angeordnet und damit beim Abrollen korrekt zu sehen.

Rechte Seite: Die rechte Seite ist die Vorderseite eines Gewebes, auf der das Muster zu erkennen ist und die beim fertigen Kleidungsstück außen liegt. Auf Schnittmustern wird sie meist mit „RS" gekennzeichnet.

Reißverschlussband: Das Reißverschlussband sind jene Stoffbänder, auf denen die Reißverschlusszähne aufgebracht sind.

Reißverschlusszähne: Reißverschlusszähne sind die kleinen Metallzähne, die beim Zuziehen des Reißverschlusses ineinander verhackt werden.

Revers: Ein Revers ist ein lang vom Hals bis zur Knopfleiste heruntergezogene, aus einem breiten inneren Beleg heraus umgeschlagene Kragen bei Sakkos oder Jacken.

Reverskragen: Ein Reverskragen ist ein Kragen, der sich aufsteigend oder absteigend tragen lässt. Der Kragen kann also flach liegen oder zum Stehkragen hochgeklappt werden.

Rosshaareinlage: Eine Rosshaareinlage (oder Rosshaar) ist ein traditionelles Futtermaterial, das beim Nähen von Jacken und Hutwaren zum Einsatz kommt. Rosshaar wird heute überwiegend aus einer Mischung mit Ziegenhaar hergestellt, das besonders geeignet ist, um sich mit den Fasern des Oberstoffs zu verhaken.

S

Schabracke: Die Schabracke ist ein gefalteter dekorativer Querbehang bei Vorhängen oder Himmelbetten. Schabracken sind meist dekorativ und dazu da, die Vorhangleiste zu verstecken.

Schieber: Der Schieber ist jener Teil eines Reißverschlusses, mit dessen Hilfe die Zähne verhakt werden, indem man ihn zuzieht (auch Schlitten).

Schiebergriff: Der Schiebergriff ist jener Teil des Schiebers, mit dem man einen Reißverschluss öffnet oder schließt.

Schlitzblende: Die Schlitzblende ist jenes Stoffteil, das eine Öffnung verdeckt, meist über einem Reißverschluss, z. B. bei einer Hose.

Schneiderwachs: Man zieht einen Faden durch Schneiderwachs – Bienenwachs bzw. häufiger ein Paraffinsubstitut –, um ihn zu verstärken und um zu verhindern, dass er ausfranst. So lässt sich z. B. von Hand einfacher nähen.

Schnittkante: Die Schnittkanten sind jene Kanten, an denen der Stoff geschnitten wurde und die nicht versäubert sind.

Schrägband: Ein Schrägband ist ein Stoffstreifen, der im 45°-Winkel zur Webkante, also im Schrägschnitt, zugeschnitten wird. Der Stoffstreifen wird anschließend meist der Länge nach gefaltet. Schrägband wird als Verzierung und zum Verblenden von Kanten verwendet. Da es im Schrägschnitt zugeschnitten wird, kann es gebogen werden, ohne Falten zu werfen, was besonders bei runden Ausschnitten wichtig ist.

Schrägfadenlauf: Als Schrägfadenlauf bezeichnet man eine Fadenlaufrichtung, die diagonal zwischen den Kett- und Schussfäden verläuft.

Schussfaden: Als Schussfaden bezeichnet man bei gewebten Stoffen den Faden, der beim Weben stetig hin und her, auf- und abwärts über und unter den Kettfäden gewebt wird.

Sharps (Nähnadeln): Sharps sind Maschinen- oder Handnähnadeln, die besonders spitz sind und daher auch durch Fasern stechen können.

Spannen: Spannen bedeutet, ein Werkstück zu wässern und dann auf einer Unterlage auszubreiten und festzustecken, damit es in der Form trocknet, die es später haben soll. Wird das Werkstück gewaschen, verliert es diese Form wieder und muss abermals gespannt werden. Gespannt wird vor allem Strick- oder Häkelware aus natürlichen Fasern. Siehe „Killing/Totdämpfen" für Gewebe aus synthetischen Fasern.

Steck- und Kastenteil: Bei einem teilbaren Reißverschluss wird das Steck- in das Kastenteil gesteckt und der Reißverschluss verbunden, bevor der Schieber nach oben gezogen werden kann.

Stecken: Mit Stecknadeln werden Säume und Abnäher gesteckt, um deren spätere Platzierung zu markieren. Schnittmusterteile können bei der Anprobe mithilfe von Stecknadeln auf dem angezogenen Kleidungsteil festgesteckt werden, um die Platzierung von Abnähern zu markieren und die Schnittmusterteile an unterschiedliche Figurtypen anzupassen.

Steg/Stiel: Die Verbindung zwischen Knopf und Stoff nennt man Steg. Es gibt Knöpfe mit Steg, man kann den Steg aber auch mithilfe eines umwickelten Fadens selbst fertigen.

Steppen: Steppen bezeichnet das Nähen mit der Nähmaschine.

Stoffbruch: Als Stoffbruch wird die Falte bezeichnet, die sich beim Zusammenlegen oder Umschlagen eines Gewebes bildet. Der Stoffbruch sollte möglichst gering sein (höchstens 3 mm). Da sich aber jeder Stoff anders verhält, kann dafür keine genaue Maßangabe gegeben werden. Viele Schnittmuster werden im Stoffbruch bzw. in doppelter Stofflage zugeschnitten. Das heißt, das Schnittmuster wird mit der Mitte an den Stoffbruch gelegt und das Schnittmusterteil wird gleichzeitig durch zwei Stofflagen zugeschnitten.

Stoff drehen: Der Stoff wird beim Nähen mit der Nähmaschine an Ecken gedreht, dabei bleibt die Nadel im Stoff, der Nähfuß wird angehoben und der Stoff gedreht, um anschließend entlang der nächsten Kante zu steppen.

Stoffveredelung: Einen Stoff zu veredeln bedeutet, ihn nach dem Weben chemisch zu bearbeiten, um ihm zusätzliche Eigenschaften zu verleihen – etwa eine Beschichtung mit einem wasserabweisenden Stoff oder zur Reduktion von Knittern und Faltenbildung.

T

Timing: Als Timing einer Nähmaschine bezeichnet man die Abstimmung von Nadel und Transport, die dafür sorgt, dass die Stiche, egal mit welcher Geschwindigkeit genäht wird, immer gleichmäßig sind.

Tunnel: Ein Tunnel ist ein Schlauch aus Stoff, in den man eine Kordel, ein Band oder einen Gummizug einziehen kann.

U

Untersteppen: Untersteppen lässt Nähte flach liegen und verhindert, dass sich Beleg oder Futter, etwa am Halsaussschnitt, nach außen schieben. Um einen Beleg zu untersteppen, die Nahtzugaben zum Beleg hin bügeln und den Beleg dann knapp neben der Nahtlinie an die Nahtzugaben steppen.

Überlappende Kante: Die überlappende Kante ist eine Kante, die über einer anderen Kante liegt, beispielsweise bei einer verdeckten Knopfleiste oder einem Schlitz.

Übertragen: Beim Übertragen werden die Markierungen des Schnittmusters auf die zugeschnittenen Stoffteile übertragen.

Überwendlichstich: Ein Überwendlichstich ist ein Versäuberungsstich, meist ein Zickzack- oder ein Overlockstich, bei dem die Nadel abwechselnd außerhalb der Stoffkante und in den Stoff sticht. Dieser Stich eignet sich zum Versäubern von Kanten, die so nicht ausfransen.

V

Verblenden: Verblenden bedeutet, eine Naht, beispielsweise am Halsausschnitt, mit einem Stoffstück zu verstecken. Dafür verwendet man z. B. einen Beleg oder ein Schrägband.

Verdeckter Schlitz: Ein verdeckter Schlitz ist ein überlappender Schlitz, bei dem das obere Stoffteil (Obertritt), das untere (Untertritt) verdeckt. Diese Art des Schlitzes findet man oft bei Blazern, Sakkos und Bleistiftröcken.

Versteckter Saum: Ein versteckter Saum ist ein Saum, den man beim fertigen Kleidungsstück nicht sieht.

Versäubern: Versäubern bedeutet, Kanten gegen Ausfransen zu sichern. Dies kann mithilfe eines Überwendlichstichs geschehen, indem man Kanten mit einer Zickzackschere zurückschneidet oder indem man die Kanten mit Zickzack- oder Geradstich entlang der Schnittränder steppt. Nahtzugaben können auch zusammen versäubert werden.

Volumenvlies: Volumenvlies ist ein nicht gewebtes Polymermaterial, das hauptsächlich für Polster zum Einsatz kommt. Meist werden damit rechteckige Schaumstoffteile eingeschlagen, um das spätere Polster so etwas weicher zu machen und ihm eine schönere Form zu geben. Volumenvlies wird auch Polyesterwatte oder Polyestervlies genannt und ist ebenso unter den Markenbezeichnungen Dacron oder Terylene bekannt.

Vorwaschen und trocknen: Bevor man einen Stoff näht, sollte man ihn gemäß den Pflegeanweisungen waschen und trocknen. Dadurch wird sichergestellt, dass der Stoff später nicht abfärbt, dass Nähte keine Falten werfen und dass der genähte Stoff sich nicht verzieht.

W

Warengriff: Der Warengriff bezeichnet die haptischen Eigenschaften eines Stoffes, beispielsweise die Glätte, Steifigkeit, Weichheit oder die Drapiereigenschaften eines Materials.

Webkante: Die Webkante ist die seitliche Begrenzung eines gewebten Stoffes. Es ist die Kante, bei der sich beim Weben die Schussfäden zum Richtungswechsel um die Kettfäden legen. Sie ist meist fester und steifer ist als der restliche Stoff.

Wendeöffnung Eine Wendeöffnung ist jene Öffnung, durch die ein fertiges Kleidungsstück auf rechts gewendet wird.

Z

Zickzackschere: Eine Zickzackschere ist eine Schere, die kleine Dreiecke entlang der Stoffkante schneidet. Stoffkanten mit einer Zickzackschere zurückzuschneiden, kann diese gegen Ausfransen sichern.

Zurückschneiden: Zurückschneiden bedeutet, überflüssigen Stoff wegzuschneiden.

Zuschneideplan: Der Zuschneideplan zeigt, wie die einzelnen Stoffteile eines Schnittmusters zugeschnitten werden sollen. Oft sieht man auf dem Schnittmuster Zuschneidemöglichkeiten für unterschiedliche Größen und Stoffbreiten.

Zwickel: Als Zwickel bezeichnet man ein meist dreieckiges oder rautenförmiges Stoffstück, das in eine Naht eingesetzt wird, um dem Träger des Kleidungsstückes mehr Tragekomfort und Bewegungsfreiheit zu geben, z. B. im Unterarmbereich oder am Armloch.

Register

T

U

V

W

Z

Über die Autorin

Nancy Langdon ist Autorin des Bestsellers *Lieblingskleider für Kinder: Schnitte und Anleitungen für Mädchen- und Jungenkleidung* (Haupt, 2012; *Sewing Clothes Kids Love, CPi, 2010*) und sie designt unter dem Label TANTRUM/Fledge eigene Schnittmuster. Nancy hat schon als Kind gelernt, dass man sich manchmal einfach mit dem behelfen muss, was man hat, und dass es besser ist, etwas selbstzumachen als es teuer zu kaufen. Ihre Mutter arbeitete als Schneidermeisterin, die Nähmaschine stand immer bereit und Nancy hat schon früh gelernt, dass sie, wenn sie ein bestimmtes Kleid, ein T-Shirt, eine Jacke oder einen Rock haben wollte, nichts weiter tun musste, als ihre Mutter darum zu bitten. Während ihre Mutter nähte, blätterte sie sich durch eine Jahrzehnte umfassende Sammlung an Schnittmustern und hörte aufmerksam zu, wenn ihre Mutter erklärte, was eine französische Naht oder ein Schrägschnitt ist.

Als Nancy schließlich selbst eine Familie gründete und Kinder bekam, konnte sie sich auf dieses Grundlagenwissen verlassen und nähte – nicht ohne sich einiges selbst beizubringen – schließlich für ihre Lieben und für ihr Zuhause. Ihre Begeisterung fürs Nähen rührt daher, dass man, wenn man logisches, analytisches und objektives Denken mit intuitiven, subjektiven und kreativen Denkprozessen verknüpft, einfach wunderschöne, nützliche und einzigartige Kleidungsstücke, Accessoires und vieles mehr zaubern kann. Basierend auf ihren Erfahrungen hat Nancy hat zusammen mit Sabine Pollehn von Farbenmix eine Reihe von Schnittmustern designt, die in ganz Europa sehr beliebt sind.

Nancy ist stolz, so etwas wie eine Nähbotschafterin zu sein – denn das hat nicht nur dazu geführt, dass sie zahlreiche schöne und praktische Kleidungsstücke und Accessoires für ihr Zuhause ihr Eigen nennt, das Nähen sorgte außerdem dafür, dass Nancy Gleichgesinnte fand, Selbstbewusstsein gewann und immer neue bereichernde Erfahrungen machte. Nähen ist für sie eine Quelle des lebenslangen Lernens – wofür sie eigentlich am dankbarsten ist.

Danksagung

Herzlichen Dank an die Hans-Gerd Swafing, Swafing GmbH, die viele der hier abgebildeten Stoffe zur Verfügung gestellt hat.

Swafing GmbH
Bentheimer Str. 175
48529 Nordhorn, Deutschland

Vielen Dank an Sabine Pollehn und Farbenmix.de für das Zurverfügungstellen von Kurzwaren und Schnittmustern.

Farbenmix.de
Olympiastr. 1
Gebäude 12, Eingang 8
26419 Schortens, Deutschland

Bedanken möchten wir uns außerdem bei Hanne Bemenberg und Freudenberg Vliesstoffe SE & Co. KG für Informationen zu Einlage-, Vlies- und Futterstoffen.

Freudenberg Vliesstoffe SE & Co. KG
Fliselina
69465 Weinheim, Deutschland